자원풀이로

깨치는

부수한자

2000

자원풀이로 깨치는
부수한자 2000

개정판 1쇄 발행 2015년 3월 10일
2쇄 발행 2017년 2월 10일

지은이 조대산

펴낸곳 도서출판 이비컴
펴낸이 강기원
디자인 박상헌
마케팅 김선호, 박선왜

주 소 (02635) 서울 동대문구 천호대로81길 23 201호(장안동 수하우스)
전 화 (02)2254-0658 **팩 스** (02)2254-0634

등록번호 제6-0596호(2002.4.9)
전자우편 bookbee@naver.com

ISBN 978-89-6245-110-8 13710

· 「이 도서의 국립중앙도서관 출판예정도서목록(CIP)은 서지정보유통지원시스템 홈페이지(http://seoji.nl.go.kr)와
국가자료공동목록시스템(http://www.nl.go.kr/kolisnet)에서 이용하실 수 있습니다.(CIP제어번호: CIP2015005192)

자원풀이로 깨치는 부수한자 2000

조대산 지음

이비락 樂

책을 내면서

한국외국어대학교 · 한양대학교에서 특강 강사로 수년간 한자 강의를 한 적이 있었다. 수강하는 학생 대부분이 한자 지식을 필요로 하거나 아니면 한자 수준이 바닥인 학생이 대부분이었다. 그러나 한 권으로 된 한자 책의 강의를 마친 시점에는 거의 모든 학생이 한자에 자신감은 물론 나아가서는 다른 사람을 지도할 수 있는 수준으로 바뀌었다는 점이다.

이는 대학생뿐만 아니라 초·중·고생에게도 같은 현상이 나타나는데 이러한 일이 가능한 것은 한자가 그렇게 어렵게 만들어진 문자가 아니라는 점이다. 자연을 바탕으로 인간 생활에 관련된 내용을 누구라도 이해 될 정도의 뜻을 담아 만든 문자이기 때문이다.

다만 한자를 단순히 암기하는 식의 학습 방법에 문제가 있었던 것이다.
글자 하나하나가 만들어진 배경이나 구성원리가 있다는 점을 무시하고 외우다 보니 재미가 없고 깊이가 없으며 사실상 잘 익혀지지 않음으로 인하여 흥미를 잃게 되어 책을 구입한 많은 독자의 대부분이 책을 끝까지 보지 못함이 현실이다.

이러한 점을 고려하여 내용에 충실하되 최소 시간으로 최대 효과를 낼 수 있도록 간결하며 체계적으로 적어 보기 편한 책이 되도록 노력하였다.

본 책의 구성을 간략히 소개하면 다음과 같다.
1. 부수(部首) 214자의 풀이와 그와 관련된 한자 1817자(8급~3급)를 풀이하였다.
   - 부수를 모르고 한자를 안다고 할 수 없다.
   - 부수를 알면 한자의 절반을 안다고 할 수 있다.
2. 한자 별 급수(8급~3급)와 총획수, 그에 포함된 자모(字母)를 풀이하였다.
   - 8급~3급까지는 자원풀이로 상세히 설명하였고, 2급~ 1급은 음, 훈, 부수, 획수를 적어 기록하였다.
   - 각 한자에 해당하는 중요 단어, 성구, 고사성어 등을 상세히 설명하였다.
3. 약자, 반대자, 유의자 및 알아두면 좋을 사자성어를 부록으로 수록하였다.

한눈에 보는 책의 구성과 학습법

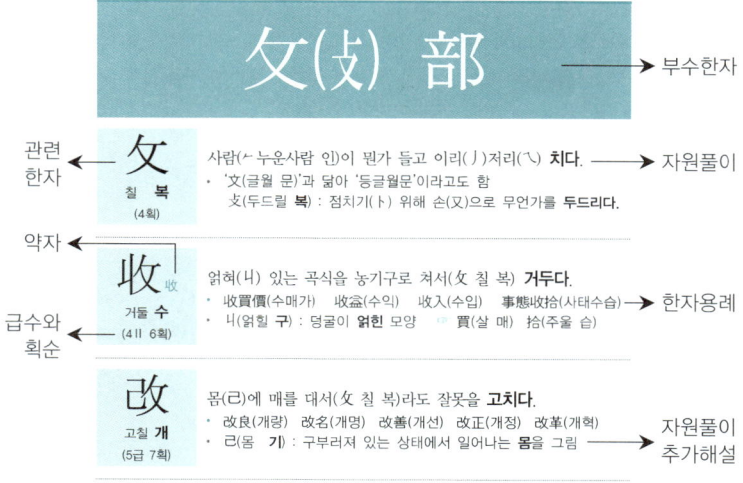

관련 한자 ←

약자 ←

급수와 획순

攴(攴) 部 ————→ 부수한자

攴 칠 **복** (4획)

사람(ᐟ 누운사람 인)이 뭔가 들고 이리(丿)저리(乀) **치다.** ————→ 자원풀이
- '文(글월 문)'과 닮아 '등글월문'이라고도 함
  攴(두드릴 **복**) : 점치기(卜) 위해 손(又)으로 무언가를 **두드리다.**

收 거둘 **수** (4Ⅱ 6획)

얽혀(丩) 있는 곡식을 농기구로 쳐서(攵 칠 복) **거두다.**
- 收買價(수매가) 收益(수익) 收入(수입) 事態收拾(사태수습) ————→ 한자용례
- 丩(얽힐 **구**) : 덩굴이 **얽힌** 모양 買(살 매) 拾(주울 습)

改 고칠 **개** (5급 7획)

몸(己)에 매를 대서(攵 칠 복)라도 잘못을 **고치다.**
- 改良(개량) 改名(개명) 改善(개선) 改正(개정) 改革(개혁)
- 己(몸 **기**) : 구부러져 있는 상태에서 일어나는 **몸**을 그림 ————→ 자원풀이 추가해설

한자 학습법

1. 작자(作者)나 저자(著者)의 입장에서 생각해 본다.
   - 글자를 만든 사람의 입장에서 보면 뜻의 접근이 쉬워진다.
   - 저자의 의도와 책의 특징 및 구성을 먼저 파악한다.

2. 한자가 만들어진 시대와 환경 고려
   - 한자가 만들어진 과거로 돌아가 그 시대의 입장에서 본다.
   - 농경, 전쟁, 제사, 기원 등에 관계되는 한자가 많은 점

3. 한자의 구성 원리와 자원(字源)을 이해한다.
   - 한자는 부수(部首)는 물론, 부수와 한자의 조합이다.
   - 자모(字母)를 통하여 익히면 효율적이며 경제적이다.

- 본 학습서는 글자 하나하나가 어떻게 만들어졌는지를 자원풀이 형식으로 풀이하여 놓았다.

한자 구성의 6가지

한자의 구성 형태는 크게 6가지로 분류하여 이를 **육서(六書)**라 한다.
육서는 **한자를 논리성과 합리적인 방법으로** 분류한 것으로 한자를 습득하는데 있어서
한자를 보는 눈을 가지게 함은 물론, 육서의 이해를 통하여 처음 본 한자라도 기본적인
한자 지식을 활용, 그 뜻을 쉽게 파악할 수 있다.

육서(六書)

명칭	부수 위치
1. 상형(象形)	사물의 모양이나 형태를 본떠 만든 字(구체적 개념). 山　木　馬　鳥　象(코끼리 상)
2. 지사(指事)	형태를 그리기 힘들며 위치나 방향, 또는 무언가를 지적하는 字(추상적 개념). 上　下　中　本　辛(매울 신)
3. 회의(會意)	두 글자의 뜻을 합하여 새로운 뜻을 만든 字. 林　森　志　信　休
4. 형성(形聲)	뜻글자와 소리글자를 합하여 만든 字.(가장 많음) 問　聞　味　頭(豆는 음, 頁은 머리의 뜻)
5. 전주(轉注)	원래의 뜻과, 또한 다른 뜻으로도 쓰이는 字. 樂 : 악기 악, 즐길 락, 좋아할 요 惡 : 악할 악, 미워할 오 北 : 북녘 북, 달아날 배
6. 가차(假借)	뜻은 다르나 음이 같은 다른 글자를 빌려 쓰는 법. 외래어 등을 한자음으로 나타낼 때 쓰이며, 음을 빌릴 때 되도록 뜻과 연관성 있는 字를 빌려서 씀. 이태리(伊太利:Italy)　　불란서(佛蘭西:France) 불타(佛陀:Buddha)　　기독(基督:Christ)교

한자의 음(音)

한자음이란 **한자를 읽을 때 나는 소리**를 말한다. 유럽이 그리스어나 라틴어를 받아들여 신어(新語)를 만들 때 음을 각국의 언어에 순응시켜 나름대로 음의 체계를 형성하였듯이, 한자음도 중국의 자음이 한자와 함께 각 시대에 끊임없이 전래되어 우리 언어에 순응, 정착한 음을 말한다.

음의 유래 및 발달 과정은 다소 복잡하나 초보자 입장을 고려하여, **한자음은 "한자를 읽을 때 나는 소리를 듣고 적은 것"**으로 간단히 정의할 수 있다. **한자는 400여 자의 字母(자의 근본이 되는 글자)**가 음의 근본을 이루고 있으며, 특히 여기에서는 원래는 같은 음의 요소를 가진 자(字)들이 소리의 장단, 강약 등에 의하여 다르게 들려 표기상 다른 음으로 되어 있는 자들의 연관성을 통하여 한자음의 이해를 돕고자 한다.

상호 연관성 있는 자음(子音)이 들어있는 한자음의 이해

ㄱ ㅇ ㅎ	☞ 입을 둥글게 하여 내는 음으로 연관성 있음 可(옳을 **가**) - 阿(언덕 **아**) - 河(물 **하**) 干(방패 **간**) - 岸(언덕 **안**) - 汗(땀 **한**) 降(내릴 **강**, 항복할 **항**) → 하나에서 갈라져 나온 음
ㄷ 과 ㅌ ㅈ 과 ㅊ	☞ 음의 고저나 강약의 의하여 음이 나누어진 字 糖(엿 **당**, **탕**) 宅(집 **댁**, **택**) 洞(마을 **동**, 통할 **통**) 中(가운데 **중**) - 忠(충성 **충**) 早(일찍 **조**) 草(풀 **초**) 靑(푸를 **청**) - 情(뜻 **정**) 次(버금 **차**)-資(재물 **자**)
ㅂ 과 ㅍ	☞ 파열음으로 연관성을 가짐 反(반대할 **반**) - 販(팔 **판**) 半(반 **반**) - 判(가를 **판**) 補(채울 **보**) - 捕(잡을 **포**) 便(오줌 **변**, 편할 **편**)
ㅅ 과 ㅈ ㅅ ㅈ ㅊ	☞ 발음상 비슷하게 나는 연관성이 있음 直(곧을 **직**) - 植(심을 **식**) 失(잃을 **실**) - 秩(차례 **질**) 召(부를 **소**) - 照(비칠 **조**) - 超(넘을 **초**) 辰(때 **신**,별 **진**) 狀(모양 **상**, 문서 **장**)

차 례

- 책을 내면서
- 한눈에 보는 책의 구성과 학습법
- 한자 구성의 6가지
- 한자의 음(音)

1장 부수(首字)에 대하여

2장 부수로 깨치는 한자풀이 1817

부록

1장

부수(部首)에 대하여

◉ **부수(部首)** : 인간사에 관계된 유형, 무형의 모든 것을 중요 항목으로 나누어 이 가운데 중심이 되는 것의 모양을 본떠 만든 '뜻 글자'.

　　• **部(나눌 부)** : 유형, 무형의 모든 것을 대분류함.
　　• **首(머리 수)** : 사람의 머리처럼 가장 중요하여 중심이 되는 것.

◉ **유래(由來)** : 청(淸)나라 때 가장 큰 자전(字典)인 강희자전(康熙字典)에 1획(一)부터 17획(龠)까지 **214字**가 수록된 것을 현재 사용.

1. 부수의 명칭과 위치, 형태

명 칭	부수 위치	형 태
변(邊)	부수가 **글자의 왼쪽**에 있는 것.　(扌 彳 牜)	
방(傍)	부수가 **글자의 오른쪽**에 있는 것.(刂 卩 頁)	
머리(冠)	부수가 **글자의 위**에 있는 것.　　(亠 宀 艹)	
발(脚)	부수가 **글자의 밑**에 있는 것.　　(灬 心 廾)	
받침(辶)	부수가 **왼쪽에서 밑으로** 있는 것. (辶 廴 走)	
엄(掩)	부수가 **위에서 왼쪽으로** 있는 것. (广 疒 尸)	
몸(囗)	**글자를 에워싸고** 있는 것. (口 冂 凵 匸 行)	

2. 부수의 올바른 이해

부수자란? 음과 뜻을 가지고 있으며 부수로 쓰이는 字.

부수 명칭이란? 음과 뜻보다는 부수를 부르는 이름을 말한다.

부수는 세월의 흐름에 따라 그 **명칭이 변하여 사용되고 있는** 것이 많이 있는데, 그 중 일부는 **원래의 뜻이 사라지고 부르는 명칭만 남아** 실제의 뜻을 모르고 사용하는 관계로 인하여 학습 향상을 저해하는 요인이 되었기에, 여기에 그와 관련된 부수를 적어 그 **원래의 뜻을 알 수 있도록** 하였다.

■ 부수자(部首字)의 명칭과 원래의 뜻

부수	부수 명칭	원래의 뜻	관 련 자	
亠	돼지해머리	머리부분 **두**	京(서울 **경**)	亭(정자 **정**)
冫	이수변	얼음 **빙**	冬(겨울 **동**)	凍(얼 **동**)
冖	민갓머리	덮을 **멱**	冠(갓 **관**)	冥(저승 **명**)
宀	갓머리	집 **면**	家(집 **가**)	守(지킬 **수**)
凵	위터진입구	입벌릴 **감**	凶(흉할 **흉**)	出(날 **출**)
匚	터진입구	상자 **방**	匠(장인 **장**)	匪(도둑 **비**)
匸	터진에운담	감출 **혜**	區(나눌 **구**)	匿(숨을 **닉**)
彐彑	터진가로왈	돼지머리 **계**	彙(무리 **휘**)	彗(비 **혜**)
厂	민엄호	언덕 **한**	岸(언덕 **안**)	厄(재앙 **액**)
广	엄호밑	터진집 **엄**	庫(창고 **고**)	店(가게 **점**)
厶	마늘모	사사로울 **사**	私(개인 **사**)	去(갈 **거**)
巛	개미허리	내 **천**	州(고을 **주**)	巡(돌 **순**)
廴	민책받침	길게걸을 **인**	建(세울 **건**)	延(끌 **연**)
辶	책받침	멀리갈 **착**	送(보낼 **송**)	速(빠를 **속**)
攵攴	등글월문	칠,두드릴 **복**	攻(칠 **공**)	敲(두드릴 **고**)
殳	갖은등글월문	창,칠 **수**	殺(죽일 **살**)	毆(때릴 **구**)
爿	장수장변	널빤지 **장**	牀(평상 **상**)	牆(담 **장**)
癶	필발머리	걸을 **발**	登(오를 **등**)	發(나아갈 **발**)
豸	갖은돼지시	맹수 **치**	豹(표범 **표**)	狸(너구리 **리**)

3. 부수한자 214자

1획

한자	뜻	음
一	한	일
丨	뚫을	곤
丶	점	주
丿	삐침	별
乙	새	을
亅	갈고리	궐

2획

한자	뜻	음
二	두	이
亠	머리부분	두
人	사람	인
儿	어진사람	인
入	들	입
八	여덟	팔
冂	멀	경
冖	덮을	멱
冫	얼음	빙
几	책상	궤
凵	구덩이	감
刀	칼	도
力	힘	력
勹	쌀	포
匕	비수	비
匚	상자	방
匸	감출	혜
十	열	십
卜	점	복
卩	무릎	절
厂	언덕	한
厶	사사로울	사
又	또	우

3획

한자	뜻	음
口	입	구
囗	에워쌀	위
土	흙	토
士	선비	사
夂	뒤져올	치
夊	천천히걸을	쇠
夕	저녁	석
大	큰	대
女	여자	녀
子	아들	자
宀	집	면
寸	마디	촌
小	작을	소
尢	절름발이	왕
尸	주검	시
屮	싹날	철
山	메	산
川	내	천
工	장인	공
己	몸	기
巾	수건	건
干	방패	간
幺	작을	요
广	터진집	엄
廴	길게걸을	인
廾	들	공
弋	주살	익
弓	활	궁
彐	돼지머리	계
彡	터럭	삼
彳	조금걸을	척
邑	고을	읍
阜	언덕	부

4획

한자	뜻	음
心	마음	심
戈	창	과
戶	외짝문	호
手	손	수
支	가를	지
攴	칠	복
文	글월	문
斗	말	두
斤	도끼	근
方	사방	방
无	없을	무
日	날	일
曰	말할	왈
月	달	월
木	나무	목
欠	하품	흠
止	그칠	지
歹	뼈앙상할	알
殳	칠	수
毋	말	무
比	견줄	비
毛	터럭	모
氏	성씨	씨
气	기운	기
水	물	수
火	불	화
爪	손톱	조
父	아비	부
爻	엇걸릴	효
爿	널빤지	장
片	조각	편
牙	어금니	아
牛	소	우
犬	개	견
耂	늙을	로
艸	풀	초
辶	멀리갈	착

5획

한자	뜻	음
玄	검을	현
玉	구슬	옥
瓜	오이	과
瓦	기와	와
甘	달	감
生	날	생
用	쓸	용
田	밭	전
疋	발	소
疒	병들	녁
癶	걸을	발
白	흰	백

皮	가죽	피	舛	발엇갈릴	천	**8 획**			鬼	귀신	귀
皿	그릇	명	舟	배	주	金	쇠	금	**11 획**		
目	눈	목	艮	볼	간	長	어른	장	魚	고기	어
矛	창	모	色	빛	색	門	문	문	鳥	새	조
矢	화살	시	虍	범	호	隶	밑	이	鹵	소금밭	로
石	돌	석	虫	벌레	충	隹	새	추	鹿	사슴	록
示	보일	시	血	피	혈	雨	비	우	麥	보리	맥
内	짐승발자국	유	行	다닐	행	青	푸를	청	麻	삼	마
禾	벼	화	衣	옷	의	非	아닐	비	**12 획**		
穴	구멍	혈	襾	덮을	아	**9 획**			黃	누를	황
立	설	립	**7 획**			面	낯	면	黍	기장	서
6 획			見	볼	견	革	가죽	혁	黑	검을	흑
竹	대나무	죽	角	뿔	각	韋	다룸가죽	위	黹	바느질	치
米	쌀	미	言	말씀	언	韭	부추	구	**13 획**		
糸	실	사	谷	골짜기	곡	音	소리	음	黽	맹꽁이	맹
缶	질그릇	부	豆	콩	두	頁	머리	혈	鼎	솥	정
网	그물	망	豕	돼지	시	風	바람	풍	鼓	북	고
羊	양	양	豸	맹수	치	飛	날	비	鼠	쥐	서
羽	깃	우	貝	조개	패	食	먹을	식	**14 획**		
而	말이을	이	赤	붉을	적	首	머리	수	鼻	코	비
耒	쟁기	뢰	走	달릴	주	香	향기	향	齊	가지런할	제
耳	귀	이	足	발	족	**10 획**			**15 획**		
聿	붓	율	身	몸	신	馬	말	마	齒	이	치
肉	고기	육	車	수레	거	骨	뼈	골	**16 획**		
臣	신하	신	辛	매울	신	高	높을	고	龍	용	룡
自	스스로	자	辰	때	신	髟	머리길	표	龜	거북	귀
至	이를	지	酉	닭	유	鬥	싸움	두	**17 획**		
臼	절구	구	釆	분별할	변	鬯	술	창	龠	피리	약
舌	혀	설	里	마을	리	鬲	솥	력			

4. 부수한자 214자 해설

一	한	일 : 손가락 하나, 또는 가로 선을 하나 그어 **하나**를 가리킴
丨	뚫을	곤 : 송곳을 본뜬 글자로, 위에서 내려 **뚫음**의 뜻
丶	점, 불똥	주 : 점이나 떨어져 나간 **불똥** 모양
丿	삐침	별 : 오른쪽에서 왼쪽으로 **삐치면서** 당기는 모양 ☞ 乀 : 파임 불
乙	새	을 : 새의 굽은 앞가슴, **구부러진** 새싹 모양 ☞ 乚 : 새을변
亅	갈고리	궐 : 밑 끝이 구부러진 **갈고리**를 본뜬 글자

2 획

二	두	이 : 두 손가락 또는 두 선을 그어 **둘**을 나타냄
亠	머리부분	두 : 상투 튼 사람 모습. **머리 부분**이나 **위**. '돼지해머리'라고도 함
人	사람	인 : 다리를 벌리고 ☞ 亻 : '사람인변' 儿 어진사람 인 서 있는 **사람**. 人 누운사람 인 𠆢 굽은사람 인
儿	어진사람	인 : 걸어가는 사람의 **다리**. **사람**의 뜻으로 많이 쓰임
入	들	입 : 사람이 장막 따위를 밀치고 **들어가는** 모양
八	여덟	팔 : 두 손의 네 손가락 펴서 등지게 하여 **여덟**. **갈라짐**을 표시
冂	멀	경 : **멀리** 둘러싸고 있는 **성곽** 모양. 또는 **둘러싸다**.
冖	덮을	멱 : **덮개** 본뜬 자. '민갓머리'라고도 함
冫	얼음	빙 : 고드름에서 떨어지는 물 모양에서 **차다, 춥다, 얼다**. '이수변'
几	책상	궤 : 기대앉는 **책상**이나 **덮개**의 모양. '안석 궤'라고도 함
凵	구덩이	감 : 위가 터진 그릇 또는 **구덩이 모양**. '위터진입구'라고도 함
刀	칼	도 : 칼의 모양을 본뜬 자로 **베다, 자르다**. ☞ 刂 : '선칼 도'라 함
力	힘	력 : 또는 쟁기질을 하는 남성의 **힘**을 나타낸 글자
勹	쌀	포 : 사람이 팔이나 손으로 무언가를 **감싸고** 있는 모양
匕	비수	비 : 날카로운 **비수**, **숟가락** 또는 **앉아 있는 사람**의 모습
匚	상자	방 : 통나무 측면을 파서 만든 **홈통, 상자**. '터진입구'라고도 함
匸	감출	혜 : 덮개(一)를 하여 **가리거나, 감춤**. '터진에운담'이라고도 함
十	열	십 : 두 손 열 손가락을 엇걸어 **열** 또는 **많다**는 뜻으로도 쓰임
卜	점	복 : 동물의 뼈를 태울 때 생긴 가로 **세로의 금** 모양으로 **점**을 침
卩	무릎	절 : 튀어 나온 **무릎** 모양. '병부 절'이라고도 함. ☞ 卩=㔾(마디 절)
厂	언덕	한 : 가파른 낭떠러지 모양. **언덕, 벼랑, 절벽**. '민엄호'라고도 함
厶	사사로울	사 : **팔꿈치**를 구부려 물건을 감싸는 모양으로, 자신의 이익만을 챙 긴다는 데서 **사사롭다**. 마늘 모양 같아 '마늘 모'라고도 함
又	손, 또	우 : 깍지 낀 두 **손**, 즉 하나가 아닌 둘이라 하여 **또, 다시**의 뜻

14

口 입 　 **구** : 사람의 둥근 **입**을 본뜬 자로 **먹다, 말하다.**

囗 에워쌀 　 **위** : 울타리나 성벽으로 **에워싼** 모양. '큰입구몸'이라고도 함

土 흙 　 **토** : 싹(十)이 돋아나는 땅(一)의 **흙**을 나타낸 글자

士 선비 　 **사** : 하나(一)를 들으면 열(十)을 아는 **선비**

夊 뒤져올 　 **치** : 머뭇거리며 걸어오는 **다리**의 모양으로 **뒤지다.**

夊 천천히걸을 　 **쇠** : 두 다리를 끌며 **천천히 걸어감**

夕 저녁 　 **석** : 달(月)에서 한 획을 줄인 반달 모양의 달이 뜬 **저녁. 고기 조각**

大 큰 　 **대** : 어른이 양팔 벌리고 서 있는 모양으로 **큼**을 뜻 함

女 여자 　 **녀** : **여자**가 앉아서 바느질 하는 모습

子 아들 　 **자** : 양팔 벌린 아이 모습으로. **아들, 자식, 씨, 열매, 접미사, 학자**

宀 집 　 **면** : 지붕으로 덮여 있는 **집**. '갓머리'라고도 함

寸 마디 　 **촌** : 손목에서 맥박이 뛰는 사이를 엄지(丶)로 맥을 재는 모양에서 **재다, 헤아리다.** 길이의 단위인 **한 치(3.03Cm). 법도, 손의 뜻**

小 작을 　 **소** : 흙을 뚫어(丨←丨) 가르고(丿丶) 나오는 싹이 **작음**

尢 절름발이 　 **왕** : 한쪽 다리를 절며 걷는 다리. ☞ '大'의 변형 글자

尸 주검,지붕 　 **시** : 사람이 **죽어** 누워 있는 모양. **집**의 뜻으로도 쓰임

屮 싹날 　 **철** : 흙(山 구덩이 감)을 뚫고(丨) 삐죽이 나오는 **싹**

山 메 　 **산** : 우뚝 솟은 **산** 모양

川 내 　 **천** : **내**의 모양. 川 = 巛 : '개미허리' 巛 큰도랑 괴 　 〈 도랑 견

工 장인 　 **공** : 상하의 판자에 구멍 뚫어 막대로 연결한 자로 **공구.** 공구를 사용하는 물건을 만드는 **장인**

己 몸 　 **기** : 구부려져 있는 상태에서 일어나는 **몸**을 그림

巾 수건 　 **건** : 몸(丨)에 두른(冂) **수건,** 천이나 천의로 만든 것

干 방패 　 **간** : 두(二) 개를 뚫어(丨뚫을 곤) 겹쳐 만든 **방패**

幺 작을 　 **요** : **실 뭉치** 또는 웅크리고 있는 **작은 아기** 모습으로 **작다, 어리다.**

广 터진집 　 **엄** : 한쪽이 터져 있는 **집**으로, **어떤 용도로 쓰이는 집.** '엄호밑'

廴 길게걸을 　 **인** : 다리를 끌며 길게 걸어가는 모습. '민책받침'이라고도 함

廾 들 　 **공** : 두 손으로 **들어 올리는** 모양. 卄(스물 입)의 변형

弋 주살 　 **익** : 줄을 매어 쓰는 화살을 **주살**이라 하며 이를 본뜬 글자 **무기, 도구 등.** 팟말을 나타내어 '**팟말 익**'이라고도 함

弓 활 　 **궁** : **활**의 모양

彑 돼지머리 　 **계** : **멧돼지 머리** 모양. ☞ 彑 = ヨ 손가락 **계**

彡	터럭	삼 : 보기 좋게 자란 **머리털**
彳	조금걸을	척 : 허벅다리(丿) 정강이(丿) 발(丨). **걷다, 가다**는 뜻. '두인변'
阝	고을	읍 : 볼록 나온 언덕 아래에 형성된 **고을**(阝= 邑). '우부방'이라고 함

볼록 나온 **언덕**. ☞ 항상 글자 좌측에 씀으로 '좌부방'이라고 함. -阝(언덕 부)와 阝(고을 읍)이 같은 모양인 것은 마주보고

| 阝 | 언덕 | 부 : 있는 두 언덕이기에 모양은 같으나, 해 뜨는 동쪽에 고을을 형성하였기에 글자 우측(동쪽)에 阝를 쓰면 '고을', 그 반대편(좌측)에 쓰면 '언덕'을 뜻하게 됨. 阝= 阜 언덕 부 |

4 획

心	마음	심 : 사람의 심장. **속, 생각, 감정, 한가운데**. 心 = 忄 = 忄 '심방변'
戈	창	과 : 날이 세 갈래로 된 **창**이나 **무기**의 뜻
戶	외짝문	호 : 한쪽을 축으로 열고 닫는 **문**이 하나 달린 **방**이나 **집**. '지게 호'
手	손	수 : **손 모양**. 扌: '才'(재주 재)와 모양이 비슷하여 '재방변'이라 함
支	가를	지 : 갈라진 대나무 가지(十)를 손(又)에 쥐고 있는 모양에서 **가르다.**
攵	칠	복 : 사람(丿)이 뭔가 들고 이리(丿)저리(乀) **치다**. '등글월문'. 攵 = 攴(두드릴 복) : 점치기(卜) 위해 손(又)으로 무언가를 **두드리다.**
文	글월	문 : 갓(亠) 쓴 이가 획을 이리저리(丿乀) 그어 만든 **글, 글씨, 무늬**
斗	말	두 : 곡식(丶丶)의 양을 헤아리는 **말의 모양**. ☞ 1말 : **열 되로 18리터**
斤	도끼	근 : 도끼의 모양으로 **끊다, 베다, 무기**의 뜻. 무게의 단위인 '근'
方	사방	방 : 쟁기 모양으로 이것이 **나아가는 방향**. '모방'이라고 함
无	없을	무 : '天'의 변형자로, 하늘은 텅 비어 아무것도 **없음**. '이미기몸'
日	날	일 : 해 모양으로 **밝다, 따뜻하다,** 날씨 등의 뜻
曰	말할	왈 : 입(口) 안의 혀(一)를 움직여 **말하다.**
月	달	월 : 달 모양으로 **밝다,** 세월. *달의 뜻이 아닌 다른 뜻으로 쓰일 때는 '육달 월'(月=肉 고기 육)이라 하여 **고기, 몸 밑 신체부분**을 나타냄
木	나무	목 : 서 있는 **나무**
欠	하품	흠 : **입을 크게 벌리며** 사람(人)이 하는 **하품**
止	그칠	지 : 사람이 멈추어 선 모양에서 **그치다. 두 발**
歹	뼈앙상할	알 : 뼈(一)에 살(夕 고기 석)이 조금 붙은 **뼈. 죽음**. '죽을사변'. 歹=歺
殳	칠	수 : **창**이나 **몽둥이**(几)를 손(又)에 들고 **치다**. '갖은등글월문'
毋	말	무 : 입(口)을 막아(十) 말을 **못하게 하다.**
比	견줄	비 : 두 사람을 **나란히** 세워놓고 **비교함**
毛	터럭	모 : 짐승의 **꼬리털**이나 새의 **깃털**을 본뜬 글자

16

氏	성씨	씨	: 뿌리가 뻗어나가는 모양. 이와 같이 뻗어나가는 **사람의 성씨**
气	기운	기	: 피어오르는 수증기 모양으로 뻗어나는 **기운**. '기운기엄'라 함
水	물	수	: 흐르는 **물**을 보고 그린 자. 水 = 氺 水 = 氵'삼수변'
火	불	화	: 타오르는 불 모양으로 **불, 타다, 태우다**의 뜻. 火 = 灬'불화발'
爪	손톱	조	: 긁어당기는 **손톱**을 본뜬 글자. 爪 = 爫 : '손톱조머리'라 부름
父	아비	부	: 두 손(ノ丶)에 회초리 들고 매질하는(攵 벨 예) 엄한 **아버지**
爻	엇걸릴	효	: 엇걸려 있는 모양에서 **주고받거나, 사귀다**는 뜻
爿	널빤지	장	: 통나무를 둘로 쪼갤 때 생긴 왼쪽의 **길쭉한 널빤지**. '장수장변'
片	조각	편	: 통나무를 둘로 쪼갰을 때 생기는 오른쪽의 작은 **조각** 모양
牙	어금니	아	: 뾰족한 **어금니** 모양. 또는 코끼리의 **상아(象牙)** 모양
牛	소	우	: 소를 옆에서 보고 그린 글자. 牛
犬	개	견	: 앞발 들고 있는 **개**. 개 크기의 **짐승**이나 **좋지 않은 뜻** ☞ 犬 = 犭'개사슴록변'이라 하며, 사슴(鹿 사슴 록)의 뿔 모양
耂	늙을	로	: 땅(土)에 지팡이(ノ)를 짚고 있는 **노인**. '늙을로엄'
艹	풀	초	: 풀 모양. '草'의 머리 부분이기에 **'초두'**라 부름. '艹'은 4획
辶	멀리갈	착	: 쉬엄쉬엄 **멀리 걸어가는** 모습에서 **가다**. '책받침'
玄	검을	현	: 중국 하늘을 덮고(亠) 있는 작은(幺 작을 요) 알갱이 황사(黃砂) 가 **가물가물하게** 보이거나, 햇빛을 가려 그 빛이 **어두움**

5 획

玉	구슬	옥	: **구슬** 여러(三) 개를 꿴(丨) 모양. '王'와 혼동을 피하기 위해 점 (丶)을 덧붙임. 글자 안에서 '王은 대개 '玉의 뜻으로 쓰인 것
瓜	오이	과	: 끝이 구부러진 **오이**가 매달려 있는 모양
瓦	기와	와	: 엇걸려 물려 있는 **기와**를 보고 그린 글자
甘	달	감	: 입(口) 속 혀(一)로 **단맛**을 보는 모양
生	날	생	: 싹이 땅(土)을 뚫고 돋아나는 모양에서 **낳다.**
用	쓸	용	: 점통(冂)으로 점을 쳐 맞으면 (中 맞힐 중) 그 일을 **힘써 한다.**
田	밭	전	: 여러 갈래로 구분 지어져 있는 **밭**이나 **논**
疋	발	소	: 발목에서 발끝까지의 모양으로 **발**을 . 疋 = 疋
疒	병들	녁	: 집(广 집 엄)에 찬바람(冫 얼을 빙)이 들어와 **병들다.**
癶	걸을	발	: 두 발을 벌리고 **걸어 나가는** 모양. '필발머리'라 함(發 필 발)
白	흰	백	: 해(日)에서 뻗어 나오는(ノ) 빛이 **희다.**
皮	가죽	피	: 짐승의 **가죽**을 손(又 손 우)으로 당겨(丨) 벗기는 모양
皿	그릇	명	: 위가 넓고 받침이 있는 **그릇**

目	눈	목 :	**눈**을 그린 자로 **보다**의 뜻이 많음. 目 = 罒 누운눈 목
矛	창	모 :	긴 자루가 달린 끝이 **뾰족한 창**
矢	화살	시 :	**화살** 모양. **빠르다**와 활에 비해 **짧다**는 뜻을 가짐
石	돌	석 :	언덕 밑에 굴러 떨어진 **돌**(口)
示	보일	시 :	**제단** 모양. 제물을 제단에 올려 신에게 **보임**. 礻'보일시변'
内	짐승발자국	유 :	새나 짐승의 **발자국**을 본뜬 글자
禾	벼	화 :	익으면 고개 숙이며(丿) 자라는(木) **벼** 또는 **곡식**
穴	구멍	혈 :	비바람 피할(宀) 수 있게 파헤쳐진(八) **굴이나 구멍**
立	설	립 :	땅(一)에 두 발로 **서 있는** 사람의 모습

6 획

竹	대나무	죽 :	**대나무**의 대와 그 잎을 그린 자. 竹 = 𥫗 '대죽머리'라 함
米	쌀	미 :	이쪽저쪽(丶 丿) 나무(木)에 과일 열리듯 벼에서 나온 **쌀**
糸	실	사 :	작고(幺 작을 요) 가는(小) **실**
缶	질그릇	부 :	배가 불룩하고 아가리가 좁은 **질그릇**. ☞ '장군 **부**'라고도 함 장군 : 물, 술, 간장 따위를 담아 옮길 때 쓰는 뚜껑이 있는 통
网	그물	망 :	얽혀(乂乂) 있는 **그물** 모양. 网 = 罒 '罒'은 5획
羊	양	양 :	두 뿔이 나 있는 **양** 머리를 앞에서 보고 그린 자. 羊 = 𦍌 𦍋
羽	깃	우 :	새의 **깃** 또는 **날개**를 그린 글자
而	말이을	이 :	늙은이의 긴 턱수염 모양. 잔소리가 많은 늙은이의 말이 길게 **이어지다**. 문장에서 **그리고, 그러나**로 해석
耒	쟁기	뢰 :	잡초(丰 무성할 봉)를 갈아엎고 밭을 가는 나무(木)로 된 **쟁기**
耳	귀	이 :	소리를 듣는 사람의 **귀** 모양
聿	붓	율 :	세 손가락(彐 손 계)과 나머지 두 손가락(二)으로 쥔(丨) **붓**
肉	고기	육 :	**고깃덩이** 힘살 단면을 본떠 그린 자. 肉 = 月 육달 **월** ☞ 月 : 달의 뜻이 아닌 다른 뜻으로 쓰일 때는 '육달 월'이라 하여 **고기**나, **목 밑 신체부분**을 나타냄
臣	신하	신 :	임금 앞에서 몸을 구부리고 엎드린 **신하**
自	스스로	자 :	**코** 모양. 중국인은 자기 코를 가리키며 **자기**를 나타낸 데서
至	이를	지 :	한(一) 마리 새 발(内 새발자국 유)이 땅(土)에 **이름**
臼	절구	구 :	곡식이 들어 있는 **절구** 모양. 臼은 7획임
舌	혀	설 :	천(千 일천 천) 개의 입(口)이 있어도 **혀**가 없으면 말 할 수 없 다는 데서… 또는 방패(干 방패 간) 같이 입(口)을 막는 **혀**

舛	발엇갈릴	천 :	고기 조각(夕 고기조각 석)과 소(牛←牛의 축약형) 즉 쇠고기를 먹는다는 것은 좋은 일이기에 **발을 엇갈려** 춤추는 모양에서
舟	배	주 :	통나무(刀) 파서 만든 **쪽배**에서 노(一) 젓는 모양
艮	볼	간 :	눈(目)을 뜨고 보는 모양에서 **눈, 보다**는 뜻
色	빛	색 :	사람이 몸을 굽혀(⺈ 굽은사람 인) 앉았다. 물컹하여 보니 큰 뱀(巴 뱀 파)임을 알고 깜짝 놀라 변하는 **얼굴색**에서
虍	범	호 :	얼룩덜룩한 줄무늬의 **호랑이** 가죽을 본뜬 글자
虫	벌레	충 :	사리고 있는 뱀. **주먹 크기보다 작은 동물**을 나타냄
血	피	혈 :	제사 때 쓸 **피**(丿)가 그릇(皿 그릇 명) 위에 떨어지는 모양
行	다닐	행 :	왼발(彳 걸을 척)과 오른발(亍 걸을 촉)을 움직여 걸어가는 모양에서 **다닌다, 행하다.**
衣	옷	의 :	위에 입는 옷 모양. **천으로 만든 것.** 衤 '옷의변'
襾	덮을	아 :	그릇의 아가리나 구멍에 끼워 막는 **마개** 모양. **덮는다.** 襾 = 覀

7 획

見	볼	견 :	사람이 눈(目)으로 서서(儿 걷는사람 인) **본다.**
角	뿔	각 :	짐승의 굽은(⺈) **뿔** 모양을 그린 글자
言	말씀	언 :	두(二) 번 이상 거듭(二) 생각한 후 입으로 (口) **말한다.**
谷	골짜기	곡 :	갈라져(八) 있는 산(人) **골짜기** 입구(口)를 그린 글자
豆	콩	두 :	콩꼬투리 같이 생겨 **콩**의 뜻. 또한 **제기(祭器)**의 모양이기 함
豕	돼지	시 :	**돼지**의 머리, 등, 발, 꼬리를 그린 글자
豸	맹수	치 :	발을 들고 덤벼들려는 **맹수** 모양
貝	조개	패 :	줄무늬 있는 **조개**가 살을 내밀어 이동하는 모습 작고 단단하며 광택 나는 조개를 **화폐**로 사용함
赤	붉을	적 :	흙(土) 구덩이에서 타는 불(火) 빛이 **붉다.**
走	달릴	주 :	땅(土) 위를 다리(疋 발 소)를 벌려 **달리는** 모습
足	발	족 :	무릎 아래의 **발** 모양을 그린 자. 足 = 𧾷
身	몸	신 :	배가 크고 근육이 단단하게 형성 된 **좋은 몸**
車	수레	거 :	두(二) 바퀴 달린 **수레**를 위에서 본 모양
辛	매울	신 :	세워(立) 놓고 죄인 이마에 '十'자를 바늘로 새긴다는 데서, 혹독하여 **맵다.** 글자 안에서는 **죄인**의 뜻으로 많이 쓰임
辰	때 별	신 진 :	조개가 입을 벌려 움직이는 모양으로, 이 **때** 농사철(봄)을 알리는 전갈자리**별**이 나타나는 데서 온 글자

酉	닭	유	술병 모양으로 酒(술 주)의 옛 자. **술, 술병**의 뜻으로만 쓰임

☞ '닭'의 뜻으로 쓰이게 됨은, 술은 보통 일이 끝날 때인 유시(酉時:17시)부터 마시는데 이 무렵에 닭이 닭장으로 들어가는 데서, 시간을 나타내는 동물 중 하나인 닭이 됨

釆	분별할	변	쌀(米)에 떠 있는 불순물(丿)을 가려내는 데서 **분별하다**.
里	마을	리	농토(田) 가까운 땅(土)에 자리 잡은 **마을**. 1리는 약 393m

8 획

金	쇠	금	덮여(스) 있는 흙(土) 속 여기저기(丶 丿)에 흩어져 있는 **금속**.
長	어른	장	수염이 긴 노인이 지팡이 짚고 있는 모양으로 **길다, 어른**의 뜻
門	문	문	두 짝으로 된 **문. 집, 열다, 닫다 등**의 뜻을 가짐
隶	밑	이	손(彐 손 계)으로 **밑**에 있는 물(水)을 뜨는 모습
隹	새	추	새가 앉아 있는 모양. 보통 꽁지가 짧고 작은 새
雨	비	우	구름(一)에서 넓게(冂) 떨어지는(丨) **비**(丶丶)
靑	푸를	청	둥근(円 = 圓 둥글 원의 약자) 화분에서 뚫고(丨뚫을 곤) 나온 많은 (三) 새싹이 **푸르다. 푸르니 젊다.** 靑 = 青
非	아닐	비	새의 **두 날개**가 서로 다른 두 방향으로 향하여 같은 방향이 **아니다. 또는 나쁘다, 없다 등**

9 획

面	낯	면	사람의 **앞 얼굴**을 본뜬 글자
革	가죽	혁	짐승의 가죽을 벗겨 펴놓고 말리는 모양에서 **털 뽑은 가죽** 또한 좋게 **고치다**는 뜻
韋	다룸 가죽	위	부드럽게 한 소(牛 소 우)의 **가죽**을 본뜬 글자

☞ 다룸가죽 : 매만져서 부드럽게 만든 가죽

韭	부추	구	땅(一) 위에 여러 갈래로 나온 **부추**.
音	소리	음	사람이 서서(立) 입(曰)으로 내는 **소리**.
頁	머리	혈	사람의 **머리**(一)에서 얼굴(自), 목(八)까지 신체. '頁'은 부수로만 쓰임
風	바람	풍	모든(凡 모두 범) 벌레(虫 벌레 충)는 **바람**에 민감하다 하여
飛	날	비	새가 두 날개를 펴고 **나는** 모양
食	먹을	식	사람(人)이 좋은(良 좋을 량) 것을 **먹는다.** 그런 **밥.** 食 = 飠 飠
首	머리	수	털 난 **머리** 모양. 머리는 맨 위에 있어 **우두머리**
香	향기	향	쌀밥(米)에서 나는 입맛(曰)을 돋구는 고소한 냄새에서 **향기**

10 획

馬	말	마	달리는 **말**의 모습

骨	뼈	골	: 살을 발라낸 **뼈**에 살(月=肉)이 조금 붙어 있는 모양
高	높을	고	: 성곽(冂 성곽 경) 위에 높이 세워 만든 망루 모양에서 **높다.**
髟	머리길	표	: 늘어져 있는 **긴**(镸=長) **머리카락**(彡). '長'은 8획 '镸'은 7획
鬥	싸움	두	: 서로 맞서서(丨丨) 왕(王)이 되려고 **싸우다.**
鬯	술	창	: 그릇(凵)에 기장쌀(※)로 **담근 술**을 국자(匕)로 푸는 모양

鬲 솥 **력 : 오지병** 또는 굽은 다리가 셋 달린 **큰 솥**
☞ 오지병 : 진흙으로 만들어 잿물을 입혀 구운 병

鬼 귀신 귀 : 비뚤어진(丿) 생각(思 생각 사의 줄임)으로 사사롭게(厶←私 개인 사) 사람을 해치는 **귀신(鬼神)**. 또는 큰 머리에 뿔난 **도깨비**

11 획

魚	고기	어	: **물고기**의 머리(⺈), 몸통(田), 지느러미(灬) 모양
鳥	새	조	: 꽁지가 긴 **새**가 앉아 있는 모양
鹵	소금밭	로	: 엉기어(※) 있는 **소금**을 포대(囗)에 담아 묶은(卜) 모양
鹿	사슴	록	: **사슴**의 뿔, 머리, 몸통, 다리를 보고 그린 글자
麥	보리	맥	: 중요성이 쌀보다 뒤쳐져(夊 뒤져올 치) 오는 (來) 곡식인 **보리**
麻	삼	마	: 집(广 집 엄)에 **삼** 줄기를 늘어놓고 섬유 뽑는 모양

12 획

黃 누를 **황 :** 구덩이(凵 구덩이 감)를 나란히(二) 쭉 파서(丿丶) 씨를 뿌림으로 말미암아(由 말미암을 유) 곡식 등을 얻을 수 있는 **누런 땅**

黍 기장 **서 :** 벼(禾 벼 화)과의 식물로 물(氺) 넣어(入 들 입) 술을 만드는데 가장 좋은 **기장**을 뜻한 글자

黑 검을 **흑 :** 불(灬=火)을 때니 흙(土)으로 만든 굴뚝 구멍(口)으로 갈라져(丶丿) 빠져나가는 연기에 그을려 **검음**을 뜻함

黹 바느질 치 : 천(巾)에 수놓는 모양에서 **바느질하다.**

13 획

黽	맹꽁이	맹	: 큰 두 눈에 배가 불룩 나온 **맹꽁이**
鼎	솥	정	: 두 귀와 발이 세 개인 **솥** 모양
鼓	북	고	: 음식(十) 제기(豆)에 올리듯, 올려놓고 나뭇가지(支)로 치는 **북**
鼠	쥐	서	: 절구(臼 절구 구) 밑에서 곡식을 주워 먹는 꼬리(㇂)가 긴 **쥐**

14 획

鼻 코 **비 :** 코 모양인 自에, 논밭(田)에서 난 것을 손(廾 들 공) 으로 줍듯, 공기를 흡입해 주는 **코**를 뜻한 글자

齊　가지런할　　제 : 곡식을 베어서 가지런히 묶은 모양에서 **가지런하다**.

15 획

齒　이　　치 : 나란히(止) 혀(一) 위(人人) 아래(人人)로 잇몸(凵)에 박힌 **이**

16 획

龍　용　　룡 : 몸(月 육달 월)을 세워(立 설 립) 꾸불꾸불 하늘로 오르는 **용**

龜　거북　　귀 ┐ 머리와 꼬리를 내놓고 네 발로 기어가는 **거북**
　　갈라질　　균 ┘ 거북 등껍데기 모양에서 **트다, 갈라지다**는 뜻

17 획

龠　피리　　약 : 여러 구멍(口口口)에서 나는 소리가 뭉쳐서(侖 뭉치 륜) 소리의 조화를 이루는 **피리**

☞ 侖 : 글 적은 종이를 사람(人)이 하나(一)의 책(冊)으로 뭉침

2장

부수로 깨치는
한자 풀이 1817

– 8급에서 3급까지

一 部

한 일
(8급 1획)

가로선 하나를 그어 만든 **하나**.
- 一年(일년) 一生(일생) 一心(일심) 一長一短(일장일단) : 하나의 장점과 하나의 단점
- ☞ 年(해 년) 生(살 생) 心(마음 심) 長(길 장) 短(짧을 단)

장정 정
(4급 2획)

팔(一)을 펴고 서(丨) 있는 **장정(壯丁). 넷째 천간(天干)**.
- 丁卯胡亂(정묘호란) : 조선 1627년에 만주의 후금이 침입한 난
  目不識丁(목불식정) : 낫 놓고 기역자도 모름. 지극히 무식함

일곱 칠
(8급 2획)

왼 손가락 5개를 모아 펴서 일자(一)를 만들고 오른손 엄지·검지를 펴서 90도로 만들어 더해 **일곱**.
- 七月(칠월) 七夕(칠석)
- ㄴ = 乙(새 을) : 새의 굽은 앞가슴. 새싹이 구부러진 모양

석 삼
(8급 3획)

가로선 세 개를 그어 나타낸 **셋**.
- 三角(삼각) 三寸(삼촌) 三韓(삼한) : 우리나라 상고(上古) 시대의 마한, 진한, 변한
- ☞ 角(뿔 각) 寸(마디 촌) 韓(나라 한) 古(예, 오랠 고)

위 상
(7급 3획)

사물의 **위**를 가리킴.
- 上下(상하) 世上(세상) 祖上(조상)
- 上濁下不淨(상탁하부정) : 윗물이 흐리면 아랫물도 깨끗하지 않다는 말로, 윗사람의 몸가짐이 발라야 아랫사람의 행실도 바르게 됨

아래 하
(7급 3획)

사물의 **아래**를 가리킴.
- 下校(하교) 下山(하산) 上下(상하) 下心(하심) : 자기를 낮추는 겸손한 마음

丈 어른 **장**
(3Ⅱ 3획)

'大'의 변형으로 지팡이(乀) 짚는 **어른.** 길이 단위로 **10척(尺).**
- 丈母(장모)　丈夫(장부)　丈人(장인)　大丈夫(대장부)
- 尺(자 **척**) : 보통 **약 30.3cm** 먼 옛날의 한 척은 **약 22.5cm**

不 아닐 **불**, **부**
(7급 4획)

하나(一)의 작은(小) 잘못도 해서는 안 된다는 데서 **아니다.**
- 不安(불안)　不孝(불효)　不道德(부도덕)　不正(부정)
- 뒤에 오는 음이 'ㄷ', 'ㅈ'으로 시작되는 경우는 '부'로 발음

丑 소 **축**
(3급 4획)

손(彐)으로 소고삐(丨뚫을 곤)를 잡은 모양에서 소를 뜻함. **둘째 지지(地支)**를 뜻하며 **오전 1시 ~ 3시.**
- 彐(손　계) : 갈라져 있는 손의 손가락을 그린 글자

且 또 **차**
(3급 5획)

제기(祭器) 위에 음식(飮食)을 쌓은 모양에서 **또.**
- 且置(차치) : 문제 삼지 아니하고 내버려 둠　☞ 置(둘　치)
　苟且(구차) : 1. 군색스럽고 구구함 2. 가난함　☞ 苟(구차할 구)

世 인간 **세**
(7급 5획)

열 십(十)자가 세 개 연결되어 변형된 자로, **인간의 한 세대**를 30년으로 봄.
- 世代(세대)　世上(세상)　出世(출세)
　中世(중세) : 고대와 근세의 중간. 우리나라는 고려(高麗)시대

丘 언덕 **구**
(3Ⅱ 5획)

땔감 하러 도끼(斤) 하나(一) 들고 갈 만한 작은 **언덕.**
- 丘陵地(구릉지) : 높이 300m 미만의 밋밋한 기복이 있는 산지
　斤(도끼 근) : 도끼의 모양으로 끊다, 베다, 무기의 뜻

丙 남녘 **병**
(3Ⅱ 5획)

한(一) 사람(人)이 성곽(冂 성곽 경)에 올라 북녘을 바라보는 이곳은 **남녘.**
- 丙子胡亂(병자호란) : 丙子년 오랑캐 난
　- 조선 인조 14년(1636) 청(淸)의 침입으로 조선과 淸의 싸움

丨 部

丨 뚫을 **곤** (1획)	송곳을 본뜬 자로, 위에서 내려 **뚫음**의 뜻.
中 가운데 **중** (8급 4획)	사물(口)의 중심을 뚫은(丨)모양에서 **중심(中心)**. • 中國(중국)　中東(중동)　中學校(중학교)　中學生(중학생) 中宗反正(중종반정) : 연산군을 폐하고 중종을 새 임금으로 세움

丶 部

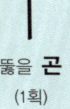

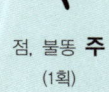

丶 점, 불똥 **주** (1획)	**점**이나 떨어져 나간 **불똥** 모양.
丸 둥글 **환** (3급 3획)	아홉(九 아홉 구) 즉 많은 점(丶 점 주)을 찍어 만든 **둥근** 모양. • 丸藥(환약)　彈丸(탄환)　砲丸(포환)　☞ 彈(탄알 탄) • 九(아홉 구) : 열 십(十)의 가로 획을 구부려 열보다 적은 아홉
丹 붉을 **단** (3Ⅱ 4획)	광석 캐는 굴 입구(冂)와 평평한 나무(一)로 만든 갱목, 광물을 가리키는 '丶'를 합쳐 광산에서 캔 광물인 단사(丹砂)가 **붉음**. • 丹田(단전)　丹楓(단풍)　一片丹心(일편단심)

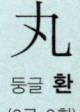

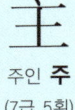
主
주인 **주**
(7급 5획)

촛불(丶) 타오르는 모양. 이처럼 방을 밝혀주는 불이 중심이 되 듯, 가정에서 중심이 되는 **주인(主人).** **주되다.**
- 主客(주객)　主動(주동)　主人(주인)　主張(주장)　主體(주체)

ノ 部

ノ
삐침 **별**
(1획)

오른쪽에서 왼쪽으로 **삐치면서** 당기는 모양.
- 乀(파임 불) : 삽으로 땅을 파고 들어가는 모양

乃
이에 **내**
(3급 2획)

지팡이(ノ 삐침 별) 짚은 허리 굽은(ㄅ) 노인의 모습으로 이처럼 사람은 곧 **이에** 이른다는 데서 유래.
- 人乃天(인내천) : (천도교의 근본 교리로) '사람이 곧 하느님'

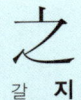
久
오랠 **구**
(3Ⅱ 3획)

사람(人)이 늙어서 앞으로 굽은(ノ)모양에서 **오래다.**
- 耐久性(내구성)　永久(영구)　悠久(유구)　恒久(항구)
- 耐(견딜 내)　永(길 영)　悠(멀 유)　恒(항상 항)

之
갈 **지**
(3Ⅱ 4획)

지그재그로 **간다.** 문장에서 '…**의**' 뜻으로 많이 쓰임.
- 之東之西(지동지서) : 동서로 이리저리 왔다갔다 갈팡질팡함
  有終之美(유종지미) : 일을 끝까지 잘하여 훌륭한 성과를 올림

乎
어조사 **호**
(3급 5획)

팔(一) 벌리고 서(ㅣ) 있는 사람의 입에서 입김(ノ)이 퍼져(丶 ノ) 나가는 모양으로 다음 말을 이끄는 구실을 하는 **어조사.**
- 學而時習之 不亦說乎(학이시습지 불역열호)

乘 乘
탈 **승**
(丿부 10획)

사람(丿)이 북녘(北 북녘 북)을 향하여 위쪽으로 나아가듯 나무
(木)에 양 발을 어긋 디디며 **오르다.**
• 乘客(승객)　乘用車(승용차)　乘車(승차)　同乘(동승)

乙(乚) 部

乙
새 **을**
(3Ⅱ 1획)

새의 모양, 새싹이 구부러져 나온 모양.
• 乙巳士禍(을사사화) : 조선 1545년에 대윤(윤임)과 소윤(윤원형) 두
외척 세력이 대립하고 있던 중, 명종의 외숙인 윤원형이 대윤 일파
를 무고(誣告)하여 그 세력을 정계에서 완전히 몰아낸 사건

九
아홉 **구**
(8급 2획)

열 십(十)자의 가로 획을 구부려 열보다 적은 **아홉.** 또는 **많음**을
나타냄.
• 九月(구월)　☞ 死(죽을 사)
　九死一生(구사일생) : 여러 번 죽을 고비를 넘기고 간신히 살아남

乞
빌 **걸**
(3급 3획)

사람(𠂉)이 새(乙 새 을)처럼 몸을 구부리고 **구걸하다.**
• 乞食(걸식)　乞人(걸인)　求乞(구걸)
• 亻 사람인변　儿 어진사람 **인**　𠂉 굽은사람 **인**　𠂆 누운사람 **인**

也
어조사 **야**
(3급 3획)

힘(力) 있게 새(乚=乙)를 잡는 **뱀**을 보고 그린 글자.
말의 시작이나 끝에 쓰여 도와주는 **어조사(語助辭).**
• 及其也(급기야)　獨也靑靑(독야청청) : 홀로 푸름(절개를 지킴)

乳
젖 **유**
(4급 8획)

손(爫 손톱 조)이 작은(子) 아이가 만지는 늘어진(乚) **젖.**
• 乳母(유모)　乳兒(유아)　粉乳(분유)　授乳(수유)　牛乳(우유)
• 孑(작을 **혈**) : '子'의 변형으로 **작다**는 뜻을 나타냄

乾
하늘 **건**
(3Ⅱ 11획)

나뭇가지(十十) 사이로 해(日)가 돋으면 사람(ㅗ) 일어나듯 새(乙
새 을)가 날아오르는 **하늘**. 해 돋는 하늘에 의해 사물이 **마르다**.
• 乾杯(건배) 乾魚物(건어물) 乾燥(건조)

亂乱
어지러울 **란**
(4급 13획)

얽힌 실타래나, 새(ㄴ)떼처럼 **어지럽다**.
• 亂世(난세) 亂動(난동) 亂髮(난발) 戰亂(전란) 避亂(피란)
• 乙(새 을) : **새**의 굽은 앞가슴. 새싹이 구부러진 모양. 乙 = ㄴ

亅 部

亅
갈고리 **궐**
(1획)

밑 끝이 구부러진 **갈고리**를 본뜬 글자.

了
마칠 **료**
(3급 2획)

아이(子 아들 자)가 양팔을 몸에 붙이고 태어난 모양에서 어려운
해산이 끝났다 하여 **마치다**.
• 滿了(만료) 修了(수료) 完了(완료) 終了(종료)

予
나 **여**
(3급 4획)

사람이 바로 서 있는 모양에서 **바른 나**.
• '豫(미리 예)'의 약자로도 쓰이는 글자

事
일, 섬길 **사**
(7급 8획)

하나(一)인 입(口)으로 먹기 위해 손(크 손 계)을 갈고리(亅 갈고
리 궐)처럼 **일하다**. 일 잘 하여 윗사람 **섬기다**.
• 事大(사대) 事前(사전) 事後(사후) 食事(식사) 人事(인사)

二 部

二 두 **이** (8급 2획)

가로선 두 개를 그어 만든 **둘**.
- 二等(이등) 二世(이세)
  二毛作(이모작) : 한 토지에서 1년에 두 번 농사를 지음

于 어조사 **우** (3급 3획)

둘(二)을 하나(亅갈고리 궐)로 잇듯 말을 이어주는 **어조사**.
- 于先(우선) 于山國(우산국) : 울릉도
  三歲之習 至于八十(삼세지습 지우팔십) : 세 살 버릇 여든까지

云 말할 **운** (3급 4획)

둘(二)이 사적(私的)으로(厶) **말하다**.
- 厶(팔꿈치 **사**) : 팔꿈치를 구부려 물건을 감싸는 모양.
  厶(사사로울 **사**) : 자신의 이익만을 챙긴다는 데서 **사사롭다**.

互 서로 **호** (3급 4획)

서로 엇물려 있는 모양에서 **서로**.
- 互換(호환) 相互(상호) ☞ 換(바꿀 환)
  互角之勢(호각지세) : 우열을 가릴 수 없이 매우 비슷한 형세.
  互惠(호혜) : 서로 혜택이나 편익을 주고받음. ☞ 惠(은혜 혜)

五 다섯 **오** (8급 4획)

둘(ㅣㅣ)에 셋(三)을 더해 나타낸 **다섯**.
- 五大洋(오대양) : 태평양 · 대서양 · 인도양 · 북빙양 · 남빙양.
  五色(오색) : 파랑, 하양, 빨강, 검정, 노랑의 다섯 가지 빛깔

井 우물 **정** (3Ⅱ 4획)

가로 세로로 얽어서 만든 **우물**의 틀 모양.
- 井底之蛙(정저지와) : 우물 안 개구리. 세상 물정에 어둡고 시야 또는 식견이 좁음
  ☞ 底(바닥 저) 之(~의 지) 蛙(개구리 와)

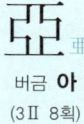

버금 亞
(3Ⅱ 8획)

등뼈 나온 곱사등 둘이 마주 서 있는 모양. 곱사등이는 보통사람보다 키가 작은 데서 **버금가다, 못함**의 뜻.
• 亞細亞(아세아) 亞鉛(아연) 亞熱帶(아열대) 東南亞(동남아)

亠 部

머리부분 두
(2획)

상투 튼 사람 모습으로 **머리 부분**이나 **위**를 나타낸 글자.
• 亥(돼지 해)의 머리에서 따와 '돼지해머리'라고도 함

망할 망
(5급 5획)

덮어(亠) 놓은 것의 한쪽이 뚫려(乚) 물건이 **없어지다**. 있어야 할 것이 없어져 **망하다**. 망하니 **달아나다**. 목숨이 없어져 **죽다**.
• 亡國(망국) 亡命(망명) 亡失(망실) 亡子(망자) 敗亡(패망)

사귈 교
(6급 6획)

갓(亠) 쓴 아비(父 아비 부)가 **오고가며** 사람들을 **사귀다**.
• 交代(교대) 近郊(근교) 外交(외교) 交通(교통)
• 父 : 두 손(丿乀)에 회초리 들고 매를 대는(乂) 엄한 **아버지**

돼지 해
(3급 6획)

돼지의 머리(亠 머리부분 두)와 몸, 다리의 뼈대를 본뜬 자로 넓게 써 보면 **돼지** 모양이 된다.
• **12지지(地支)의 마지막** • 亥時(해시) : 밤 9 ～ 11시

또 역
(3Ⅱ 6획)

팔을 흔들며 걸어가는 사람 모양으로 팔과 다리가 앞으로 나오고 또 나오는 데서 **또**를 나타낸 글자.
• 亦是(역시)
  學而時習之不亦說乎 : 배우고 때때로 익히면 그 또한 즐거움
  학 이 시 습 지 불 역 열 호

亨 형통할 **형** (3급 7획)	음식을 높이(高의 획 줄임) 쌓고 제사를 지내니, 막힌 일이 풀리거나 잘 마치어져(了 마칠 료) **뜻처럼 잘 되어 감.** • 萬事亨通(만사형통) : 모든 일이 뜻하는 대로 잘 되어 나감
享 누릴 **향** (3급 8획)	높은(高의 줄임) 자리에 오른 자식(子)이 복을 **누리다.** • 享樂(향락) 享有(향유) 享壽(향수) : 오래 사는 복을 누림 • 高(높을 **고**) : 성곽(冂 에워쌀 경) 위에 높이 만든 **높은** 망루
京 서울 **경** (6급 8획)	높이(高 높을 고의 줄임) 솟아 있는(小) 궁성 모양으로, 나라를 다스리는 궁성이 있는 **서울.** • 京畿(경기) 京城(경성) ☞ 畿(서울근처의 땅 기) 上京(상경) : (시골에서) 서울로 올라옴
亭 정자 **정** (3Ⅱ 9획)	높게(高), 사람(丁 장정 정)이 쉬어가도록 만든 **정자.** • 亭子(정자) 料亭(요정) 八角亭(팔각정) ☞ 子(접미사 자) • 亠(덮을 **멱**) : 덮개나 **지붕**을 본뜬 글자. **집**의 뜻으로도 쓰임

人 部

人 사람 **인** (8급 2획)	다리 벌리고 서 있는 **사람. 서로 기대고 있는 사람.** • 人間(인간) 人生(인생) 白人(백인) 女人(여인) • 亻 사람인변 儿 어진사람 ⺊ 누운사람 ⺈ 굽은사람
今 이제 **금** (6급 4획)	사람(人) 한(一) 명이 몸을 구부리고(ㄱ) 일하고 있는 현재(現在)를 나타내어 **지금(只今)**인 **이제**를 뜻한 글자. • 今年(금년) 今日(금일) 今世紀(금세기) 今後(금후)

仁
어질 **인**
(4급 4획)

두(二) 사람(人)이 서로를 대하고 있는 모양으로 **사람을 바르게 대한다**는 데서 **어질다**는 뜻.
- 仁德(인덕)　仁術(인술)　仁情(인정)　仁者無敵(인자무적)

介
끼일 **개**
(3Ⅱ 4획)

사람(人) 둘(ノ丨) 사이에 **끼이다.**
- 介入(개입)　介在(개재)　媒介(매개)　仲介(중개)
介意(개의) : 마음에 두고 걱정함.　☞ 媒(중매 매)

他
다를 **타**
(5급 5획)

사람(亻)과 뱀(也)은 전혀 **다르다.**
- 他國(타국)　他鄕(타향)
他界(타계) : 다른 세상. 어른이나 귀인의 죽음을 이르는 말

仕
벼슬 **사**
(5급 5획)

선비(士) 중 뛰어난 사람(亻)이 하는 **벼슬.**
- 奉仕活動(봉사활동) : (나라나 사회를 위하여) 자기의 이해(利害)를 돌보지 아니하고 몸과 마음을 다해 일함　☞ 이바지

付
줄 **부**
(3Ⅱ 5획)

사람(亻)이 손(寸)으로 물건을 **주다.** 주며 **부탁하다.**
- 交付(교부)　納付(납부)　配付(배부)　付託(부탁)
- 寸(마디 **촌**) : 손목에서 맥박(ヽ) 뛰는 사이의 거리인 한 **마디**

仙
신선 **선**
(5급 5획)

산(山)처럼 변함없이 영원히 사는 사람(亻)인 **신선.**
- 仙女(선녀)　仙藥(선약)　仙風(선풍)　神仙(신선)
仙風道骨(선풍도골) : 신선 같은 풍채와 도인과 같은 골격

代
대신할 **대**
(6급 5획)

푯말(弋)을 세워 사람(亻)을 **대신하다.**
- 代理(대리)　代表(대표)　時代(시대)　現代(현대)
- 弋(푯말 **익**) : 세워 놓은 푯말 모양　☞ 現(나타날 현)

令
명령 **령**
(5급 5획)

사람(人)을 한(一) 곳에 모아(亼) 놓고 무릎(卩 무릎 절) 꿇린 후 내리는 **명령(命令)**.
- 命令(명령)   號令(호령)   訓令(훈령)
- 亼(모을 **집**) : 사람(人)을 한(一) 곳에 **모으다**.   ☞ 號(부를 호)

以
써 **이**
(5급 5획)

사람(人)이 쟁기를 **써**서 밭가는 모양.
- 以上(이상)   所以(소이)   自古以來(자고이래)
  以心傳心(이심전심) : 마음으로써 마음을 전함

仰
우러를 **앙**
(3Ⅱ 6획)

사람(亻)이 위로 높이(卬) 바라보는 데서 **우러르다**.
- 仰望(앙망)   仰祝(앙축)   信仰(신앙)   推仰(추앙)
- 卬(높을 **앙**) : 사람(亻)이 무릎(卩 무릎 절) 꿇고 **높이** 쳐다봄

仲
버금 **중**
(3Ⅱ 6획)

사람(亻)이 가운데(中 가운데 중) 서서 **중개하다**.
사람(亻)이 첫 번째가 아닌 중간(中)이라 하여 **버금**.
- 仲介(중개)   仲媒(중매)   仲秋節(중추절)   伯仲之勢(백중지세)

件
조건 **건**
(5급 6획)

사람(亻)이 소(牛)를 고를 때 따지는 여러 **조건(條件)**.
- 件數(건수)   物件(물건)   事件(사건)   用件(용건)
- 牛(소 **우**) : **소**를 옆에서 보고 그린 글자

任
맡길 **임**
(5급 6획)

지략이 뛰어난 사람(亻)에게 북방(壬) 경계의 **임무를 맡기다**.
- 任期(임기)   任務(임무)   信任(신임)   一任(일임)
- 壬(북방 **임**) : 갓(丿) 쓴 선비(士)가 맡은 **북방**의 경계

企
세울 **기**
(3Ⅱ 6획)

사람(人)이 멀리 내다 볼 때 발(止 그칠 지) 뒤꿈치를 들어 보듯, 멀리 내다보고 계획 등을 **세우다**.
- 企圖(기도)   企業(기업)   企劃(기획)   ☞ 圖(꾀할 도)

伏
엎드릴 **복**
(4급 6획)

사람(亻)이 개(犬)처럼 **엎드리다.**
• 伏兵(복병)　起伏(기복)
　伏線(복선) : ① 뒷일을 헤아려서 미리 넌지시 마련해 두는 것
　　② 소설, 희곡에서 앞으로 일어날 사건을 미리 암시하여 두는 일

伐
칠 **벌**
(4Ⅱ 6획)

사람(亻)이 창(戈)을 들고 나무나 적군을 **치다.**
• 伐木(벌목)　伐草(벌초)　殺伐(살벌)　征伐(정벌)
• 戈(창　과) : 날이 세 갈래로 된 **창**이나 **무기**의 뜻

休
쉴 **휴**
(7급 6획)

사람(亻)이 나무(木)에 기대어 **쉬다.**
• 休暇(휴가)　休校(휴교)　休息(휴식)　休日(휴일)　休學(휴학)
☞ 暇(한가할 가)　校(학교 교)　息(쉴, 숨쉴, 자식 식)

伴
짝 **반**
(3급 7획)

사람(亻) 인생의 반(半)을 차지하는 중요한 **짝.**
• 伴侶者(반려자)　伴奏(반주)　同伴(동반)　隨伴(수반)
• 半(반 **반**) : 소(牛 소 우)는 커서 잡으면 **반**으로 갈라놓음

伯
맏 **백**
(3Ⅱ 7획)

사람(亻) 중에서 흰(白 흰 백) 수염이 난 **큰아버지.**
• 伯父(백부) : 큰아버지.　畵伯(화백) : 화가를 높여 이르는 말
　伯仲之勢(백중지세) : 세력 따위가 비슷하여 우열 가리기 어려움

伸
펼 **신**
(3급 7획)

사람(亻)이 아뢸(申) 말을 쫙 **펼쳐** 한다는 의미.
• 伸張(신장)　伸縮(신축)
• 申(아뢸 **신**) : 말(曰 말할 왈)의 핵심을 찔러(丨 뚫을 곤) **아뢰다.**

似
닮을 **사**
(3급 7획)

사람(亻)이 쟁기를 써서(以) 밭가는 모습이 서로 **닮았다.**
• 似而非(사이비)　近似値(근사치)　類似(유사)
• 以(써 **이**) : 사람(人)이 쟁기를 **써서** 밭을 가는 모양

但 다만 **단** (3Ⅱ 7획)	사람(亻)만이 아침(旦)에 뜨는 해의 의미(意味)를 안다는 데서 **오직**, 또는 **단지(但只)**. • 但書(단서) ☞ 只(다만 지) • 旦(아침 **단**) : 해(日)가 지평선(一) 위로 떠오르는 **아침**
位 자리 **위** (5급 7획)	사람(亻)이 서(立) 있는 **자리.** • 位相(위상) 高位(고위) 方位(방위) 即位(즉위) 地位(지위) • 立(설 **립**) : 땅(一)에 두 발로 **서 있는** 사람의 모습
佐 도울 **좌** (3급 7획)	사람(亻)을 부축하거나 도울 때는 왼쪽(左)에서 **도움.** • 輔佐(보좌) : 윗사람 곁에서 그 사무를 도움. ☞ 輔(도울 보) • 左(왼 **좌**) : 하나(一)의 공구(工)를 비스듬히(丿) 들고 있는 **왼손**
低 낮을 **저** (4Ⅱ 7획)	사람(亻)이 밑(氐)에 있으니 신분이나 수준 등이 **낮음.** • 低價(저가) 低空(저공) 低利(저리) 低速(저속) 低質(저질) • 氐(밑 **저**) : 나무뿌리(氏)의 아래(一) 부분이라 하여 **밑**의 뜻
住 살 **주** (7급 7획)	사람(亻)이 주인(主)이 되어 한 곳에 머물러 **살다.** • 住居(주거) 住民(주민) 住所(주소) 宅(주택) ☞ 居(살 거) • 主(주인 **주**) : 타오르는 촛불(丶)이 방의 중심이 되어 **주되다.**
余 나 **여** (3급 7획)	사람(人) 한(一) 명이 나무판(木) 위에 있는 모양에서 높은 장소에 올라 있는 자랑스러운 **나**를 나타낸 글자. • 余等(여등) : 우리들 ☞ 我(나 아) 吾(나 오)
何 어찌 **하** (3Ⅱ 7획)	사람(亻) 올바르니(可) 그 누가 **어찌**하랴? • 何等(하등) : 아무런. 아무 誰何(수하) • 可(옳을 **가**) : 장정(丁)이 **옳은** 말하여(口) 일 진행을 **가능하게** 함

佛 仏
부처 **불**
(4Ⅱ 7획)

사람(亻) 같지 아니한(弗 아닐 불) 성인(聖人)인 **부처.**
- 佛經(불경)　佛敎(불교)　佛像(불상)　佛心(불심)
- 弗 : 활(弓)에 비뚤거나(丿) 짧은(丨) 화살은 쓰는 게 **아니다.**

作
지을 **작**
(6급 7획)

사람(亻)이 지게(乍)를 만들듯 무언가를 **만들다, 짓다.**
- 作家(작가)　作文(작문)　作業(작업)　創作(창작)
- 乍(잠깐 **사**) : 잠깐 사이에 만든 **지게** 모양에서 **잠깐**의 뜻

使
부릴 **사**
(6급 8획)

윗사람(亻)이 지위가 낮은 벼슬아치(吏)를 **부리다.**
- 師命(사명)　使用(사용)　勞使(노사)　天使(천사)
- 吏(벼슬아치 **리**) : 한(一) 시대 역사를 기록하는(史) **벼슬아치**

佳
아름다울 **가**
(3Ⅱ 8획)

사람(亻)의 모습이 잘 다듬어진 홀(圭)처럼 **아름답다.**
- 佳人薄命(가인박명)　佳作(가작)　漸入佳境(점입가경)
- 圭(홀 **규**) : 신하가 손에 들고 있는 **잘 다듬어진** 명판(名板)

來 来
올 **래**
(7급 8획)

나무(木) 아래로 사람들(人人)이 쉬러 **오다.**
- 來年(내년)　來日(내일)　外來語(외래어)
  來世(내세) : 죽은 뒤에 영혼이 다시 태어나 산다는 미래의 세상

例
법식 **례**
(6급 8획)

사람(亻)이 알기 쉽게 벌려(列) 놓은 **보기**나 **법식.**
- 例文(예문)　例外(예외)　事例(사례)　先例(선례)
- 列(벌릴 **렬**) : 고기(歹 뼈앙상할 알)를 칼(刂)로 발라 **벌려 놓음**

供
드릴 **공**
(3Ⅱ 8획)

사람들(亻)이 함께(共 함께 공) 받들어 **모신다, 바치다.**
- 供給(공급)　供物(공물)　供養米(공양미)　提供(제공)
- 共 : 많은(卄 스물 입) 사람이 두 손(八)을 하나(一)로 모아 **함께**

侍
모실 **시**
(3Ⅱ 8획)

사람(亻)이 관청(寺 관청 시)에 있는 높을 분을 **모시다.**
- 시녀(侍女) 시종(侍從) 侍中(시중) 嚴妻侍下(엄처시하)
- 寺 : 토지(土)를 법도(寸 법도 촌) 있게 관리하는 **관청(官廳).**

依
의지할 **의**
(4급 8획)

사람(亻)이 몸을 보호하기 위해 옷(衣)에 **의지하다.**
- 依賴(의뢰) 依存(의존) 依支(의지) 依託(의탁)
- 衣(옷 의) : 위에 입는 옷 모양

侵 侵
침략할 **침**
(4Ⅱ 9획)

사람(亻)이 양손(크) (又 손 우)에 무기 들고(一 덮을 멱) **침입하다.**
- 侵略(침략) 侵犯(침범) 不可侵(불가침)
- 크(손 계) : 갈라져 있는 **손의 손가락**으로 쓰이는 글자

侮
모욕할 **모**
(3급 9획)

사람(亻)은 못난 사람들을 항상(每) **업신여긴다.**
- 侮辱(모욕) 受侮(수모) 辱(욕되게할 욕) ☞ 受(받을 수)
- 每(항상 매) : 사람(𠂉)은 **항상(恒常)** 어미(母)를 그리워한다

侯
제후 **후**
(3급 9획)

사람(亻)이 과녁(그)에 화살(矢 화살 시)을 쏘는 모양. 활 잘 쏘는 이에게 주던 벼슬이 **제후(諸侯).** ☞ 王侯(왕후)
- 侯爵(후작) : 오등작(五等爵)의 둘째 작위(爵位). 공작(公爵) 다음

便
편할 **편** 똥오줌 **변**
(7급 9획)

사람(亻)이 좋게 고쳐(更 고칠 경) 쓰니 **편함.** 배출하면 편한 똥
· **오줌.**
- 便利(편리) 便安(편안) 便紙(편지) 小便(소변)
- 更 : 틀린 한마디(一) 말(曰)을 사람(人)이 좋게 **고쳐 다시** 말함

係
관계할 **계**
(4Ⅱ 9획)

사람(亻)이 어떤 일과 이어져(系) 있어 **관계하다.**
- 係員(계원) 係長(계장) 關係(관계) ☞ 關(빗장 관)
- 系(이을 계) : 매듭(丿)을 매어 실(糸 실 사)을 **이어나감**

俊
준걸 **준**
(3급 9획)

사람(亻)이 당당하게 걸어 나아가는(夋 나아갈 준) 모습에서 **준걸**.
• 俊傑(준걸) 俊秀(준수) 俊才(준재) ☞ 傑(뛰어날 걸)
• 夋 : 사심(厶) 없이 사람(儿)이 당당히 걸어(夊) **나아가다**.

促
재촉할 **촉**
(3Ⅱ 9획)

사람(亻)이 발걸음(足)을 **재촉하다**.
• 促求(촉구) 促迫(촉박) 促進(촉진) 督促(독촉)
• 足(발 **족**) : 무릎 아래의 **발** 모양. ☞ 足 = 𧾷

俗
풍속 **속**
(4Ⅱ 9획)

사람(亻)은 골짜기(谷)를 끼고 모여 사는데, 살다보니 생긴 **관습, 풍속(風俗)**.
• 俗談(속담) 俗物(속물) 俗世(속세) 俗語(속어)
• 谷(골 **곡**) : 갈라져(八) 있는 산(人) **골짜기** 입구(口)를 그린 글자

保
보호할 **보**
(4Ⅱ 9획)

사람(亻)이 나무(木)에 올라 적의 정세를 살펴 알림으로써(口) 적의 침입(侵入)으로부터 **지켜 보호(保護)함**.
• 保健(보건) 保管(보관) 保安(보안) 保育(보육)

信
믿을 **신**
(6급 9획)

사람(亻)은 말(言)을 **믿음** 가게 해야 하며, 또한 훌륭한 이의 말을 **믿고 따르다**.
• 信念(신념) 信仰(신앙) 信用(신용) 通信(통신)
• 言(말씀 **언**) : 두(二) 번 거듭(二) 생각한 후 입으로(口) **말하다**.

俱
함께 **구**
(3급 10획)

일정한 조건을 갖춘(具 갖출 구) 사람(亻)이 **함께** 모임.
• 俱現(구현) 俱樂部(구락부) : 클럽(club)의 한자식 음역(音譯)
• 具 : 상(一) 상다리(八) 휠 정도로 높이(冂) 많이(三) 차려 **갖춤**

修
닦을 **수**
(4Ⅱ 10획)

멀리(攸 멀 유) 내다보고, 머리(彡 터럭 삼)를 감듯, 심신을 **갈고 닦음**.
• 修能(수능) 修道(수도) 修了(수료) 修學(수학)
• 攸 : 사람(亻)이 지팡이(丨)로 땅을 치면서(夊 칠 복) **멀리 간다**.

倉
창고 **창**
(3Ⅱ 10획)

입으로(口) 식량(食)을 저장하는 **창고(倉庫)**.
- 穀倉(곡창)　　☞ 穀(곡식 곡)
　常平倉(상평창) : 조선 시대 물가 조절과 빈민 구제를 위한 기관
- 食(먹을 **식**) : 사람(人)이 **먹는** 좋은(良) 밥　　☞ 食 = 飠

個
낱 **개**
(4Ⅱ 10획)

사람(亻)마다 굳게(固) 가지고 있는 개성으로, 이처럼 개인행동을 한다 하여 **낱낱**.
- 個別(개별)　　個性(개성)
- 固(굳을 **고**) : 성곽(口 에워쌀 위)이 쌓은지가 오래(古)되어 **굳어짐**

倒
넘어질 **도**
(3Ⅱ 10획)

많은 사람(亻)들이 목표에 이르기(到) 전에 좌절하거나 실패로 **넘어지다**.
- 倒産(도산)　　倒置(도치)　　卒倒(졸도)　　壓倒(압도)
- 到(이를 **도**) : 칼(刂) 솜씨가 어느 경지(至 이를 지)에 이르다.

倍
곱절 **배**
(5급 10획)

사람(亻)이 갈라지지(咅) 않고 함께 살면 **곱절**로 는다.
- 倍加(배가)　　倍數(배수)　　百倍(백배)　　☞ 加(더할 가)
- 咅(갈라질 **부**) : 서서(立 설 립) 말싸움(口) 끝에 **갈라지다**.

借
빌릴 **차**
(3Ⅱ 10획)

사람(亻)이 옛(昔)부터 오래 알고 지낸 이에게 **빌리다**.
- 借用(차용)　　借入(차입)　　借名(차명)　　☞ 款(조목 관)
- 昔(옛 **석**) : 많은(卅) 시간이 한결(一)같이 흘러간 **오랜 옛날**(日)

倣
모방할 **방**
(3급 10획)

사람(亻)이 자신을 버리고(放 놓을 방) 남의 것을 **모방하다**.
- 模倣(모방)　　☞ 方(사방 방)　　攵(행할 복)
- 放 : 사방(方)으로 가도록 다스리지(攵) 않고 풀어 **놓아줌**

候
기후 **후**
(4급 10획)

사람(亻)이 뚫어지게(丨 뚫을 곤) 과녁(그)을 보며 화살(矢 화살 시)을 쏘기 위해 비·바람 등의 **기후**를 **살피다**.
- 候補(후보)　　氣候(기후)　　惡天候(악천후)　　全天候(전천후)

値
값 **치**
(3Ⅱ 10획)

사람(亻)이 바르게(直) 매긴 물건의 **값**.
- 價値(가치) 數値(수치) 加重値(가중치) 近似値(근사치)
- 直(곧을 **직**) : 열(十) 번을 보아도 바라보는 눈(目)이 **곧다**

倫
인륜 **륜**
(3Ⅱ 10획)

사람(亻) 뭉쳐(侖 뭉치 륜) 모여 **사는데 지켜야 할 도리(道理)**.
- 倫理(윤리) 不倫(불륜) 人倫(인륜) 天倫(천륜)
- 侖 : 글 적은 종이를 사람(人)이 하나(一)의 책(册)으로 **뭉침**

假 仮
거짓 **가**
(4Ⅱ 11획)

사람(亻)이 빌려서(叚 빌릴 가) 쓰는 것은 진짜가 아니라 **거짓**.
- 假面(가면) 假想(가상) 假設(가설) 假定(가정)
- 叚 : 지붕(尸)을 두(二) 손에(又) 연장을 들고 고치는 모양에서, 필요한 연장을 다른데서 **빌리다**는 뜻

偉
위대할 **위**
(5급 11획)

사람(亻)은 부드러운(韋) 면이 있기에 **위대하다**.
- 偉大(위대) 偉力(위력) 偉業(위업) 偉容(위용) 偉人(위인)
- 韋(다룸가죽 **위**) : 부드럽게 한 소(牛 소 우)의 **가죽**을 본뜬 글자

偏
치우칠 **편**
(3Ⅱ 11획)

사람(亻)은 책(扁) 쓸 때 **치우치는** 경향이 있다.
- 偏見(편견)(편식) 偏食 偏差(편차) 偏頗(편파)
- 扁(책 **편**) : 집(戶 집 호)에서 만든 **작은 책(册)**

停
멈출 **정**
(5급 11획)

사람(亻)이 정자(亭 정자 정)에서 **잠깐 멈춤**.
- 停車場(정거장) 停電(정전) 停止(정지) 停車(정차)
- 亭 : 높게(高의 줄임), 사람(丁 장정 정)이 쉬어가도록 만든 **정자**

健
튼튼할 자주 **건**
(5급 11획)

사람(亻)이 바르게 서(建) 있어 **튼튼하다**. 튼튼하니 일 등을 많이 **자주한다**.
- 健康(건강) 健全(건전) 健忘症(건망증) 忘 忘(잊을 **망**)
- 建(세울 **건**) : 법(法)을 써(聿) 변방까지(廴) 보내 기강을 **세운다**.

側
곁 측
(3Ⅱ 11획)

사람(亻) 곁에 항상 법(則 법 칙)이 있다 하여 **곁, 옆**.
- 側近(측근) 側面(측면) 兩側(양측) 右側(우측)
- 則(법 **칙**) : 조개(貝)가 칼(刂)로 똑같이 나뉘듯 공정한 **법**

偶
짝 우
(3Ⅱ 11획)

사람(亻)과 원숭이(禺)는 서로 닮음. 닮은 **짝. 닮게 만든 것.**
- 偶像化(우상화) 偶然(우연) 配偶者(배우자) 土偶(토우)
- 禺(짐승 **우**) : 밭(田)에 웅크리고 앉아있는(内) **원숭이인 짐승**

傍
곁 방
(3급 12획)

사람(亻)이 서(立 설 립) 있는 방향(方)인 **옆**.
- 傍觀(방관) 傍聽客(방청객) ☞ 觀(볼 관) 聽(들을 청)
- 方(사방 **방**) : 쟁기가 **사방**으로 나아가는 모양. 또는 **방향**

備
갖출 비
(4Ⅱ 12획)

사람(亻)이 언덕(厂)에 난 풀(艹)을 베어 쓰기(用 쓸 용) 좋게 **갖추어 둔다.**
- 備置(비치) 備品(비품) 具備(구비) ☞ 具(갖출 구)
- 厂(언덕 **한**) : 가파른 낭떠러지 모양으로 **언덕, 벼랑, 절벽**

傑
뛰어날 걸
(4급 12획)

사람(亻)의 두 발(舛)이 단상(木)에 있으니 **뛰어나다.**
- 傑作(걸작) 傑出(걸출) 人傑(인걸) 豪傑(호걸)
- 舛(발엇갈릴 **천**) : 고기(夕 고기조각 석)와 소(夅←牛의 축약), 즉 쇠고기를 먹는다는 것은 좋은 일이기에 **발 엇갈려 춤추는 모양**

催
재촉할 최
(3Ⅱ 13획)

사람(亻)이 높은(崔) 수준에 이르도록 **재촉하다.**
- 催眠(최면) 催淚彈(최루탄) 開催(개최) 主催(주최)
- 崔(높을 **최**) : 산(山)을 새(隹 새 추)가 높이 난다는 데서 유래

傲
거만할 오
(3급 13획)

사람(亻)이 땅(土)에 풀어 놓은(放 놓을 방) 강아지처럼 날뛴다 하여 **거만(倨慢)하다.**
- 傲慢(오만) 傲氣(오기) ☞ 慢(게으를, 오만할 만)
- 放 : 사방(方)으로 가도록 다스리지(攵) 않고 풀어 **놓아줌**

傳 伝
전할 **전**
(5급 13획)

사람(亻)이 물레 돌리듯(專) 돌아다니며 소식을 **전하다**.
• 傳記(전기) 傳說(전설) 傳統(전통) 父傳子傳(부전자전)
• 專 : 물레를 손(寸)으로 한 방향으로만 돌리는 데서 **오로지**

債
빚 **채**
(3Ⅱ 13획)

사람(亻)이라면 자신이 책임지고(責) 갚아야 할 **빚**.
• 債券(채권) 債權(채권) 債務(채무) 負債(부채) 國債(국채)
• 責(맡을 **책**) : 주인(主 주인 주)의 재산(貝) 관리를 **맡는다**.

僅 僅
겨우 **근**
(3급 13획)

사람(亻)이 진흙(堇) 길을 힘들게 간다 하여 **겨우**.
• 僅僅得生(근근득생) : 겨우겨우 살아감.   僅少(근소)
• 堇(진흙 **근**) : 가죽(革 가죽 혁)과 같이 질긴 흙(土)인 **진흙**

傷
다칠 **상**
(4급 13획)

사람(亻)이 몸을 숙여(亠) 햇빛(昜) 아래에서 일하니까 피부를 **상하다**.
• 傷處(상처) 傷害(상해) 負傷(부상) 損傷(손상)
• 昜(빛날 **양**) : 아침(旦 아침 단) 햇살이 내리쬐어(勿) **빛나다**.

傾
기울 **경**
(4급 13획)

사람(亻)의 생각이 잠깐(頃) 사이에 **기울어짐**.
• 傾斜(경사)   傾聽(경청)   傾向(경향)   左傾(좌경)
• 頃 : 비수(匕)에 목(頁)을 찔려 목숨이 **잠깐** 사이에 끊어짐

像
모양 **상**
(3Ⅱ 14획)

사람(亻)이 비슷하게 그린 코끼리(象 코끼리 상)라는 데서, **실물과 비슷하게 만든 것, 그린 것**.
• 銅像(동상)   映像(영상)   肖像(초상)   自畵像(자화상)

僚
동료 **료**
(3급 14획)

사람(亻)들이 크게(大) 양쪽(乀 丿)으로 늘어서 해(日)처럼 밝게 작은(小) 일까지 돌보는 **관료**. 이러한 일을 같이 하는 **동료**.
• 閣僚(각료) : 각부 장관. 官僚(관료) 同僚(동료)

僧 僧
중 **승**
(3Ⅱ 14획)

사람(亻) 중, 거듭(曾 거듭 증)하여 수행(修行)하는 **중**.
- 帶妻僧(대처승) : 살림 차린 중. 比丘僧(비구승) : 독신(獨身) 중
- 曾 : 갈라진(八) 입(口)에서 **거듭** 나오는 작은(小) 말에서 유래

僞 僞
거짓 **위**
(3Ⅱ 14획)

사람(亻)만이 하는(爲 할 위) **거짓**.
- 僞善(위선) 僞裝(위장) 僞證(위증) 眞僞(진위)
- 爲 : 원숭이가 앞발을 손(爫)처럼 쓴다 하여 **하다**는 뜻

價 価
값 **가**
(5급 15획)

사람(亻)이 장사(賈)할 때 부르는 **값**.
- 價格(가격) 價値(가치) 物價(물가) 定價(정가) ☞ 値(값 치)
- 賈(장사 **고**) : 덮거나(襾 덮을 아) 쌓아 놓고 재물(貝) 파는 **장사**

儀
거동 **의**
(4급 15획)

사람(亻)이 해야 할 바른(義 옳을 의) **행동양식**.
- 儀禮(의례) 儀式(의식) 儀典(의전) 禮儀凡節(예의범절)
- 義 : 양(羊)을 손(手)에 창(戈)을 들고 지킴이 **바르고 옳은 뜻**임

儉 倹
검소할 **검**
(4급 15획)

사람(亻) 여럿(僉)이 함께 잘 살려면 **검소해야** 함.
- 儉素(검소) 儉約(검약) 勤儉節約(근검절약) ☞ 勤(부지런할 근)
- 僉(여러 **첨**) : 사람(人人) 의견(口口)을 모은다(亼)는 데서 **여럿**

億
억 **억**
(5급 15획)

사람(亻)마다 가지고 있는 무수한 뜻(意)과 같이 헤아릴 수 없이 큰 수인 **억**.
- 億萬(억만) 億萬長者(억만장자) 億兆(억조)
- 意(뜻 **의**) : 소리(音)내어 마음(心)의 생각을 나타내는 **뜻**

儒
선비 **유**
(4급 16획)

비(雨) 같이 시원하게 말 잘하는(而 말이을 이) 사람(亻)인 **선비**.
- 儒家(유가) 儒敎(유교) 儒生(유생) 儒學(유학)
- 而 : 턱수염 모양. 잔소리가 많은 늙은이의 말이 **이어지다**.

償
갚을 **상**
(3Ⅱ 17획)

공 있는 사람(亻)에게 상(賞 상줄 상)을 주어 은공을 **갚다.**
• 償還(상환) 報償(보상) 補償(보상) ☞ 報(갚을 보) 補(채울 보)
• 賞 : 공이 있는 사람에게 높은(尚) 벼슬과 재물(貝)로 **상주다.**

優
뛰어날 **우**
(4급 17획)

사람(亻) 중에 앞날을 걱정하여(憂) 미리 준비해두는 이가 **뛰 어나다.**
• 優待(우대) 優等(우등) 優秀(우수) 優勝(우승)
• 憂(근심 우) : 머리(頁)의 근심(心)으로 발걸음(夂) 무거운 모양

儿 部

儿
어진사람 **인**
(2획)

걸어가는 사람의 **다리**를 가리킨 글자.
사람의 뜻으로 많이 쓰임.

元
으뜸 **원**
(5급 4획)

한(一) 사람이 우뚝한(兀 우뚝할 올) 곳에 올라 있는 모양에서 **으 뜸**의 뜻. 으뜸은 맨 앞에 온다 하여 **처음.**
• 元金(원금) 元老(원로) 元首(원수) 元祖(원조) 身元(신원)

兄
맏 **형**
(8급 5획)

아우에게 도움 말(口)을 해주는 사람(儿)인 **형.**
• 兄夫(형부) : 언니의 남편. 兄弟(형제) : 형과 아우
  兄友弟恭(형우제공) : 형은 아우를 우애하고 아우는 형을 공경함

充
찰 **충**
(5급 6획)

갓(亠) 쓴 선비는 진실(允 진실로 윤)됨으로 가득 **차다.**
• 充滿(충만) 充分(충분) 充實(충실) 充足(충족)
• 允 : 사사로움(厶→私)이 없는 어진 사람(儿)은 **진실하다.**

兆
조짐, 조 **조**
(3Ⅱ 6획)

점을 치기 위해 거북 껍질을 태워 갈라진 금 모양을 보고 길흉을 가린다 하여 **조짐**. 수많은 금에서 많은 수를 나타내는 **조**.
- 吉兆(길조)　亡兆(망조)　億兆(억조)　凶兆(흉조)

先
먼저 **선**
(8급 6획)

소(牛의 축약)를 끌고 사람이(儿 어진사람 인) 먼저 앞서간다는 데서 **먼저**.
- 先見(선견)　先生(선생)　先進國(선진국)
- 牛(소 **우**) : **소**를 옆에서 보고 그린 글자　☞ 進(나아갈 진)

光
빛 **광**
(6급 6획)

불 켜서 높은(兀) 곳에 올려 두는데 여기에서 나오는(丶ㅣノ) **빛**.
- 光明(광명)　光線(광선)　發光(발광)　光榮(광영)
- 兀(우뚝할 **올**) : 평평하고(一) 다리(儿 다리 인) 길어 **높은** 탁자

克
이길 **극**
(3Ⅱ 7획)

오래(古) 참고 견디는 사람(儿)이 어려움을 **이기다**.
- 克服(극복)　克己復禮(극기복례) : 욕심을 버리고 예로 돌아감
- 古(오랠 **고**) : 열(十) 사람 입(口)을 통한 것은 이미 **오래** 된 일

免
면할 **면**
(3Ⅱ 7획)

덫에 걸린 토끼(兔=兎 토끼 토)가 꼬리(丶)만 잘리고 도망간 모양에서 죽음이나 어려움 등을 **면하다**.
- 免稅(면세)　免除(면제)　免責(면책)　免許(면허)　減免(감면)

兎
토끼 **토**
(3Ⅱ 8획)

머리를 들고 꼬리를 내밀고 앉아 있는 뒷다리가 긴 **토끼**.
- 兎脣(토순) : 찢어진 윗입술. 언청이. 兎走烏飛(토주오비) : 토끼 (달)가 달리고 까마귀(해)가 날아감. 세월이 빠름을 이르는 말

兒児
아이 **아**
(5급 8획)

양 손(臼)을 벌리고 걷고 있는(儿 걷는사람 인) **아이**.
- 兒女子(아녀자)　兒童(아동)　兒役(아역)　育兒(육아)
- 臼(절구 **구**) : 곡식이 들어 있는 **절구**. **양쪽**으로 늘어선 모양

入 部

들 **입**
(7급 2획)

사람이 장막 따위를 밀치고 **들어가다.**
- 入金(입금) 立場(입장) 入住(입주) 出入(출입) ☞ 住(살 주)
  入門(입문) : 어떤 학문을 배우려고 처음 들어감

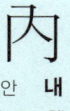

안 **내**
(7급 4획)

빈(冂) 공간 속으로 들어간다(入 들 입)는 데서 **안, 속.**
- 內外(내외) 內面(내면) 內室(내실) 市內(시내) 邑內(읍내)
- 冂(빌 **경**) : 둘러싸고 있는 안쪽이 **비어있는** 모양

모두 **전**
(7급 6획)

들어(入 들 입) 있는 것이 모두 온전한 구슬(王←玉)이라는 데서
모두, 온전의 뜻.
- 全部(전부) 全體(전체) 安全(안전) 完全(완전)
  ☞ 部(나눌 부) 體(몸 체)

兩 両

두 **량**
(4Ⅱ 8획)

양쪽에 같은 무게의 물건을 올려놓는(入 들 입) 저울(帀)의 모양
에서 **둘**의 뜻.
- 兩家(양가) 兩國(양국) 兩面(양면) 兩親(양친)
- 兩班(양반) : 동반(東班)과 서반(西班). 신분이 높은 상류 계급

八 部

여덟 **팔**
(8급 2획)

두 손의 네 손가락을 펴서 서로 등지게 하여 **여덟.**
- 八道(팔도) : 옛날 우리나라의 행정구역인 여덟 도 ☞ 道(길 도)
  경기도·충청도·전라도·경상도 ·강원도·황해도·평안도·함
  경도

公
공평할 **공**
(6급 4획)

사사로움(厶 사사로울 사)을 가르고(八) **대중**에게 **공평하게 하다.**
- 公立(공립)　公式(공식)　公用(공용)　公正(공정)
- 厶 : **팔꿈치**를 구부려 **자기 쪽으로 물건을 감싸는** 모양

六
여섯 **륙**
(8급 4획)

팔(八)에서 막대기 두(丨一) 개를 빼니까 **여섯.**
- 六旬(육순)　유월(六月)　☞ 旬(열흘 순)
　滑音調(활음조) 현상 : 두 음소가 이어 날 때 **소리내기 쉽고 듣기 부드럽게** 변하는 현상

兮
어조사 **혜**
(3급 4획)

입김이 막혔다(丂 막힐 고) 퍼져(八 나눌 팔) 나가는 모양에서 감탄이나 어조(語調)를 높일 때 쓰는 **어조사.**
- 丂 : 위(一)가 **막혀** 나아가지 못하고 구부러져 있는 모양

共
함께 **공**
(6급 6획)

많은(卄) 사람이 두 손(八)을 하나(一)로 모아 **함께** 받드는 모양.
- 共同(공동)　共産(공산)　共用(공용)　共有(공유)
- 卄(스물 **입**) : 열(十)에 열(十)을 더해 **스물**을 나타낸 글자

兵
병사 **병**
(5급 7획)

도끼(斤)를 양 손(八)　위(一)에 들고 있는 **병사(兵士).**
- 兵器(병기)　兵力(병력)　兵士(병사)　將兵(장병)
- 斤(도끼 **근**) : **도끼**의 모양으로 **끊다, 베다, 무기**의 뜻

具
갖출 **구**
(5급 8획)

제사상(一)에 상다리(八)가 휠 정도로 높이(冂) 많이(三) 차려 **갖추다.**
- 具備(구비)　具體的(구체적)　家具(가구)　道具(도구)
- 冂(성곽 **경**) : **멀리** 둘러싸고 있는 **높은 성곽.** 또는 **둘러싸다.**

其
그 **기**
(3Ⅱ 8획)

곡식을 고르는 키(箕) 모양. 키 두는 일정한 **그곳, 거기**라는 데서 그가 됨.
- 其他(기타)　各其(각기)
- 箕(키 **기**) : 대(竹)로 만든 곡식을 고르는 **키(其)** 모양

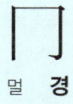

典 법 **전**
(5급 8획)

목판에 글을 새겨 굽어지지(曲 굽을 곡) 않도록 평평하며(一) 받침(八) 있는 널빤지 위에 보관하던 **방대한 책.**
- 法典(법전)　佛典(불전)　聖典(성전)　百科事典(백과사전)

兼 겸할 **겸**
(3Ⅱ 10획)

벼(禾 벼 화) 둘을 한(一) 손(크)에 쥐고 있는 모양에서 **겸하다.**
- 兼備(겸비)　兼業(겸업)　兼用(겸용)　兼職(겸직)
- 크(손 **계**) : 갈라져 있는 **손가락. 손**의 뜻으로 많이 쓰임

冂 部

冂 멀 **경**
(2획)

멀리 둘러싸고 있는 **성곽** 모양. 또는 **둘러싸다.**

冊 책 **책**
(4급 5획)

엮은(一) 목간(冂)에 나라의 명을 적어 멀리(冂) 변방까지 보낸 것이 후에 **책**으로 됨.
- 冊房(책방)　冊封(책봉)　☞ 封(봉할 봉)
- 종이 발명(서기 105년) 전에는 보통 죽간(竹簡)에 글을 적었음

再 두번 **재**
(5급 6획)

왕(王)은 멀리(冂) 내다보고 **두 번 거듭** 생각한다.
- 再考(재고)　再生(재생)　再唱(재창)　再現(재현)　再活(재활)
- 王(임금 **왕**) : 한(一) 지역의 땅(土)을 다스리는 **왕**

冒 무릅쓸 **모**
(3급 9획)

두(二) 눈(目)을 수건으로 둘러싸(冂 둘러쌀 경) 가리고 나아가듯 한다 하여, **무릅쓰다**의 뜻으로 쓰이는 글자.
- 冒頭(모두) : 말이나 글의 첫머리.　冒險(모험)

一 部

덮을 멱
(2획)

덮개를 본뜬 글자.
- '민갓머리'라고도 함.
  이는 갓머리(宀)에서 윗점이 빠져 밋밋하다 에서 온 말.

冠

갓 관
(3Ⅱ 9획)

두(二) 손(寸)으로 사람(儿)이 덮어(冖) 쓰는 **갓.**
- 冠詞(관사)　衣冠(의관)　弱冠(약관) : 남자가 20살이 되면 관례
  (冠禮)를 하는, 20세가 된 때. – 관례는 하였으나 학식, 경험 등이
  부족하니 더욱더 매진(邁進)해야 할 나이. ☞ 邁(힘쓸 매)

冥

어두울 명
(3급 10획)

서녘 아래로(冖) 해(日)가 지는 겨울철 6(六)시는 **어둡다.** 어둡다
는 데서 **저승.**
- 冥福(명복)　冥想(명상)　冥王星(명왕성)
- 명왕성은 2005년부터 태양계의 행성(行星)에서 제외되었음

冫 部

얼음 빙
(2획)

고드름에서 떨어지는 물 모양에서 **차다, 춥다, 얼다.**
- 氷이 本字. 氵(삼 수)에서 한 획 줄어 '이수변'이라고 함.

冬

겨울 동
(7급 5획)

계절 중 맨 뒤(夂)에 오며 얼음(冫 얼음 빙)이 어는 **겨울.**
- 立冬(입동) : 이십사절기의 하나. 이때부터 겨울에 들어선다 함
  夂(뒤져올 **치**) : 두 다리를 끌며 **천천히 걸어감.**

冷
찰 랭
(5급 7획)

얼음(冫) 같이 명령(令 명령 령)은 **차다.**
- 冷水(냉수)　冷戰(냉전))　冷情(냉정)　溫冷(온냉)
- 令 : 사람(人) 한(一) 곳에 모아 놓고(卩 무릎 절) 내리는 **명령**

凍
얼 동
(3Ⅱ 10획)

동쪽(東 동녘 동)에서 찬 기운이 오니까 얼음(冫)이 **얼다.**
- 凍結(동결)　凍傷(동상)　冷凍(냉동)　解凍(해동)
- 東(동녘 동) : 나무(木) 사이로 해(日)가 뜨는 쪽인 **동쪽**

凝
엉길 응
(3급 16획)

추워지면 의심할(疑 의심할 의) 여지없이 물이 **엉기어** 얼음(冫 얼음 빙)이 된다.
- 凝結(응결)　凝固(응고)　☞ 結(맺을 결)
- 疑 : 비수(匕)・화살(矢)・창(矛)을 지니고 다니니(疋) **의심한다.**

几 部

几
책상 궤
(2획)

기대앉는 **책상**이나 **덮개**의 모양.
- '안석 궤'라고도 함.
- 안석(案席) : 앉을 때 몸을 기대는 방석

凡
모두 범
(3Ⅱ 3획)

물체(丶)를 덮고(几 덮을 궤) 있는 천의 모양으로, 전체를 덮는다 하여 **모두**라는 뜻과, 모두는 **평범(平凡)**하다.
- 凡事(범사)　凡常(범상)　凡人(범인)　非凡(비범)

凡事普人情 後來好相見(범사보인정 후래호상현)
모든 일에 있어 남에게 베푼 정으로 인하여 후에 그 사람의 모습이 좋게 나타나 보인다는 말.　☞ 見(볼 견, 나타날 현)

凵 部

凵
구덩이 **감**
(2획)

위가 터진 **그릇** 또는 **구덩이.**
- '위터진입구'라고도 함.

凶
흉할 **흉**
(5급 4획)

가뭄으로 물구덩이(凵) 바닥이 갈라져(乂) 보기가 **흉함.**
- 凶家(흉가)　凶器(흉기)　凶年(흉년)　凶作(흉작)
- 乂(갈라질 **오**) : 이쪽(丿) 저쪽(乀)으로 **갈라짐**

出
날 **출**
(7급 5획)

구덩이(凵)에서 싹이 흙을 뚫고(丨) 위로 **나오다.**
- 出力(출력)　出發(출발)　出入(출입)　出産(출산)　出場(출장)
- 丨(뚫을 **곤**) : 송곳을 본뜬 글자로, 위에서 내려 **뚫음**의 뜻

刀(刂) 部

刀
칼 **도**
(3Ⅱ 2획)

칼의 모양을 본뜬 자로 **베다, 자르다.**
- 刀劍(도검)　果刀(과도)　短刀(단도)　面刀(면도)　☞ 刂(선칼 도)
　單刀直入(단도직입) : 논점의 본론이나 결론을 바로 말함

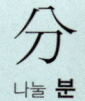

分
나눌 **분**
(6급 4획)

칼(刀 칼 도)로 물건을 **나눈다**(八 여덟, 나눌 팔).
크거나 복잡한 것을 작게 나누어 쉽게 **이해하다.**
- 分母(분모)　分配(분배)　分別(분별)　分數(분수)　分野(분야)

切

꿇을 **절** 모두 **체**
(5급 4획)

여러(七 일곱 칠) 번 칼질(刀)을 하여 **끊는다.**
끊을 때는 모두를 자른다 하여 **모두**를 뜻함.
• 切上(절상) 切望(절망) 品切(품절) 一切(일체)

刊

새길 **간**
(3Ⅱ 5획)

방패(干 방패 간)에 칼(刂)로 이름이나 무늬를 **새긴다.**
• 刊行(간행) 發刊(발간) 日刊(일간) 朝刊(조간) 出刊(출간)
• 干 : 손잡이 달린 둥근 **방패. 막는다, 말리다**는 뜻으로도 쓰임

刑

형벌 **형**
(4급 6획)

죄인을 형틀(幵)에 묶고 칼(刂)로 다스리는 모양에서 **형벌.**
• 刑罰(형벌) 減刑(감형) 死刑(사형) 處刑(처형)
• 幵(평평할 **견**) : 방패(干 방패 간) 두 개를 붙여 **평평하게** 함

列

벌일 **렬**
(4Ⅱ 6획)

고기(歹 뼈앙상할 알)를 칼(刂 선칼 도)로 발라 **벌려 놓음.**
• 列擧(열거) 列島(열도) 列傳(열전) 配列(배열)
• 歹 : 뼈(一)에 살(夕 고기조각 석)이 조금 붙은 **뼈. 죽음**

初

처음 **초**
(5급 7획)

옷(衤=衣)을 만드는 것은 천을 자르는(刀) 것이 **시작**이라는 데서
처음.
• 初級(초급) 初期(초기) 初等(초등) 始初(시초)
• 衣(옷 **의**) : **위에 입는 옷** 모양. ☞ 衣 = 衤 '옷의 변'이라 함

判

판단할 **판**
(4급 7획)

소를 반(半)으로 칼(刂 선칼 도)로 가르듯 잘 잘못을 **가리다. 판단**
하다.
• 判決(판결) 判斷(판단) 判事(판사)
• 半(반 **반**) : 소(牛 소 우)는 커서 잡으면 **반**으로 갈라놓음

別

나눌 **별**
(6급 7획)

입(口)으로 먹기 좋게 칼(刀의 축약)과 칼(刂)로 **나누다.**
• 別館(별관) 分別(분별) 別世(별세) : 세상(世上)을 떠남
• 刂(선칼 **도**) : '刀'가 부수로 우측에 위치할 때 쓰임(刊 劍)

利
이로울 **리**
(6급 7획)

벼(禾)농사를 끝이 날카로운 연장(刂)으로 지으니까 **편리(便利)하고 이롭다.**
- 利用(이용) 利益(이익) 利子(이자)
- 禾(벼 **화**) : 익으면 고개 숙이며(丿) 자라는(木) **벼, 곡식**

到
이를 **도**
(5급 8획)

무사히 목적지에 이르기(至) 위하여 칼(刂) 지니고 가 안전히 목적지에 **이르다.**
- 到達(도달) 到來(도래) 到着(도착) ☞ 達(이를 달)
- 至(이를 **지**) : 한(一) 마리 새 발(内 새발자국 유)이 땅(土)에 이르다.

制
제도 **제**
(4Ⅱ 8획)

소(牛) 잡을(刂) 때도 일정한 법도가 있고 천(巾)을 마름질(刂) 할 때도 일정한 방식 있듯, 잘 다듬어서 만든 **규정이나 제도(制度).**
- 制動(제동) 制定(제정) 制限(제한)

刷
인쇄할 **쇄**
(3Ⅱ 8획)

집(尸)에서 천(巾 수건 건)으로 닦고 칼(刂선칼 도)로 새겨 만들어 **인쇄하다.**
- 印刷(인쇄) 刷新(쇄신) ☞ 印(도장 인)
- 尸(지붕 **시**) : 지붕 모양을 그린 자. **집**의 뜻으로 많이 쓰임

券
문서 **권**
(4급 8획)

양손(丿丶) 둘(二)을 이용해 사람(人)이 쓴 것을 증표로 나누어 (刀) 가지는 **문서(文書).**
- 福券(복권) 旅券(여권) 證券(증권) 債券(채권) ☞ 債(빚 채)

刺
찌를 **자, 척**
(3Ⅱ 8획)

가시(束)가 찌르듯 칼(刂선칼 도)로 **찌르다.**
- 刺客(자객) 刺傷(자상) 亂刺(난자) 刺殺(척살)
- 束(가시 **자**) : 나무(木)를 덮고(冖 덮을 멱) 있는 **가시**

刻
새길 **각**
(4급 8획)

속에 든 뼈대(亥)처럼 안으로 깊이 파서(刂) **새기다.**
- 刻苦(각고) 刻印(각인) 時刻(시각) 刻骨難忘(각골난망)
- 亥(돼지 **해**) : **돼지**의 머리(亠)와 몸, 다리의 뼈대를 본뜬 글자

削
깎을 **삭**
(3Ⅱ 9획)

작게(肖 작을 초) 칼(刂)로 **깎다**.
- 削減(삭감) 削髮(삭발) 削除(삭제) 添削(첨삭) ☞ 添(더할 첨)
- 肖 : 고기(月=肉)가 말라서 **작아짐**(小 작을 소)을 나타낸 글자

則
법 **칙**
(5급 9획)

조개(貝 조개 패)를 칼(刂선칼 도)로 쪼개면 똑같이 나뉘듯 공정한 **법**.
- 校則(교칙) 規則(규칙) 罰則(벌칙) 鐵則(철칙) 學則(학칙)

前
앞 **전**
(7급 9획)

우두머리(首의 줄임)가 몸(月육달 월)에 칼(刂)을 차고 **앞**장서 나아감.
- 全面(전면) 前生(전생) 前進(전진) 生前(생전)
- 首(머리 **수**) : 털 난 **머리**. 머리는 맨 위에 있어 **우두머리**

剛
굳셀 **강**
(3Ⅱ 10획)

변치 않는 산등성이(岡)처럼 칼(刂)에도 굴하지 않아 **굳세다**.
- 剛健(강건) 剛直(강직) 外柔內剛(외유내강)
- 岡(산등성이 **강**) : 그물(网)처럼 이어져 솟아(山) 있는 **산등성이**

副
버금 **부**
(4Ⅱ 11획)

한(一) 입(口) 먹고 살 수 있는 밭(田) 작물을 나누어(刂) 지신에게 제사 지냄. 지신 제사는 종묘(宗廟) 제사의 다음 가는 일이라 하여 **버금**.
- 副詞(부사) 副社長(부사장)

割
나눌 **할**
(3Ⅱ 12획)

해로운(害 해로울 해) 것을 칼(刂선칼 도)로 **베다**, 여기서 **나누다**.
- 割據(할거) 割當(할당) 割賦(할부) 割引(할인)
- 害 : 집(宀)에 사는 많은(丰) 벌레가 입(口)으로 **해를 입힌다**.

創
비롯할 **창**
(4Ⅱ 12획)

창고(倉) 짓기는 재목을 깎는(刂) 것부터 **비롯하다**.
- 創立(창립) 創世記(창세기) 創業(창업) 創造(창조)
- 倉(창고 **창**) : 먹는(口) 식량(食 먹을 식)을 저장하는 **창고**

劃
그을 **획**
(3Ⅱ 14획)

논밭의 경계를 그림(畵 그림 화) 그려 나누어(刂) **긋는다.** 미리 경계를 그어 분쟁 소지를 없앤다 하여 **계획하다.**
- 劃數(획수) 畵順(획순) 劃一(획일) 計劃(계획) 企劃(기획)

劇
꾸밀 **극**
(4급 15획)

범(虍 범 호)과 멧돼지(豕)가 칼(刂)을 들고 서로 싸우는 **심하게 꾸민 연극(演劇).**
- 劇團(극단) 劇場(극장) 劇化(극화)
- 豕(돼지 **시**) : **돼지**의 머리, 등, 발, 꼬리를 그린 글자

劍 劒
칼 **검**
(3Ⅱ 15획)

무술을 연마한 여러(僉) 사람이 차고 다니는 칼(刂)인 **검.**
- 劍客(검객) 劍道(검도) 劍舞(검무) 劍術(검술)
- 僉(여러 **첨**) : 사람들(人人) 의견(口口)을 모은다(스) 하여 **여럿**

力 部

力
힘 **력**
(7급 2획)

쟁기질을 하는 남성의 **힘**을 나타낸 글자.
- 國力(국력) 水力(수력) 全力(전력) 學力(학력)
- 重力(중력) : 지구가 지구 위에 있는 물체를 중심으로 끌어당기는 힘

加
더할 **가**
(5급 5획)

더욱더 힘(力)을 내라고 말(口)로 부추겨 힘을 **더하다.**
- 加減(가감) 加工(가공) 加算(가산) 加速(가속) 加熱(가열)
- ☞ 減(덜 **감**) 算(셈 **산**) 速(빠를 **속**) 熱(더울 **열**)

功
공로 **공**
(6급 5획)

장인(工)이 힘써(力) 일하여 이룬 **공로(功勞).**
- 功臣(공신) 功績(공적) 무공(武功) 成功(성공)
- 工(장인 **공**) : **공구** 모양. 공구를 사용하는 물건을 만드는 **장인**

劣
못날 **렬**
(3급 6획)

어려서(少 어릴 소) 힘(力 힘 력)이 **부족하거나**, 일을 제대로 못해 **못나다.**
- 劣等(열등)　劣勢(열세)　卑劣(비열)　優劣(우열)　拙劣(졸렬)
- ☞ 卑(낮을 비) 優(뛰어날 우) 拙(못날 졸)

助
도울 **조**
(4Ⅱ 7획)

많은(且 또 차) 어려운 일에 힘(力)을 보태어 **돕다.**
- 助敎(조교)　助力(조력)　助手(조수)　助言(조언)　救助(구조)
- 且(많을 **차**) : 제기(祭器)에 음식 **많이** 쌓아 놓은 모양

努
힘쓸 **노**
(4Ⅱ 7획)

무언가 하고자 할 때는 종(奴)처럼 자신을 낮추고 **힘써(力) 한다.**
- 努力(노력)
- 奴(종 **노**) : 여자(女) 같이 손(又 손 우)으로 일 많이 하는 **종**

勇
날랠 **용**
(6급 9획)

솟듯이(甬) 힘차게(力) 나가는 모양에서 **날래다.**
- 勇氣(용기)　勇猛(용맹)　　　　☞ 猛(사나울 맹)
- 甬(솟을 **용**) : 꽃봉오리가 솟아나온 모양. 물이 **솟아나는** 모양

勉
힘쓸 **면**
(4급 9획)

가난한 생활 등을 면하기(免 면할 면) 위해서 **힘쓰다(力).**
- 勉學(면학)　勤勉(근면)　勸勉(권면)　☞ 勤(부지런할 근)
- 免 : 토끼(兔)가 꼬리(丶)만 잘리고 도망가 죽음을 **면하다.**

動
움직일 **동**
(7급 11획)

무거운(重 무거울 중) 것을 힘(力)을 써 **움직이다.**
- 動力(동력)　動物(동물)　手動(수동)　自動(자동)
- 重 : 천(千) 개의 마을(里)을 다스려야 하니 책임이 **무겁다.**

務
힘쓸 **무**
(4Ⅱ 11획)

창(矛)으로 찌르고 치고(攵 칠 복) **힘써(力) 행하다.**
- 事務室(사무실)　實務(실무)　業務(업무)　義務(의무)
- 矛(창 **모**) : 긴 자루가 달린 끝이 **뾰족한 창**

勝
이길 **승**
(6급 12획)

몸(月)과 양손(𠂇乀) 둘(二)을 이용해 사람(人)이 힘(力) 써 **이기다.**
- 勝利(승리) 勝敗(승패) 景勝地(경승지) : 경치가 뛰어난 곳.
- 月(육달 **월**) : '달'의 뜻이 아닐 때는 (月=肉 고기 육)로 **고기, 신체**

勞 労
일할 **로**
(5급 12획)

불(火火) 켜 놓고 집(冖)에서 힘(力) 써 **일하다.**
- 勞苦(노고) 勞動(노동) 勞使(노사) 疲勞(피로)
- 冖(덮을 **멱**) : **덮개**나 **지붕**을 본뜬 글자. **집**의 뜻으로도 쓰임

募
모을 **모**
(3급 13획)

없는(莫 없을 막) 사람을 채우기 위해 힘써(力) **모음.**
- 募金(모금) 募兵(모병) 募集(모집) 公募(공모) 應募(응모)
- 莫 : 초목(艹) 아래로 해(日)가 크게(大) 지며 없어져 **없다.**

勢
기세 **세**
(4Ⅱ 13획)

심은(埶) 초목이 힘차게(力) 자라듯 뻗어나가는 기세나 **기운.**
- 勢力(세력) 權勢(권세) 大勢(대세) 實勢(실세)
- 埶(심을 **예**) : 둥글게(丸) 흙(土) 파고(儿) 흙(土) 위에 **심다.**

勤 勤
부지런할 **근**
(4급 13획)

질긴 진흙(堇)처럼 끈질기게 힘써(力) 부지런히 **일하다.**
- 勤儉(근검) 勤勉誠實(근면성실) 勤務(근무) 勤勞(근로)
- 堇(진흙 **근**) : 가죽(革 가죽 혁)과 같이 질긴 흙(土)인 **진흙**

勵 励
힘쓸 **려**
(3Ⅱ 17획)

언덕(厂 언덕 한)에서 많은(萬 일만, 많을 만) 사람들이 **힘써(力)
일하다.**
- 激勵(격려) 督勵(독려) 獎勵(장려)
- 萬 : 초원(艹)에 사는 짐승(禹 짐승 우)처럼 **많다**와 **일만(一萬)**

勸 勧
권할 **권**
(4급 20획)

황새(雚)가 힘써(力) 먹이 찾듯이 열심히 하라고 **권하다.**
- 勸告(권고) 勸奬(권장) 勸學(권학) 勸善懲惡(권선징악)
- 雚(황새 **관**) : 위에서 내려다보고(口口) 있는 큰 새(隹)인 **황새**

勹 部

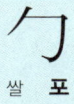

勹
쌀 **포**
(2획)

사람이 팔이나 손으로 무언가를 **감싸고** 있는 모양.

勿
말 **물**
(3Ⅱ 4획)

싼(勹 쌀 포) 물건이 모두 빠져(丿丿) 남은 것이 **없음**. 또는 그렇게 **하지 말라**는 뜻.
- 勿論(물론)
  勿驚(물경) : 놀라지 말라. 엄청난 것을 말할 때 미리 하는 말

包
쌀 **포**
(4Ⅱ 5획)

뱃속에 태아(巳)가 싸여(勹 쌀 포) 있는 모양에서 **싸다**.
- 包容(포용) 包圍(포위) 包裝(포장) 小包(소포)
- 巳(뱀 **사**) : 몸을 말고 있는 뱀. 또는 **웅크린 태아** 모양

匕 部

匕
비수 **비**
(2획)

날카로운 **비수, 숟가락** 또는 **앉아 있는 사람**의 모습.
- 匕箸(비저) : 숟가락과 젓가락   箸(젓가락 저)

化
바뀔, 될 **화**
(5급 4획)

서 있는 사람(亻)이 앉은(匕 앉은사람 비) 자세로 **바뀌어 좋게 됨**을 뜻함.
- 化學(화학) 同化(동화) 文化(문화)
- 亻 사람인변 儿 어진사람 **인** ⺈ 굽은사람 **인** ⼃ 누운사람 **인**

北
북녘 **북**, 달아날 **배**
(8급 5획)

두 사람이 등 맞댄 모양. 추워 등지고 앉는 쪽인 **북쪽**. 서로 갈라져 등지고 달아나 **패배(敗北)하다.**
- 北韓(북한)　南北(남북)
- 匕(비수 **비**) : 날카로운 **비수, 숟가락** 또는 **앉아 있는 사람** 모습

匚 部

匚
상자 **방**
(2획)

통나무의 측면을 파서 물건을 넣을 수 있도록 만든 **홈통**이나 **상자.**
- '터진입구'라고도 함.

- 匠(장인 장)　匠人(장인)　巨匠(거장)　意匠(의장) : 실용상의 고안
- 匣(상자 갑)　鏡匣(경갑)　手匣(수갑)　紙匣(지갑)　漆匣(칠갑)
- 匪(도둑 비)　匪賊(비적) : 떼로 다니며 재물을 약탈하는 도둑

匸 部

匸
감출 **혜**
(2획)

덮개(一)를 하여 **가리거나, 감춤.**
- '터진에운담'이라고도 하며 '匚(상자 방)'과 모양이 비슷하여 구별 없이 쓰기도 한다.

짝 **필**
(3급 4획)

감추어져(匸) 있어 안 보이는 것처럼 어딘가에 있는 어진 사람(儿 어진사람 인)인 나의 **짝, 나의 상대.**
- 匹敵(필적)　配匹(배필)　匹夫匹婦(필부필부) : 평범한 남녀

區 区
나눌, 구역 **구**
(6급 11획)

물건(品)을 감추기(匚) 위해 **나누다**. 나누어 놓은 **구역**.
• 區別(구별) 區分(구분) 區域(구역)
• 匚(감출 **혜**) : 덮개(一)를 하여 터진(ㄴ) 위를 **가리거나, 감춤**

十 部

十
열 **십**
(8급 2획)

두 손 열 손가락을 엇걸어 **열** 또는 **많다**.
• 十中八九(십중팔구) : 열 가운데 여덟이나 아홉, 대부분의 뜻
  十伐之木(십벌지목) : 열 번을 찍어 안 넘어 가는 나무가 없음

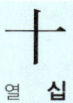

千
일천 **천**
(7급 3획)

쌓여 있는 것이 기울(丿) 정도로 많은(十) 수인 **일천**.
• 千金(천금) 千年(천년) 千里(천리) 千萬(천만) 千字文(천자문)
  千差萬別(천차만별) : 온갖 사물이 여러 가지로 차이와 구별이 있음

午
낮 **오**
(7급 4획)

사람(𠂉 누운사람 인)이 많이(十) 다니는 **낮**.
사람(𠂉)이 많이(十) 이용하는 **일곱째 지지(地支)인 말**.
• 午前(오전) 午後(오후) 正午(정오) • 午時(오시) : 11시~13시

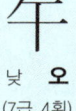

半
반 **반**
(6급 5획)

소(牛)는 커서 잡으면 **반**으로 갈라놓는 모양.
• 半球(반구) 半島(반도) 半身(반신) 半音(반음) 前半(전반)
• 牛(소 **우**) : **소**를 옆에서 보고 그린 글자   ☞ 球(공 구)

卑
낮을 **비**
(3Ⅱ 8획)

흰(白) 옷을 입고 비(丿)를 들고(十) 있는 이는 신분 **낮음**.
• 卑屈(비굴) 卑俗(비속) 卑賤(비천) 登高自卑(등고자비)
• 白(흰 **백**) : 해(日)에서 뻗어 나오는(丿) 빛이 **희다**.

卒
병사 **졸**
(5급 8획)

같은 모자(亠 머리부분 두)를 쓴 여러(十) 사람(人人)인 **병졸**. 병졸은 싸우다 잘 죽어 **갑자기**, 또는 **마치다.**
• 兵卒(병졸) 卒倒(졸도) 卒兵(졸병) 卒業(졸업) ☞ 倒(넘어질 도)

卓
높을 **탁**
(5급 8획)

점(卜 점 복)을 쳐서 일어날 일을 일찍(早) 아니까 보통 사람보다 식견이 **높음.**
• 卓球(탁구) 卓越(탁월) 卓子(탁자) 越(넘을 월)
• 早(일찍 **조**) : 해(日)가 지평선(一)을 뚫고(丨 뚫을 곤) **일찍** 뜸

協
도울 **협**
(4Ⅱ 8획)

여러(十) 사람들이 서로의 힘(劦)을 더해서 **돕다.**
• 協同(협동) 協商(협상) 協心(협심) 協定(협정) 協助(협조)
• 劦(힘합할 **협**) : 여러 사람들의 힘(力)과 힘(力力)을 **합하다.**

南
남녘 **남**
(8급 9획)

많은(十) 풀이 나 있는 들판(冂)에 양(羊 양 양의 축약)이 있는 따뜻한 **남녘.**
• 남대문(南大門) 남산(南山) 남한(南韓)
• 冂(멀 **경**) : **멀리** 둘러싸고 있는 **성곽.** 또는 **둘러싸다.**

博 博
넓을 **박**
(4Ⅱ 12획)

여러(十) 방면으로 펼치는(尃) 모양에서 **넓다**는 뜻.
• 博士(박사) 博識(박식) 博愛(박애) : 차별 없이 두루 사랑함.
• 尃(펼 **부**) : 큰 실패(甫 클 보)의 실을 손(寸)으로 **펼치다.**

卜 部

卜
점 **복**
(3급 2획)

점을 치기 위해 거북의 껍데기나 동물의 뼈를 태울 때 생긴 가로 세로의 금 모양으로, 그 금을 보고 길흉(吉凶)을 판단한 데서 **점.**
• 卜術(복술) 卜債(복채) ☞ 債(빚 채)

占
점칠 **점**
(4급 5획)

점(卜)을 친 후 말하는(口) 모양에서 **점치다**. 땅(口)에 깃발(卜) 꽂아 **차지하다**.
- 占領(점령)　占術(점술)　占有率(점유율)
- 卜(점 **복**) : 동물의 뼈를 태운 뒤 생긴 금을 보고 **점**을 침

卩(巳) 部

卩
무릎 **절**
(2획)

뛰어 나온 **무릎**.
- '병부 절'이라고도 함. 병부(兵符)란, 卩자를 새긴 대쪽을 쪼개 한쪽을 외지에 나가는 병사에게 준 후, 나중에 그 병사가 돌아 올 때 신분 확인 시 맞추어 보는 신표(信標)

卯
토끼 **묘**
(3급 5획)

귀를 세우고 앉아 있는 뒷다리(卩무릎 절)가 긴 **토끼**.
- 己卯士禍(기묘사화) : 조선 중종 14년(1519년) 수구파에 의해 개혁파에 속하는 선비들이 죽음과 유배를 당한 정치적 사건

印
도장 **인**
(4Ⅱ 6획)

삐져(丿) 나가듯 잘못 된 것이 없는지 뚫어지게(丨) 두(二) 문서를 확인한 후 무릎(卩)을 치듯 딱 찍는 **도장**.
- 印度(인도; India)　印章(인장)　刻印(각인) ☞ 刻(새길 각)

危
위험할 **위**
(4급 6획)

벼랑(厂) 끝에 걸려 있는 사람(⺈ 굽은사람 인)이나, 벼랑 아래에 앉아 있는(巳 마디 절) 모양이 **위태롭다**.
- 危機(위기)　危殆(위태)　危險(위험)　危機一髮(위기일발)

却
물리칠 **각**
(3급 7획)

뒤로 갈(去) 때 무릎(卩)을 구부리고 물러나다. 또는 물러가라고 **물리친다**.
- 却說(각설)　棄却(기각)　退却(퇴각)
- 去(갈 **거**) : 흙(土)을 밟고 각자 개인(厶=私 개인 사)이 **간다**.

卵 알 **란** (4급 7획)	길쭉한 물주머니(卯)안에 있는 검은(丶) 개구리 **알**을 보고 그린 글자. • 鷄卵(계란) 産卵(산란) 受精卵(수정란) 卵細胞(난세포) : 알세포. 난자(卵子) ☞ 細(가늘 세) 胞(태보 포)
卷 卷 책 **권** (4급 8획)	양손(八) 둘(二)을 이용해 사람(人)이 꿇어(卩) 앉아서 쓴 **책**. • 卷末(권말) 卷數(권수) 席卷(석권) 壓卷(압권) • 卩(무릎 **절**) : 튀어 나온 **무릎** 모양 ☞ 卩 = 㔾(마디 절)
卽 即 곧 **즉** (3Ⅱ 9획)	흰(白) 쌀밥을 수저(匕)로 서서(卩) 바로 먹는 데서 **곧**. 먹고 힘있게 **나아간다**. • 卽刻(즉각) 卽決(즉결) 卽位(즉위) • 匕(비수 **비**) : 날카로운 **비수**, 숟가락 또는 **앉아 있는 사람**
卿 卿 벼슬 **경** (3급 12획)	희고(白) 긴(丨) 두(二) 개의 이를 가진 토끼(卯)처럼 모든 일을 사심이 없이 행하는 **벼슬**. • 樞機卿(추기경) • 卯(토끼 **묘**) : 뒷다리(卩무릎 절) 긴 **토끼**가 앉아 있는 모양

厂 部

 언덕 **한** (2획)	가파른 낭떠러지 모양으로 **언덕, 벼랑, 절벽**. • '민엄호'라고도 함. 이는 엄호(广)에서 점이 빠져 밋밋하다는 뜻
厄 재앙 **액** (3급 4획)	벼랑(厂) 아래에 앉아(㔾) 있으니 위험하다는 데서 **재앙(災殃)**. • 厄運(액운) 災厄(재액) : 재앙에 의한 화 • 卩(무릎 **절**) : 튀어 나온 **무릎** 모양 ☞ 卩=㔾(마디 절)

厚	언덕(厂)을 비추는 따스한 해(日)처럼, 자식(子)에 대한 부모의 정이 **두텁다.**
두터울 **후** (4급 9획)	• 厚待(후대) 厚德(후덕) 厚謝(후사) 上厚下薄(상후하박) : 윗사람에게는 후하고 아랫사람에게는 박함

原	언덕(厂 언덕 한)의 경사로 인하여 맑은(白 흰 백) 물이 작게(小) 흐름으로 시작되는 **사물의 시작, 근본.**
근본 **원** (5급 10획)	• 原理(원리) 原始(원시) 原油(원유) 原因(원인) 原則(원칙)

厥	언덕(厂 언덕 한)을 거슬러(屰 거꾸로 역) 오르니까 숨이 차고(欠 하품 흠) 힘들어 고개 숙이듯, 고개 숙이며 문화를 배우는 **오랑캐.** 이러한 그들에서 3인칭인 **그.**
오랑캐 **궐** (3급 12획)	• 突厥(돌궐) ☞ 突(갑자기 돌)

厶 部

	팔꿈치를 구부려 물건을 감싸는 모양으로, 자신의 이익만을 챙긴다는 데서 **사사롭다**가 됨.
팔꿈치 **사** (2획)	• 마늘 모양 같아 '마늘 **모**'라고도 함. • 釋迦牟尼(석가모니)

去	흙(土)을 밟고 각자 개인(厶 사사 사)이 **간다. 지난 일, 없애다.**
갈, 없앨 **거** (5급 5획)	• 去來(거래) 過去(과거) 去勢(거세) : 동물의 생식기를 없앰 去者莫追(거자막추) : 가는 사람은 붙잡지 않음

	사람(人)의 머리(彡 터럭 삼)에 **세** 개의 비녀(厶)를 꽂고 잔치 등에 **참여하다.**
갖은석 **삼** 참여할 **참** (5급 11획)	• 參加(참가) 參席(참석) 參與(참여) • '갖은'이란 말은 수량 속이지 못하게 획 늘림의 뜻

又 部

又
또, 손 **우**
(2획)

깍지 낀 두 **손**, 즉 하나가 아닌 둘이라 하여 **또**.
• '又'는 글자 안에서는 대부분 **손**의 뜻으로 쓰임.

及
미칠 **급**
(3Ⅱ 4획)

어느 범위 내(乃 이에 내)에 사람(人)이 **이르다, 들다**.
• 及第(급제) 普及(보급) 言及(언급) 波及(파급)
• 乃 : 지팡이(丿) 짚은 굽은(ㄅ) 노인. 사람은 곧 **이에** 이른다.

反
반대할 **반**
(6급 4획)

벼랑(厂 언덕 한)을 손(又 손 우)으로 무언가를 **반복**(反復)해서 잡으며 반대로 올라가는 데서 **반대**(反對)하다, 되돌아오다.
• 反感(반감) 反共(반공) 反省(반성)

友
벗 **우**
(5급 4획)

하나(一)의 삐침(丿)도 없이 손(又)에 손을 잡고 서로를 돕는 친한 **벗**.
• 友軍(우군) 友愛(우애) 友情(우정)
• 丿(삐침 **별**) : 오른쪽에서 왼쪽으로 **삐치면서** 당기는 모양

取
취할 **취**
(4Ⅱ 8획)

전투 승리의 증표로 적군 귀(耳)를 손(又)으로 **취하다**.
• 取得(취득) 取消(취소) 取材(취재) 取捨選擇(취사선택)
• 耳(귀 **이**) : 소리를 듣는 사람의 **귀** 모양 ☞ 捨(버릴 사)

叔
어릴 **숙**
(4급 8획)

위(上)로 자라는 작은(小) 싹을 손(又 손 우)으로 솎아주는 모양에서 **작다, 어리다**.
• 叔母(숙모) 叔父(숙부) 外叔(외숙) 堂叔(당숙)

受
받을 **수**
(4Ⅱ 8획)

손(爫)으로 덮어서(冖 덮을 멱) 주니 손(又 손 우) 내밀어 **받다.**
- 受講(수강) 受給(수급) 受信(수신) 引受(인수)
- 爪(손톱 **조**) : 긁어당기는 **손톱**을 본뜬 글자. ☞ 爪 = 爫

叛
배반할 **반**
(3급 9획)

반(半)으로 갈려 반대(反 반대할 반)한다 하여 **배반(背叛)하다.**
- 叛軍(반군) 叛亂(반란) 叛逆(반역)
- 半(반 **반**) : 소(牛 소 우)는 커서 잡으면 **반**으로 갈라놓음

口 部

口
입 **구**
(7급 3획)

사람의 둥근 **입**을 본뜬 글자. **먹다, 말하다.**
- 食口(식구) 人口(인구) 入口(입구) 出口(출구)
  口禍之門(구화지문) : 입은 재앙의 문. 말조심하지 않으면 화를 당함

古
오랠 **고**
(6급 5획)

열(十) 사람 입(口)을 통한 것은 이미 **오래** 된 **옛** 것.
- 古今(고금) 古代(고대) 古文(고문) 古書(고서) 古蹟(고적)
  古典主義(고전주의) : 근대 유럽에서 일어난 예술 사조(思潮)

只
다만 **지**
(3급 5획)

말은 다만 입(口)에서 갈라져(八) 나온다는 데서 **다만**의 뜻.
- 只今(지금) 但只(단지) ☞ 但(다만 단)

句
글귀 **구**
(4Ⅱ 5획)

말(口)을 일정한 형식으로 묶은(勹) **글귀.**
- 句文(구문) 句節(구절) 詩句(시구) 美辭麗句(미사여구)
- 勹(쌀 **포**) : 사람이 팔·손으로 무언가를 **감싸고** 있는 모양

叫 부르짖을 **규** (3급 5획)	입(口)을 크게 벌리고 목을 꼬며(丩) **부르짖다.** 絶叫(절규) • 叫喚地獄(규환지옥) : 고통으로 울부짖는 지옥 • 丩(얽힐 **구**) : 덩굴이 **얽힌** 모양　　　　☞ 絶(끊을 절)
召 부를 **소** (3급 5획)	칼(刀 칼 도) 같이 무서운 소리(口), 즉 **공적(公的)인 일로 부른다.** • 召集(소집)　召喚(소환)　召還(소환)　　　☞ 還(돌아올 환) 　召命(소명) : 신이나 임금이 부르는 명령　　☞ 命(명할 명)
史 역사적을 **사** (5급 5획)	입(口)으로 전해져 온 것 중 **역사적 사실을** 사람(人)이 **적다.** • 史記(사기)　史蹟(사적)　國史(국사)　歷史(역사) 　使料(사료) : 역사 연구에 필요한 문헌이나 유물 따위의 자료
可 옳을 **가** (5급 5획)	장정(丁)이 입(口)으로 **옳은** 말을 하여 일 진행을 **가능하게 함.** • 可決(가결)　可能(가능)　可望(가망)　可否(가부)　許可(허가) • 丁(장정 **정**) : 팔(一)을 펴고 서(亅) 있는 **장정**　☞ 決(정할 결)
右 오른 **우** (7급 5획)	삐뚤어짐(丿 삐침 별) 하나(一) 없이 말(口)한 바를 실행하는 **오른손.** • 右側(우측)　右議政(우의정)　左右(좌우) • **획순주의 글자 :** 右 丿 一 口　　布 丿 一 巾　　有 丿 一 月
司 맡을 **사** (3Ⅱ 5획)	몸을 구부려(ㄱ) 하나(一)의 명령(口)을 듣고 일을 **맡아** 잘 **살피어 처리하다.** • 司令官(사령관)　司法(사법)　司試(사시) 　司正(사정) : (공직 사회의 규율과 질서를) 바로 잡는 일
各 각각 **각** (6급 6획)	앞 사람 말과 뒷(夂) 사람 말(口)이 각각 **다르다.** • 各各(각각)　各界(각계)　各別(각별)　各樣(각양)　☞ 樣(모양 양) • 夂(뒤져올 **치**) : 두 다리를 끌며 **천천히 걸어감. 뒤쳐짐. 뒤**

合
합할 **합**
(6급 6획)

사람들(人)을 한(一) 곳에 모아(亼) 말(口)을 **맞추어** 뜻을 **합하다.**
• 合格(합격)　合同(합동)　合心(합심)　合成(합성)
• 亼(모일 **집**) : 사람(人)을 한(一) 곳에 **모으다. 모이다.**

吉
길할 **길**
(5급 6획)

고매한 인품의 선비(士)의 말(口)은 **참되고 좋다.**
• 길운(吉運)　길일(吉日)　길흉(吉凶)　凶(흉할 흉)
• 士(선비 **사**) : 하나(一)를 들으면 열(十)을 아는 **선비**

同
같을 **동**
(7급 6획)

둘러싸고(冂) 있는 사람의 말(口)이 한가지로(一) **같다.**
• 同門(동문)　同色(동색)　同性(동성)　同數(동수)　同時(동시)
• 冂(둘러쌀 **경**) : **멀리** 둘러싸고 있는 **성곽**. 또는 **둘러싸다.**

名
이름 **명**
(7급 6획)

저녁(夕)에 부르는(口) **이름.**
• 名門(명문)　名山(명산)　姓名(성명)
　名色(명색) : 이름과 허울. 실질적인 내용은 없고 이름뿐임
• 夕(저녁 **석**) : '月'에서 한 획을 줄인 반달 모양의 달이 뜬 **저녁**

吏
아전 **리**
(3Ⅱ 6획)

한(一) 마음으로 역사 기록하는(史 역사적을 사) **벼슬아치**인 **아전(衙前).**
• 吏房(이방)　官吏(관리)　衙(관청 아)
　吏讀(이두) : 우리말을 한자의 뜻과 소리 빌려 표기하던 표기법

吐
토할 **토**
(3Ⅱ 6획)

흙(土)에서 싹이 나오듯 입(口)에서 나오니 **토하다.**
• 吐露(토로)　吐血(토혈)　實吐(실토)　癨(급성위장벽 곽)
　吐瀉癨亂(토사곽란) : 토하고 설사하며 배가 몹시 아픈 병

向
향할 **향**
(6급 6획)

집(宀)의 입구(口)는 남쪽을 **향한**다는 데서. **방향.**
• 向方(향방)　向上(향상)　向學(향학) : 학문에 뜻을 둠
• 宀(집 **면**) : 지붕으로 덮어 있는 **집**

吟 읊을 **음**
(3급 7획)

입(口)으로 지금(今) 중얼거리듯 **읊다.**
- 吟味(음미) 呻吟(신음) ☞ 呻(끙끙거릴 신)
- 今(이제 **금**) : 사람(人) 한(一) 명이 몸 구부려(ㄱ) 일하는 **지금**

君 임군 **군**
(4급 7획)

다스리는(尹) 말(口)을 하는 **임금, 남편, 사내.**
- 君子(군자) 君臣(군신) 郞君(낭군) 聖君(성군) 暴君(폭군)
- 尹(다스릴 **윤**) : 손(크 손 계)에 지휘봉(丿)을 들고 **다스린다.**

否 아닐 **부**
(4급 7획)

아니다(不 아닐 부)고 말하여(口) **~가 아님**을 뜻함.
- 否決(부결) 否認(부인) 可否(가부) 與否(여부)
- 否定(부정) : 옳지 않거나 그러하지 아니하다고 단정함.

含 머금을 **함**
(3Ⅱ 7획)

지금(今) 입(口) 안에 가지고 있다는 데서 **머금다.**
- 含量(함량) 含有(함유) 含蓄(함축) 包含(포함)
- 今(이제 **금**) : 사람(人) 한(一) 명이 몸 구부려(ㄱ) 일하는 **지금**

吹 불 **취**
(3Ⅱ 7획)

입(口)을 크게 벌려(欠) **불다.**
- 吹打樂器(취타악기) 鼓吹(고취) : 용기나 의욕 따위를 북돋음
- 欠(하품 **흠**) : **입을 크게 벌리며(⺈) 사람(人)이 하는 하품**

吸 마실 **흡**
(4Ⅱ 7획)

입(口)으로 물·공기 등을 폐나 위에 이르게(及 이를 급) **마시다.**
- 吸水(흡수) 吸入(흡입) 吸煙(흡연)
- 及 : 어느 범위 내(乃 이에 내)에 사람(人)이 **이르다, 들다.**

吾 나 **오**
(3급 7획)

다섯(五) 손가락으로 입(口)을 가리키며 **나를 나타냄.**
- 吾等(오등) : 우리들 ☞ 等(무리 등) 我(나 아) 予(나 여)
- 五(다섯 **오**) : 둘(丨丨)에 셋(三)을 더하여 **다섯**을 나타낸 글자

告
알릴 **고**
(5급 6획)

소(牛의 축약)가 받으려 하자 위험을 소리쳐(口) **알리다.**
• 告發(고발)　告白(고백)　告訴(고소)　警告(경고)　廣告(광고)
• 牛(소 **우**) : **소**를 옆에서 보고 그린 글자　☞ 訴(하소연할 소)

周
두루 **주**
(4급 8획)

입(口)은 여러 용도(用 쓸 용)로 쓰여 **두루. 주나라.**
• 周邊(주변)　周圍(주위)　周易(주역) : 주나라의 점서(占書).
• 用 : 점통(冂)으로 점 쳐 맞으면(中 맞을 중) 그 일을 **힘써 한다.**

味
맛 **미**
(4Ⅱ 8획)

입(口)으로 아직(未) 덜 익은 무언가를 **맛보다.**
• 味覺(미각)　妙味(묘미)　別味(별미)　調味(조미)　興味(흥미)
• 未(아직 **미**) : 나무(木) 윗부분이 **아직** 덜 자라 짧은(一) 모양

呼
부를 **호**
(4Ⅱ 8획)

입(口)으로 입김을 내듯(乎 어조사 호) 길게 **부르다.**
• 呼價(호가)　呼應(호응)　呼出(호출)　呼稱(호칭)　呼吸(호흡)
• 乎 : 입김(丿) 퍼져 나가는(丿丶) 모양. 말을 이끄는 **어조사**

命
목숨 **명**
(7급 8획)

말(口)로 **명령**(令 명령 령)을 내린다. 명령은 **목숨** 같음.
• 生命(생명)　王命(왕명)　人命(인명)　天命(천명)
• 令 : 사람(人) 한(一) 곳에 모아 놓고(卩무릎 절) 내리는 **명령**

和
화목할 **화**
(6급 8획)

곡식(禾 벼 화)을 나누어 먹으니(口) **화목(和睦)하다.**
• 和色(화색)　和音(화음)　和合(화합)　調和(조화)　平和(평화)
• 禾 : 익으면 고개 숙이며(丿) 자라는(木) **벼**나 **곡식**(穀食)의 뜻

哀
슬플 **애**
(3Ⅱ 9획)

옷(衣)으로 입(口)을 가리고 **슬피** 우는 모양.
• 哀惜(애석)　哀願(애원)　哀痛(애통)　喜怒哀樂(희노애락)
• 衣(옷 **의**) : **위에 입는 옷** 모양　☞ 惜(아까울 석)　願(바랄 원)

咸
다 **함**
(3급 9획)

창(戈 창 과)을 든 사람들이 그 뜻을 하나(一)로 모아 입(口)으로 함께 소리 지르는 모양에서 **다**의 뜻이 됨.
- 咸興差使(함흥차사) : 심부름 가서 소식도 없고 돌아오지도 않음

品
물품 **품**
(5급 9획)

여러 사람의 입(口)에 오르내릴 정도로 훌륭한 **물품**.
- 品性(품성)　品位(품위)　品質(품질)　食品(식품)　作品(작품)
  品格(품격) : 사람이나 물건에서 느껴지는 좋은 인상이나 짜임새

哉
어조사 **재**
(3급 9획)

흙(土)을 가르듯(戈 창 과) 입(口)을 열어 말에 힘을 더해 주는 **어조사**.
- 快哉(쾌재)　嗚呼痛哉(오호통재)라! 　☞ 嗚(탄식할 오)
- 戈(창 **과**) : 날이 세 갈래로 된 **창**이나 **무기**의 뜻

哲
밝을 **철**
(3Ⅱ 10획)

딱 부러지게(折) 말한다(口) 하여 사리(事理)에 **밝다**.
- 哲學(철학)　明哲(명철) : 슬기롭고 사리에 밝음
- 折(꺾을 **절**) : 손(扌)에 든 도끼(斤)로 나무 등을 쳐서 꺾는다.

哭
울 **곡**
(3Ⅱ 10획)

입과 입으로(口口), 개(犬 개 견)가 부르짖듯 **슬피 울다**.
- 哭聲(곡성)　鬼哭(귀곡)　痛哭(통곡)　號哭(호곡) : 목 놓아 울음
- 大聲痛哭(대성통곡) : 큰 소리로 아프게 욺. 　☞ 痛(아플 통)

員
인원 **원**
(4Ⅱ 10획)

입(口)으로 돈(貝)을 세는 모양에서 **일을 하는 사람**.
- 社員(사원)　要員(요원)　全員(전원)　定員(정원)　會員(회원)
- 貝(조개 **패**) : 작고 단단하며 광택 나는 조개를 **화폐**로 사용함

唐
당나라 **당**
(3Ⅱ 10획)

집(广 집 엄)에서 손(ヨ 손 계)에 몽둥이 들고 **갑자기 큰소리쳐서** (口) **황당하다**. 과거에 큰소리 칠만했던 **당나라**.
- 唐突(당돌)　唐詩(당시)　唐慌(당황)　荒唐(황당)

唯
오직 **유**
(3급 11획)

입(口)으로만 새(隹)는 소리를 낸다 하여 **오직**.
- 唯物論(유물론)　唯我獨尊(유아독존)　唯一無二(유일무이)
- 隹(새 **추**) : 앉아 있는 보통 꽁지가 짧고 **작은 새** 모양

唱
부를 **창**
(5급 11획)

입(口)으로 소리를 풍성하게(昌 번창할 창) 내어 **노래 부르다**.
- 唱歌(창가)　唱法(창법)　愛唱(애창)　合唱(합창)
- 昌 : 해(日)와 같이 숨김없이 바르게 말하니(日) **번창하다**.

啓
열 **계**
(3Ⅱ 11획)

마음의 문(戶 외짝문 호)을 **열도록** 회초리로 치거나(攵 칠 복) 말(口)로 타이르며 **인도(引導)하다, 가르치다**.
- 啓導(계도)　啓蒙(계몽)　啓發(계발)　啓示(계시)

商
장사 **상**
(5급 11획)

서서(立 설 립) 사람(儿)이 소리치며(口) 하는 **장사**.
- 商街(상가)　商船(상선)　商術(상술)　商人(상인)　商店(상점)
- 儿(어진사람 **인**) : 걷는 사람의 **다리**. **사람**의 뜻으로 많이 쓰임

問
물을 **문**
(7급 11획)

문(門) 열듯 입(口) 열어 **묻다**.
- 問答(문답)　問題(문제)　自問(자문)　質問(질문)
  愚問賢答(우문현답) : 어리석은 질문에 현명한 대답

善
착할 **선**
(5급 12획)

양(羊 양 양)처럼 **좋다**고 여럿이(卄) 말하는(口) 데서.
- 善心(선심)　善惡(선악)　善意(선의)　善政(선정)　善行(선행)
- 卄(스물 **입**) : 十(십) + 十(십)으로, **두 손**이나 **많다**는 의미

喜
기쁠 **희**
(4급 12획)

열(十) 가지 콩(豆) 음식을 나누어 먹으니(口) **기쁘다**.
- 喜劇(희극)　喜怒哀樂(희노애락)　喜悲(희비)　喜喜樂樂(희희낙락)
- 豆(콩 **두**) : 콩꼬투리 같이 생겨 **콩**. 또는 **제기**(祭器)의 모양

喪 죽을 **상** (3Ⅱ 12획)	두건(亠)과 상복(衣 옷 의)을 입고 슬피 우는(口口) 모양에서 **죽다, 슬프다.** • 喪家(상가) 喪失(상실) 喪主(상주) • 亠(머리부분 **두**) : 상투 모양으로 **머리 부분**이나 **위**를 나타냄
單 单 하나 **단** (4Ⅱ 12획)	여러 입(口口)에서 나온 말(曰)을 모아(十) **하나로.** • 單價(단가) 單獨(단독) 單式(단식) 單語(단어) 單位(단위) 單刀直入(단도직입) : 본론(本論)이나 결론(結論)을 바로 말함
嗚 탄식할 **오** (3급 13획)	입(口)을 벌리고 까마귀(烏 까마귀 오)가 울듯 크게 **탄식하다.** • 嗚咽(오열) 嗚呼痛哉(오호통재)라! ☞ 咽(목멜 열) • 烏 : '鳥'에서 눈(一)을 빼서 눈까지도 검은 **까마귀**를 나타냄
嘗 맛볼 **상** (3급 14획)	높이(尙) 들어 맛(旨) 보다, **핥다.** • 臥薪嘗膽(와신상담) • 尙(높일 **상**) : 지붕 높은(小) 집(冂) 입구(口). 큰 집을 **받들다.** 旨(맛 **지**) : 비수(匕)로, 햇볕(日)에 익은 과일을 잘라 보는 **맛**
器 器 그릇 **기** (4Ⅱ 16획)	개고기(犬 개 견)를 담아 여럿(口口)이 먹는 모양에서 그릇 또는 **기구(器具).** • 武器(무기) 食器(식기) 樂器(악기) • 大器晩成(대기만성) : 큰 그릇은 늦게 이루어짐 ☞ 晩(늦을 만)
嚴 严 엄할 **엄** (4급20획)	언덕(厂 언덕 한) 위에서 용감하게(敢)호령하는(口口)모습이 **엄하다.** • 嚴格(엄격) 嚴禁(엄금) 嚴命(엄명) 嚴罰(엄벌) • 敢(감히 **감**) : 적을 치고(攻 칠 공) 귀(耳)를 잘라오니 **용감하다.**

口 部

口
에워쌀 **위**
(3획)

울타리나 성벽으로 **에워싼** 모양.
• '큰입구몸'이라고도 함.

四
넉 **사**
(8급 3획)

사람(儿)을 둘러싸고(口) 있는 사방을 나타내어 **넷**.
• 四季(사계) 四面(사면) 四方(사방) 四寸(사촌) ☞ 季(계절 계)
• 儿(어진사람 **인**) : 걷는 사람의 **다리**. **사람**의 뜻으로 많이 쓰임

囚
가둘 **수**
(3급 5획)

좁은 공간(口)에 사람(人)을 **가두다**.
• 囚衣(수의) 未決囚(미결수) 罪囚(죄수) 脫獄囚(탈옥수)
  ☞ 獄(감옥 옥)

因
인할 **인**
(5급 6획)

에워싼(口 에워쌀 위) 큰(大) 울타리에 **의지하다**. 이로 **인하여** 서
로 인연(因緣) 맺고 산다.
• 因果(인과) 因緣(인연) 因襲(인습) ☞ 果(결과 과)

回
돌 **회**
(4Ⅱ 6획)

빙글(口)빙글(口 에워쌀 위) **도는** 물체를 보고 그린 글자.
• 回甲(회갑) 回答(회답) 回想(회상) 回轉(회전)
• 한자에서 '동그라미'는 '네모'로 표시 ☞ 轉(구를 전)

困
곤란할 **곤**
(4급 7획)

둘러싸인(口) 공간에서 나무(木) 자라기 **곤란하다**.
• 困境(곤경) 困窮(곤궁) 困難(곤란) 貧困(빈곤) 疲困(피곤)

굳을 고
(5급 8획)

쌓은 성곽(口)이 오래되(古 오랠 고) **굳어짐.**
• 固有(고유)　固定(고정)　固執(고집)　固體(고체)　堅固(견고)
• 古 : 열(十) 사람 입(口)을 통한 것은 이미 **오래** 된 **옛** 것

나라 국
(8급 11획)

국경(口)을 말할(口) 수 있는 주권을 가진 국민(國民)이 하나(一)
되어 지키는(戈) **나라.**
• 國家(국가)　國際(국제)　☞ 際(제)(사이 제)
• 戈(창　과) : 날이 세 갈래로 된 **창**이나 **무기**의 뜻

둘레 위
(4급 12획)

가죽(韋)이 몸을 싸듯(口), 에워싸고 있는 **둘레.**
• 範圍(범위)　周圍(주위)　包圍(포위)　☞ 範(구역 범)
• 韋(다룸가죽 위) : 부드럽게 한 소(牛 소 우)의 **가죽**을 본뜬 글자

동산 원
(6급 13획)

울타리(口) 안에 열매 치렁거리는(袁) 과일나무 있는 **동산.**
• 果樹園(과수원)　庭園(정원)　花園(화원)　園藝(원예)
• 袁(옷길　원) : 하나(一)의 **긴** 옷(衣 옷 의)으로 몸(口) 감싼 모양

둥글 원
(4Ⅱ 13획)

사람(員 인원 원)이 쓰는 둥근(口=○) **돈.** 또는 **둥글다.**
• 圓形(원형)　圓滿(원만) : 모나지 않고 두루 너그럽다.
• 員 : 입(口)으로 돈(貝) 세는 모양에서 **어떤 일을 하는 사람**

그림 도
(6급 14획)

먹는데(口) 중요한 농토를 갓(亠) 쓰고 돌아다니며(回 돌 회) 동서
남북(口)을 그린 **그림.** 그림이나 지도를 그려 일 등을 **꾀하다.**
• 圖書(도서)　圖畵(도화)　企圖(기도)　意圖(의도)　地圖(지도)

둥글 단
(5급 14획)

울타리(口) 안에서 오로지(專 오로지 전) 하나로 **둥글게 뭉치다.**
• 團結(단결)　團長(단장)　團體(단체)　團合(단합)
• 專 : 물레를 손(寸)으로 한 방향으로만 돌리는 데서 **오로지**

土 部

土
흙 **토**
(8급 3획)

싹(十)이 돋아나는 땅(一)의 **흙**.
- 土器(토기) : 진흙으로 만들어 잿물을 올리지 아니하고 구운 그릇
  土俗(토속) : 그 지방 특유의 풍속(風俗)이나 습관(習慣)

在
있을 **재**
(6급 6획)

한(一) 사람도 빠짐없이 사람(亻)은 흙(土) 위에 **존재한다**는 데서 **있다**.
- 在學(재학)　存在(존재)　現在(현재)
  在野(재야) : 공직이나 정치 활동에 직접 나서지 아니하고 있음

地
땅 **지**
(7급 6획)

흙(土)이 긴 뱀(也)처럼 길게 뻗어 있는 **땅**.
- 地球(지구)　地質(지질)　農地(농지)　大地(대지)　天地(천지)
- 也(뱀 **야**) : 힘(力) 있게 새(乚=乙 새 을)를 잡는 **뱀**

均
고를 **균**
(4급 7획)

물건 쌀(勹 쌀 포) 때 가지런히(二) 하듯 흙(土)을 평평하게 **고르다**.
- 均等(균등)　均一(균일)　均衡(균형)　平均(평균)
  均田(균전) : 토지를 국가에서 백성에게 고루 나누어 줌

坐
앉을 **좌**
(3Ⅱ 7획)

두 사람(人人)이 땅(土) 위에 **앉다**.
- 坐禪(좌선)　坐視(좌시)
- 坐不安席(좌불안석) : 불안, 근심 등으로 오래 앉아 있지 못함
  坐食山空(좌식산공) : 놀고먹기만 하면 많은 재산도 오래 못 감

坤
땅 **곤**
(3급 8획)

흙(土)이 의견을 펼쳐 아뢰듯(申) 넓게 펼쳐진 **땅**.
- 乾坤坎離(건곤감리) : 하늘「☰」　땅「☷」　물「☵」　불「☲」.
- 申(아뢸 **신**) : 말(曰 말할 왈)의 핵심을 찔러(丨 뚫을 곤) **아뢰다**.

垂
드리울 **수**
(3Ⅱ 8획)

천(千 일천 천) 가지의 풀(卄)이 땅(土)을 향해 **드리우다.**
- 垂楊(수양) 垂直(수직) 率先垂範(솔선수범) 垂簾聽政(수렴청정)
  드리우다 : 아래로 처지게 늘이다. ☞ 率(거느릴 솔) 簾(발 렴)

城
토성 **성**
(4Ⅱ 10획)

진흙 벽돌이나 흙(土)으로 쌓아 만든(成) **토성(土城).**
- 城郭(성곽) 城壁(성벽) 攻城(공성) 萬里長城(만리장성)
- 成(만들 **성**) : 힘들여(力) 창(戈 창 과)을 **만들다.**

埋
묻을 **매**
(3급 10획)

마을(里) 근처 땅(土)에 **묻는다.**
- 埋立(매립) 埋沒(매몰) 埋伏(매복) 埋葬(매장)
- 里(마을 **리**) : 농토(田) 가까운 땅(土)에 자리 잡은 **마을**

域
지역 **역**
(4급 11획)

혹시(或 혹시 혹) 있을 수 있는 분쟁을 막기 위해 땅(土)을 나누어
놓은 **구역·지역.**
- 廣域(광역) 區域(구역) 地域(지역)
- 或 : 창(戈) 든 식구(口)가 하나(一) 되어 **혹시** 있을 침입에 대비

執
잡을 **집**
(3Ⅱ 11획)

아픈 이가 다행히(幸) 환약(丸 둥글 환)을 손에 **잡다.**
- 執權(집권) 執念(집념) 執筆(집필) 執着(집착) 執行(집행)
- 幸(행복할 **행**) : 한(一) 번도 죄인(辛)이 되지 않으니 **행복하다.**

培
북돋을 **배**
(3Ⅱ 11획)

흙(土)을 가르고(咅) 초목을 심고 흙을 덮어 올려 **북돋다, 기**
르다.
- 培養(배양) 培土(배토) 栽培(재배) ☞ 栽(심을 재)
- 咅(갈라질 **부**) : 서서(立 설 립) 말싸움(口) 끝에 **갈라지다.**

基
터 **기**
(5급 11획)

키(其←箕)로 곡식(穀食) 고르듯 흙(土) 잘 골라 놓은 **터.**
- 基金(기금) 基本(기본) 基礎(기초) ☞ 箕(키 기) 礎(주춧돌 초)
- 基督(기독) : 구세주(救世主)를 뜻하는 '그리스도'의 음역(音譯)

堂
집 **당**
(6급 11획)

높게(尙 높을 상) 땅(土) 위에 지은 어떤 목적으로 지은 **집**.
• 明堂(명당) 書堂(서당) 食堂(식당) 正正堂堂(정정당당)
• 尙 : 지붕 높은(小) 집(冂) 입구(口). 이러한 큰 집을 **받들다**.

堅
굳을 **견**
(4급 11획)

건물 세울 수 있게 다져진 **굳은(臤) 지반(土)**.
• 堅固(견고) 堅實(견실) 堅持(견지) ☞ 持(가질 지)
• 臤(굳을 간) : 신하(臣)가 두 손(又) **굳게** 맞잡고 서 있는 모양

堤
둑 **제**
(3급 12획)

흙(土)을 바르게(是 옳을 시) 쌓아 만든 제방인 **둑**.
• 堤防(제방) 防潮堤(방조제) 防波堤(방파제) ☞ 潮(조수 조)
• 是 : 정확한 해(日)와 같이 바르게(正 바를 정) 말함이 **옳다**.

報
알릴 **보**
(4Ⅱ 12획)

한(一) 명의 죄인(辛 죄인 신)을 무릎(卩) 꿇린 후, 손(又 손 우)을 묶고 원수를 **갚다**. 이러한 내용을 세상에 **알리다**.
• 報告(보고) 報道(보도) 報恩(보은) 情報(정보)

場
마당 **장**
(7급 12획)

땅(土)에 햇빛(昜)이 잘 들어 쓰임이 다양한 **마당**.
• 場內(장내) 場所(장소) 場外(장외) 廣場(광장) 市場(시장)
• 昜(빛날 양) : 아침(旦 아침 단) 햇살이 내리쬐는(勿) 모양

塔
탑 **탑**
(3Ⅱ 13획)

풀(艹)을 엮듯 흙(土)이나 돌을 합쳐(合) 쌓은 **탑**.
• 管制塔(관제탑) 多寶塔(다보탑) 石塔(석탑) 鐵塔(철탑)
• 合(합할 합) : 사람들(人)을 한(一) 곳에 모아 뜻(口)을 **합하다**.

塊
덩이 **괴**
(3급 13획)

머리 큰 도깨비(鬼)처럼 흙(土)이 뭉쳐서 된 **덩어리**.
• 塊炭(괴탄) 金塊(금괴) 銀塊(은괴) 肉塊(육괴)
• 鬼(도깨비 귀) : 큰 머리에 뿔난 **도깨비**. ☞ 炭(숯 탄)

塗
칠할 **도**
(3급 13획)

물(氵)을 내(余 나 여)가 흙(土)에 부어 만든 **진흙을 바르다.**
- 塗料(도료) 塗色(도색) 塗裝(도장) 道聽塗說(도청도설)
- 塗炭之苦(도탄지고) : 진흙 속이나 숯불에 빠진 괴로움

塞
막을 **색** 변방 **새**
(3Ⅱ 13획)

집(宀 집 면) 바닥(一)에 쌓은 벽(井)의 갈라진(八) 틈을 흙(土)으로 **막다.** 국경을 막는 요새(要塞)인 **변방.**
- 塞翁之馬(새옹지마) 要塞(요새) 塞源(색원) 窮塞(궁색)

墓
무덤 **묘**
(4급 14획)

생명 없는(莫 없을 막) 이를 흙(土)으로 덮은 **무덤.**
- 墓碑(묘비) 墓所(묘소) 墓地(묘지) 聖廟(성묘) ☞ 省(살필 성)
- 莫 : 초목(艹) 아래로 해(日)가 크게(大) 지며 없어져 **없다.**

境
지경 **경**
(4Ⅱ 14획)

영토(土)가 끝나는(竟 마칠 경), 즉 땅의 **경계**인 **지경(地境).**
- 境界(경계) 境內(경내) 國境(국경) 環境(환경)
- 竟 : 소리(音)를 사람(儿)이 질러 일을 **마침내 마침**을 뜻한 글자

墨
먹 **묵**
(3Ⅱ 15획)

검은(黑 검을 흑) 흙(土)으로 만든 **먹.**
- 水墨畵(수묵화) : 먹물의 짙고 옅은 효과를 사용하여 그린 그림
  近墨者黑(근묵자흑) : 나쁜 사람과 가까이 하면 물들기 쉬움

增
더할 **증**
(4Ⅱ 15획)

흙(土)을 거듭(曾 거듭 증)해서 쌓는다 하여 **더하다.**
- 增加(증가) 增强(증강) 增産(증산) 增額(증액) 增進(증진)
- 曾 : 갈라진(八) 입(口)에서 **거듭** 나오는 작은(小) 말(曰)

墮
떨어질 **타**
(3급 15획)

높은 언덕(阝 언덕 부)에서 좌천(左 왼 좌)된 몸(月)과 같이, 땅바닥(土)으로 **떨어지다.**
- 墮落(타락) 落(떨어질 락)
- 月(육달 **월**) : '달'의 뜻이 아닐 때는 '月=肉 고기 육'로 **신체**의 뜻

墳

무덤 **분**

(3급 15획)

흙(土)을 크게(賁) 쌓아 만든 '墓(무덤 묘)'보다 큰 **무덤**.
- 墳墓(분묘)　古墳(고분)　封墳(봉분) : 흙을 둥글게 쌓은 무덤
- 賁(클 **분**) : 조개껍질(貝) 많이(十) 많이(卄) 쌓여 **크게** 된 모양

壁

벽 **벽**

(4Ⅱ 16획)

비바람을 피하기(辟) 위하여 흙(土)을 쌓아 만든 **벽**.
- 壁報(벽보)　壁畵(벽화)　障壁(장벽)　☞ 障(막힐 장)
- 辟(피할 **벽**) : 죽음(尸)의 구렁텅이(口)로부터 죄인(辛)이 **피하다**.

墻

담 **장**

(3급 16획)

흙(土)으로 재물 나가는 것을 아껴(嗇 아낄 색) 쌓은 **담장**.
- 障壁(장벽)　越墻(월장)　☞ 壁(벽 벽)　越(넘을 월)
- 嗇 : 들여오기만(來) 하지 돌아(回) 나가게 하지 않아 **아끼다**.

壇

제단 **단**

(5급 16획)

흙(土)으로 높고 크게(亶) 쌓아 만든 **제단(祭壇)**.
- 壇上(단상)　登壇(등단) : (어떤 사회 분야에) 처음 등장함
- 亶(클 **단**) : 갓(亠)은 둥글며(回) 아침(旦 아침 단)해 같이 **큼**

壓 压

누를 **압**

(4Ⅱ 17획)

보기 싫은(厭 싫어할 염) 것을 흙(土)으로 덮어 **누르다**.
- 壓力(압력)　壓迫(압박)　外壓(외압)　制壓(제압)
- 厭 : 굴(厂)에서 해달(日月)도 못보고 개(犬)처럼 사니 **싫다**.

壞 坏

무너질 **괴**

(3Ⅱ 19획)

흙(土)이 앞을 가릴(褱) 정도로 한꺼번에 **무너지다**.
- 壞滅(괴멸)　壞血病(괴혈병)　崩壞(붕괴)　破壞(파괴)
- 褱(가릴 **회**) : 옷(衣)으로 눈(罒) 물(二丨二←水) 닦을 때 **가린다**.

壤 壤

흙 **양**

(3Ⅱ 20획)

흙(土) 중에서도 삶에 도움(襄 도울 양) 되는 **좋은 흙**.
- 土壤(토양)　平壤(평양 ; 북한의 수도)　天壤之差(천양지차)
- 襄 : 옷(衣) 속 여자가슴(口口)은 우물(井)같이 아이에게 **도움이 됨**

土 部

土
선비 **사**
(5급 3획)

하나(一)를 들으면 열(十)을 아는 **선비**. 士氣(사기) 軍士(군사)
- 士農工商(사농공상) : 봉건시대 때의 네 가지 사회 계급.
'士'는 문사(文士)와 무사(武士)를 통틀어 이르는 말로 쓰임.

壬
북방 **임**
(3Ⅱ 4획)

삐져나가듯(丿 삐침 별), 즉 배반할 것 같지 않은 선비(土 선비
사)에게 책임을 지워 맡긴 곳인 **북방(北方)**.
- 壬辰倭亂(임진왜란) : 조선 선조 1592년에 일본이 침입한 전란

壯 壮
씩씩할 **장**
(4급 7획)

긴 널빤지(爿) 같이 몸이 크고 선비(土) 같은 기상을 지닌 장정의
씩씩함.
- 壯士(장사) 壯丁(장정) 壯觀(장관)
- 爿(널빤지 **장**) : 둘로 쪼개진 통나무 왼쪽편의 **길쭉한 널빤지**

壽 寿
목숨 **수**
(3Ⅱ 14획)

선비(士)도 하나(一), 장인(工)도 하나(一)인 입(口)으로 잘 헤아
려(寸 헤아릴 촌) 먹어야 **오래 사는 목숨**.
- 壽命(수명) 壽宴(수연) 長壽(장수) 壽則多辱(수즉다욕)

夂 部

夂
뒤져올 **치**
(3획)

머뭇거리며 걸어오는 **다리**의 모양으로 **뒤지다**.
- '夂'이 부수로 쓰이는 실용한자는 없음.

夊 部

夊
천천히걸을 **쇠**
(3획)

두 다리를 끌며 **천천히 걸어감**.
* 쓰임은 夂(뒤져올 치)와 같은 모양으로 쓰이기도 함.

夏
여름 **하**
(7급 10획)

머리(頁의 줄임) 위로 태양이 내리쬐어 더위에 느릿느릿 걷는(夊)
계절인 **여름**.
* 夏季(하계)   夏至(하지)   立夏(입하)
* 頁(머리 **혈**) : 사람 **머리(一)에서 얼굴(自), 목(丿丶)까지 신체**

夕 部

夕
저녁 **석**
(7급 3획)

달(月)에서 한 획을 줄인 반달 모양의 달이 뜬 **저녁**.
* 秋夕(추석)   夕陽(석양)   夕刊(석간)   朝夕(조석)   七夕(칠석)
* 썰어 놓은 **고기 조각** 뜻도 있음. 夕은 肉=月(육달 월)의 획 줄임

外
바깥 **외**
(8급 5획)

저녁(夕)에 별 점(卜 점 복)을 치던 **바깥**.
* 外國(외국)   外食(외식)   外出(외출)   內外(내외)
* 卜 : 동물 뼈를 태울 때 생긴 **가로 세로의 금** 모양으로 **점**을 침

多
많을 **다**
(6급 6획)

고기(夕)를 썰어서 쌓아놓은 모양에서 **많다**.
* 多讀(다독)   多少(다소)   多數(다수)   多才(다재)   多幸(다행)
* 夕(고기조각 **석**) : '육달 월(月=肉)'의 줄임으로 썰어 놓은 **고기
조각**

夜
밤 **야**
(6급 8획)

지붕(亠) 아래, 즉 집에서 사람(亻)이 저녁(夕 저녁 석)에 몸을 비스듬히(乀) 하거나 누어 자는 시간인 **밤**.
- 夜間(야간)　夜勤(야근)　夜食(야식)　晝夜(주야)　除夜(제야)

夢
꿈 **몽**
(3Ⅱ 14획)

눈썹(艹)이 눈(目=罒)을 덮고(冖 덮을 멱) 자면서 저녁(夕 저녁 석)에 꾸는 **꿈**.
- 夢想家(몽상가)　夢遊病(몽유병)　吉夢(길몽)　解夢(해몽)

大 部

大
큰 **대**
(8급 3획)

양팔 벌리고 서 있는 **큰** 어른 모양.
- 大小(대소)　大人(대인)　大韓民國(대한민국)　東大門(동대문)
- 大學(대학) : 우리나라 최고의 교육 기관　☞ 韓(나라 한)

天
하늘 **천**
(7급 4획)

넓게 펼쳐져(一) 사람(大) 위에 있는 **하늘**.
- 天地(천지)　天井(천정)　先天的(선천적)　後天的(후천적)
- 天長地久(천장지구) : 하늘과 땅은 영원히 변치 않음

夫
사내 **부**
(7급 4획)

갓(一) 쓴 어른(大)이나 **사내**. 또는 글을 읽는 **지아비**.
- 夫婦(부부)　工夫(공부)　丈夫(장부)　漁夫(어부)　兄夫(형부)
- ☞ 婦(아내, 며느리 부)　丈(어른 장)　漁(고기잡을 어)

太
클 **태**
(6급 4획)

큰(大) 것에 점(丶)이 더해져 더 **큼**.
- 太陽(태양)　太平洋(태평양)
  太極(태극) : 하늘과 땅·음양(陰陽)이 나누어지기 이전 상태
  太祖(태조) : 한 왕조(王朝)를 일으킨 첫 임금　☞ 極(다할 극)

央
가운데 **앙**
(3Ⅱ 5획)

어른(大)이 물건(冂)을 등 **가운데**에 지고 있는 모양.
• 中央(중앙)　震央地(진앙지)　　　　☞ 震(벼락, 흔들릴 진)
• 冂(둘러쌀 **경**) : 둘러싸고 있는 **높은 성곽**으로 **둘러싸다**는 뜻

失
잃을 **실**
(6급 5획)

사람(丿)이 큰(大) 것을 **잃다.** 또는 **큰 잘못을 하다.**
• 失手(실수)　失言(실언)　失業(실업)　失戀(실연)　失敗(실패)
　失脚(실각) : 실패하여 지위나 설 자리를 잃음　　☞ 脚(다리 각)

夷
오랑캐 **이**
(3급 6획)

큰(大) 활(弓 활 궁)을 가지고 다니는 **오랑캐.**
東夷(동이)
• 以夷制夷(이이제이) : 오랑캐를 이용하여 오랑캐를 친다는 데서,
　한 세력을 이용하여 다른 세력을 제압(制壓)한다는 뜻

奇
기이할 **기**
(4급 8획)

너무 커서(大) 가히(可 가히 가) **기이하다.** 기이하여 짝이 없다는
데서 **홀수.**
• 奇數(기수)　奇怪(기괴)　奇妙(기묘)
• 可 : 장정(丁)은 입(口)으로 **옳은** 말을 할 만하다 하여 **가히**

奈
어찌 **내**
(3급 8획)

큰(大) 제사(示 제단 시)를 **어찌** 잘 지낼 것인가.
• 莫無可奈(막무가내)　奈落(Naraka, 범) : 1. [불] 지옥(地獄) 2. 구원
　할 수 없으며, 도저히 벗어날 수 없는 극한 상황

奉
받들 **봉**
(5급 8획)

많은(丰) 어른(大)들을 두 손(一 十)으로 **받들다.**
• 奉仕(봉사)　奉養(봉양) : (어버이나 조부모를) 받들어 모심
• 丰(무성할 **봉**) : 많은(三) 풀이 흙을 뚫고(丨) 나와 **무성함**

奔
달릴 **분**
(3Ⅱ 9획)

크게(大) 자란 풀(卉 풀 훼)을 베느라 **바쁘다. 달리다.**
• 奔走(분주)　狂奔(광분)　東奔西走(동분서주)　花奔(화훼)
• 卉(풀 **훼**) : 손에 들(卄 들 공) 수 있는 수십(十)가지 **관상용 풀**

奏
아뢸 **주**
(3Ⅱ 9획)

많은(丰 무성할 봉) 어른(大) 앞에서 몸을 구부리고(夭 구부러질 요) **아뢴다.** 높은 이에게 풍악 아뢴다 하여 **연주하다.**
• 奏請(주청)　獨奏(독주)　演奏(연주)　協奏(협주)

契 契
맺을 **계**
(3Ⅱ 9획)

여러(丰) 내용을 새겨(刀) 큰(大) 계약 등을 **맺다.**
• 契機(계기)　契約(계약)　契丹(거란)　☞ 契(종족이름 글)
• 丰(무성할 봉) : 많은(三) 풀이 흙을 뚫고(ㅣ) 나와 **무성함.**

奚
어찌 **해**
(3급 10획)

손(爫 손톱 조)으로 작고(幺) 큰(大) 일을 **어찌** 더 할 수 있겠는가 라는 데서.
• 奚琴(해금) : 민속 악기의 하나　☞ 琴(거문고 금)
• 幺(작을 **요**) : **실 뭉치** 또는 웅크리고 있는 **작은 아기 모습**

奬 奬
권할 **장**
(4급14획)

장수(將 장수 장)처럼 크게(大) 잘 되라고 **권하다.**
• 奬勵(장려)　奬學金(장학금)　勸奬(권장)　☞ 勵(힘쓸 려)
• 將 : 널빤지(뉘)처럼 신체(月) 크고 법도(寸) 있게 다스리는 **장수**

奪
빼앗을 **탈**
(3Ⅱ 14획)

큰(大) 새(隹)가 발 마디(寸 마디 촌)를 굽혀 잡듯 **빼앗다.**
• 奪取(탈취)　奪還(탈환)　强奪(강탈)　掠奪(약탈)
• 隹(새 **추**) : 앉아 있는 보통 꽁지가 짧고 **작은 새** 모양

奮
떨칠 **분**
(3Ⅱ 14획)

크게(大) 새(隹)가 밭(田)에서 날아오르는 모양에서 **떨치다.**
• 奮發(분발)　奮鬪(분투)　激奮(격분)　孤軍奮鬪(고군분투)
• 隹(새 **추**) : 앉아 있는 보통 꽁지가 짧고 **작은 새** 모양

契(맺을 계, 애쓸 결, 사람이름 설, 종족이름 글)
• 契闊(결활) : 애쓰고 고생함(死生契闊). 契丹(거란 ← 글안 ← 글단)
• 契丹 : 동호(東胡)의 종족으로 후위(後魏) 때 글안(契丹)이라 불렀고, 후진(後晋) 때는 요(遼)라는 국명으로 강성했으나 금(金)에 멸망하였다.

女 部

女
여자 **녀**
(8급 3획)

여자가 앉아서 바느질 하는 모습.
- 女軍(여군)　女王(여왕)　女人(여인)　女子(여자)
- '女'는 사회성에 비추어 '계집 녀' 보다는 '여자 녀'라고 함이 옳음

奴
종 **노**
(3Ⅱ 5획)

여자(女) 같이 손(又)으로 일 많이 하는 **종**.
- 奴婢(노비)　奴隷(노예)　賣國奴(매국노)　匈奴(흉노)
- 又(손·또 **우**) : 깍지 낀 두 **손**, 즉 하나가 아닌 둘이라 하여 **또**

妃
왕비 **비**
(3Ⅱ 6획)

여자(女) 중 가장 중요한 몸(己)이신 **왕비(王妃)**.
- 大妃(대비) : 선왕의 아내. 대왕대비(大王大妃) : 선왕의 대비
- 己(몸 **기**) : 구부러져 있는 상태에서 일어나는 **몸**을 그림

如
같을 **여**
(4Ⅱ 6획)

여자(女)들 하는 말(口)은 한결 **같음**.
- 如前(여전)　如此如此(여차여차)
  如履薄氷(여리박빙) : 살얼음 밟듯 아슬아슬하고 불안한 지경

妄
망령될 **망**
(3Ⅱ 6획)

정신 나간(亡 잃을 망) 여자(女)라는 데서 **망령되다**.
- 妄覺(망각)　妄靈(망령)　妄發(망발)　妄想(망상)　妄言(망언)
- 亡 : 덮어(亠) 놓은 것의 한쪽이 터져(ㄴ) 물건이 **없어지다**.

好
좋을 **호**
(4Ⅱ 6획)

여자(女)가 아이(子)를 안고 **좋아한다**.
- 好感(호감)　好材(호재)　好評(호평)　好衣好食(호의호식)
  好事多魔(호사다마) : 좋은 일에는 마귀 즉 방해되는 일이 많음

妙
묘할 **묘**
(4급 7획)

여자(女)의 자잘한(少 적을 소) 속마음은 알 수 없어 **묘하다**.
• 妙技(묘기)　妙味(묘미)　妙手(묘수)　巧妙(교묘)

妨
방해할 **방**
(4급 7획)

여자(女)가 나아가는(方) 길을 막아 **방해하다**.
• 妨害(방해)　無妨(무방) : 거리낄 것이 없음. 괜찮음
• 方(사방 **방**) : 쟁기가 **사방**으로 나아가는 모양 또는 **방향**

妥
어루만질 **타**
(3급 7획)

손(爫)으로 여자(女)를 **어루만져** 달래듯이, **상황이나 형편을 좋게 하다**.
• 妥結(타결)　妥當(타당)　妥協(타협)
• 爪(손톱 **조**) : 긁어당기는 **손톱**을 본뜬 글자　☞ 爪 = 爫

姉
누이 **자**
(4급 8획)

여자(女) 중 시장(市 시장 시)을 보는 **손윗누이**.
• 姉妹(자매)　姉母會(자모회)　姉夫(자부) : 손윗누이의 남편
• 市 : 천(巾) 등을 높이(亠 머리부분 두) 쌓아두고 파는 **시장**

妾
첩 **첩**
(3급 8획)

서(立) 있는 본부인 아래에 위치하는 여자(女)인 **첩**.
• 妾室(첩실) : '첩(妾)'을 점잖게 이르는 말.　☞ 室(아내 실)
• 少妾 : 나이 어린 첩. 小妾 : 아내가 자기를 낮추어 이르는 말

妹
누이 **매**
(4급 8획)

여자(女) 중에서 아직(未)도 어려보이는 **손아래 누이**.
• 妹夫(매부)　妹弟(매제)　妹兄(매형)　男妹(남매)　姉妹(자매)
• 未(아직 **미**) : 나무(木) 윗부분이 **아직** 덜 자라 짧은(一) 모양

妻
아내 **처**
(3Ⅱ 8획)

많은(十) 일을 손(크)으로 하는 여자(女)인 **아내**.
• 妻家(처가)　妻福(처복)　妻弟(처제)　賢母良妻(현모양처)
• 크(손 **계**) : 갈라져 있는 **손의 손가락**을 그린 글자

始 처음 시
(6급 8획)

여자(女) 뱃속(口)에 아이(厶)가 생겨 자라는 이때가 생명이 시작되는 **처음**.
- 始動(시동) 始作(시작) 始祖(시조)
- 厶 : 뱃속에서 **웅크리고 있는 아이** 모양

姓 성씨 성
(7급 8획)

여자(女)가 아이를 낳으면(生 날 생) 붙이던 **성씨**.
- 姓名(성명) 姓氏(성씨) 同姓(동성) 百姓(백성)
- 옛 모계사회(母系社會)에서 여성이 아이에게 자신의 성을 붙임

姑 시어미, 할미 고
(3Ⅱ 8획)

여자(女)가 오래(古) 살아 **할머니**나 **시어미**가 됨.
- 姑母(고모) 姑婦(고부) 姑從四寸(고종사촌) : 고모 아들이나 딸
- 古(오랠 **고**) : 열(十) 사람 입(口)을 통한 것은 이미 **오래** 된 것

委 맡길 위
(4급 8획)

벼(禾)의 이삭이 고개를 숙이듯 여자(女)가 고개를 숙이고 몸을 남편에게 **맡기다**.
- 委員(위원) 委任(위임) 委託(위탁)
- 禾(벼 **화**) : 익으면 고개 숙이며(ノ) 자라는(木) **벼, 곡식**

姻 혼인 인
(3급 9획)

여자(女)가 의지할만한(因) 사람과 **혼인하다**.
  姻戚(인척)   婚姻(혼인)   ☞ 戚(겨레 척)
- 因(인할 **인**) : 에워싼(口 에워쌀 위) 큰(大) 울타리에 **의지하다**.

姦 간음할 간
(3급 9획)

여자(女) 여럿 모이면 좋지 않은 짓을 한다 하여 **간사(奸邪)하다**.
- 姦淫(간음) 姦通(간통) 强姦(강간) ☞ 淫(음란할 음)
- 한자에 있어 글자 속의 '女'는 좋지 않게 쓰이는 경우가 많음

姿 맵시 자
(4급 9획)

인물 다음(次 다음 차)으로 중히 여기는 여자(女)의 **맵시**.
- 姿勢(자세) 姿態(자태) ☞ 勢(모양 세) 態(모양 태)
- 次 : 설령(冫 찰 빙)하게 하품(欠 하품 흠)하면 뒤진다 하여 **다음**

姪
조카 **질**
(3급 9획)

형수·제수에서 태어나 세상에 이른(至) **여(女)조카.**
- 姪女(질녀) 姪婦(질부) 堂姪(당질) 甥姪(생질)
- 至(이를 **지**) : 새 발(内 새발자국 유의 줄임)이 땅(土)에 **이름**

威
위협할 **위**
(4급 9획)

개(戌)가 여자(女)를 **위협한다.** 또는 무서울 정도로 **위엄있다.**
- 威力(위력) 威勢(위세) 威嚴(위엄) 威脅(위협)
- 戌(개 **술**) : 창(戈 창 과)을 든 사람(人)의 옆에 있는 **개**

娘
아가씨 **낭**
(3Ⅱ 10획)

여자(女)의 일생 중 좋은(良 좋을 량) 때인 **아가씨.**
- 郎子(낭자) : 아직 시집가지 않은 젊은 여자. 아가씨. 처녀
- 良(어질 **량**) : 보는(艮 볼 간) 눈동자(丶)가 바른 데서 **어질다.**

娛
즐길 **오**
(3급 10획)

여자(女)가 크게 떠들며(吳 큰소리칠 오) 무언가를 **즐기다.**
- 娛樂室(오락실) ☞ 樂(즐길 락) 室(집 실)
- 吳 : 입(口)으로 하나(一)의 대국(大)이라 **큰소리치다.**

婚
혼인할 **혼**
(4급 11획)

신부(女)를 해질(昏 저물 혼) 무렵 맞이하던 풍습에서 **혼인하다.**
- 婚禮(혼례) 婚姻(혼인) 結婚(결혼) 約婚(약혼)
- 昏 : 많은 성씨(氏)처럼 넓게 해(日)를 덮은 황혼에서, **저물다.**

婢
여종 **비**
(3Ⅱ 11획)

여자(女) 중 신분이 낮은(卑 낮을 비) **여종.**
- 婢僕(비복) 奴婢(노비) 侍婢(시비) : 곁에서 시중드는 여종
- 卑 : 흰(白) 옷 입고 비(丿) 들고(十) 있는 이는 신분이 **낮음**

婦 婦
며느리 **부**
(4Ⅱ 11획)

여자(女) 중 비(帚 비 추)를 들고 쓸고 닦는 **며느리나, 아내.**
- 夫婦(부부) 主婦(주부) 孝婦(효부) 子婦(자부) : 며느리
- 帚 : 손(크 손 계)에 잡은(冖 덮을 멱) 청소하는 **비(巾) 모양**

媒
중매 **매**
(3Ⅱ 12획)

여자(女)를 아무개(某 아무개 모)에게 소개하니 **중매**.
- 媒介體(매개체) 冷媒(냉매) 仲媒(중매) 觸媒(촉매)
- 某 : 단맛(甘 달 감) 나는 나무(木)열매는 **아무**에게나 좋다.

嫌 嫌
싫어할 **혐**
(3급 13획)

여자(女) 둘(兼)을 놓고 저울질 하는 남자를 **싫어한다**.
- 嫌惡(혐오) 嫌疑(혐의) 嫌氣性(혐기성) : 공기를 싫어하는 성질
- 兼(겸할 **겸**) : 벼(禾) 둘을 한(一) 손(크)에 쥔 모양에서 **겸하다**.

子 部

子
아들 **자**
(7급 3획)

양팔 벌린 **아이**. 아들·자식, 씨·열매, 접미사, 12지(支)의 쥐, 23~01시. 학덕 있거나, 학설로 일파를 이룬 사람.
- 子女(자녀) 子正(자정) 孔子(공자) 枸杞子(구기자) 椅子(의자)

孔
구멍 **공**
(4급 4획)

작으며(子) 구부러져(乚 새 을) 나 있는 **구멍**.
- 孔子(공자) 氣孔(기공) 毛孔(모공) 眼孔(안공) : 눈구멍
- 孑(작을 **혈**) : '子'의 변형으로 **작다**는 뜻을 나타냄

字
글자 **자**
(7급 6획)

집(宀 집 면)에서 아이(子)가 갈수록 늘어나듯 , 시간이 갈수록 늘어나는 **글자. 이름**.
- 文字(문자) 漢字(한자)
- '字' : 지난날, 장가든 뒤 본이름 대신 부르던 이름

存
있을 **존**
(4급 6획)

한(一) 인간(亻)으로 자식(子)을 봐야 후세가 **있다**.
- 存立(존립) 存亡(존망) 存續(존속) 存在(존재) 保存(보존)
  存亡之秋(존망지추) : 서리 내리는 가을에 초목이 존속하느냐 망하느냐가 결정되듯, 죽음과 삶이 결정되는 절박한 시기

<table>
<tr>
<td>

孝

효도 **효**

(7급 7획)

</td>
<td>

늙은(耂) 부모를 자식(子)이 업고 있는 모양에서 **효도**.
- 孝道(효도)   孝心(효심)   孝子(효자)   忠孝(충효)
- 耂(늙을 **로**) : 땅(土)에 지팡이(丿)를 짚고 있는 **늙은** 노인

</td>
</tr>
<tr>
<td>

季

계절 **계**

(4급 8획)

</td>
<td>

벼(禾)나 곡식이 열매(子 열매 자)를 맺는 **계절(季節)**.
- 春季(춘계)   夏季(하계)   秋季(추계)   冬季(동계)
- 禾(벼 **화**) : 익으면 고개 숙이며(丿) 자라는(木) **벼, 곡식**

</td>
</tr>
<tr>
<td>

孟

맏 **맹**

(3Ⅱ 8획)

</td>
<td>

큰 그릇(皿 그릇 명)에 목욕시키고 있는 **맏아들(子)**.
- 孟母三遷(맹모삼천) : 맹자의 어머니가 자식 교육을 위해 세 번 이 사함(처음에는 공동묘지 근처 → 시장 근처 → 글방 근처)

</td>
</tr>
<tr>
<td>

孤

외로울 **고**

(4급 8획)

</td>
<td>

오이(瓜) 덩굴이 먼저 마르고 오이만 남듯, 부모 잃은 홀아이(子) 가 **외롭다**.
- 孤島(고도)   孤立(고립)   孤兒院(고아원)
- 瓜(오이 **과**) : 끝이 구부러진 **오이**가 매달려 있는 모양

</td>
</tr>
<tr>
<td>

孫

손자 **손**

(6급 10획)

</td>
<td>

자식(子)이 자식을 이어(系) 낳으니 **손자(孫子)**.
- 孫女(손녀)   王孫(왕손)   後孫(후손)   代代孫孫(대대손손)
- 系(이을 **계**) : 매듭(丿)을 매어 실(糸 실 사)을 **이어나감**

</td>
</tr>
<tr>
<td>

孰

누구 **숙**

(3급 11획)

</td>
<td>

행복을 누리며(享 누릴 향) 원만하게(丸 둥글 환) 세상을 사는 사 람은 **누구**?
- 孰誰(숙수)   孰是孰非(숙시숙비)   ☞ 是(옳을 시)
- 享 : 높은(高의 줄임) 자리에 오른 자식(子)이 복을 **누리다**.

</td>
</tr>
<tr>
<td>

學 学

배울 **학**

(8급 16획)

</td>
<td>

양쪽(臼)으로 앉아 주고받으며(爻) 집(宀 덮을 멱)이나 학교에서 아이들(子)이 **배우다**.
- 學校(학교)   學生(학생)   學業(학업)
- 爻(엇걸릴 **효**) : 엇걸려 있는 모양에서 **주고받거나, 사귀다**는 뜻

</td>
</tr>
</table>

宀 部

집 면
(3획)

지붕으로 덮여 있는 **집. 지붕.**
• 머리에 쓰는 갓과 같아 '갓머리'라고도 함.

宅
집 택, 댁
(5급 6획)

집(宀 집 면) 중에서 몸을 의탁하고(乇) 사는 **집.**
• 宅内(댁내) 宅配(택배) 自宅(자택) 住宅(주택)
• 乇(부탁할 **탁**) : '千(일천 천)'을 구부린 모양. 천 번 몸 구부리고 **부
탁하다.**

守
지킬 수
(4Ⅱ 6획)

집(宀) 안을 법도(寸 법도 촌) 있게 다스려 **지킨다.**
• 守備(수비) 守護(수호) 郡守(군수) 固守(고수) 死守(사수)
• 寸 : 손목에서 맥박 뛰는 사이의 거리를 **법도** 있게 재다.

宇
집 우
(3Ⅱ 6획)

지붕(宀) 아래 두(二) 사람이 갈고리(亅 갈고리 궐)처럼 이어져 만
든 큰 **집.** ☞ 宇 무한한공간 우, 宙 무한한시간 주.
• 于(어조사 **우**) : 둘(二)을 하나(亅)로 잇듯 말을 이어주는 **어조사**

安
편안할 안
(7급 6획)

집(宀)에는 자고로 여자(女)가 있어야 **안정되고, 편안함.**
• 安心(안심) 安全(안전) 問安(문안) 便安(편안)
  安分知足(안분지족) : 편안 마음으로 제 분수를 지키며 만족함

完
완전할 완
(5급 7획)

집(宀 집 면)을 으뜸(元)이 가게 지으니까 **완전(完全)하다.**
• 完決(완결) 完成(완성) 完遂(완수) 完全(완전)
• 元(으뜸 **원**) : 우뚝한(兀 우뚝할 올) 곳에 올라 있는 한(一) 사람

官 벼슬 **관** (4Ⅱ 8획)	담(自 의 줄임)을 높게 지은 집(宀 집 면)인 **관청**. 여기서 일하는 **관리(官吏)**. • 官職(관직) 官廳(관청) 高官(고관) • 自(쌓일 **퇴**) : 여러 개가 겹쳐 쌓여 있어 **쌓이다, 많다**는 뜻
宜 마땅할 **의** (3급 8획)	집(宀) 제사는 음식을 많이(且) 놓고 지냄이 **마땅하다**. • 宜當(의당) 便宜店(편의점) ☞ 當(마땅할 당) 便(편할 편) • 且(많을 **차**) : 제기에 음식 **많이** 쌓아 놓은 모양
宗 으뜸 **종** (4Ⅱ 8획)	집(宀 집 면)에서 제사(示)를 모시는 **으뜸**가는 **종가**. • 宗家(종가) 宗敎(종교) 宗孫(종손) 宗派(종파) • 示(제단 **시**) : **제단** 모양으로 제물을 제단에 올려 신에게 **보임**
宙 집 **주** (3Ⅱ 8획)	솟아(由) 있는 지상세계 전체를 덮고(宀) 있는 **하늘**. 또는 이처럼 **큰 집**. • 宇宙(우주) ☞ 宇(집 우) • 由(말미암을 **유**) : 밭(田)에 씨 뿌림으로 **말미암아** 싹 나온 모양
定 정할 **정** (6급 8획)	지붕(宀) 아래(下) 사람(人)이 거처를 **정하고** 삶. • 定價(정가) 定立(정립) 定數(정수) 假定(가정) 安定(안정) • 宀(지붕, 집 **면**) : **지붕**으로 덮여 있는 **집** ☞ 假(거짓 가)
客 손 **객** (5급 9획)	남의 집(宀 집 면)에 각자(各) 드나드는 **손님**. • 客觀(객관) 客室(객실) 主客顚倒(주객전도) ☞ 顚(꼭대기 전) • 各(각각 **각**) : 앞 사람과 뒷(夂 뒤져올 치) 사람 말(口)이 **각각 다르다.**
宣 알릴 **선** (4급 9획)	정사(政事)를 돌보는 집(宀)에서 백성이 알 수 있도록 내용을 펼쳐(亘) **알리다**. • 宣敎(선교) 宣傳(선전) 宣布(선포) • 亘(펼 **선**) : 위(一) 아래(一)로 말(日)이 돌게 하여 일을 **편다.**

室
집 **실**
(8급 9획)

집(宀 집 면)에 사람이 머물(至) 수 있게 만든 **방, 집.**
- 室內(실내)　室外(실외)　室長(실장)　教室(교실)
- 至(이를 **지**) : 한(一) 마리 새 발(内 새발자국 유)이 땅(土)에 **이름**

宮
집 **궁**
(4Ⅱ 10획)

집(宀)이 등뼈(呂)처럼 이어져 있는 큰 집인 **궁.** 중요한 궁 같은 **아기집.**
- 宮城(궁성)　宮合(궁합)　古宮(고궁)　王宮(왕궁)
- 呂(등뼈 **려**) : 위(口) 아래(口)로 이어져(丿) 있는 **등뼈** 모양

宴
잔치 **연**
(3Ⅱ 10획)

편안한(安 편안할 안) 날(日)에 여는 **잔치.**
- 宴會(연회)　壽宴(수연)　酒宴(주연)　祝賀宴(축하연)
- 安 : 집(宀 집 면)에는 여자(女)가 있어야 **안정되고, 편안함**

害
해로울 **해**
(5급 10획)

집(宀 집 면)에 사는 많은(丰) 벌레가 입(口)으로 **해를 입힌다.**
- 害蟲(해충)　水害(수해)　利害(이해)　公害(공해)
- 丰(무성할 **봉**) : 많은(三) 풀이 흙을 뚫고(丨) 나와 **무성함**

家
집 **가**
(7급 10획)

한 지붕(宀) 아래 돼지(豕 돼지 시)를 함께 키우는 농촌 **집.** 집에서 오래 해 온 일의 숙련자나 **화가·작가** 등 전문가(專門家).
- 家門(가문)　家長(가장)　國家(국가)

容
얼굴 **용**
(4Ⅱ 10획)

사람 머리(宀) 눈(八) 수염(人) 입(口)을 그린 자로 **얼굴.** 얼굴 보아 **용서하다.** 집(宀 집 면)과 골짜기(谷 골 곡)처럼 많은 것을 **담다.**
- 容器(용기)　容貌(용모)　内容(내용)　貌(모습 모)

寂
고요할 **적**
(3Ⅱ 11획)

큰 집(宀 집 면)에 비해 아재비(叔) 집은 **고요하다.**
- 寂寞(적막)　寂寂(적적)　靜寂(정적)　閑寂(한적)　入寂(입적)
- 叔(어릴 **숙**) : 위(上)쪽 **어린(小)** 싹을 손(又)으로 솎아주는 모양

宿
잘 **숙**
(5급 11획)

집(宀)에서 사람(亻)이 많이(百 일백, 많을 백) 모여서 **묵거나 자다.**
- 宿泊(숙박) 宿所(숙소) 宿食(숙식) 宿題(숙제)
- 宀(집 **면**) : 지붕으로 덮여 있는 **집.** '갓머리'라고도 함

寅
범 **인**
(3급 11획)

집(宀)의 한(一) 쪽에서 기르는 가축으로 말미암아(由 말미암을 유) 사방팔방(八)으로 어슬렁거리는 **범. 셋째 지지(地支).**
- 寅時(인시) : 01 ~ 03시

寄
붙어살 **기**
(4급 11획)

남의 집(宀)에 기이한(奇) 운명(運命)이라 **붙어살다.**
- 寄附(기부) 寄生(기생) 寄宿(기숙) 寄與(기여) 寄贈(기증)
- 奇(기이할 **기**) : 너무 커서(大) 가히(可 가히 가) **기이하다.**

密
빽빽할 **밀**
(4Ⅱ 11획)

집(宀)은 반드시(必 반드시 필) 산(山)의 나무처럼 **빽빽이** 들어선다.
- 密談(밀담) 密輸(밀수) 密室(밀실) 密約(밀약)
- 必 : 심장(心)에 비수(丿)가 들어와도 할 것은 **반드시** 한다.

富
부자 **부**
(4Ⅱ 12획)

집(宀 집 면)에 한(一) 입(口) 먹고 살 수 있는 밭(田) 작물이 가득 차 있으니까 **부자(富者).**
- 富强(부강) 富貴(부귀) 貧富(빈부) 豊富(풍부) ☞ 强(굳셀 강)

寒
찰 **한**
(5급 12획)

집(宀) 바닥(一)에 쌓은 벽(井) 갈라진(八) 틈으로 찬(冫) 바람이 들어와 **차다, 춥다.**
- 寒心(한심) 寒波(한파) 寒害(한해)
- 冫(얼음 **빙**) : 고드름에서 떨어지는 물 모양. **차다, 춥다, 얼다.**

寢
잘 **침**
(4급 14획)

집(宀) 침대(爿 널빤지 장)에 침입(侵 침입할 침의 줄임)하듯 들어가 **자다.**
- 寢臺(침대) 寢食(침식) 寢室(침실)
- 侵 : 사람(亻)이 비(帚의 줄임) 들고(又) 쓸어 들어가듯 **침입하다.**

寡
적을 **과**
(3Ⅱ 14획)

집(宀 집 면)의 우두머리(頁 머리 혈)인 남편과 갈라진(分 나눌 분) **과부**. 또는 갈라짐으로 그 수가 **적음**.
• 寡黙(과묵)　寡婦(과부)　寡少(과소)　衆寡不敵(중과부적)

寧
편안할 **녕**
(3Ⅱ 14획)

집(宀 집 면) 그릇(皿 그릇 명)에 가득 음식을 먹는 장정(丁 장정 정)의 마음(心)이 **편안(便安)하다**.
• 安寧(안녕)
　康寧(강녕) : 몸이 건강하고 마음이 편함.　☞ 康(편안할 강)

實 实
열매 **실**
(5급 14획)

집(宀) 안에 꿰어(貫 꿸 관) 말리는 수확한 **열매**.
• 實感(실감)　實力(실력)　實現(실현)　實話(실화)　果實(과실)
• 貫 : 돈(貝)을 꿰어(毌 말 무) 놓은 모양　☞ 果(열매 과)

寬 宽
너그러울 **관**
(3Ⅱ 15획)

집(宀)의 화초(卄 풀 초)를 보니(見) 마음(丶)이 **너그러워지다**.
• 寬待(관대) : 너그럽게 대우함.　寬容(관용) : 너그럽게 받아들임
• 見(볼 **견**) : 사람이 눈(目)으로 서서(儿 어진사람 인) **본다**.

審
살필 **심**
(3Ⅱ 15획)

집(宀 집 면) 안을 차례(番 차례 번)로 돌며 **살피다**.
• 審理(심리) : 사실을 조사하여 처리함. 審査(심사)　審判(심판)
• 番 : 분별해서(釆) 익은 곡식을 밭(田)에서 **차례(次例)**대로 거둠

寫 写
베낄 **사**
(5급 15획)

집(宀)에서 먹통(臼 절구 구)의 먹을 붓을 쥐고(勹 쌀 포) 찍어서 (灬) **베낀다**.
• 寫眞(사진)　複寫(복사)　筆寫(필사)
• 灬 : '불'이 아닌 다른 뜻 → 발(鳥 馬), 꼬리(魚 燕), 점들(寫) 등

寶 宝
보배 **보**
(4Ⅱ 20획)

집(宀) 안에 있는 그릇(缶 질그릇 부)에 들어 있는 값진 구슬(王= 玉)이나 재물(貝 조개 패)이라 하여 **보배**.
• 寶物(보물)　寶石(보석)　家寶(가보)　國寶(국보)

寸 部

寸
마디 **촌**
(8급 3획)

손목에서 맥박이 뛰는 사이를 엄지(ヽ)로 맥을 재는 모양에서 **재다, 헤아리다.**
- 寸數(촌수)　寸志(촌지)　三寸(삼촌)　八寸(팔촌)
- 亅(갈고리 **궐**) : 밑 끝이 구부러진 **갈고리**를 본뜬 글자

寺
절 **사**
(4Ⅱ 6획)

토지(土)를 법도(寸 법도 촌) 있게 관리하는 **관청.** 중국에 불교가 들어왔을 때 관청에서 불법(佛法)을 폈던 것이 후에 절이 됨.
- 寺院(사원)　山寺(산사)　佛國寺(불국사)

封
봉할 **봉**
(3Ⅱ 9획)

홀(圭)을 주며 법도(寸 법도 촌) 있게 다스리라고 **봉하다.**
- 封建主義(봉건주의)　封鎖(봉쇄)　封印(봉인)　册封(책봉)
- 圭(홀 **규**) : 제후에게 영토(土) 내릴 때 함께 주는 **신표**(信標)

射
쏠 **사**
(4급 10획)

몸(身 몸 신)의 손마디(寸 마디 촌)로 활 따위를 **쏜다.**
- 射擊(사격)　射殺(사살)　反射(반사)　放射能(방사능)
　射倖心(사행심) : 뜻밖의 행운을 얻으려는 마음 ☞ 倖(요행 행)

將
장수 **장**
(4Ⅱ 11획)

널빤지(爿 널빤지 장) 같이 신체(月 육달 월)가 크고 법도(寸 법도 촌) 있게 부하를 다스리는 **장수(將帥).**
- 將校(장교)　將軍(장군)　將來(장래)　將兵(장병)　將次(장차)

專
오로지 **전**
(4급 11획)

실 뽑는 물레를 손(寸 마디 촌)으로 한 방향으로만 돌리는 데서 **오로지.**
- 專攻(전공)　專門(전문)　專用(전용)　☞ 攻(배우고연구할 공)
- '專'에서 寸의 윗부분은 '물레 **전**'자임

찾을 심
(3급 12획)

손(크 손 계)으로 만든 물건(工 장인 공)을 서로 말하며(口) 작은 (寸 마디 촌) 결합이 없는지를 살피며 **찾다.**
- 尋訪(심방) : 방문하여 찾아봄. 推尋(추심) : 찾아내어 받아냄

높을 존
(4Ⅱ 12획)

두목(酋)을 법도(寸) 있게 대해 받들어 **높이다.**
- 尊敬(존경) 尊貴(존귀) 尊待(존대) 尊重(존중)
- 酋(두목 추) : 두 손(八)에 술(酉 술 유) 들고 제사지내는 **두목**

대할 대
(6급 14획)

对

많은(丵) 일을 한결(一) 같이 법도(寸 법도 촌) 있게 **대하다.**
- 對答(대답) 對等(대등) 對立(대립) 對面(대면) 對話(대화)
- 丵(무성할 착) : 풀('立'에 ㅣㅣㅣ를 더해)이 많이(十) 나 있어 **무성하다.**

이끌 도
(4Ⅱ 16획)

갈 길(道)을 손(寸 마디 촌)을 잡아 바르게 **이끌어 줌.**
- 導入(도입) 引導(인도) 主導(주도) 指導(지도)
- 道(길 도) : 살아가는데(辶) 있어 머리(首)처럼 중요한 **큰 길**

小 部

작을 소
(8급 3획)

흙을 뚫어(ㅣ←ㅣ) 가르고(ノ丶) 나오는 싹이 **작음.**
- 小人(소인) 小學(소학) : 송나라 때 지은 어린이 유학 교양서
- 글자의 멋을 내기 위하여 'ㅣ(뚫을 곤)'을 'ㅣ(갈고리 궐)'로 씀

적을 소
(7급 4획)

크기가 작아(小 작을 소) 잘 삐져(ノ 삐침 별) 나가 그 수나 부피가 주는 데서 **부피, 수, 양이 적다와, 나이가 어리다.**
- 少女(소녀) 少年(소년) 少數(소수) 少量(소량)

尖
뽀족할 **첨**
(3급 6획)

위는 작고(小) 아래는 큰(大) 모양으로 **뽀족하다.**
- 尖銳(첨예) 尖塔(첨탑) ☞ 銳(날카로울 예) 塔(탑 탑)
- 尖端(첨단) : 1. 뽀족한 끝. 2. 생각, 행동, 유행의 맨 앞장

尙
높일 **상**
(3Ⅱ 8획)

지붕을 높게(小) 세운 집(冂) 입구(口)의 모양에서, 이러한 큰 집에 드나드는 사람을 **높이어 받들다.**
- 尙武(상무) : 무예를 숭상함. 高尙(고상) 崇尙(숭상)

尢 部

尢
절름발이 **왕**
(3획)

한쪽 다리를 **절며 걷는 다리.**
- '大'의 변형 글자.

尤
더욱 **우**
(3급 4획)

개(犬)가 앉아 있는 모양에서 보기에 **더욱** 그렇다.
- 尤甚(우심) : 더욱 심함. ☞ 甚(심할 심)
- 개는 묶이거나 갇히지 않고 돌아다니며 사는 것이 행복

就
나아갈 **취**
(4급 12획)

좋은 것이 많은 서울(京 서울 경)로 발을 절면서라도(尢) 한(丶) 걸음씩 **나아가 뜻을 이루다.**
- 就業(취업) 就任(취임) 就職(취직) 日就月將(일취월장)

尖端(첨단)
던진 창이나 날아가는 화살의 맨 앞부분이 가장 앞서가는 의미에서 기능, 기법, 기술, 나아가서 유행, 예술, 생각 등에서의 맨 앞장의 뜻. ☞ 端(끝 단)

尸 部

尸
주검 **시**
(3획)

사람이 **죽어** 누워 있는 모양. 또는 **지붕**을 뜻함.
- 글자 안에서는 **집**(尸 집 호)의 뜻으로도 쓰임.

尺
자 **척**
(3Ⅱ 4획)

죽은(尸) 사람의 치수를 재는(乀) **자**.
- 尺度(척도) 越尺(월척) 縮尺圖(축척도) ☞ 縮(오무라들 축)
- 1자는 **약 30.3cm**. 먼 옛날은 **약 22.5cm**

局
판 **국**
(5급 7획)

자(尺의 변형)로 재듯이 잘 판단하여 말한다(口)하여 일이 **돌아가는 판**.
- 局面(국면) 局長(국장) 藥局(약국)
- 尺(자 **척**) : 죽은(尸 주검 시) 사람의 치수를 재는(乀) **글자**

尾
꼬리 **미**
(3Ⅱ 7획)

동물이 죽어도(尸) 유용하게 쓰이는 털(毛) 있는 **꼬리**.
- 尾行(미행) 交尾(교미) 末尾(말미) 魚頭肉尾(어두육미)
- 毛(터럭 **모**) : 짐승의 **꼬리털**이나 새의 **깃털**을 본뜬 글자

居
살 **거**
(4급 8획)

집(尸 지붕 시)에서 오래(古 오랠 고) **살다**.
- 居留(거류) 居室(거실) 居住(거주) 居處(거처) 隱居(은거)
- 古 : 열(十) 사람 입(口)을 통한 것은 이미 **오래** 된 **옛** 것

屈
굽을 **굴**
(4급 8획)

집(尸 지붕 시)을 출입(出 날 출) 할 때 몸을 **구부림**.
- 屈曲(굴곡) 屈服(굴복) 屈折(굴절) 屈指(굴지) 卑屈(비굴)
- 出((날 **출**) : 구덩이(凵 구덩이 감)에서 싹이 **나오는**(|) 모양

屋 집 **옥** (5급 9획)	지붕(尸 지붕 시) 있어 머물러(至) 쉴 수 있는 **집**. • 屋上(옥상)　屋外(옥외)　家屋(가옥)　洋屋(양옥)　韓屋(한옥) • 至(이를 **지**) : 새 발(內 새발자국 유의 줄임)이 땅(土)에 **이름**
展 펼 **전** (5급 10획)	죽은(尸 주검 시) 사람의 많은(卄) 물건이나 옷(衣 옷 의)을 펼쳐 보인다는 데서 **펴다**. • 展開(전개)　展示(전시)　展望(전망)　發展(발전)
屛 屏 병풍 **병** (3급 11획)	집(尸 지붕 시)에 쓰는 나무틀에 종이 합쳐(幷 합할 병, 8획) 만든 **병풍**. • 屛風(병풍)　畫屛(화병) • 幷 : 벽의 못(")에 방패(干干) 두 개를 합쳐서 걸어둔 모양
屢 屡 여러 **루** (3급 14획)	죽을(尸) 고비를 여러(婁) 번 겪는다 하여 **여러, 자주**. • 屢屢(누누) : 여러 번. 자주.　屢次(누차) : 여러 차례 • 尸(주검 **시**) : 사람이 **죽어** 누워 있는 모양
層 层 층 **층** (4급 15획)	집(尸 지붕 시) 위에 집을 거듭(曾 거듭 증) 지어서 된 **층**. • 層間(층간)　層階(층계)　階層(계층)　斷層(단층) • 曾 : 갈라진(八) 입(口)에서 **거듭** 나오는 작은(小) 말(曰)
履 밟을 **리** (3Ⅱ15획)	죽음(尸 주검 시)에 임하여 살아온 길을 다시(復 다시 부) **신**을 신고 되돌아 밟아본다는 데서 **밟는다**는 뜻. • 履歷書(이력서)　履修(이수)　履行(이행)　瓜田不納履(과전불납리)
屬 属 속할 **속** (4급 21획)	죽은(尸) 동물 가죽 뚫고(│) 이쪽(二) 저쪽(二)으로 나오는 벌레 (蜀)처럼 안에 **속하다**. • 屬國(속국)　附屬(부속) • 蜀(벌레 **촉**) : 눈(罒=目) 크며 고치 안에 싸여(勹) 있는 **벌레**(虫)

屮 部

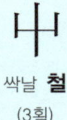

屮
싹날 **철**
(3획)

흙(凵 구덩이 감)을 뚫고(丨) 삐죽이 나오는 **싹**.

屯
머무를 **둔**
(3급 4획)

땅을 뚫고(丿 삐침 별) 구덩이(凵 구덩이 감)에서 새싹(乚)이 나온 모양. 그 싹이 포기 지어져 **모이다**. 모여서 **머무르다**.
- 屯兵(둔병)　屯營(둔영)　駐屯(주둔)　☞ 營(진칠 영)

山 部

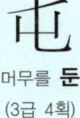

山
메 **산**
(8급 3획)

뚫고(丨 뚫을 곤) 구덩이(凵)에서 나오듯, 솟은 **산** 모양.
- 山水(산수)　南山(남산)　先山(선산)　靑山(청산)　火山(화산)
- 凵(구덩이 **감**) : 위가 터진 **그릇** 또는 **구덩이**를 뜻하는 글자

岸
언덕 **안**
(3Ⅱ 8획)

산(山)과 바다가 만나는 벼랑(厂 언덕 한)의 모양에서 파도를 막아주는(干 방패 간) **언덕, 해안.**
- 沿岸(연안)　海岸(해안)　彼岸(피안) : 열반(涅槃)의 세계

岳
큰산 **악**
(3급 8획)

언덕(丘 언덕 구)처럼 산(山)이 넓어 **큰 산.**
- 山岳會(산악회)　月岳山(월악산 : 충청북도 소재)
- 丘 : 땔감 하러 도끼(斤) 하나(一) 들고 갈만한 작은 **언덕**

峰 봉우리 **봉** (3Ⅱ 10획)	산등성이(山)가 서로 만나는(夆 만날 봉) **산봉우리.** =峯 • 仁壽峰(인수봉) : 서울 삼각산의 봉우리. 最高峰(최고봉) • 夆 : 걸을(夂 걸을 치) 때 무성한(丰) 풀이 발에 걸리듯 **만나다.**
島 섬 **도** (5급 10획)	새(鳥 새 조)가 쉬어가는 바다에 솟아 있는 (山) **섬.** • 獨島(독도) 半島(반도) 鬱陵島(울릉도) 島嶼國家(도서국가) ☞ 獨(홀로 독) 鬱(막힐 울) 陵(언덕 릉) 嶼(작은섬 서)
崩 무너질 **붕** (3급 11획)	산(山)이 한꺼번(朋 무리 붕)에 **무너진다**는 뜻. 임금의 죽음은 산 이 무너지는 것과 같다 하여 **붕어하다.** • 崩壞(붕괴) 崩落(붕락) 崩御(붕어) : 임금의 죽음 ☞ 御(임금 어)
崇 받들 **숭** (4급 11획)	산(山)처럼 높은 종가(宗)를 **받들다.** • 崇高(숭고) 崇拜(숭배) 崇尙(숭상) 崇儒抑佛(숭유억불) • 宗(으뜸 종) : 집(宀)에서 제사(示)를 모시는 **종가**(宗家)가 **으뜸**
嶺 재 **령** (3Ⅱ 17획)	산(山)봉우리를 거느리고(領) 있는 높은 고개인 **재.** 대관령(大關嶺)을 기준으로 영동(嶺東)·영서(嶺西)라 함. • 領(다스릴 령) : 명령(令) 내려 우두머리(頁 머리 혈)가 **다스리다.**
巖_岩 바위 **암** (3Ⅱ 23획)	산(山)에 위엄(嚴 위엄 엄)있게 서 있는 **바위.** • 巖盤(암반) 巖石(암석) 奇巖怪石(기암괴석) ☞ 怪(괴이할 괴) • 嚴 : 호령(口口)을 언덕(厂) 위에서 용감하게(敢) 하니 **위엄 있다.**

崇儒抑佛(숭유억불)
왕건(王建)이 세운 불교 국가인 고려(高麗)를 무너뜨리고 세운 조선(朝鮮)은 불교를 누르고 충효사상을 강조하는 유교(儒敎) 국가를 건립하였으나 불교 역시 명맥을 이어왔다.

川(巛) 部

川
내 **천**
(7급 3획)

물이 흐르는, 그리 크지 않은 **내**.
- 山川(산천)　河川(하천)　淸溪川(청계천)
- 川 = 巛 : '개미허리'　巛　큰도랑 괴　巜　도랑 견

州
고을 **주**
(5급 6획)

흐르는 내(川) 근처에 작게(丶) 형성된 **고을**.
- 慶州(경주)　光州(광주)　全州(전주)　淸州(청주)
- 丶(점, 불똥 **주**) : **점**이나 떨어져 나간 **불똥** 모양

巡
돌 **순**
(3Ⅱ 7획)

물(巛 = 川 내 천)이 흐르듯 두루 **돌아다님(辶)**.
- 巡警(순경)　巡禮(순례)　巡訪(순방)　巡視(순시)　巡察(순찰)
- 辶(갈　**착**) : 쉬엄쉬엄 **멀리 걸어가는** 모습에서 **가다.**

工 部

工
장인 **공**
(7급 3획)

판자에 구멍 뚫어 막대로 연결한 자로 **공구**. 공구로 물건을 만드는 **장인**.
- 工事(공사)　工場(공장)　手工(수공)
- 工夫(공부) : 학문이나 기술을 닦거나 배움　[참고] 夫(지아비 부)

左
왼 **좌**
(7급 5획)

자막대(一)를 장인(工)이 비스듬히(丿) 들고 있는 **왼손**.
- 左右(좌우)　左側(좌측)　[참고] 側(곁 측)　翼(날개 익)
　左翼(좌익) : 왼쪽 날개. 급진적, 또는 사회주의적 사상

巧 교묘할 **교** (3Ⅱ 5획)	장인(工)은 막힘(丂) 없이 물건 잘 만든다는 데서 **교묘(巧妙)** **하다.** • 巧言(교언)　技巧(기교)　精巧(정교) • 丂(막힐 **고**) : 위(一)가 **막혀** 나아가지 못하고 굽어 있는 모양
巨 클 **거** (4급 5획)	'ㄷ'자 모양의 큰 자를 손에 쥔 모양에서 **크다.** • 巨大(거대)　巨物(거물)　巨富(거부)　巨商(거상) • 巨視的(거시적) : 전체를 크게 파악하여 보는 것 ↔ 微(미)視的
差 다를 **차** (4급 10획)	양(羊 양 양)은 삐져나오며(丿) 자란 풀을 좋아하고, 장인(工)은 치우침 없이 바르게 하기에 서로 연관성이 없어 **다르다.** • 差度(차도)　差等(차등)　差別(차별)　差異(차이)

己 部

己 몸 **기** (5급 3획)	일어나는 **몸.** • 利己(이기)　自己(자기)　十年知己(십년지기) 　己卯士禍(기묘사화) : 조선 중종 때 조광조의 개혁정치에 위기를 느 　낀 수구파가 개혁파들을 역모로 몰아 세력을 무너뜨린 사건
已 이미 **이** (3Ⅱ 3획)	보습 모양으로, 밭갈이를 이미 끝냈다 하여 **이미.** • 已往之事(이왕지사) : 이미 지나간 일. ☞ 往(갈, 옛 왕) • 보습 : 쟁기에서 땅을 갈아 뒤집는 삽 모양의 쇳조각
巳 뱀 **사** (3급 3획)	둥그렇게 말려 있는 **뱀, 구렁이.** • 巳時(사시) : 오전 9~11시 　乙巳條約(을사조약) : 1905년(을사년) 11월에 일본이 대한제국의 　외교권을 빼앗기 위하여 강제로 맺은 조약

巷
거리 **항**
(3급 己부 9획)

사람이 함께(共 함께 공) 다니는 뱀(巳 뱀 사)처럼 길게 난 **길**이나 **거리**.
- 巷間(항간)　街談巷說(가담항설)
- 共 : 많은(卄 스물 입) 사람이 두 손(八)을 하나(一)로 모아 **함께**

巾 部

수건 **건**
(3획)

몸(|)에 두른(冂) **수건**, 천이나 **천의로 만든 것**.
- 宕巾(탕건) : 갓 아래에 받쳐 쓰는 관의 한 가지 ☞ 宕(방탕할 탕)

시장 **시**
(7급 5획)

천(巾 수건 건) 등을 높이(亠) 쌓아두고 파는 **시장**.
- 市民(시민)　市長(시장)　市場(시장)　都市(도시)
- 亠(머리부분 **두**) : 상투 모양으로 **머리 부분**이나 **위**를 나타냄

베 **포** 보시 **보**
(4Ⅱ 5획)

세로(丿)와 가로(一)로 걸어 짠(巾) **베**. 베를 쫙 편다하여 **펴다**. 펴서 **베풀다**.
- 布木(포목)　布敎(포교)　布施(보시)
- 획순 주의 : 布 丿 一 巾　　右 丿 一 口　　有 丿 一 月

바랄 **희**
(4Ⅱ 7획)

엇걸어(乂) 짠 베(布)가 촘촘한 비단으로, 이처럼 비단 같이 귀한 것을 **바란다**.
- 希望(희망)　☞ 望(바랄 망)
- 乂(엇걸릴 **오**) : 이쪽(丿) 저쪽(乀)으로 **엇걸림**

帝
임금 **제**
(4급 9획)

면류관을 쓰고(立의 변형) 곤룡포(巾 수건 건)를 입고 있는 **제왕(帝王). 임금**.
- 帝位(제위)　上帝(상제)　皇帝(황제)
  帝國主義(제국주의) : 군사적, 경제적으로 다른 약소민족을 정복하여 큰 나라를 건설하려는 침략적 경향. 또는 그런 정책

帥
장수 **수**
(3Ⅱ 9획)

깃발(巾 수건 건)을 높이 달고 많은(自) 군사를 거느리는 **장수**.
- 將帥(장수) 統帥(통수) ☞ 將(장수 장) 統(거느릴 통)
- 自(많을 **퇴**) : 여러 개가 겹쳐 쌓여 있어 **쌓이다, 많다**는 뜻

師 师
스승 **사**
(4Ⅱ 10획)

많은(自 많을 퇴) 제자들에게 둘러(帀) 있는 **스승**.
- 師弟(사제) 講師(강사) 敎師(교사) 恩師(은사) 醫師(의사)
- 帀(빙두를 **잡**) : 하나(一)의 천(巾 수건 건)으로 **빙 두름**

席
자리 **석**
(6급 10획)

사람들(庶 무리 서의 줄임)이 깔고 앉는 천(巾)으로 만든 **깔개, 자리**.
- 缺席(결석) 立席(입석) 座席(좌석) 出席(출석)
- 庶 : 집(广)에서 여럿(卄)이 한(一) 곳에 모여 불(灬) 쬐는 **무리**

帳
휘장 **장**
(4급 11획)

바람이나 햇빛을 막기 위해 천(巾)으로 길게(長) 이어 만든 **휘장**.
- 日記帳(일기장) 帳中(장중) 通帳(통장) 揮帳(휘장)
- 長(긴, 어른 **장**) : 팡이 짚고 있는 수염 **긴, 어른, 노인**

常
항상 **상**
(4Ⅱ 11획)

집(尙)에서는 **항상** 옷(巾 수건 건)을 보통으로 입는다.
- 常綠(상록) 常務(상무) 常時(상시) 常識(상식) 常用(상용)
- 尙(큰집 **상**) : 지붕 높은(小) 집(冂) 입구(口)에서 **큰 집**

帶 带
띠 **대**
(4Ⅱ 11획)

입은 옷 위에 하나(一)의 긴 **띠**를 홈(凵 구덩이 감)을 따라 끼워 장식하여(ノ乚) 빙 둘러(帀 두를 잡) 매는 데서.
- 帶劍(대검) 腹帶(복대) 革帶(혁대) 熱帶地方(열대지방)

幅
폭 **폭**
(3급 12획)

한(一) 입(口) 먹고 살 수 있는 밭(田)의 넓이를 재듯이 천(巾 수건 건)의 너비를 나타낸 **폭**.
- 廣幅(광폭) 路幅(노폭) 步幅(보폭) 畵幅(화폭)

幕
휘장 **막**
(3Ⅱ 14획)

안보이게(莫 없을 막) 가리는 천(巾)인 **휘장(揮帳)**.
- 幕舍(막사) 開幕(개막) 銀幕(은막) 帳幕(장막) 黑幕(흑막)
- 莫 : 초목(艹) 아래로 해(日)가 크게(大) 지며 없어져 **없다**.

幣
비단 **폐**
(3급 15획)

해지기(敝) 쉬운 천(巾 수건 건)인 **비단(緋緞)**. 돈처럼 쓰니 **화폐**.
- 幣帛(폐백) 紙幣(지폐) 貨幣(화폐)
- 敝(하질 **폐**) : 천(巾)을 치니(攵 칠 복) 갈라져(八八)로 **해지다**.

干 部

干
방패 **간**
(4급 3획)

두(二) 개를 뚫어(丨뚫을 곤) 겹쳐 만든 **방패. 막는다.**
- 干滿(간만) : 밀물과 썰물. 干支(간지) : 천간(天干)과 지지(地支)
  干拓(간척) : 바다의 물을 막아(干) 육지나 경지를 만드는 일

平
평평할 **평**
(7급 5획)

두 손(丿八)으로 받쳐 든 방패(干) 모양이 **평평하다.**
- 平年(평년) 平民(평민) 平生(평생) 平日(평일) 平和(평화)
- 坪(평지 평) : 1坪은 6자×6자, 즉 1.818m×1.818 = 약 3.3㎡

年
해 **년**
(8급 6획)

사람(亻)이 소(牛 소 우의 변형)로 농사지으며 보내는 일하는 개
념의 한 해.
- 少年(소년) 靑年(청년) 學年(학년)
- 亻 사람인변 儿 어진사람 **인** ㄅ 굽은사람 **인** 𠂉 누운사람 **인**

幸
행복 **행**
(6급 8획)

한(一) 번도 죄인(辛 죄인, 매울 신)의 몸으로 살지 않으면 그것이
바로 **행복(幸福)**.
- 幸福(행복) 幸運(행운) 多幸(다행)
- 辛(죄인 **신**) : 세워(立) 놓고 이마에 '十'자를 바늘로 새긴 **죄인**

幹
줄기 **간**
(3Ⅱ 13획)

나뭇가지(十十) 사이로 비치는 햇빛(日)을 씌워서(人) 막는(干 막을 간) 천막 칠 때 쓰이는 중심이 되는 나무의 **줄기**.
- 幹部(간부) 幹線道路(간선도로) 基幹産業(기간산업)

幺 部

작을 **요**
(3획)

실 뭉치 또는 갓 태어난, 웅크리고 있는 **작은** 아기 모습으로 **작다, 어리다**의 뜻.

어릴 **유**
(3Ⅱ 5획)

작고(幺 작을 요) 힘(力) 약한 **어린이**.
- 幼年(유년) 幼兒(유아) 幼弱(유약) 幼稚(유치) 長幼(장유)
  長幼有序(장유유서) : 장유(長幼) 사이는 지켜야할 차례가 있음

유령 **유**
(3Ⅱ 9획)

산(山)에 작은(幺 작을 요) 벌레들이 **숨어 있다**는 데서, 눈에 안 보이는 **유령**, 유령은 죽음을 뜻하여 **저승**.
- 幽靈(유령) 幽明(유명) 幽閉(유폐) 深山幽谷(심산유곡)

幾
몇 **기**
(3급 12획)

실(幺幺)을 베틀(一)에 걸어 놓고 북을 이쪽(乀) 저쪽(丿)으로 보내 사람(人)이 실(丶) 공급하며 베 짤 때 베틀에 걸린 실올이 **몇** 가닥인지 물음.
- 幾何學(기하학)

幾何學(기하학)
물건의 모양, 크기, 위치 및 공간의 성질을 연구하는, 수학의 한 분야
幾何(기하) : '얼마'의 뜻

广 部

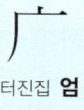

广
터진집 **엄**
(3획)

한쪽이 터져 있는 **집**으로, **어떤 용도로 쓰이는 집**.
• '엄호밑'이라고도 함. 언덕, 바위가 비바람을 막아 보호하다.

床
평상 **상**
(4Ⅱ 7획)

집(广)에서 쓰는 나무(木)로 만든 **침대**나 평평한 상.
• 病床(병상) 寢牀(침상) 册床(책상) 平床(평상) ☞ 寢(잘 침)

序
차례 **서**
(5급 7획)

집(广 집 엄)에서 나(予)부터 지켜야 할 **차례(次例)**.
• 順序(순서) 秩序(질서) 序頭(서두) : 어떤 차례의 첫머리
• 予(나 **여**) : 사람이 바로 서 있는 모양에서 **바른 나**의 뜻

底
바닥 **저**
(4급 8획)

집(广)의 밑(氐) 부분이라 하여 **바닥**을 뜻하는 글자.
• 底力(저력) 底面(저면) 低邊(저변) 底意(저의) 海底(해저)
• 广(터진집 **엄**) : 한쪽이 터져 있는 **집**. **어떤 용도로 쓰이는 집**

府
관청 **부**
(4Ⅱ 8획)

민원을 처리해 주는(付) 집(广 집 엄)인 **관청(官廳)**.
• 政府(정부) 三府(삼부) : 입법부, 사법부, 행정부를 말함
• 付(줄 **부**) : 사람(亻)이 손(寸 마디촌)으로 물건 등을 **주다**.

庚
천간 **경**
(3급 8획)

손(크)에 쥔 방패로 사람(人)이 몸을 가리듯(广 가릴 엄) 하늘에 있는 **일곱째 천간(天干)**.
• 庚戌國恥(경술국치)
• 크(손 **계**) : 갈라져 있는 **손**의 **손가락**을 그린 글자

店
가게 **점**
(5급 8획)

한 쪽을 터놓은 집(广 집 엄)에 팔 물건 차려 놓은(占) **가게.**
- 店員(점원) 店長(점장) 本店(본점) 書店(서점)
- 占(차지할 **점**) : 점령한 땅(口)에 깃발(卜) 꽂은 모양에서 **차지하다.**

度
헤아릴 **도, 탁**
(6급 9획)

집(广)에서 여러(廿 스물 입) 사람이 손(又 손 우)으로 **헤아림.** 이
와 같이 여러 사람이 만든 **기준 법도(法度).**
- 角度(각도) 速度(속도) 溫度(온도) 度地(탁지) : 토지를 측량함

座
자리 **좌**
(4급 10획)

집(广 집 엄)에 사람이 앉는(坐) **자리.**
- 座談會(좌담회) 座席(좌석) 座標(좌표) 講座(강좌)
- 坐(앉을 **좌**) : 두 사람(人人)이 땅(土) 위에 **앉아** 있는 모양

庫
창고 **고**
(4급 10획)

물건이나 수레(車 수레 거)를 넣어두는 집(广)인 **창고.**
- 寶庫(보고) 史庫(사고) 在庫(재고) 車庫(차고) 倉庫(창고)
- 車(수레 **거**) : 두(二) 바퀴 달린 **수레**를 위에서 본 모양

庭
뜰 **정**
(6급 10획)

집(广 집 엄) 안에 있는 조정(廷) 같이 넓은 **뜰.**
- 庭球(정구) 庭園(정원) 家庭(가정) 校庭(교정) 親庭(친정)
- 廷(조정 **정**) : 갓(丿) 쓴 선비(士)가 길게(廴) 늘어서 있는 **조정**

庸
떳떳할 **용**
(3급 11획)

집(广 집 엄)에서 손(彐 손 계)에 송곳(丨)을 들고 사용하는(用)
모양에서, 작은 일도 직접 행하니 **떳떳하다.**
- 中庸(중용) : 치우침 없이 떳떳하며 알맞은 상태나 정도

庶
무리 **서**
(3급 11획)

집(广 집 엄)에서 여럿(廿 스물 입)이 한(一) 곳에 모여 불(灬 =
火)을 피우고 있는 **무리.**
- 庶務課(서무과) 庶民(서민) 庶子(서자) : 첩에게서 태어난 아들

康
편안할 **강**
(4Ⅱ 11획)

집(广 집 엄)에서 손(⺕)으로 물(氺=水) 길으니 **편안함**.
* 健康(건강) 康寧(강녕) : 몸 건강하고 마음 편함 ☞ 健(튼튼할 건)
* ⺕(손 **계**) : 갈라져 있는 **손**의 **손가락** ☞ 寧(평안할 녕)

廊 廊
복도 **랑**
(3Ⅱ 13획)

집(广)에서 사내(郞)가 머무는 **행랑(行廊)**. 또는 **복도**.
* 舍廊(사랑) 畵廊(화랑) 廊下(낭하) : 복도
* 郞(사내 **랑**) : 어질고(良) 착하며 고을(阝) 출신의 멋진 **사내**

廉 廉
쌀 **렴**
(3급 13획)

집(广 집 엄)에서 여러(兼) 일하니 **청렴(淸廉)**. 청렴함은 비싼 것
과 거리 멀어 **싸다**.
* 廉價(염가) 廉恥(염치) ☞ 恥(부끄러울 치)
* 兼(겸할 **겸**) : 벼(禾) 둘을 한(一) 손(⺕)에 쥔 모양에서 **겸하다**.

廣 広
넓을 **광**
(5급 15획)

집(广)이 누런(黃) 땅처럼 **넓다**.
* 廣告(광고) 廣野(광야)
* 黃(누를 **황**) : 구덩이(凵 구덩이 감)를 나란히(二) 파서(丿丶) 씨
  뿌림으로 인해(由 말미암을 유) 곡식을 얻을 수 있는 **누런** 땅

廟
사당 **묘**
(3급 15획)

조상님의 신주(神主)를 모시고 아침(朝 아침 조)마다 참배(參拜)
드리는 집(广 집 엄)인 **사당(祠堂)**.
* 廟堂(묘당) 宗廟(종묘) : 조선 역대 임금과 왕비의 위패(位牌)
  모시는 사당

廢 廃
폐할 **폐**
(3Ⅱ 15획)

집(广 집 엄)에서 나가라고(發) **쫓아내다**. 집이 모두 나가 돌보지
않아 **못쓰게 되다**.
* 廢刊(폐간) 廢妃(폐비) 廢止(폐지)
* 發(나아갈 **발**) : 활(弓) **쏘고** 창(殳) 던지며 **나아감**(癶 걸을 발)

廳 厅
관청 **청**
(4급 25획)

백성의 소리를 들어주는(聽) 집(广 집 엄)인 **관청**.
* 官廳(관청) 區廳(구청) 市廳(시청) 廳舍(청사) : 관청의 건물
* 聽(들을 **청**) : 귀(耳)로 왕(王)이 덕(德의 줄임)을 가지고 **듣는다**.

廴 部

廴
길게걸을 **인**
(3획)

다리를 끌며 길게 **걸어가는** 모습.
• 책받침(辶)에서 점이 빠져 밋밋하다 하여 '민책받침'이라고도 함.

廷
조정 **정**
(3Ⅱ 7획)

갓(丿) 쓴 선비(士)가 길게(廴) 늘어서서 정사(政事)를 논의하는 **조정(朝廷).**
• 法廷(법정) 退廷(퇴정) 休廷(휴정)
• 壬(북방 **임**) : 갓(丿) 쓴 선비(士)가 책임진 **북방**의 경계

延
끌 **연**
(4급 7획)

삐뚤게(丿 삐침 별) 나아감(廴 걸을 인)을 그치다(止 그칠 지)는 데서 시간을 **늘이다, 끌다**는 뜻.
• 延期(연기) 延命(연명) 延長(연장) 遲延(지연) ☞ 遲(늦을 지)

建
세울 **건**
(5급 9획)

붓(聿 붓 율)으로 법을 써서 변방까지 멀리(廴) 보내어 나라의 기강을 바로 **세우다.**
• 建國(건국) 建設(건설) 建立(건립) 封建(봉건)
• 聿 : 세 손가락(彐 손 계)과 나머지 손가락(二)으로 쥔(丨) **붓**

廾 部

廾
들 **공**
(3획)

두 손으로 **들어 올리는** 모양. 卄(스물 입)의 변형.
• '卄'은 十(십) + 十(십)으로, 두 손이나 많다는 의미.

弄
희롱할 **롱**
(3Ⅱ 7획)

구슬(王=玉)을 손(廾)에 가지고 놀며 **즐기다, 희롱하다.**
- 弄談(농담) 才弄(재롱) 戱弄(희롱) 弄假成眞(농가성진)
- 廾(들 **공**) : **두 손으로 드는** 모양 ☞ 卄(스물 입)의 변형

弊
가릴 **폐**
(3Ⅱ 15획)

해진(敝) 곳 손(廾)으로 가리는 좋지 않은 **폐단(弊端). 자기 쪽을 낮추어 표현**할 때 씀.
- 弊害(폐해) 弊社(폐사)
- 敝(해질 **폐**) : 천(巾)을 치니(攵) 여러 갈래(八八)로 **해지다.**

弋 部

弋
주살 **익**
(3획)

줄을 매어 쓰는 화살을 **주살**이라 하며 이를 본뜬 글자. **무기, 도구 등.** 푯말을 나타내어 '**푯말 익**'이라고도 함.
- 弋射(익사) : 주살로 새를 쏘아 잡음

式
법 **식**
(6급 6획)

장인(工)이 먹줄(弋)을 들고 일하는 **방법, 제도, 의식.**
- 式順(식순) 式場(식장) 公式(공식) 禮式(예식) 定式(정식)
- 工(장인 **공**) : **공구** 모양. 공구를 사용하는 물건을 만드는 **장인**

弓 部

弓
활 **궁**
(3Ⅱ 3획)

굽은 **활** 모양.
- 弓道(궁도) 弓術(궁술) 洋弓(양궁) 良弓(양궁)

弔
조상할 **조**
(3급 4획)

짐승으로부터 시체를 지키기 위해 사람(|)이 활(弓)을 가지고 **조상하는** 모양.
- 弔意(조의) 弔旗(조기) 慶弔(경조)
- 弔喪(조상) : 남의 죽음에 대하여 슬퍼하는 뜻을 표함

引
끌 **인**
(4Ⅱ 4획)

활(弓 활 궁)에 화살(|) 메겨 **당기다. 끌다.**
- 引氣(인기) 引導(인도) 引上(인상) 引下(인하)
  萬有引力(만유인력) : 모든 물체가 서로 끌어당기는 힘

弘
넓을 **홍**
(3급 5획)

활(弓 활 궁) 시위를 팔 굽혀(厶) 당기니 활과 시위 사이가 **넓다.**
- 弘報(홍보) 弘益人間(홍익인간) ☞ 報(알릴 보)
- 厶(팔꿈치 **사**) : **팔꿈치**를 구부려 물건을 감싸는 모양

弟
아우 **제**
(8급 7획)

두 갈래(丫)로 나누어 활(弓 활 궁)을 쏜 결과 과녁을 빗나간(ノ 삐침 별) 사람이 **아우·제자(弟子).**
- 弟兄(제형)
- 丫(두갈래 **아**) : 한(一) 갈래에서 갈라져 나와서 된 **두 갈래**

弱
약할 **약**
(6급 10획)

활(弓)에 두 개의 화살(ノノ)을 걸어 쏘면 힘이 **약하다.**
- 弱肉强食(약육강식) 弱冠(약관) : 남자가 관례(冠禮)를 하는 20세. 관례는 하였으나 학식, 경험 등이 부족하니 더욱더 매진해야 할 나이를 말함

張
펼 **장**
(4급 11획)

활(弓)을 길게(長 길 장) 잡아당긴다는 데서 **펼치다.**
- 伸張(신장) 主張(주장) 擴張(확장)
- 張三李四(장삼이사) : 장씨의 셋째 아들과 이씨의 넷째 아들. 그저 평범한 사람들의 뜻

强 強
강할 **강**
(6급 12획)

활(弓)처럼 둥글고 입(口) 큰 딱정벌레(虫)의 힘이 **강하다.**
- 强國(강국) 强度(강도) 强力(강력) 强壓(강압) 强直(강직)
- 虫(벌레 **충**) : 사리고 있는 **뱀**이나 **작은 벌레** 모양

彈
彈
튕길 **탄**
(4급 15획)

활(弓)에 하나(單 하나 단)의 화살을 매겨 **튕기다**. 튕겨 나가는 **탄알**.
- 彈力(탄력) 彈性(탄성) 彈壓(탄압) 砲彈(포탄)
- 單 : 여러 입(口口)에서 나온 말(日)을 모아(十) **하나**로 만듦

彑(彐) 部

彑
돼지머리 **계**
(3획)

멧돼지 머리 모양. · 彑=彐. '彐'은 '日(가로 왈)'이 터진 모양으로 '터진가로 왈'이라 부르나 '말하다'는 뜻은 없고, **돼지의 주둥이, 갈라져 있는 손가락**의 뜻을 가짐.   ☞ 彐(손 계)

彙
무리 **휘**
(1급 13획)

밭에서 멧돼지가 주둥이(彑)로 파먹는, 흙에 덮여있는(冖 덮을 멱), 자신에게는 과일(果 과실 과)과 같은 감자나 고구마가 **무리**져 있는 데서.
- 語彙(어휘)

彡 部

彡
터럭 **삼**
(3획)

보기 좋게 자란 **머리털**. 또는 **무늬** 등.

形
모양 **형**
(6급 7획)

평평한(幵) 나무 위에 털붓(彡) 으로 그어 만든 **모양**.
- 形成(형성) 形容(형용) 形態(형태) 象形文字(상형문자)
- 幵(평평할 **견**) : 방패(干 방패 간) 두 개를 붙여 **평평하게** 함

彩
채색 **채**
(3Ⅱ 11획)

손(爫)으로 나무(木)에 털(彡 터럭 삼)붓을 이용해 **색을 입히다.**
- 彩色(채색) 光彩(광채) 色彩(색채) 水彩畵(수채화)
- 爫(손톱 **조**) : 긁어당기는 **손톱**을 본뜬 글자 ☞ 爫 = 爫

影
그림자 **영**
(3Ⅱ 15획)

햇빛(景 볕 경)에 의해 그늘져(彡) 생기는 **그림자.**
- 影響(영향) 反影(반영) 殘影(잔영) 投影(투영)
- 景 : 해(日)가 궁(京) 비추는 모양에서, **밝거나, 볼 만한 곳**

彳 部

彳
걸을 **척**
(3획)

허벅다리(丿) 정강이(丿) 발(丨) 합한 것으로 **걷다, 가다**는 뜻.
- '彳'이 두 개라 '두인변'이라고도 함 ☞ 亍(걸을 촉)

役
일할 **역**
(3Ⅱ 7획)

창(殳)을 들고 걸어(彳) 다니며 지키게 한다 하여 **부리다** 또는 **일하다.**
- 役軍(역군) 兵役(병역) 使役(사역) 荷役(하역)
- 殳(창 **수**) : 손(又 손 우)에 들고(几 책상 궤) **치는 창, 몽둥이**

往
갈 **왕**
(4Ⅱ 8획)

왕(王) 앞에 서서 등불(丶 불똥 주) 들고 걸어간다(彳 걸을 척)에서 **가다, 지나간 옛날, 옛일, 죽다**의 뜻.
- 往年(왕년) 往來(왕래) 往復(왕복) 極樂往生(극락왕생)

彼
저 **피**
(3Ⅱ 8획)

몸체에서 떨어져 나간(彳 걸을 척) 가죽(皮 가죽 피)처럼 떨어져 있는 **저쪽**이나 **저이**를 나타낸 글자.
- 彼我(피아) 彼此(피차) 彼岸(피안) : 열반(涅槃)의 세계

征

칠 **정**

(3Ⅱ 8획)

바로잡기(正 바를 정) 위하여 **치러** 간다(彳 걸을 척).
- 征伐(정벌)　征服(정복)　遠征隊(원정대)　出征(출정)
- 彳 : 허벅다리(丿) 정강이(丿) 발(ㅣ)을 합한 것으로 **걷다, 가다.**

待

기다릴 **대**

(6급 9획)

일을 보러 관청(寺)에 가면(彳 걸을 척) 보통 **기다린다.**
- 待期(대기)　待接(대접)　待合室(대합실)　期待(기대)
- 寺(관청 **시**) : 토지(土)를 법도(寸 법도 촌) 있게 관리하는 **관청**

律

법 **률**

(4Ⅱ 9획)

사람이 살아가며(彳) 지켜가야 할 바를 붓(聿)으로 적은 **법.**
- 律動(율동)　律令(율령)　法律(법률)　自律(자율)
- 聿(붓 **율**) : 세 손가락(⺕)과 나머지 손가락(二)으로 쥔(ㅣ) **붓**

後

뒤 **후**

(7급 9획)

걸음(彳)을 작게(幺) 하여 걸으니(夊 뒤져올 치) **늦거나 뒤지다.**
- 後方(후방)　後食(후식)　後悔(후회)　後天的(후천적)
- 幺(작을 **요**) : **실 뭉치** 또는 웅크리고 있는 **작은** 아기 모습

徐

천천히 **서**

(3Ⅱ 10획)

걸을(彳 걸을 척) 때 나(余)는 급하지 않고 **천천히.**
- 徐行(서행)　徐羅伐(서라벌) : 신라시대의 '경주(慶州)'
- 余(나 **여**) : 똑바로 서 있는 **자랑스런 나**를 나타낸 글자

徑(径)

지름길 **경**

(3Ⅱ 10획)

물줄기(巠) 따라가는(彳 갈 척) 것이 빠른 **지름길.**
- 半徑(반경)　直徑(직경)　捷徑(첩경)　☞ 捷(이길 첩)
- 巠(물줄기 **경**) : 한(一) 줄기에서 내(巛)와 강(工)이 되는 **물줄기**

徒

무리 **도**

(4급 10획)

걷거나(彳 걸을 척) 뛰어다니는(走) **무리.**
- 徒黨(도당)　暴徒(폭도)　無爲徒食(무위도식)　☞ 徒(헛될 도)
- 走(달릴 **주**) : 땅(土)을 다리(疋 발 소)를 벌려 **달리다**

得
얻을 **득**
(4Ⅱ 11획)

일터에 나가(彳) 아침(旦)부터 열심히 손(寸)을 움직여 일을 하여 많은 것을 **얻다.**
- 得失(득실)   得點(득점)   利得(이득)
- 旦(아침 **단**) : 해(日)가 지평선(一) 위로 떠오르는 **아침**

御
임금 **어**
(3Ⅱ 11획)

가다가(彳 걸을 척) 정오(午 낮 오)에는 길 멈추고(止 그칠 지) 다리(卩 무릎 절) 쉬게 하며 모시는 **임금.** 임금이 **다스리다.**
- 御命(어명)   御使(어사)   御用(어용)   制御(제어)

從從
좇을 **종**
(4급 11획)

걸어서(彳) 두 사람(人人)이 점(卜)치는 사람(人)의 뒤를 따라 **좇아가다.**
- 從軍(종군)   服從(복종)   順從(순종)
- 卜 : 동물 뼈를 태울 때 생긴 **가로 세로의 금 모양**으로 점을 침.

復
회복할 **복**, 다시 **부**
(4Ⅱ 12획)

사람(𠂉 누운사람 인)이 해(日)지면 천천히(夂 천천히걸을 쇠) 걸어서(彳 걸을 척) **다시** 집으로 **돌아옴**을 **거듭한다.**
- 復古(복고)   復習(복습)   復活(부활)   復興(부흥)

循
돌 **순**
(3급 12획)

방패(盾)를 들고 경비병이 **돌아다닌다**(彳 걸을 척).
- 循行(순행)   循環系(순환계)   循環線(순환선)   ☞ 環(고리 환)
- 盾(방패 **순**) : 사방(十)을 눈(目)으로 살피며 막는(厂) **방패**

微微
작을 **미**
(3Ⅱ 13획)

걸어서(彳 걸을 척) 산(山) 아래 하나(一)의 굽은(几) 길을 조금씩 움직여(攵 행할 복) 가는 모양에서 **작다.**
- 微動(미동)   微妙(미묘)   微細(미세)   微笑(미소)   輕微(경미)

徹
통할 **철**
(3Ⅱ 15획)

걸을(彳 걸을 척) 때부터 교육(育 기를 육)을 매(攵 칠 복)를 대서라도 엄히 하니까 사리에 막힘이 없이 **통하다.**
- 徹夜(철야)   徹底(철저)   徹頭徹尾(철두철미) : 처음부터 끝까지

德 德
바를 **덕**
(5급 15획)

행실(彳 걸을 척)을 **바른**(直) **마음**(心) 가짐으로 행하다.
* 德望(덕망) 德性(덕성) 道德(도덕) 美德(미덕) 亡德(망덕)
* 直(곧을 **직**) : 열(十) 번을 보아도(目 앉은(ㄴ) 자세가 **곧다**.

徵 微
부를 **징**
(3Ⅱ 15획)

작아도(微 작을 미의 줄임) 뛰어나면 왕(王)이 **부른다.**
* 徵兵(징병) 徵收(징수) 象徵(상징) 追徵(추징)
* 微 : 걸어(彳) 산(山) 아래(一) 굽은(几) 길 **조금**씩 가는(攵) 모양

阝(邑) 部

阝
고을 **읍**
(3획)

볼록 나온 언덕 아래에 형성된 **고을**(阝 = 邑).
* 항상 글자 우측에 씀으로 '우부방'이라고 함. 부수로만 쓰임.

邑
고을 **읍**
(7급 7획)

구멍(口) 속 많은 뱀(巴)처럼 사람이 모여 사는 **고을.**
* 邑內(읍내) 邑面(읍면) 邑長(읍장) 都邑(도읍)
* 巴(뱀 **파**) : 입으로 먹이(丨)를 먹고 있는 **큰 뱀**(巴 뱀 사)

邪
간사할 **사**
(3Ⅱ 7획)

어금니(牙 어금니 아)처럼 드러나지 않는 고을(阝)에 숨어 사는
사람은 **간사한** 경향이 있다.
* 邪惡(사악)   犯(범할 범)
* 邪不犯正(사불범정) : 사악한 것이 올바른 것을 범하지 못함

邦
나라 **방**
(3급 7획)

무성하게(丰) 많은 고을(阝 고을 읍)이 모여 된 **나라.**
* 邦畫(방화) 聯邦(연방) 友邦(우방) 異邦人(이방인)
* 丰(무성할 **봉**) : 많은(三) 풀이 흙을 뚫고(丨) 나와 **무성함**

那
어찌 **나**
(3급 7획)

칼(刀) 두(二) 개로 고을(阝 고을 읍)을 **어찌** 지키랴. 짧은 시간에
당하니 이것이 **지옥**. 'China'의 음역인 '**지나(支那)**'
· 刹那(찰나) 那落(나락) : 지옥 ☞ 刹(짧은시간 찰)

郊
들 **교**
(3급 9획)

쉽게 왕래(交)할 수 있는 **고을(阝) 근처 지역. 들.**
· 郊外(교외) 近郊(근교) 遠郊(원교) ☞ 遠(멀 원)
· 交(사귈 교) : 갓(亠) 쓴 아비(父)가 **오고가며** 사람들을 **사귀다.**

郎_郎
사내 **랑**
(3Ⅱ 10획)

어질고(良 어질 량) 착하며 고을(阝) 출신의 멋진 **사내.**
· 郎君(낭군) 郎徒(낭도) 新郎(신랑) 花郎(화랑) ☞ 徒(무리 도)
· 良 : 보는(艮 볼 간) 눈동자(丶)가 바른 모양에서 **어질다.**

郡
고을 **군**
(6급 10획)

임금(君)의 명을 받아 백성을 다스리는 **고을(阝 고을 읍= 邑).**
· 郡民(군민) 郡守(군수) 郡廳(군청) 守(지킬 수) ☞ 廳(관청 청)
· 군(郡) : 지방 행정 단위로서, 도(道) 〉군(郡) 〉 읍(邑) 〉 면(面)

郭
성곽 **곽**
(3급 11획)

행복을 누리도록(享 누릴 향) 고을(阝고을 읍)의 성을 둘러싼 **성
곽. 성씨.**
· 城郭(성곽) 外郭(외곽) 郭氏(곽씨)
· 享 : 높은(高의 줄임) 자리에 오른 자식(子)이 복을 **누리다.**

部
나눌 **부**
(6급 11획)

갈라져(咅) 나온 여러 고을(阝), 즉 국토를 다스리기 좋게 **나누다.**
· 部分(부분) 部品(부품) 內部(내부)
· 咅(갈라질 부) : 서서(立) 말싸움(口) 끝에 **갈라지다.**

郵
우편 **우**
(4급 11획)

고을(阝고을 읍)마다 소식을 드리우는(垂) **우편.**
· 郵便(우편) 郵票(우표) 郵遞局(우체국) ☞ 遞(전할 체)
· 垂(드리울 수) : 천(千)가지의 풀(艹)이 땅(土)을 향해 **드리우다.**

都
도읍 **도**
(5급 12획)

사람(者)이 많이 사는 고을(阝 고을 읍)인 **도읍(都邑)**.
• 都市(도시) 都心(도심) 古道(고도) 首都(수도)
• 者(사람 **자**) : 늙으면(耂) 백발(白 흰 백) 되어 죽는 모든 **사람**

響 響
울릴 **향**
(3Ⅱ 22획)

시골(鄕)에서 듣던 메아리 소리(音 소리 음)의 **울림**.
• 交響樂(교향악) 反響(반향) 影響(영향) 音響(음향)
• 音(소리 **음**) : 서서(立 설 립) 입(曰 말할 왈)으로 내는 **소리**

阝(阜) 部

阝
언덕 **부**
(3획)

볼록 나온 **언덕**.
항상 좌측에 씀으로 '좌부방'이라고 함. 阝(언덕 부)와 阝(고을
읍)이 같은 모양인 것은 마주보고 있는 두 언덕에 모양은 같으
나, 해 뜨는 동쪽에 고을을 형성하였기에 글자 **우측에 阝를 쓰
면 '우부방'이라 하여 '고을'을 뜻하며, 좌측에 쓰면 '좌부방'이
라 하여 '언덕'을 뜻하게 됨.**

阜
언덕 **부**
(8획)

• 阜 : 흙이 쌓이고(自 쌓일 퇴) 쌓여 겹겹이(十) 이루어진 **언덕**
• 高阜(고부) : 높은 언덕

防
막을 **방**
(4Ⅱ 7획)

사방(方 사방 방)으로 언덕(阝)을 쌓아 적의 침입을 **막다**.
• 防水(방수) 防音(방음) 防止(방지) 防寒(방한) 國防(국방)
• 方 : 쟁기가 **사방**으로 나아가는 모양. 또는 **방향** ☞ 寒(찰 한)

附
붙을 **부**
(3Ⅱ 8획)

언덕(阝) 같이 큰 것에 사람(亻)이 손(寸 마디 촌)으로 **붙이다**.
• 簿錄(부록) 附着(부착) 附屬(부속) 附加價値(부가가치)
  附和雷同(부화뇌동) : 자기 주관 없이 무조건 남의 의견을 따름

阿
언덕 아
(3Ⅱ 8획)

언덕(阝)을 오를 때 사람(丁 장정 정)이 몸을 숙여 입(口)을 벌리고 오르면 힘이 덜 드는 데서 **언덕. 몸 구부려 아부하다.**
• 阿房宮(아방궁)　阿附(아부)　阿世(아세)　阿片(아편)

降
내릴 강, 항복할 항
(4급 9획)

언덕(阝)을 천천히(夂 천천히걸을 쇠), 소(牛 소 우)가 걷듯이 **내려오다.** 여기서 성이나 말에서 내려와 **항복**의 뜻.
• 降雨(강우)　降版(강판)　昇降機(승강기)　降伏(항복)

限
한정 한
(4Ⅱ 9획)

언덕(阝)에 가려 볼(艮) 수 있는 것의 **한계(限界), 한정(限定).**
• 限界(한계)　限度(한도)　時限(시한)　制限(제한)
• 艮(볼 **간**) : 눈(目의 변형) 뜨고 보는 모양에서 **눈, 보다.**

院
집 원
(5급 10획)

언덕(阝 언덕 부)에, 목적에 맞게 완전(完)하게 지은 **집.**
• 院長(원장)　法院(법원)　病院(병원)　醫院(의원)　學院(학원)
• 完(완전할 **완**) : 집(宀 집 면)을 으뜸(元)가게 지으니 **완전하다.**

陣
진칠 진
(4급 10획)

언덕(阝)에 전차(車 수레 차)를 이용하여 **진치다.**
• 背水陣(배수진) : 물 등지고 진 침. 목숨 걸고 어떤 일에 대처함
• 車 : 두(二) 바퀴 달린 **수레**를 위에서 본 모양　☞ 背(등 배)

除
없앨 제
(4Ⅱ 10획)

언덕(阝 언덕 부) 같은 장애물을 내(余)가 **없애다.**
• 除去(제거)　除名(제명)　除蟲(제충)　削除(삭제)　☞ 削(깎을 삭)
• 余(나 **여**) : 똑바로 서 있는 **자랑스런 나**를 나타낸 글자

陷陷
빠질 함
(3Ⅱ 11획)

언덕(阝 언덕 부) 길에서 사람(⺈ 굽은사람 인)이 구덩이(臼)에 **빠지다.**
• 陷落(함락)　缺陷(결함)　謀陷(모함)
• 臼(절구 **구**) : 곡식이 들어 있는 **절구**(6획). ☞ '臼'은 7획임.

陰
그늘 음
(4Ⅱ 11획)

언덕(阝 언덕 부)을 지금(今) 구름(云 ← 雲 구름 운)이 가려 생긴 **그늘**.
- 陰曆(음력) 陰陽(음양) 陰地(음지)
- 今(이제 **금**) : 사람(人) 한(一) 명이 몸 구부려(ㄱ) 일하는 **지금**

陳
펼칠 진
(3Ⅱ 11획)

해 뜨는 언덕(阝), 즉 동쪽(東 동녘 동)을 향하여 벼나 곡식을 말리기 위해 **펼쳐놓다.**
- 陳列(진열) 陳述(진술) 陳情書(진정서) 新陳代謝(신진대사)
-   ☞ 謝(물러날 사)

陸
뭍 륙
(5급 11획)

작은 언덕(阝 언덕 부)과 큰 언덕(坴)으로 이루어진 **뭍.**
- 陸上(육상) 陸地(육지) 陸海(육해) 內陸(내륙) 着陸(착륙)
- 坴(언덕 **륙**) : 흙(土)이 흙(土)을 덮고(儿) 있는 모양의 **큰 언덕**

陵
언덕 릉
(3Ⅱ 11획)

언덕(阝) 중에서도 더욱 높은(夌) **큰 언덕.** 언덕(阝)처럼 높게(夌) 만든 **왕릉(王陵).**
- 江陵(강릉) 泰陵(태릉)
- 夌(높을 **릉**) : 흙(土) 밟고(儿) 천천히(夊) 오르는 데서 **높다.**

陶
그릇 도
(3Ⅱ11획)

언덕(阝) 아래에 있는 가마에, 흙으로 싸서(勹) 구워 만든 그릇(缶)인 **질그릇.**
- 陶工(도공) 陶藝(도예) 陶醉(도취)
- 缶(질그릇 **부**) : 배가 불룩하고 아가리가 좁은 **질그릇**

隆
솟을 륭
(3Ⅱ 12획)

언덕(阝 언덕 부)을 서서히(夊 뒤져올 치) 오르듯, 태어난 한(一) 생명(生)도 **위로 솟듯 크게** 자란다.
- 隆起(융기) 隆盛(융성) 隆崇(융숭) 盛(풍성할 성) 崇(받들 숭)

陽
볕 양
(6급 12획)

언덕(阝 언덕 부)은 햇빛(昜)이 잘 드는 데서 **볕**의 뜻.
- 양지(陽地) 석양(夕陽) 태양(太陽) 음양(陰陽) 한양(漢陽)
- 昜(빛날 **양**) : 아침(旦 아침 단)의 햇살이 내리쬐어(勿) **빛나다.**

隊
무리 **대**
(4Ⅱ 12획)

산언덕(阝 언덕 부) 사방팔방(八)으로 먹이 찾아다니는 멧돼지(豕) **무리**.
- 隊列(대열)　隊員(대원)　軍隊(군대)
- 豕(돼지 **시**) : **돼지**의 머리, 등, 발, 꼬리를 그린 글자

階
계단 **계**
(4급 12획)

언덕(阝)진 부분에 여러(皆 다 개) 개의 돌을 쌓아 만든 **계단**.
- 階級(계급)　階段(계단)　階層(계층)　段階(단계)
- 皆 : 비교할(比) 것도 없이 **다** 같은 말(白 말할 백)을 함

隔
사이 **격**
(3Ⅱ 13획)

떨어져 있는 양쪽 언덕(阝) 같은 곳에 솥(鬲)을 거는 데서 **떨어져 있는 사이**.
- 隔離(격리)　隔世之感(격세지감)
- 鬲(솥 **력**) : **오지병** 또는 굽은 다리가 셋 달린 **큰 솥**

際
사이 **제**
(4Ⅱ 14획)

언덕(阝)에서 제사(祭 제사 제)를 지내 신과 사람 **사이**를 가깝게 잘 **사귐**.
- 國際(국제)　交際(교제)　實際(실제)
- 祭 : 고기(月=肉)를 손(又)으로 제단(示)에 올려놓고 지내는 **제사**

障
막힐 **장**
(4Ⅱ 14획)

언덕(阝)에 글(章 글 장)을 써 붙여 출입을 막아 **막히다**.
- 障壁(장벽)　障害(장해)　故障(고장)　支障(지장)
- 章 : 소리(音) 열(十) 마디를 한 문장으로 읽기 좋게 만든 **글**

隣
이웃 **린**
(3급 15획)

언덕(阝) 아래 함께 농사(米 쌀 미) 지으며 왕래하며(舛 발엇갈릴 천) 살아가는 가까운 **이웃**.
- 隣近(인근)　隣接(인접)　善隣(선린)　德必有隣(덕필유린)

險 陝
험할 **험**
(4급 16획)

언덕(阝 언덕 부)이 여러(僉) 겹으로 되어 잇어 **험하다**.
- 險難(험난)　險談(험담)　險惡(험악)　探險(탐험)　危險(위험)
- 僉(여러 **첨**) : 사람(人人) 의견(口口)을 모은다(스)는 데서 **여럿**

隨 随
따를 수
(3Ⅱ 16획)

언덕(阝) 넘어 멀리 따라 갈 때는 왼쪽(左)에 몸(月 육달 월)을 두고 간다(辶 갈 착) 하여 **수행하다, 따르다.**
• 隨時(수시)　隨筆(수필)　隨行(수행)　夫唱婦隨(부창부수)

隱 隐
숨을 은
(4급 17획)

산언덕(阝 언덕 부)에, 두 손(爫 손톱 조, 彐 손 계)으로 물건(工) 조심히(心) 다루듯, 피해 산다 하여 **숨다.**
• 隱居(은거)　隱密(은밀)　隱士(은사)　隱身(은신)　隱退(은퇴)

心(忄㣺) 部

心
마음 심
(7급 4획)

사람의 **심장** 모양. **생각, 성질, 한가운데**의 뜻.
• 民心(민심)　安心(안심)　中心(중심)　孝心(효심)
• 心理(심리) : 인간의 의식(意識)과 행동 양태(樣態). 마음보

必
반드시 필
(5급 5획)

심장(心)에 비수(丿)가 들어와도 할 것은 **반드시** 한다.
• 必讀(필독)　必勝(필승)　必要(필요)　必然(필연)
必死則生(필사즉생) : 죽기로 싸우면 그것이 곧 사는 길 ↔ 必生則死

忌
꺼릴 기
(3급 7획)

몸(己)을 얽어매는 마음(心)이라는 데서, 삼가 **꺼리다.**
• 忌日(기일)　忌避(기피)　禁忌(금기) 避(피할 피) 禁(금할 금)
• 己(몸 **기**) : 구부러져 있는 상태에서 일어나는 **몸**을 그림

忍
참을 인
(3Ⅱ 7획)

칼날(刃 칼날 인) 같은 무서움도 강한 마음(心)으로 **참다.** 칼날(刃)로 사람의 마음(心)을 겁주니 **잔인하다.**
• 忍苦(인고)　忍耐(인내)　强忍(강인)　殘忍(잔인) 耐(견딜 내)

志
뜻 **지**
(4Ⅱ 7획)

선비(士)가 마음(心)에 품고 있는 **큰 뜻.**
• 志望(지망) 志願(지원) 志操(지조) 意志(의지) 寸志(촌지)
• 士(선비 **사**) : 하나(一)를 들으면 열(十)을 아는 **선비**

忘
잊을 **망**
(3급 7획)

마음(心)에서 없어져(亡 없을 망) **잊다.**
• 忘却(망각) 健忘症(건망증) 難忘(난망) 背恩忘德(배은망덕)
• 忘年之交(망년지교) : 나이를 따지지 않고 재주와 학문으로 사귐

忙
바쁠 **망**
(3급 7획)

다른 일에 마음(忄) 쓸 여유가 없을(亡 없을 망) 정도로 **바쁘다.**
• 忙中閑(망중한) 公私多忙(공사다망)
• 亡 : 덮어(亠) 놓은 것의 한쪽이 터져(ㄴ) 물건이 **없어지다.**

快
상쾌할 **쾌**
(4Ⅱ 7획)

마음(忄)이 막힘없이 트여져(夬) 있어 **상쾌(爽快)하다.**
• 快擧(쾌거) 快樂(쾌락) 快勝(쾌승) 輕快(경쾌) 明快(명쾌)
• 夬(트일 **쾌**) : 사람(大)이 당기는 활(弓)의 한쪽이 **트인 모양**

忠
충성 **충**
(4Ⅱ 8획)

마음(心) 한 가운데(中)서 우러나오는 진실(眞實)된 마음인 **충심 (忠心).**
• 忠告(충고) 忠誠(충성) 忠孝(충효)
• 中(가운데 **중**) : 사물(口)의 중심을 뚫은(丨)모양에서 **중심**

忽
문득 **홀**
(3Ⅱ 8획)

없는(勿) 생각(心)이 갑자기 떠올랐다는 데서 **문득.**
• 忽然(홀연) : 갑자기. 忽待(홀대) : 소홀히 대접함. 疏忽(소홀)
• 勿(없을 **물**) : 싸고(勹 쌀 포) 있는 물건이 빠져(丿丿) 나가 **없음**

念
생각 **념**
(5급 8획)

지금(今) 마음(心)에 항상(恒常) 가지고 있는 **생각.**
• 念頭(염두) 念慮(염려) 念力(염력) 紀念(기념) 理念(이념)
• 今(이제 **금**) : 사람(人) 한(一) 명이 몸 구부려(ㄱ) 일하는 **지금**

性
성품 **성**
(5급 8획)

환경·교육에 의해 마음(忄)에서 생겨난(生) **성품(性品)**.
- 性格(성격)   急性(급성)   理性(이성)   人性(인성)   特性(특성)
- 生(날 **생**) : 싹이 땅(土)을 뚫고 돋아나는 모양에서 **낳다**.

怪
괴이할 **괴**
(3Ⅱ 8획)

마음(忄) 같이, 힘써(圣) 일해도 잘 되지 않아 **이상하다, 괴이하다**.
- 怪奇(괴기)   怪談(괴담)   怪物(괴물)   怪狀(괴상)
- 圣(힘쓸 **골**) : 손(又 손 우)으로 흙(土)일을 **힘써하다**.

怒
성낼 **노**
(4Ⅱ 9획)

종(奴)과 같이 좁은 마음(心)을 가진 사람이 **성내다**.
- 怒氣(노기)   怒發大發(노발대발)   天人共怒(천인공노)
- 奴(종 **노**) : 여자(女) 같이 손(又 손 우)으로 일 많이 하는 **종**

思
생각 **사**
(5급 9획)

논, 밭(田) 농사에 대한 계획을 마음(心) 속으로 **생각한다**.
- 思考(사고)   思慮(사려)   思想(사상)   思春期(사춘기)
- 田(밭 **전**) : 여러 갈래로 구분 지어져 있는 **밭**이나 **논**

怠
게으를 **태**
(3급 9획)

늙어서(台) 움직임이 둔하여 마음(心)이 **게을러지다**.
- 怠慢(태만)   怠業(태업)   勤怠(근태)   過怠料(과태료)
- 台(늙을 **태**) : 입(口) 치아가 늙어서 비틀어져(厶) 있는 **늙은이**

怨
원할 **원**
(4급 9획)

잠자리에서도 뒤척이며(夗) 마음(心)에 품은 **원한**.
- 怨望(원망)   怨聲(원성)   怨恨(원한)   宿怨(숙원) ☞ 宿(오랠 숙)
- 夗(딩굴 **원**) : 저녁(夕)에 다리(卩 무릎 절)를 구부리고 **뒹군다**.

急
급할 **급**
(6급 9획)

사람(⺈)의 손(彐 손 계)과 마음(心)이 **급하다**.
- 急性(급성)   急所(급소)   急速(급속)   急行(급행)   特急(특급)
- ⺈ 굽은사람 **인**   ⼢ 누운사람 **인**   儿 어진사람 **인**

恒 항상 **항** (3Ⅱ 9획)	마음(忄)은 어딘가에 **항상** 펼쳐져(亘) 있다. • 恒常(항상) 恒星(항성) 恒時(항시) 恒茶飯事(항다반사) • 亘(펼 **선**) : 위(一) 아래(一)로 말(日)이 돌게 하여 일을 펴**다**.
恨 원한 **한** (4급 9획)	마음(忄)의 상처가 눈(艮)에 서려 있는 **원한**. • 恨歎(한탄) 餘恨(여한) 怨恨(원한) 痛恨(통한) • 艮(눈, 볼 **간**) : 눈(目의 변형) 뜨고 보는 모양에서 **눈, 보다**.
恕 용서할 **서** (3Ⅱ 10획)	항상 같은(如) 어진 마음(心)으로 남을 **용서하다**. • 容恕(용서) : 잘못의 책임을 없애주어, 꾸짖지 아니함 • 如(같을 **여**) : 옛 여자(女)들이 하는 말(口)은 한결 **같다는** 뜻
恣 방자할 **자** (3급 10획)	상대방을 자기 다음(次 다음 차)이라 여기는 마음(心)이 **방자하다**. • 放恣(방자) 恣行(자행) : 방자하게 행동함. • 冫(얼음 **빙**) : 고드름에서 떨어지는 물 모양. **차다, 춥다, 얼다**.
恐 두려울 **공** (3Ⅱ 10획)	장인(工)도 모두(凡) 만든 물건에 문제가 있지 않을까 마음으로 (心) **두려워하다**. • 恐龍(공룡) 恐怖(공포) 恐慌(공황) ☞ 慌(두려울 황) • 凡(모두 **범**) : 물체(丶)를 **모두** 덮고 있(几) 있는 천의 모양
恥 부끄러울 **치** (3Ⅱ 10획)	귀(耳 귀 이)로 양심(心)에 찔리는 말을 들으니 **부끄럽다**. • 恥部(치부) 恥辱(치욕) 國恥(국치) 不恥下問(불치하문) • 厚顏無恥(후안무치) : 뻔뻔스러워 부끄러움이나 창피함을 모름
悅 기쁠 **열** (3Ⅱ 10획)	마음(忄)을 바꾸어(兌 바꿀 태) 긍정적으로 생각하니까 **기쁘다**. • 悅樂(열락) 喜悅(희열) ☞ 樂(즐길 락) 喜(기쁠 희) • 兌 : 팔자(八)에 맏이(兄)로 태어나 마음가짐을 굳게 **바꾸다**.

悔

뉘우칠 **회**
(3Ⅱ 10획)

마음(忄)으로 항상(每) 자신의 잘못 등을 **뉘우치다.**
- 悔改(회개) 悔恨(회한) 後悔莫及(후회막급) ☞ 恨(원한 한)
- 每(항상 **매**) : 사람(𠂉)은 **항상(恒常)** 어미(母)를 그리워한다.

悟

깨달을 **오**
(3Ⅱ 10획)

마음(忄)으로 내(吾 나 오)가 스스로 **깨닫다.**
- 覺悟(각오) 大悟(대오) ☞ 覺(깨달을 각)
- 吾(나 **오**) : 다섯(五) 손가락으로 입(口)을 가리키며 **나**를 나타냄

患

근심 **환**
(5급 11획)

꼬챙이로 마음(心)을 찔린(串)듯 **괴롭고, 근심스럽다.**
- 患部(환부) 患者(환자) 老患(노환) 病患(병환) 憂患(우환)
- 串(꿸 **관**) : 곶감(口)을 꼬챙이로 꿴(丨 뚫을 곤)모양

悠

멀 **유**
(3Ⅱ 11획)

멀리(攸 멀 유) 보는 마음(心)이라는 데서 **멀다.** 또한 **여유 있다.**
- 悠久(유구) 悠悠自適(유유자적) ☞ 久(오랠 구)
- 攸 : 사람(亻)이 지팡이(丨)로 땅을 치면서(攵 칠 복) **멀리 간다.**

情

뜻 **정**
(5급 11획)

마음(忄) 속에 있는 젊은이(靑 젊을 청)의 맑은 **뜻.**
- 情感(정감) 事情(사정) 愛情(애정) 溫情(온정) 表情(표정)
- 情緒(정서) : 사물이나 현상에 대해서 느끼는 여러 느낌이나 감정

惜

아까울 **석**
(3Ⅱ 11획)

마음(忄)으로 지나간 옛일(昔 옛 석)을 **아쉬워함.**
- 惜別(석별) 惜敗(석패) 哀惜(애석) ☞ 哀(슬플 애)
- 昔 : 많은(卄 스물 입) 시간이 한결(一)같이 흘러간 **옛** 날(日)

惟

생각할 **유**
(3급 11획)

새(隹)의 마음(忄)은 오직 먹는 것만 **생각한다.**
- 惟獨(유독) : (많은 가운데) 오직 혼자서. 思惟(사유) : 생각함
- 隹(새 **추**) : 앉아 있는 보통 꽁지가 짧고 **작은 새** 모양

悲
슬플 **비**
(4Ⅱ 12획)

내 마음(心)이 아닐(非 아닐 비) 정도로 **슬프다**.
- 비보(悲報)　비애(悲哀)　비운(悲運)　☞ 哀(슬플 애)
- 자비(慈悲) : (어려운 사람을) 불쌍히 여기고 사랑하는 마음

惑
의심할 **혹**
(3Ⅱ 12획)

혹시(或 혹시 혹)나 하는 마음(心)에서 **의심(疑心)하다**.
- 惑星(혹성) : 태양(太陽)을 도는 행성(行星).　疑惑(의혹)
- 惑 : 한 곳에 있지 않고 떠돌 **혹**.　☞ 疑(의심할 의)

惡 恶
악할 **악** 미워할 **오**
(5급 12획)

못난(亞 버금 아) 마음(心)은 **악하며** 이러한 마음으로 **미워하다**.
- 惡魔(악마)　惡用(악용)　惡寒(오한)　憎惡(증오)
- 亞 : 곱사등이 모습. 보통 키가 작은 데서 **버금가다, 못하다**.

惠 惠
은혜 **혜**
(4Ⅱ 12획)

도는 물레처럼 마음(心)으로부터 돌려주는 **은혜**.
- 惠澤(혜택)　恩惠(은혜)　天惠(천혜)　特惠(특혜)
- '專'에서 寸의 윗부분은 수레(車)처럼 도는 '물레 **전**'자임

惱 恼
괴로울 **뇌**
(3급 12획)

마음(忄)과 머리(巛+囟 = 머리 뇌)가 시달려 **괴롭다**.
- 苦惱(고뇌)　煩惱(번뇌)　惱殺(뇌쇄) : 애가 타도록 몹시 괴로움
- ☞ 巛(내 천)　囟(숨구멍 신)　苦(쓸 고)　煩(괴로울 번)　殺(매우 쇄)

想
생각 **상**
(4Ⅱ 13획)

서로(相)를 마음(心)으로 **생각하다**.
- 想像(상상)　感想(감상)　空想(공상)　發想(발상)　思想(사상)
- 相(서로 **상**) : 나무(木)는 **서로** 마주 보는(目) 상태가 이상적

愁
근심 **수**
(3Ⅱ 13획)

가을(秋)에 겨울을 어찌 날까 마음(心)으로 **근심함**.
- 愁心(수심)　哀愁(애수)　憂愁(우수)　鄕愁(향수) ☞ 憂(근심 우)
- 秋(가을 추) : 벼(禾 벼 화)가 불(火)에 타듯이 익어가는 **가을**

愈 나을 **유**
(3급 13획)

거룻배(兪 거룻배 유)가 나아가듯 갈수록 마음(心)이 **더욱 좋아짐**.
- 愈出愈怪(유출유괴) : 갈수록 더더욱 이상해 짐
- 兪 : 몸체(月) 앞이 뾰족하며(스), 물(巛) 위를 다니는 **거룻배**

意 뜻 **의**
(6급 13획)

소리(音)내어 마음(心)의 생각을 나타내는 **뜻**.
- 意見(의견) 意思(의사) 意志(의지) 意向(의향) 同意(동의)
- 音(소리 **음**) : 사람이 서서(立) 입(曰 말할 왈)으로 내는 **소리**

愛 사랑 **애**
(6급 13획)

손(爫 손톱 조)을 심장(心)에 얹고(冖 덮을 멱) 서서(夂 뒤져올, 발 치) 상대를 가엾게 여기는 **사랑**.
- 愛國(애국) 愛讀(애독) 愛社(애사) 愛人(애인) 愛情(애정)

愚 어리석을 **우**
(3Ⅱ 13획)

짐승(禺)처럼 생각(心)이 **어리석다**. 자신을 어리석다 하여 **겸손하다**.
- 愚鈍(우둔) 愚問(우문) ☞ 問(둔할 둔)
- 禺(짐승 **우**) : 밭(田)에 웅크리고 앉아있는(内) **원숭이인 짐승**

感 느낄 **감**
(6급 13획)

모두(咸 다 함)가 마음(心)으로 고마움 등을 **느끼다**.
- 感氣(감기) 感動(감동) 感謝(감사) 交感(교감) 語感(어감)
  感慨無量(감개무량) : 사물에 대한 느낌이 한이 없음

愧 부끄러울 **괴**
(3급 13획)

마음(忄)에 귀신(鬼 귀신 귀)을 생각함은 **부끄러운** 일이 있기 때문.
- 無愧我心(무괴아심) : 부끄럼 없는 깨끗한 마음
- 鬼 : 비뚤어진(丿) 생각(思)으로 사사롭게(厶) 사람 해치는 **귀신**

愼愼 삼갈 **신**
(3Ⅱ 13획)

마음(忄)을 참되게(眞 참 진) 가져 언행(言行)을 **삼가다**.
- 愼重(신중) 勤愼(근신) : 말이나 행동을 삼가서 조심함
- 眞 : 비수(匕) 같은 예리한 눈(目)으로 보아도 빠짐없어 **참하다**.

慈
사랑 자
(3Ⅱ 14획)

이것(玆)저것 가리지 않는 절대적인 마음(心)의 **사랑**.
- 慈悲(자비) 慈善(자선) 慈愛(자애) 仁慈(인자) ☞ 仁(어질 인)
- 玆(이 **자**) : 검어(玄玄) 잘 보이는 **이것**. 지시대명사 **이**

態
모양 태
(4Ⅱ 14획)

지능(能)이나 마음(心)에 의해 겉으로 나타나는 **모양**.
- 態度(태도) 態勢(태세) 事態(사태) 狀態(상태) 形態(형태)
- 能(능할 **능**) : 곰의 주둥이(厶)·몸통(月)·발(匕)을 나타내어, 곰이
  발을 잘 사용하여 끈기 있게 일을 한다는 데서 **능하다**는 뜻

慢
게으를 **만**
(3급 14획)

마음(忄)이 퍼진(曼) 상태(狀態)로 **게으르다**.
- 慢性(만성) 緩慢(완만) 自慢(자만) 怠慢(태만)
- 曼(퍼질 **만**) : 햇빛(日)이 그물(㓁)을 손(又)으로 펴듯, **퍼지다**.

慘慘
참혹할 **참**
(3급 14획)

마음(忄)에 슬픈 일만 끼여(參 참여할 참) 있어 **슬프다**. 심하게
슬프니 **참혹(慘酷)**하다.
- 慘變(참변) 慘事(참사)
- 參 : 사람(人) 머리(彡)에 비녀(厶)를 꽂고 잔치 등에 **참여하다**.

慨慨
슬퍼할 **개**
(3급 14획)

이미(旣 이미 기) 지난 일에 대한 아쉬움에 마음(忄)이 **슬프다**.
- 慨歎(개탄) 感慨無量(감개무량) 憤慨(분개) ☞ 憤(성낼 분)
- 旣 : 쌀밥(白)을 수저(匕)로 먹어 **이미** 없다(旡 없을 무).

慣
버릇 **관**
(3Ⅱ 14획)

마음(忄)에 막힘(貫) 없이 **익숙**하거나 몸에 밴 **습관**.
- 慣例(관례) 慣習(관습) 慣用(관용) 慣行(관행) 習慣(습관)
- 貫(꿸 **관**) : 돈(貝)을 꿰어(毋) 놓은 모양. 무게의 단위인 **관(貫)**

慕
사모할 **모**
(3Ⅱ 15획)

없는(莫) 사람을 마음(忄 = 心)으로 **사모하다**.
- 思慕(사모) 愛慕(애모) 戀慕(연모) 追慕(추모)
- 莫(없을 **막**) : 초목(艹) 아래로 해(日) 크게(大) 지며 **없어지다**.

慶
경사 **경**
(4Ⅱ 15획)

사슴(鹿 사슴 록의 축약) 한(一) 마리를 축하하는 마음(心)으로 가지고 간다(夊 걸을 쇠) 하여 **경사**의 뜻.
• 慶事(경사)   慶州(경주)   慶祝(경축)   國慶日(국경일)

慧
슬기 **혜**
(3Ⅱ 15획)

비(彗)로 쓴 듯 깨끗한 마음(心)에서 나오는 **슬기**.
• 智慧(지혜)   慧眼(혜안) : 진리(眞理)를 통찰(洞察)하는 눈
• 彗(비 **혜**) : 풀(丰 무성할 봉) 묶어 손(크 손 계)으로 쓰는 **비**

慮
생각할 **려**
(4급 15획)

범(虍 범 호)의 두려움에 대하여 **생각**(思 생각 사), **염려(念慮)하다**.
• 考慮(고려)   配慮(배려)   思慮(사려)   心慮(심려)
• 思 : 논, 밭(田) 농사에 대한 계획을 마음(心)으로 **생각한다**.

慾
욕심 **욕**
(3Ⅱ 15획)

갈라진 골짜기(谷 골 곡)처럼, 입을 크게 벌리고(欠 하품 흠) 무언가 많이 먹고 싶은 마음(心)이라 하여 **욕심**.
• 慾心(욕심)   私利私慾(사리사욕)   食慾(식욕)   貪慾(탐욕)

憂
근심 **우**
(3Ⅱ 15획)

머리(頁)의 근심(心)으로 발걸음(夊 걸을 쇠)이 무거운 모양에서 **근심하다**.
• 憂慮(우려)   憂愁(우수)   憂患(우환)
• 頁(머리 **혈**) : 사람 **머리(一)에서 얼굴(自), 목(丷)까지 신체**

慰
위로할 **위**
(4급 15획)

죽은(尸 주검 시) 사람을 위하여 법도(寸 법도 촌)있게 제사(示 제단 시)를 지내 마음(心)을 **위로(慰勞)하다**.
• 慰靈祭(위령제)   慰勞(위로)   慰問(위문)   慰安婦(위안부)

憎 憎
미워할 **증**
(3Ⅱ 15획)

섭섭한 마음(忄)이 거듭(曾 거듭 증) 쌓여 **미워하다**.
• 憎惡(증오)   愛憎(애증)   ☞ 惡(악할 악, 미워할 오)
• 曾 : 갈라진(八) 입(口)에서 **거듭** 나오는 작은(小) 말(曰)

憐
가련할 **련**
(3급 15획)

밥(米 쌀 미)을 못 먹어 비틀거리며 걷는(舛 발엇갈릴 천) 모습을 보니 마음(忄)으로 **불쌍히 여기다.**
- 憐憫(연민)　可憐(가련)　同病相憐(동병상련) ☞ 憫(불쌍히여길 민)

憫
연민할 **민**
(3급 15획)

마음(忄)으로 대문(門 문 문)에 붙어 있는 조문(弔文)을 보고 **불쌍히 여기다.**
- 憫惘(민망)　憐憫(연민) ☞ 惘(멍할 망)
- 文(글월 문) : 갓(亠) 쓴 이가 획을 그어(丿 乀) 만든 **글자**

憤
분할 **분**
(4급 15획)

마음(忄)에 쌓이고 쌓여서(賁) 생긴 울분이나 **분함.**
- 憤怒(분노)　憤痛(분통)　憤敗(분패)　悲憤慷慨(비분강개)
- 賁(클 분) : 조개껍질(貝) 많이(十) 많이(卄) 쌓여 **크게** 된 모양

慙
부끄러울 **참**
(3급 15획)

심장을 베듯(斬 벨 참) 마음(心) 아프게 **부끄럽다.**
- 慙愧(참괴) : 부끄럽게 여김.　慙悔(참회) ☞ 愧(부끄러울 괴)
- 斬 : 수레(車)에 묶어 끌어 찢거나, 도끼(斤)로 **베어 죽인다.**

憲
법 **헌**
(4급 16획)

해(害 해할 해)를 입지 않도록 눈(罒)으로 살펴 마음(心) **편히 살도록 만든 법.**
- 憲法(헌법)　憲兵(헌병)　改憲(개헌)
- 害 : 집(宀)에 사는 많은(丰) 벌레가 입(口)으로 **해를 입힌다.**

憶
생각할 **억**
(3Ⅱ 16획)

마음(忄)에 품은 뜻(意 뜻 의)을 잊지 않고 **생각하다.**
- 記憶(기억)　追憶(추억) ☞ 追(좇을 추)
- 意 : 소리(音 소리 음)내어 마음(心)의 생각을 나타내는 **뜻**

懇
정성 **간**
(3Ⅱ 17획)

짐승(豸 맹수 치)이 무언가 바라보듯(艮), 무언가 바라는 **간절한 마음(心).**
- 懇曲(간곡)　懇談會(간담회)　懇請(간청)
- 艮(볼 간) : 눈(目의 변형) 뜨고 보는 모양에서 **눈, 보다.**

應 応 응할 **응** (4Ⅱ 17획)	집(广 집 엄)에서 사람(亻)이 기르는 새(隹 새 추)는 주인의 마음 (心)을 잘 헤아려 **응하다.** • 應答(응답) 應射(응사) 應用(응용) 對應(대응) 適應(적응) ☞ 適(나아갈 적)
懲 懲 혼낼 **징** (3급 19획)	불러(徵) 마음(心)이 따끔하도록 **혼내다.** • 懲戒(징계) 懲罰(징벌) 懲役(징역) 勸善懲惡(권선징악) • 徵(부를 **징**) : 작아도(微 작을 미) 뛰어나면 왕(王)이 **부른다.**
懷 懐 품을 **회** (3Ⅱ 19획)	눈을 감고(褱 가릴 회) 마음(忄)으로 **생각한다** 하여 **품다.** • 懷疑(회의) 懷中(회중) 懷抱(회포) 感懷(감회) 述懷(술회) • 褱 : 옷(衣)으로 눈(罒) 물(二ㅣ二 ←氺)을 닦을 때 앞을 **가린다.**
懸 懸 매달 **현** (3Ⅱ 20획)	모든 것은 마음(心) 먹기에 달려(縣) 있다 하여 **걸다, 매달다.** • 懸賞金(현상금) 懸案(현안) ☞ 案(생각할 안) • 縣(고을 **현**) : 중앙정부에 매달려(系 이을 계) 있는 고을인 **현**
懼 두려울 **구** (3급 21획)	눈(目目)이 큰 새(隹)인 부엉이를 밤에 보니 마음(忄) **두렵다.** • 疑懼心(의구심) : 의심하고 두려워하는 마음 • 隹(새 **추**) : 앉아 있는 보통 꽁지가 짧고 **작은 새** 모양
戀 恋 사모할 **련** (3Ⅱ 23획)	끊이지 않고 이어지는(絲) 마음(心)에서 **사모하다.** • 戀歌(연가) 戀慕(연모) 戀人(연인) 戀愛(연애) 戀情(연정) • 絲(이어질 **련**) : 말(言 말씀 언)이 실(絲 실 사)처럼 **이어지다.**

慣性(관성)
1. 몸에 내재되어 있어 바꾸기 힘든 버릇(inertia)
2. 운동 또는 정지 상태를 그대로 유지하려는 성질

戈 部

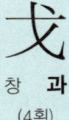

戈
창 **과**
(4획)

날이 세 갈래로 된 **창**이나 **무기**의 뜻.

戊
천간 **무**
(3급 5획)

창(戈 창 과) 막듯(冂) 하늘에 있는 **다섯째 천간(天干)**.
- 戊午士禍(무오사화) : 조선 연산군 4년(1498년 무오년)에 훈구(勳舊)파가 사림(士林)파를 몰아내기 위하여 일으킨 사건

戌
개 **술**
(3급 6획)

창(戈)을 든 사람(人) 옆에 있는 **개**. 12지지(地支)의 **11번째**를 나타냄.
- 戌時(술시) : 19 - 21시
- 12支 : 子丑寅卯辰巳 午未申酉戌亥(자축인묘진사 오미신유술해)

成
이룰 **성**
(6급 7획)

힘들여(力의 축약) 창(戈)을 **만들어낸다**는 데서 **이루다.**
- 成功(성공) 成事(성사) 成人(성인) 成長(성장) 成敗(성패)
  有志竟成(유지경성) : 뜻을 가지고 노력하면 목적을 이룰 수 있음

我
나 **아**
(3Ⅱ 7획)

손(手 손 수)에 창(戈) 들고 방어하는 **나.**
- 我軍(아군) 我執(아집) 自我(자아) 脫我(탈아) 彼我(피아)
- 我田引水(아전인수) : 자기 논에 물 끌어 대기. 이기적인 행동

戒
경계할 **계**
(4급 7획)

창(戈 창 과)을 들고(廾) **경계(警戒)·주의(注意)하다.**
- 戒律(계율)   訓戒(훈계)   一罰百戒(일벌백계)
- 廾(들 공) : **두 손으로 드는** 모양. ☞ 卄(스물 입)의 변형

或
혹시 **혹**
(4급 8획)

창(戈)을 들고 식구들이(口) 하나(一)가 되어 적의 침입에 대비한다는 데서 **혹시(或是)**.
- 或說(혹설) 間或(간혹)
- 戈(창 **과**) : 날이 세 갈래로 된 **창**이나 **무기**의 뜻

戚
겨레 **척**
(3Ⅱ 11획)

언덕(厂 언덕 한) 아래 살며 윗(上) 어른과 작은(小) 아이까지 함께 지키며(戈 창 과) 지내 온 **친척**.
- 外戚(외척) 姻戚(인척) 親戚(친척) 姻(혼인 인)

戰 战
싸울 **전**
(6급 16획)

하나(單)의 창(戈창 과)을 들고 **싸우다**. 싸움은 **두렵다**.
- 戰術(전술) 戰爭(전쟁) 戰鬪(전투) 戰戰兢兢(전전긍긍)
- 單(하나 **단**) : 여러 입(口口)에서 나온 말(曰) 모아(十) **하나**로 만듦

戲 戏
희롱할 **희**
(3Ⅱ 17획)

구덩이(虛 빌 허)에 걸린 범을 창(戈 창 과)으로 찌르며 **가지고 놀다**.
- 戲劇(희극) 戲弄(희롱) 戲畵化(희화화)
- 虛 : 범(虍) 잡으려 **비어 있는** 구덩이에 박아 놓은 창살(业)

戶 部

戶
집 **호**
(4Ⅱ 4획)

한쪽을 축으로 열고 닫는 문이 하나만 달린 **방**이나 **집**. '지게 호'라고도 함. '지게'란 마루와 방 사이의 외짝 문의 뜻.
- 戶別(호별) 戶主(호주) 門戶(문호) 窓戶紙(창호지)

房
방 **방**
(4Ⅱ 8획)

집(戶 집 호) 안 여기저기(方)에 만들어 놓은 **방**.
- 監房(감방) 獨房(독방) 册房(책방) 文房四友(문방사우)
- 方(사방 **방**) : 쟁기가 **사방**으로 나아가는 모양 또는 **방향**

所	도끼(斤 도끼 근) 같은 도구, 무기를 넣어두거나 만드는 **장소**
장소 **소** (7급 8획)	(戶). • 所有(소유) 場所(장소) 住所(주소) 研究所(연구소) • 戶(집 **호**) : 열고 닫는 **문**이 하나만 달린 **방**이나 **집**

手(扌) 部

손이나 손가락 모양.

손 **수**
(3획)

• '재방변'이라 부르며 이는 '才'(재주 재)와 모양이 비슷하여 '재', '扌'의 우측(방)에 덧붙여 쓰라는 데서 '방', 그리고 자신은 항상 글자 왼쪽(변)에 쓴다 하여 붙여진 이름

손 모양. **재주 있는 사람.**

손 **수**
(7급 4획)

• 手足(수족) 手中(수중) 木手(목수)
手不釋卷(수불석권) : 손에서 책을 놓지 않음. 부지런히 공부함.
오(吳) 나라 장수 여몽(呂蒙)이 손에서 책을 놓지 않고 공부하였다 함.

才
재주 **재**
(6급 3획)

손가락 열(十) 개로 사물(ノ)을 다루는 모양, 손으로 여러 일을 한다 하여 **재주.**

• 才能(재능) 天才(천재) 才色(재색) : (여자의)재주와 용모

打
칠 **타**
(5급 5획)

손(扌)으로 장정(丁)이 **치다.**

• 打率(타율) 打者(타자) ☞ 率(배율 률)
打草驚蛇(타초경사) : 공연히 문제를 일으켜 화를 자초(自招)함
• 丁(장정 **정**) : 팔을 펴고(一) 서(ﾉ)있는 **장정(壯丁)**

손(扌)을 내밀며 부탁한다(乇 부탁할 탁) 하여 **밀치다.**

밀칠 **탁**
(3급 6획)

• 托鉢(탁발) : 중이 돌아다니며 동냥하는 일. ☞ 鉢(바리때 발)
• 乇 : '千'을 구부린 모양. 천 번이나 몸을 구부리고 **부탁하다.**

扶
도울 **부**
(3Ⅱ 7획)

손(扌=手)으로 사내(夫)의 일을 **돕는다.**
- 扶養(부양)
  扶助(부조) : 잔칫집, 상가(喪家) 등에 돈이나 물건을 보냄
  흔히 '부주'한다고 하나 이는 '부조(扶助)'의 잘못된 발음임

批
비평할 **비**
(4급 7획)

지적하여(扌) 비교하며(比) **비판(批判), 비평(批評)하다.**
- 批准(비준) : 당사국의 체결권자가 조약을 승인(承認)하는 일
- 比(견줄 **비**) : 두 사람 **나란히** 세워놓고 **비교함.** 准(승인할 준)

抄
베낄 **초**
(3급 7획)

손(扌)으로 중요한 것만 간략하게(少 적을 소) **베낀다.**
- 抄本(초본) : 원본에서 일부 내용만 뽑아서 베낀 문서
- 扌(손 **수**) : **손** 모양. 手 = 扌 : '才'와 비슷하여 '재방변'이라 함

投
던질 **투**
(4급 7획)

손(扌)으로 창(殳) **던지다.**
- 投手(투수) 投資(투자) 投票(투표)
  漢江投石(한강투석) : 아무리 해도 전혀 효과가 없는 일
- 殳(창 **수**) : 손(又 손 우)에 들고(几 책상 궤) **치는 창, 몽둥이**

抑
누를 **억**
(3Ⅱ 7획)

손(扌)으로 위로 높이(卬) 오르려는 것을 **누르다.**
- 抑留(억류) 抑壓(억압) 抑揚(억양) 抑制(억제)
- 卬(높을 **앙**) : 사람(亻)이 무릎(卩 무릎 절) 꿇고 **높이** 쳐다봄

抗
막을 **항**
(4급 7획)

손(扌)을 높이(亢 높을 항) 들어 **막다.**
- 抗拒(항거) 抗議(항의) 抗爭(항쟁) 抗戰(항전) 抵抗(저항)
- 亢(: 책상(几 책상 궤) 머리 부분(亠 머리부분 두)이 **높다.**

折
꺾을 **절**
(4급 7획)

손(扌)에 든 도끼(斤)로 나무나 사물을 쳐서 **꺾다.**
- 折半(절반) 曲折(곡절) 屈折(굴절) 折衷(절충) ☞ 衷(찰 충)
- 斤(도끼 **근**) : **도끼의** 모양으로 **끊다, 베다, 무기**의 뜻

技
재주 **기**
(5급 7획)

손가락(扌 손 수)이 갈라져(支) 있어 부릴 수 있는 **재주.**
• 技能(기능) 技法(기법) 技士(기사) 技術(기술) 技藝(기예)
• 支(가를 **지**) : 대나무 가지(十)를 손(又)에 쥐고 **가르다. 갈라지다.**

抱
안을 **포**
(3급 8획)

손(扌)으로 감싸며(包) **껴안다.**
• 抱負(포부) 抱擁(포옹) 懷抱(회포)   ☞ 懷(품을 회)
• 包(쌀 **포**) : 뱃속에 태아(巳)가 싸여(勹) 있는 모양에서 **싸다.**

承
이을 **승**
(4Ⅱ 8획)

아들(子) 둘(二)이 손(手)을 맞잡고 물(水) 흐르듯 대를 이어 일을
받들어 나아감.
• 承繼(승계) 承服(승복) 承認(승인) 起承轉結(기승전결)

抵
막을 **저**
(3Ⅱ 8획)

손(扌)으로 거부나 저항하기 위해 아래로(氐) 밀치며 **막다.**
• 抵當(저당) 抵觸(저촉) 抵抗(저항) 大抵(대저) : 무릇
• 氐(성씨 **씨**) : 뿌리가 뻗어나듯 뻗어나가는 **사람의 성씨**

押
누를 **압**
(3급 8획)

손(扌)으로 감싸(甲 갑옷 갑) **누르다.**
• 押留(압류) 押送(압송) 押收(압수) 差押(차압)
• 甲 : 돋아난 싹이 껍질을 뒤집어쓰고 있는 모양에서 **갑옷**

抽
뽑을 **추**
(3급 8획)

손(扌)으로 밭에 난(由 말미암을 유) 것을 **뽑다.**
• 抽象的(추상적) 抽象化(추상화) 抽出(추출)
• 由 : 밭(田)에 씨 뿌림으로 **말미암아** 싹 나온(丨) 모양

拂
떨칠 **불**
(3Ⅱ 8획)

손(扌)으로 내 것이 아닌(弗 아닐 불) 것을 **털어내다.**
• 拂拭(불식) 假拂(가불) 先拂(선불) 支拂(지불) 還拂(환불)
• 弗 : 활(弓)에 비뚤거나(丿) 짧은(丨) 화살은 쓰는 게 **아니다.**

拒

막을 **거**

(4급 8획)

손(扌 손 수)을 크게(巨 클 거) 휘저으며 **막다**.

- 拒否(거부)　　　拒逆(거역)　　　拒絕(거절)　　　抗拒(항거)
- ☞ 否(아닐 부)　逆(거스릴 역)　絕(끊을, 막을 절)　抗(막을 항)

拍

칠 **박**

(4급 8획)

손(扌)으로 무언가를 말하며(白 흰, 말할 백) **박수치다**.

- 拍子(박자)　　　拍車(박차) : 일을 촉진하기 위하여 더하는 힘
- 白(말할 **백**) : 해(日)에서 나오는(丿) **흰** 빛처럼 **솔직히 말하다**.

拓

넓힐 **척** 박을 **탁**

(3Ⅱ 8획)

손(扌)으로 돌(石)을 주워내고 농지(農地)를 **넓히다**.

손(扌)으로 돌(石)에 새겨진 글씨를 눌러 **박다**.

- 拓植(척식)　干拓(간척)　開拓(개척)　拓本(탁본)

拔

뺄 **발**

(3Ⅱ 8획)

개가 달릴(犮) 때 발을 쭉 빼듯 손(扌 손 수)으로 **빼다**.

- 拔群(발군)　　　拔本塞源(발본색원)　　　奇拔(기발)　　選拔(선발)
- 犮(개달릴 **발**) : **개**(犬)가 발을 앞으로(丿) 뻗으며 **달리는** 모양

拘

잡을 **구**

(3Ⅱ 8획)

손(扌)을 묶고 입(口)을 감싸(勹 쌀 포) 막으며 **잡다**.

- 拘禁(구금)　　　拘留(구류)　　　拘束(구속)　　　拘置所(구치소)
- 勹 : 사람이 팔·손으로 무언가를 **감싸고** 있는 모양

拙

못날 **졸**

(3급 8획)

솜씨(扌)가 들쭉날쭉(出)하다는 데서 **못하다, 못나다**.

- 拙劣(졸렬)　拙速(졸속)　拙作(졸작)　　　　☞ 劣(못할 렬)
- 出(날 **출**) : 새싹이 구덩이(凵 구덩이 감)를 뚫고(丨) **나오다**.

招

부를 **초**

(4급 8획)

손짓(扌)하며 부르는(召) 데서 **좋은 일로 부르다**.

- 招待(초대)　招請狀(초청장)　招來(초래)　招聘(초빙)
- 召(부를 **소**) : 칼(刀) 같은 소리(口), 즉 **공적인 일로 부른다**.

拜
절 **배**
(4Ⅱ 9획)

두 손(手 손 수)을 합하여 **절하다.**
- 歲拜(세배) 禮拜(예배)
- 拜上(배상) : '삼가 올림'의 뜻으로, 흔히 한문 투의 편지에 씀
  拜謁(배알) : (지체 높은 분을) 만나 봄　　☞ 謁(아뢸 알)

拳
주먹 **권**
(3Ⅱ 9획)

양손(丿乀) 둘(二)을 이용해 사람(人)이 구부려 쥔 손(手)인 **주먹.**
- 拳銃(권총) 拳鬪(권투) 鐵拳(철권) 跆拳道(태권도)

拾
주울 **습**.갖은열 **십**
(3Ⅱ 9획)

손가락(扌)을 합하여(合 합할 합) **열.** 이 손으로 **줍다.**
- 拾萬(십만) 收拾(수습) 拾得(습득)　　☞ 收(거둘 수)
- '十'은 고치기 쉬워 계약 등을 할 때는 갖은 자인 '拾'을 씀

持
가질 **지**
(4급 9획)

관청(寺)에서 받은 공문서 등을 손(扌)에 **가지다.**
- 持論(지론) 持病(지병) 持續(지속) 持參(지참)
- 寺(관청 시) : 토지(土)를 법도(寸 법도 촌) 있게 관리하는 **관청**

挑
건드릴 **도**
(3급 9획)

손(扌)으로 여러(兆) 번에 걸쳐 **건드리다.**
- 挑戰(도전) 挑發(도발) : 남을 집적거리어 일을 일으킴
- 兆(많을 조) : 점치기 위해 거북 껍질을 태워 **갈라진 많은 금**

指
가리킬 **지**
(4Ⅱ 9획)

손(扌)에서 맛(旨 맛 지)을 볼 때 쓰는 **손가락.** 손가락으로 **가리키다.**
- 指名(지명) 指目(지목) 指摘(지적) 指向(지향)
- 旨 : 비수(匕 비수 비)로, 햇볕(日)에 익은 과일 잘라 보는 **맛**

捕
잡을 **포**
(3Ⅱ 10획)

손(扌)을 크게(甫 클 보) 움직여 **잡다.**
- 捕手(포수) 捕捉(포착) 捕獲(포획) 生捕(생포)　☞ 獲(잡을 획)
- 用(쓸 용) : 점통(冂)으로 점 쳐서 맞으면(中) 그 일을 **힘써 한다.**

捉
잡을 **착**
(3급 10획)

달려가(足 발 족) 손(扌)으로 **잡다**.
• 捕捉(포착) : 1. 꼭 붙잡음 2. 일의 요점이나 요령을 깨우침
  3. 알아차리거나 발견함

振
떨친 **진**
(3Ⅱ 10획)

일손(扌)이 바쁜 농사철(辰)에 번성한다 하여 **떨치다**.
• 振動(진동) 振興(진흥) 不振(부진) : 기운 따위가 힘차지 않음.
• 辰(때 **신**) : 조개가 입 벌려 움직이는 모양. 이**때**가 농사철

掃
쓸 **소**
(4Ⅱ 11획)

손(扌 손 수)에 비(帚)를 들고 청소(淸掃)하기 위해 **쓸다**.
• 掃蕩(소탕) : 휩쓸어 모조리 없애 버림   ☞ 蕩(쓸어버릴 탕)
• 帚 : 손(크 손 계)에 잡은(冖 덮을 멱) 청소하는 **비**(巾) 모양

捨
버릴 **사**
(3급 11획)

손질하지(扌) 않으면 집(舍)이 못쓰게 되어 **버리다**.
• 喜捨(희사)   捨生取義(사생취의)   取捨選擇(취사선택)
• 舍(집 **사**) : 지붕(人), 기둥(十) 네 벽(口)을 나타내어 **집**을 뜻함

授
줄 **수**
(4Ⅱ 11획)

손(扌)으로 상대방이 받기(受) 좋게 **주다**.
• 授受(수수)   授業(수업)   敎授(교수)   傳授(전수)하다
• 受 : 손(爫)으로 덮어서(冖) 주니 손(又)을 내밀어 **받는다**.

排
밀칠 **배**
(3Ⅱ 11획)

사람은 손(扌)으로, 새는 날개(非)로 **밀치다**.
• 排球(배구)   排除(배제)   排出(배출)   排斥(배척)   排他(배타)
• 非(아닐 **비**) : 새의 **두 날개**가 뻗은 방향은 같은 방향이 **아니다**.

採
캘 **채**
(4급 11획)

손(扌)과 손(爫)으로 초목(木)을 **캐다**.
• 採用(채용)   採集(채집)   採取(채취)   採炭(채탄)   採擇(채택)
• 爪(손톱 **조**) : 긁어당기는 **손톱**을 본뜬 글자 ☞ 爪 = 爫

探
찾을 탐
(4급 11획)

손(扌)으로 숨은(冖 덮을 멱) 인재(儿 어진사람 인)를 찾듯이, 쓸 만한 목재(木材) 등을 **찾다**.
- 探究(탐구)　探査(탐사)　廉探(염탐)　　☞ 廉(몰래할 염)

掛
걸 괘
(3급 11획)

손(扌)으로 흙담(圭 쌍토 규)에 점(卜)의 결과를 알 수 있게 **걸다**.
- 掛圖(괘도)　卦鐘時計(괘종시계)
- 卜(점 복) : 태운 동물 뼈의 갈라진 금 모양을 보고 **점**을 침

掠
노략질 략
(3급 11획)

손(扌)으로 서울(京) 같이 좋은 곳에 침입해 **빼앗다**.
- 掠奪(약탈)　擄掠(노략)　　☞ 奪(빼앗을 탈)　擄(사로잡을 로)
- 京(서울 경) : 높이(高의 줄임) 솟아 있는(小) 궁성이 있는 **서울**

接
접할 접
(4Ⅱ 11획)

손(扌 손 수)으로 첩(妾)을 맞이한다 하여 **접하다**.
- 接近(접근)　接待(접대)　接續(접속)　接受(접수)　接合(접합)
- 妾(첩 첩) : 서서(立 설 립) 시중드는 여자(女)인 **첩**

推
밀 추, 밀 퇴
(4급 11획)

사람은 손(扌)으로, 새(隹)는 날개로 **밀다**.
- 推理(추리)　推進(추진)　推敲(퇴고) : 시, 글의 자구(字句)를 고침
- 隹(새 추) : 앉아 있는 보통 꽁지가 짧고 **작은 새 모양**

提
낼 제
(4Ⅱ 12획)

손(扌)을 들어 바른(是) 제시(提示)·제안(提案)을 **내다**.
- 提供(제공)　題目(제목)　提議(제의)　前提(전제)
- 是(옳을 시) : 정확한 해(日)와 같이 바르게(正) 말함이 **옳다**.

掌
손바닥 장
(3Ⅱ 12획)

높이(尙 높일, 받들 상) 손(手 손 수)을 들 때 보이는 **손바닥**.
- 掌握(장악)　管掌(관장)　合掌(합장)　孤掌難鳴(고장난명)
- 尙 : 지붕 높은(小) 집(冂) 입구(口), 이러한 큰 집을 **받들다**.

揚
올릴 양
(3Ⅱ 12획)

손(扌)으로 높이 빛나는(昜) 해처럼 높이 들어 **올리다.**
- 揚揚(게양)　抑揚(억양)　止揚(지양)　立身揚名(입신양명)
- 旦(아침 **단**) : 해(日)가 지평선(一) 위로 떠오르는 **아침**

揮
휘두를 휘
(4급 12획)

손(扌)으로 군사(軍)를 지휘하기 위해 **휘두르다.**
- 揮發油(휘발유)　揮毫(휘호)　發揮(발휘)　指揮(지휘)
- 軍(군사 **군**) : 수레(車)를 둘러싸고(冖 덮을 멱) 있는 **군사**

換
바꿀 환
(3Ⅱ 12획)

손(扌 손 수)으로 큰(奐) 것으로 **바꾸어** 가지다.
- 還收(환수)　換率(환율)　換錢(환전)　轉換(전환)　☞ 率(비율 율)
- 奐(클 **환**) : 사람(⺧)이 그물(⺤)을 크게(大) 펼친다 하여 **크다.**

援
도울 원
(4급 12획)

어려움에 처한 이를 손(扌)으로 끌어 당겨(爰) **돕다.**
- 援助(원조)　救援(구원)　應援(응원)　支援(지원)　請援(청원)
- 爰(당길 **원**) : 손(⺤)으로 한(一) 명의 벗(友)을 **끌어당기다.**

搖 搖
흔들 요
(3급 13획)

손(扌)으로 고기(月=肉) 굽듯 구은 질그릇(缶)을 두드리니 **흔들리다. 흔들다.**
- 搖動(요동)　搖籃(요람)　☞ 籃(바구니 람)
- 缶(질그릇 **부**) : 배가 불룩하고 아가리가 좁은 **질그릇**

搜 搜
찾을 수
(3급 13획)

손(扌)으로 늙은이(叟)가 더듬어 힘들게 **찾다.**
- 搜査(수사)　搜索(수색)　☞ 査(조사할 사)　索(찾을 색)
- 叟 : 절구(臼)에 곡식 넣고 절굿공이(丨)를 쥐고(又) 찧는 **늙은이**

損
손해볼 손
(4급 13획)

머리보다 손(扌)으로 일하는 사람(員)이 **손해다.**
- 損失(손실)　損益(손익)　損害保險(손해보험)　破損(파손)
- 員(인원 **원**) : 입(口)으로 돈(貝) 세는, 즉 **어떤 일을 하는 사람**

携
이끌 **휴**
(3급 13획)

손(扌 손 수)으로 새(隹 새 추)를 품고(乃 이에 내) 있는 모양에서 **가지다.**
- 携帶(휴대)　提携(제휴) : 서로 도움
- 乃 : 지팡이(丿) 짚은 굽은(勹) 노인. 사람은 곧 **이에** 이른다.

摘
따낼 **적**
(3Ⅱ 14획)

손(扌)으로 솎아주기 위해서 과실(商)을 **따내다.**
- 摘果(적과)　摘發(적발)　摘出(적출)　指摘(지적)
- 商(과실 **적**) : 매달려 있는 과일 모양에서 **과실**을 뜻한 글자

播
뿌릴 **파**
(3급 15획)

손(扌)으로 먼저 뿌려야할 씨앗부터 차례(番)로 **뿌리다.**
- 播種(파종)　傳播(전파)　播遷(파천) : 임금이 궁을 떠나 피란함
- 番(차례 **번**) : 분별해서(釆) 익은 곡식을 밭(田)에서 **차례**로 거둠

擇 択
가릴 **택**
(4급 16획)

손(扌)으로 잘 살펴(睪) 본 후 **가리어 뽑다.**
- 揀擇(간택)　選擇(선택)　兩者擇一(양자택일)　☞ 揀(가릴 간)
- 睪(살필 **역**) : 눈(罒)으로 한(一) 명씩 죄인(辛 죄인 신) **살피다.**

據 拠
증거 **거**
(4급 16획)

사람은 손(扌)에, 범(虍 범 호)과 멧돼지(豕 돼지 시)는 동굴에 의지해 산다는 데서 **의거(依據)하다. 근거하다.**
- 根據(근거)　論據(논거)　占據(점거)　準據(준거)　證據(증거)

擁
안을 **옹**
(3급 16획)

손(扌)으로 서로의 뜻이 화합하여(雍 화할 옹) **껴안다.**
- 擁壁(옹벽)　擁護(옹호)　抱擁(포옹)　☞ 護(보호할 호)
- 雍 : 지붕(亠) 아래 어린(幺) 새(隹)를 보호하는 모양에서 **화하다.**

操
잡을 **조**
(5급 16획)

시끄럽게(喿) 우는 새를 잡듯(扌) 어지러운 마음을 **바로잡다.**
- 操心(조심)　操業(조업)　操作(조작)　貞操(정조)　體操(체조)
- 喿(새시끄러울 **소**) : 나무(木)에 새들이 모여 지저귀니(品) **시끄럽다.**

擔 担
멜 **담**
(4Ⅱ 16획)

손(扌)으로 물건을 잘 살피어(詹 살필 첨) 좋은 쪽을 **메다.**
- 擔當(담당) 擔保(담보) 擔任(담임) 分擔(분담)
- 詹 : 몸 구부리고(勹) 언덕(厂) 아래 사람(儿) 말(言)을 **살핀다.**

擊 擊
칠 **격**
(4급 17획)

수레(車 수레 거)에서 빠지기 쉬운 바퀴를 보강한(凵 입벌릴 감)
전차를 타고 창(殳 창 수)을 손(手)에 들고 **치다.**
- 擊退(격퇴) 攻擊(공격) 射擊(사격) 遊擊隊(유격대)

擧 挙
들 **거**
(5급 18획)

찬성의 뜻으로 손(手)을 **들어주다(與).**
- 與(줄 **여**) : 한(一) 사람이 몸을 구부려(勹) 절굿공이(丨)로 절구(臼)를 찧고 한(一) 사람은 손(八)으로 뒤집는 모양, 일에 **참여(參與)한** 사람에게 만든 음식 나누어 **주다.** • 擧國(거국) 擧動(거동)

擴 拡
넓힐 **확**
(3급 18획)

손(扌 손 수)으로 당기어 넓게(廣) **넓히다.**
- 擴大(확대) 擴散(확산) 擴聲器(확성기) 擴張(확장) 擴充(확충)
- 廣(넓을 **광**) : 집(广 집 엄)이 누런(黃) 빛을 띤 땅처럼 **넓다.**

攝
잡을 **섭**
(3급 21획)

손(扌)으로 귀를 끌어당겨 소곤거리는(聶) 모양에서 끌어 **잡다.**
- 攝生(섭생) 攝政(섭정) 攝取(섭취) 包攝(포섭)
- 聶(소곤거릴 **섭**) : 서로 귀(耳 귀 이)를 맞대고 **소곤거리다.**

- 攝理(섭리) : 1. 병중에 몸을 잘 조리함 2. 대신하여 처리하고 다스림 3. 세상을 다스리는 하느님의 뜻 4. 자연계를 지배하고 있는 원리와 법칙
  ☞ 攝(조화할 섭)

- 攝生(섭생) : 병에 걸리지 않고 건강을 유지하기 위하여 몸과 마음을 잘 관리하도록 힘씀 ☞ 攝(몸다스릴 섭)

- 攝政(섭정) : 임금이 직접 통치할 수 없을 때 임금을 대신하여 정치함. 또는 그런 사람 ☞ 攝(대신할 섭)

支 部

支 갈라질 **지** (4Ⅱ 4획)

갈라진 대나무 가지(十)를 손(又 손 우)에 쥐고 있는 모양에서 **가르다, 지탱하다, 헤아리다.**
- 支給(지급)   支社(지사)   支店(지점)   支出(지출)   度支(탁지)

攵(攴) 部

攵 칠 **복** (4획)

사람(𠂉 누운사람 인)이 뭔가 들고 이리(丿)저리(乀) **치다.**
- '文(글월 문)'과 닮아 '등글월문'이라고도 함
  攴(두드릴 복) : 점치기(卜) 위해 손(又)으로 무언가를 **두드리다.**

收 거둘 **수** (4Ⅱ 6획)

얽혀(丩) 있는 곡식을 농기구로 쳐서(攵 칠 복) **거두다.**
- 收買價(수매가)   收益(수익)   收入(수입)   事態收拾(사태수습)
- 丩(얽힐 **구**) : 덩굴이 **얽힌** 모양   ☞ 買(살 매)   拾(주울 습)

改 고칠 **개** (5급 7획)

몸(己)에 매를 대서(攵 칠 복)라도 잘못을 **고치다.**
- 改良(개량)   改名(개명)   改善(개선)   改正(개정)   改革(개혁)
- 己(몸 **기**) : 구부러져 있는 상태에서 일어나는 **몸**을 그림

攻 칠 **공** (4급 7획)

장인(工)이 연장 들고 치듯(攵 칠 복) 상대방을 **치다.**
- 攻擊(공격)   攻防(공방)   速攻(속공)   專攻(전공)   侵攻(침공)
- 工(장인 **공**) : **공구** 모양. 공구를 사용하는 물건을 만드는 **장인**

放
놓을 **방**
(6급 8획)

사방(方)으로 가도록 다스리지(攵) 않고 풀어 **놓아줌.**
- 放牧(방목)　放生(방생)　放心(방심)　放學(방학)　放火(방화)
- 方(사방 **방**) : 쟁기가 **사방**으로 나아가는 모양 또는 **방**

政
다스릴 **정**
(4Ⅱ 9획)

바르게(正 바를 정) 고쳐(攵) **다스리다.**
- 政局(정국)　政黨(정당)　政爭(정쟁)　政治(정치)　市政(시정)
- 正 : 두 발(止 그칠 지) 한데(一) 모아 **바르게** 서 있는 모양

故
연고 **고**
(4Ⅱ 9획)

옛(古) 일을 들추어(攵) 그 까닭을 캐어본다 하여 **고향(故鄕)·연고(緣故)·죽음.**
- 故國(고국)　故事(고사)　事故(사고)
- 攵(행할 **복**) : 사람(亻)이 뭔가 들고 이리(丿)저리(乀) **행하다.**

效
효험 **효**
(5급 10획)

매를 대는(攵 칠 복) 대신 친하게(交) 대하니 **효험이 있다.**
- 效果(효과)　效能(효능)　效用(효용)　效率(효율)
- 交(사귈 **교**) : 갓(亠) 쓴 아비(父)가 **오고가며** 사람들을 **사귀다.**

敏 敏
빠를 **민**
(3급 11획)

항상(每) 가르치며 잘못은 매(攵 칠 복)로 지도하니 행동 등이 **빠르다.**
- 敏感(민감)　過敏(과민)　銳敏(예민)
- 每(항상 **매**) : 사람(亻)은 **항상(恒常)** 어미(母)를 그리워한다.

敎 教
가르칠 **교**
(8급 11획)

말을 주고받으며(爻) 또는 회초리로 치며(攵) 아이(子)나 제자(弟子)를 **가르치다.**
- 敎生(교생)　敎室(교실)　敎育(교육)
- 爻(엇걸릴 **효**) : 엇걸려 있는 모양에서 **주고받거나, 사귀다**는 뜻

敍
펼 **서**
(3급 11획)

내(余)가 굽은 삽 등을 두드려(攴 두드릴 복) **펴다.**
- 敍事詩(서사시)　敍述(서술)　敍情詩(서정시)　自敍傳(자서전)
- 余(나 **여**) : 똑바로 서 있는 **자랑스런 나**를 나타낸 글자

救 구제할 **구** (5급 11획)	구할(求) 가치가 있을 때는 매(攵)를 대서라도 **구제함**. • 救國(구국) 救急(구급) 救濟(구제) 救助(구조) 救出(구출) • 求(구할 **구**) : 한(一) 방울(・)의 물(水)이라도 필요하니 **구하다**.
敗 패할 **패** (5급 11획)	조개(貝조개 패)가 얻어맞아(攵) 깨지듯 **패하다**. • 敗亡(패망) 敗北(패배) 敗戰(패전) 敗退(패퇴) 失敗(실패) • 攵(칠 **복**) : 사람(𠂉)이 뭔가 들고 이리(丿)저리(乀) **치다**.
敢 감히 **감** (4급 12획)	적을 치고(攻) 승리 표시로 적의 귀(耳)를 잘라오니 **용감하다**. • 敢行(감행) 果敢(과감) 勇敢(용감) 焉敢生心(언감생심) • 攻(칠 **공**) : 장인(工)이 연장 들고 치듯(攵 칠 복) 상대방을 **치다**.
敦 도타울 **돈** (3급 12획)	행복을 누리도록(享 누릴 향) 회초리를 대서(攵 칠 복)라도 올바르게 다스려야 서로의 정이 **도타워**진다. • 敦篤(돈독) : 인정이 도타움 敦化門(돈화문) : 창덕궁의 정문
散 흩어질 **산** (4급 12획)	여러(卄 스물 입) 조각(一)으로 고기(月←肉)가 잘려(攵 칠 복) **흩어지다**. • 散步(산보) 散在(산재) 分散(분산) • 月(육달 **월**) : '달'의 뜻이 아닐 때는 **고기**(月=肉 고기 육)의 뜻
敬 공경할 **경** (5급 14획)	구차한(苟) 마음의 나를 매로(攵 칠 복) 혼내는 이를 **공경하다**. • 敬禮(경례) 敬老思想(경로사상) 敬天愛人(경천애인) • 苟(구차할 **구**) : 푸성귀(卄)만 싸서(勹 쌀 포) 먹고(口) 사니 **구차하다**.
敵 원수 **적** (4Ⅱ 15획)	근본(啇)까지 쳐(攵) 없애야하는 **적**이나 **원수**. • 敵國(적국) 敵軍(적군) 敵手(적수) 無敵(무적) 對敵(대적) • 啇(뿌리 **적**) : 오래(古 오랠 고) 버티고 서(立) 있는 나무의 **뿌리**

152

數 数
셀 **수**, 자주 **삭**
(7급 15획)

여러(婁 여러 루) 개의 물건을 톡톡 치면서(攵 칠 복) **세다.** 세는 것을 반복한다는 데서 **자주.**
- 數學(수학) 算數(산수) 數尿症(삭뇨증) : 오줌이 자주 마려운 병

整
가지런할 **정**
(4급 16획)

묶기(束) 좋게 다듬어(攵 칠 복) 바르게(正 바를 정) **가지런히 하다.**
- 整理(정리) 整列(정렬) 整備(정비) 調整(조정)
- 束(묶을 **속**) : 나무(木)를 끈으로 에워싸(口 에워쌀 위) **묶다.**

文 部

文
글월 **문**
(7급 4획)

갓(亠) 쓴 이가 획을 이리저리(丿 乀) 그어 만든 **글자, 글씨** 또는 **무늬.**
- 文身(문신) 文字(문자) 文學(문학)
  文明(문명) : 지식과 기술의 발달로 생활이 편리하고 풍족해진 상태

斗 部

말 **두**
(4Ⅱ 4획)

곡식(丶丶)의 양을 헤아리는 **말**의 모양. 한 말은 **18리터.**
- 斗酒不辭(두주불사) : 말술을 사양치 않음   ☞ 辭(사양할 사)
  北斗(북두) : '北斗七星(북두칠성)'의 준말

料
헤아릴 **료**
(5급 10획)

쌀(米 쌀 미)을 말(斗)로 한 말, 두 말 담아 **헤아리다.**
- 料金(요금) 料理(요리) 原料(원료) 飮料(음료) 材料(재료)
- 米 : 이쪽저쪽(丶 丿) 나무(木)에 과일 열리듯 벼에서 나온 **쌀**

斜
기울 **사**
(3Ⅱ 11획)

사람(人)의 두(二) 작은(小) 손으로 곡식을 말(斗 말 두)에 수북이 담으면 '人' 모양이 되어 비스듬히 흘러내리는데서 **기울다**는 뜻.
• 斜面(사면) 斜線(사선) 傾斜(경사)

斤 部

斤
도끼 **근**
(3급 4획)

도끼의 모양으로 **끊다, 베다, 무기**의 뜻. 도끼날을 저울추로 사용했던 데서 무게의 단위인 근.
• 斤數(근수)
• **1근** : 고기는 600g. 야채, 과일은 400g. 먼 옛날에는 250g

斥
물리칠 **척**
(3급 5획)

도끼(斤)로 내려쳐(丶 찍을 주) **물리치다.**
• 排斥(배척) 斥邪(척사) : 요사스러운 것을 물리침. 斥和碑(척화비)
• 丶 : 도끼나 칼 등으로 무언가를 **찍음** ☞ 예) 殺(죽일 살)

斯
이 **사**
(3급 12획)

잃어버린 그(其) 도끼가 바로 **이** 도끼(斤 도끼 근).
• 斯界(사계) : 이 방면의 사회 斯文(사문) : 儒學(유학), 유학자
• 其(그 **기**) : 곡식 고르는 키 모양. 키를 두는 일정한 **그곳, 그**

新
새로울 **신**
(6급 13획)

도끼(斤)로 자른 나무(木) 위에 난(立) 싹이 **새롭다.**
• 新刊(신간) 新聞(신문) 新生(신생) 新人(신인) 革新(혁신)
• 立(설 **립**) : 땅(一)에 두 발로 **서 있는** 사람의 모습

斷 断
끊을 **단**
(4Ⅱ 17획)

작은 실들(幺幺)이 여러 겹으로 이어져 있는 것을 도끼(斤 도끼 근)로 **끊다.** 딱 끊듯 **결단(決斷)하다.**
• 斷念(단념) 斷絕(단절) 不斷(부단) 分斷(분단) 切斷(절단)

方 部

方
사방 **방**
(7급 4획)

쟁기 모양으로 이것이 나아가는 **방향**인 **사방(四方)**.
- 方法(방법) 方向(방향) 東方(동방) 地方(지방)
- '方'은 '모 방'이라고도 함. 이는 붙인 배 두 척의 네 모퉁이

於
어조사 **어**
(3급 8획)

감탄의 뜻으로 여러 방면(方 사방 방)으로 쓰이는 사람(人) 입에서 나오는(ㇱ) 짧은 말인 **어조사(語助辭)**.
- 於焉間(어언간) 於中間(어중간) 甚至於(심지어)

施
베풀 **시**
(4Ⅱ 9획)

사방(方 사방 방)으로 사람(ㅏ 누운사람 인)이, 뱀(也 뱀 야)이 똬리를 풀고 움직이듯, **행하다**. 행하여 **베풀다**.
- 施工(시공) 施設(시설) 施政(시정) 施行(시행) ☞ 政(다스릴 정)

旅
나그네 **려**
(5급 10획)

사방(方)으로 뻗어나가는 뿌리(氏)처럼 사방을 돌아다니는 사람(ㅏ)인 **나그네**.
- 旅客(여객) 旅路(여로) 旅費(여비)
- 氏(성씨 **씨**) : **뿌리**가 뻗어나듯 뻗어나가는 **사람의 성씨**

旋
돌 **선**
(3Ⅱ 11획)

사방(方 사방 방)으로 사람(ㅏ)이 발(疋)로 **돌아다니다**.
- 旋盤(선반) 旋律(선율) 旋回(선회) 周旋(주선)
- 疋(발 **소**) : 발목에서 발끝까지의 모양

族
겨레 **족**
(6급 11획)

크기나 모양이 비슷한 화살(矢 화살 시)처럼 같은 방향(方 방향 방)에 모여 사는 사람(人)의 무리인 **겨레**.
- 族閥(족벌) 族屬(족속) 族長(족장) 家族(가족) 民族(민족)

旗
깃발 **기**
(7급 14획)

사방(方)의 사람들(ㅅ)을 통제하는 그것(其 그 기)이 **깃발**.
- 旗手(기수)　國旗(국기)　校旗(교기)　軍旗(군기)　白旗(백기)
- 方(사방 **방**) : 쟁기 모양으로 이것이 **나아가는 방향** 또는 **사방**

无 部

无
없을 **무**
(4획)

天(하늘 천)의 변형자. 하늘은 텅 비어 아무것도 **없음**.
- '이미기몸'이라고도 함. 이는 이미 **밥을 먹어 배가 나온 모양**인 旣 (이미 기)자에서 나옴.

旣 _既
이미 **기**
(3급 11획)

흰(白) 쌀밥을 수저(匕)로 퍼서 먹어 이미 없다(无)는 데서 **이미**.
- 旣往之事(기왕지사) : 이미 지나간 일
- 匕(비수 **비**) : 날카로운 **비수, 숟가락** 또는 **앉아 있는 사람**

日 部

日
날 **일**
(8급 4획)

해 모양. 밝다, 따뜻하다, 날씨.
- 日記(일기) : 그날그날 겪은 일이나 느낀 것을 적은 개인의 기록 日本(일본) : '해 뜨는 나라'라는 뜻을 가진 나라(日出國)

旦
아침 **단**
(3Ⅱ 5획)

해(日)가 수평선이나 지평선(一) 위로 떠오르는 **아침**.
- 元旦(원단) : 설날 아침　　　　　☞ 旦(해돋을무렵 단)

早
일찍 **조**
(4Ⅱ 6획)

해(日)가 지평선(一)을 뚫고 (丨뚫을 곤) **일찍** 뜸.
• 早急(조급) 早期(조기) 早熟(조숙) 早朝(조조) 早退(조퇴)
☞ 急(급할 급) 期(때 기) 熟(익을 숙) 退(물러날 퇴)

旬
열흘 **순**
(3Ⅱ 6획)

날짜(日)를 묶어서(勹) **열흘**을 나타낸 글자.
• 旬報(순보) 六旬(육순) 初旬(초순) 中旬(중순) 下旬(하순)
• 勹(쌀 **포**) : 사람이 팔·손으로 무언가를 **감싸고** 있는 모양

旱
가물 **한**
(3급 7획)

햇빛(日)이 강해 창칼에 찢긴 방패(干 방패 간) 같이 땅이 금이
갈 정도로 **가물다.**
• 旱害(한해)   魃(가물귀신 발)
  旱魃(한발) : 홍수로 젖은 대지를 말려주는 역할을 하는 귀신

成
이룰 **성**
(6급 7획)

힘들여(力의 축약) 창(戈)을 **만들어낸다**는 데서 **이루다.**
• 成功(성공) 成事(성사) 成人(성인) 成長(성장) 成敗(성패)
• 戈(창 **과**) : 날이 세 갈래로 된 **창**이나 **무기**의 뜻

易
바꿀 **역** 쉬울 **이**
(4급 8획)

해(日)가 나왔다 없어졌다(勿 없을 물) **쉽게 바뀌다.** 바뀌는 우주
의 변화를 통해 인간사의 길흉을 **점치다.**
• 易經(역경)   交易(교역)   難易度(난이도)   平易(평이)
• 勿 : 싸고(勹) 있는 물건이 밑으로 빠져(丿丿) **없어짐**

昇
오를 **승**
(3Ⅱ 8획)

해(日)가 되(升)에 곡식을 퍼 올리듯 떠**오르다.**
• 昇降機(승강기) 昇天(승천) 上昇(상승) ☞ 降(내릴 강)
• 升(되 **승**) : 비스듬히(丿) 들고(廾 들 공) 곡식 담는 **되**

昌
번창할 **창**
(3Ⅱ 8획)

해(日)와 같이 숨김없이 바르게 말하니(日) 모든 일이 잘 풀려 **번
창(繁昌)하다.**
• 昌慶宮(창경궁)   昌德宮(창덕궁)
  昌盛(창성) : 번성(繁盛)하여 잘 되어 감   ☞ 盛(풍성할 성)

昏 저물 **혼**
(3급 8획)

뻗어가는 성씨(氏)와 같이 넓게 해(日)를 덮은 황혼을 나타내어 **저물다, 어둡다.**
- 黃昏(황혼) 昏迷(혼미) 昏睡(혼수)　　☞ 睡(정신잃을 수)
- 氏(성씨 **씨**) : **뿌리**가 뻗어나듯 뻗어나가는 **사람의 성씨**

昔 옛 **석**
(3급 8획)

많은(卄) 시간이 한결(一) 같이 흘러간 지난 날(日)인 먼 **옛날.**
- 今昔之感(금석지감) : 지금과 옛날의 차이가 너무 심함
- 卄(스물 **입**) : 열(十)에 열(十)을 더해 **스물**을 나타낸 글자

明 밝을 **명**
(6급 8획)

낮에는 해(日), 밤은 달(月)이 있어 **밝다.**
- 明白(명백) 明暗(명암) 發明(발명) 失明(실명) 自明(자명)
  明哲保身(명철보신) : 세상 이치에 밝아 자기 몸을 잘 보호함

昭 밝을 **소**
(3급 9획)

불러(召 부를 소) 밝은 해(日)와 같이 **상세히 밝히다.**
- 昭明(소명) : 밝고 영리함. 사물에 밝음. 昭詳(소상)
- 召 : 칼(刀) 같이 무서운 소리(口), 즉 **공적인 일로 부른다.**

昨 어제 **작**
(6급 9획)

하루 해(日)가 잠깐(乍) 사이에 지나간 과거인 **어제.**
- 昨今(작금) : 요사이　　昨年(작년)　　昨日(작일) : 어제
- 乍(잠깐 **사**) : 잠깐 사이에 만든 **지게** 모양에서 **잠깐**의 뜻

是 옳을 **시**
(4Ⅱ 9획)

정확한 해(日)와 같이 바르게(正 바를 정) 말함이 **옳다.**
- 是認(시인)　　是非(시비)　　必是(필시)　　是是非非(시시비비)
- 正 : 두 발(止 그칠 지)을 한데(一) 모아 **바르게** 서 있는 모양

春 봄 **춘**
(7급 9획)

세(三) 사람(人), 즉 할아버지·아버지·아들이 햇볕(日) 아래서 바쁘게 일하는 때인 **봄.**
- 春夏秋冬(춘하추동)　　春夢(춘몽)　　立春(입춘)　　靑春(청춘)

時
때 **시**
(7급 10획)

해(日)를 보고 관청(寺)에서 종을 울려 알려주는 시각인 **때**.
- 時刻(시각)　時間(시간)　時事(시사) : 그때그때의 일어난 일
- 寺(관청 **시**) : 토지(土)를 법도(寸 법도 촌) 있게 관리하는 **관청**

晝 昼
낮 **주**
(6급 11획)

붓(聿)으로 해(日) 하나(一)를 그려 **낮**.
- 晝間(주간)　晝夜(주야)　晝耕夜讀(주경야독) : 낮에 밭 갈고 밤에 글을 읽음
- 聿(붓 **율**) : 세 손가락(⺕ 손 계)과 나머지 두(二) 손가락으로 쥔(丨)**붓**

晨
새벽 **신**
(3급 11획)

햇빛(日)이 나오고 별빛(辰 별 진)이 들어가는 이른 **새벽**.
- 昏定晨省(혼정신성) : 저녁, 아침으로 부모를 섬기는 효행
- 辰 : 조개가 입 벌려 움직이는 모양. 이 **때** 전갈자리**별**이 나타남

晩
늦을 **만**
(3Ⅱ 11획)

햇빛(日)을 면하는(免 면할 면) 시간인 해지는 **늦은 때**.
- 晩秋(만추)　晩學(만학)　晩時之歎(만시지탄)　大器晩成(대기만성)
- 免 : 토끼(兎)가 꼬리(丶)만 잘리고 도망가 죽음을 **면하다**.

普
넓을 **보**
(4급 12획)

해(日)는 가리지 않고 나란히(並=竝) 골고루 세상을 여기저기 **넓게** 비친다.
- 普及(보급)　普通(보통)　　☞ 及(미칠, 이를 급)
- 竝(나란할 **병**) : 두 사람이 함께 서(立) 있는 모양에서 **나란하다**.

智
슬기 **지**
(4급 12획)

알고(知 알 지) 있는 것을 밝게(日) 활용하니 **슬기롭다**.
- 智略(지략)　智慧(지혜)　衆智(중지) : 여러 사람들의 지혜
- 機智(기지) : 상황에 따라서 재빨리 발휘되는 지혜

晴
갤 **청**
(3급 12획)

해(日)가 비치고 하늘이 푸르니(靑) 맑게 **갠** 날씨.
- 晴天(청천)　快晴(쾌청)　　☞ 円(圓 둥글 원)의 약자
- 靑 : 둥근(圓) 화분에서 뚫고(丨) 나온 많은(三) 새싹이 **푸르다**.

景
별 **경**
(5급 12획)

해(日)가 궁(京) 비추는 모양에서 **밝거나, 볼 만한 곳**.
• 景觀(경관) 景致(경치) 雪景(설경) 夜景(야경) 絶景(절경)
  景氣(경기) : 매매나 거래 따위에 나타난 경제 활동의 상황

暇
한가할 **가**
(4급 13획)

날(日)을 빌려(叚 빌릴 가) 쉰다 하여 **한가하다**.
• 病暇(병가) 餘暇(여가) 閑暇(한가) 休暇(휴가)
• 叚 : 지붕(尸)을 두(二) 손(又)에 연장(ㄱ)을 들고 고치는 모양에서,
  필요한 연장을 다른데서 **빌리다**는 뜻

暑
더울 **서**
(3급 13획)

해(日)가 사람(者) 머리 위에 가까이 있으니 **덥다**.
• 炎暑(염서) 避暑(피서) 處暑(처서) : 24절기의 하나
• 者(사람 **자**) : 늙으면(耂) 백발(白 흰 백)이 되어 죽는 모든 **사람**

暖
따뜻할 **난**
(4Ⅱ 13획)

햇빛(日)을 당기다(爰), 즉 햇빛이 잘 들어 **따뜻하다**.
• 暖流(난류) 溫暖(온난) 寒暖(한난) 三寒四溫(삼한사온)
• 爰(당길 **원**) : 손(爫)으로 한(一) 명의 벗(友)을 **끌어당기다**.

暗
어두울 **암**
(4Ⅱ 13획)

해(日)가 지고 소리(音 소리 음)만 들리는 **어둠**.
• 暗記(암기) 暗市場(암시장) 暗室(암실) 暗黑(암흑)
• 音 : 사람이 서서(立 설 립) 입(曰 말할 왈)으로 내는 **소리**

暢
화창할 **창**
(3급 14획)

의견 펼쳐 아뢰듯(申 아뢸 신), 해가 빛나(昜) **화창함**.
• 和暢(화창) 方暢(방창) : 바야흐로 화창함. 暢快(창쾌)
• 昜(빛날 **양**) : 아침(旦 아침 단) 햇살이 내리쬐어(勿) **빛나다**.

暴
사나울 **포, 폭**
(4Ⅱ 15획)

해(日) 같이 높은 곳에서 함께(共) 떨어지는 물(氺) 모양이 **사납다**.
• 暴惡(포악) 暴動(폭동) 暴力(폭력) 暴食(폭식)
• 共 : 많은(卄 스물 입) 사람이 두 손(八)을 하나(一)로 모아 **함께**

暮
저물 **모**
(3급 15획)

없어진(莫 없을 막) 해(日), 즉 해가 져 날이 **저물다.**
• 朝令暮改(조령모개) : 아침에 내린 명(令)을 저녁에 고침
• 歲暮(세모) : 한 해의 마지막 무렵. 섣달그믐께

暫
잠시 **잠**
(3Ⅱ 15획)

목을 베는데(斬 벨 참) 걸리는 시간(日)은 짧은 **잠깐이다.**
• 暫間(잠간)　暫時(잠시)　暫定(잠정)　□ 定(정할 정)
• 斬 : 수레(車)에 묶어 끌어 찢거나, 도끼(斤)로 **베어 죽인다.**

曉 晓
새벽 **효**
(3급 16획)

해(日)가 높이(堯) 떠오르기 시작하는 이른 **새벽.**
• 曉星(효성) : 1. 샛별. 2. 매우 드문 존재의 비유
• 堯(높을 요) : 흙(土)을 우뚝하게(兀 우뚝할 올) 쌓아 **높다.**

曆 历
달력 **력**
(3Ⅱ 16획)

세월(厤)을 날수(日)로 적은 책으로 보통 **달력의 뜻.**
• 陰曆(음력)　陽曆(양력)　册曆(책력) : 절기 따위를 적은 책
• 厂(언덕 한) : 가파른 낭떠러지 모양으로 **언덕, 벼랑, 절벽**

曜
빛날 **요**
(5급 18획)

해(日)가 아름다운 빛을 내니 꿩의 깃(翟)처럼 **빛나다.**
• 曜日(요일) : '曜'는 해와 달 그리고 다섯 개의 별을 가리킴
• 翟(꿩깃 적) : 날개의 깃(羽)이 아름다운 새(隹)인 꿩. **꿩의 깃**

周易(주역)
유교 경전 가운데 삼경(三經)의 하나. 본디 점서(占書)로 만상(萬象)을 이원(二元)으로써 설명하여 그 으뜸을 태극(太極)이라 하였고, 거기에 64괘를 만들었는데, 이에 맞추어 철학, 윤리, 정치상의 해석을 덧붙임.

疑心暗鬼(의심암귀)
의심(疑心)하는 마음은 없는 귀신(鬼神)도 만들어 낸다.
마음속에 의심이 생기면 무서운 망상 등이 일어나 불안해지거나 상대를 믿지 못하는 등 판단이 빗나가게 됨.

曰 部

曰
가로 **왈**
(3급 4획)

입(口) 안의 혀(一)를 움직여 **말하다.**
- 曰梨曰柿(왈리왈시) : 남의 제사(祭祀)에 감 놓아라 배 놓아라 등 쓸데없이 참견하는 경우를 말함. ☞ 梨(배 리) 柿(감 시)

曲
굽을 **곡**
(5급 6획)

입(口)의 혀(一)를 길게 내미니까(ㅣㅣ) **구부러**진다. 곡선을 이루는 **악곡(樂曲).**
- 曲線(곡선) 歌曲(가곡) 作曲(작곡)
  曲學阿世(곡학아세) : 배운 학문을 왜곡시켜 시류나 이익에 영합함

更
다시 **갱**,고칠 **경**
(4급 7획)

한마디(一)의 말(曰)이라도 틀렸을 때에는 이를 바르게 **고쳐**서, 다시 말함이 사람(人)의 도리. **밤.** ☞ **밤을 5경으로 나눔**
- 三更(삼경) : 23시 ~ 01시까지
  更新(갱신) : 다시 새로워지거나 새롭게 함
  更新(경신) : (지금까지 있던 것을) 고쳐 새롭게 함

書
글 **서**
(6급 10획)

사람이 말한(曰 말할 왈) 것을 적은(聿 붓 율) 글이나 **책.**
- 書記(서기) 書類(서류) 書式(서식) 書店(서점) 書籍(서적)
- 聿 : 세 손가락(彐 손 계)과 나머지 두(二) 손가락으로 쥔(ㅣ) **붓**

曾
거듭 **증**
(3Ⅱ 12획)

갈라진(八) 입(口)에서 거듭 나오는 작은(小) 말들이 모여 긴 말(曰)이 된다는 데서 **거듭.**
- 曾孫(증손) 曾祖(증조)
- 未曾有(미증유) : 아직 있어본 적이 없음. 전대미문(前代未聞)

最
가장 **최**
(5급 12획)

말한(曰 말할 왈) 바를 행동으로 취하는(取) 것이 **가장** 중요하다.
- 最高(최고) 最近(최근) 最短(최단)
- 取(취할 **취**) : 전투 승리의 증표로 적의 귀(耳)를 손(又)으로 **취하다.**

替
바꿀 **체**
(3급 12획)

두 사내(夫 사내 부)가 말(曰)을 주고받으며 하던 일을 대신하여 **바꾸다.**
• 交替(교체) 代替(대체) ☞ 代(대신할 대)
• 夫(사내 **부**) : 갓(亠) 쓴 어른(大)이나 **사내.** 글 읽는 **지아비**

會 会
모일 **회**
(6급 13획)

사람(人)들이 한(一) 작은(小) 장소(口)에 **모여** 의견을 말하다 (曰).
• 會社(회사) 會長(회장) 會話(회화)
• 亼(모을 **집**) : 사람(人)을 한(一) 곳에 **모으다.** ☞ 社(모일 사)

月 部

月
달 **월**
(8급 4획)

달 모양으로 **밝다, 세월**의 뜻.
• 月給(월급) 月末(월말) 月貰(월세) 月曜日(월요일)

月 (肉)
육달 **월**
(4획)

달의 뜻이 아닐 때는 '육달 월'(月=肉)이라 하여 **고기, 목 밑 신체 부분**을 나타냄.
• '달 월'(月)은 건너긋는 두 획의 오른쪽이 떨어지고, '月'(肉)은 신체가 붙어 있듯이 양쪽이 다 붙음

有
있을 **유**
(7급 6획)

가느스름한(丿) 하나(一)의 초승달(月)도 해처럼 빛을 **가지고 있다.**
• 有利(유리) 有力(유력) 國有(국유) 所有(소유)
• 有終之美(유종지미) : 일을 끝까지 잘하여 훌륭한 성과를 올림

朋
벗 **붕**
(3급 8획)

몸(月)과 몸(月)을 가까이 하는 다정한 **벗**이나 **무리.**
• 朋黨(붕당) 朋友有信(붕우유신) : 친구 사이는 믿음이 있어야 함
• '朋'은 부수가 '月(달 월)'로 되어 있으나 '육달 월'로 보기도 함

服
옷 **복**
(6급 8획)

몸(月 육달 월)의 하체(卩 무릎 절)를 감싸기 위해 손(又 손 우)으로 **옷**을 **입다**. 옷 입듯 몸을 위해 **먹다**. 아래옷처럼 **복종하다**.
• 洋服(양복)　衣服(의복)　服用(복용)　服從(복종)

朔
초하루 **삭**
(3급 10획)

거슬러(屰 거꾸로 역) 올라가 본 달(月)의 처음 모양인 초승달을 나타내 **초하루. 북녘.**
• 朔月貰(삭월세)　朔風(삭풍)
• 屰 : 싹(屮)이 땅(一) 위로 나와(丶丿) 뿌리 **반대 방향**으로 자람

朗 郎
밝을 **랑**
(5급 11획)

어질고 좋음(良)이 달(月)처럼 **밝고, 명랑(明朗)하다.**
• 朗讀(낭독)　朗報(낭보)　　　　　　　　☞ 報(알릴 보)
• 良(어질 **량**) : 보는(艮 볼 간) 눈동자(丶)가　바르다 하여 **어질다.**

望
바랄 **망**
(5급 11획)

없는(亡) 사람을 달밤(月)에 서서(王=壬) 돌아오길 **바라다.**
• 望樓(망루)　所望(소망)　失望(실망)　野望(야망)　展望(전망)
• 壬(북방 **임**) : 갓(丿) 쓴 선비(士)가 책임진 **북방** 경계

期
기약할 **기**
(5급 12획)

정해 놓은 그(其) **날짜**(月)나 **기간(期間)·기약(期約).**
• 期待(기대)　期限(기한)　乾期(건기)　雨期(우기)　初期(초기)
• 其 : 곡식을 고르는 키 모양. 키를 두는 일정한 **그곳, 그**

朝
아침 **조**
(6급 12획)

서녘으로 달이(月) 질 때 나뭇가지(十十) 사이로 떠오르는 해(日)의 모양에서 **아침.**
• 朝刊(조간)　朝夕(조석)　朝鮮(조선)
• 朝貢(조공) : 왕조 때, 속국이 종주국에게 때마다 예물을 바치던 일

朝鮮(조선)
'아침의 나라'를 뜻하는 말인데 이는 단군이 나라를 세운 곳인 '아사달(阿斯達)'의 한자 의역(意譯)이다. '阿斯達'도 아침이나 처음을 뜻하는 '달'을 한자로 음역(音譯)하여 적은 것

木 部

木
나무 **목**
(8급 4획)

서 있는 **나무. 나무로 만든 것.**
- 木材(목재) ☞ 材(재목 재)
  木石(목석) : 나무와 돌. 나무나 돌처럼 감정 무디고 무뚝뚝한 사람
- ㅣ(뚫을 **곤**) : 송곳을 본뜬 글자로 위에서 내려 **뚫음**의 뜻

未
아직 **미**
(4Ⅱ 5획)

나무(木) 윗부분이 덜 자라 짧은(一) 모양에서 **아직.**
- 未達(미달)   未備(미비)   未成年(미성년)   未完成(미완성)
  前代未聞(전대미문) : 지금까지 들어본 적이 없는 진귀한 일

末
끝 **말**
(5급 5획)

나무(木) 윗부분이 넓게(一) 퍼진 모양에서 자람이 **끝남.**
- 末期(말기)   末年(말년)   末端(말단)   終末(종말)   週末(주말)
  末世(말세) : 정치, 도덕 등이 쇠퇴하여 끝판에 이르는 세상

本
근본 **본**
(6급 5획)

나무(木)의 아래(一) 부분인 **뿌리. 근본(根本).** 학문의 근본인
책.
- 日本(일본)   敎本(교본) : 교재(敎材)로 쓰는 책
  讀本(독본) : 직접 가르치지 않고 혼자 읽어서 익히도록 한 책

朴
소박할 **박**
(6급 6획)

나무(木)껍질의 갈라진(卜) 모양처럼 자연 그대로라는 데서 **투박
하거나 순박(淳朴)하다.**
- 素朴(소박)   質朴(질박)
- 卜 : 갈라진 나무껍질 모양. 또는 동물의 뼈를 태운 뒤 생긴 금

朱
붉을 **주**
(4급 6획)

사람(ㅗ 누운사람 인)이 벤 소나무(木)가지 부분이 **붉음.**
- 朱紅(주홍)   朱黃(주황)   朱子學(주자학) : 주희가 완성한 학문
- 近朱者赤(근주자적) : 나쁜 친구를 사귀게 되면 나빠지기 쉬움

李
자두나무 **리**
(6급 7획)

나무(木)에 귀한 열매(子 열매 자)가 여는 **자두나무.**
• 李下不整冠(이하부정관) : 자두나무 밑에서 갓 바로 잡지 않는다.
　李氏朝鮮(이씨조선) : 근세조선을, 임금의 성을 좇아 일컫는 말

材
재목 **재**
(5급 7획)

나무(木)는 여러 재주(才)를 부릴 수 있어 좋은 **재목**임.
• 材料(재료)　材木(재목)　材質(재질)　　　☞ 質(바탕 질)
• 才(재주 **재**) : 손가락 열(十) 개로 사물(丿)을 다루는 **재주**

束
묶을 **속**
(5급 7획)

나무(木)를 끈으로 감아(口) **묶다.**
• 拘束(구속)　約束(약속)　　☞ 拘(잡을 구)　策(꾀 책)
　束手無策(속수무책) : 손을 묶은 듯 아무 대책(對策)이 없음
• 口(에워쌀 **위**) : 울타리나 성벽으로 **에워싼** 모양

村
마을 **촌**
(7급 7획)

나무(木) 촘촘히(寸 짧을 촌) 늘어서 있듯 형성된 **마을.**
• 村落(촌락)　村民(촌민)　村長(촌장)　江村(강촌)　山村(산촌)
• 寸 : 한 **마디. 짧다.** 길이의 단위인 **한 치(3.03cm).** 법도, 손

板
널빤지 **판**
(5급 8획)

나무(木)를 켜고 반대(反 반대 반)로 뒤집어 켜서 만든 **판자.**
• 板子(판자)　板紙(판지)　看板(간판)　黑板(흑판)
• 反 : 벼랑(厂)을 손(又)으로 무언가를 잡으며 **반대로** 오름

杯
잔 **배**
(3급 8획)

나무(木)로 만들어 손으로 **쥐기 좋게 만든(不) 잔.**
• 乾杯(건배)　苦杯(고배)　祝杯(축배)
• 後來者三杯(후래자삼배) : 뒤늦게 온 사람이 먼저 온 사람과의 취기를 맞추는 일

東
동녘 **동**
(8급 8획)

나무(木) 사이로 뜨는 해(日) 뜨는 **동쪽.**
• 東方(동방) : 동쪽. 동쪽 지역. 동쪽 지방. 오리엔트
　東洋(동양) : 지구(地球)의 동쪽에 있는 아시아 지역

松
소나무 송
(4급 8획)

재목(木)으로 대중에게(公) 널리 쓰이는 **소나무.**
- 松林(송림)　松柏(송백)　松蟲(송충)　松板(송판)　赤松(적송)
- 公(여럿 **공**) : 사사로움(厶)을 가른다(八) 하여 **대중, 여럿**의 뜻

林
수풀 림
(7급 8획)

나무(木)가 많이 나 있는 **수풀.**
- 山林(산림)　國有林(국유림)
　森林(삼림) : 나무가 많이 우거진 곳. 수풀.　☞ 森(빽빽할 삼)
　林野(임야) : 숲이 있거나 아직 개간되지 않은 땅. 野(들　야)

析
쪼갤 석
(3급 8획)

나무(木)를 도끼(斤)로 **쪼개다.**　分析(분석)　解析(해석)
- 斤(도끼 **근**) : 도끼의 모양으로 **끊다, 베다, 무기**의 뜻

枕
베개 침
(3급 8획)

나무(木)에 사람의 머리가 머무르는(尤 머뭇거릴 유) **베개.**
- 木枕(목침)　高枕安眠(고침안면) : 베개 높이하고 편히 잠
- 尤 : 덮여(冖) 알 수 없기에 사람(儿)이 판단을 **머뭇거리다.**

果
열매 과
(6급 8획)

밭(田)에 심는 과일나무(木)로 여기에서 나는 **열매.**
- 果樹園(과수원)　果實(과실)　成果(성과)　☞ 樹(심은나무 수)
　結果(결과) : 열매를 맺음. 어떤 원인에서 초래된 결말의 상태

枝
가지 지
(3Ⅱ 8획)

나무(木)에서 갈려(支 가를, 갈라질 지) 나온 **나뭇가지.**
- 枝葉(지엽)　金枝玉葉(금지옥엽) : 귀한 자식을 이르는 말
- 支(가를 **지**) : 대나무 가지(十)를 손(又 손 우)에 쥐고 **가르다.**

枯
마를 고
(3급 9획)

나무(木)가 오래되어(古 오랠 고) **마르다.** 말라 **없어지다.**
- 枯渴(고갈)　枯死(고사)　枯葉(고엽)　枯木生花
- 古 : 열(十) 사람 입(口)을 통한 것은 이미 **오래** 된 **옛** 것

架
걸칠 **가**
(3Ⅱ 9획)

나무(木)를 더하여(加) 가로질러 양쪽에 **걸치다. 시렁.**
- 架橋(가교) 架設(가설) 書架(서가) 十字架(십자가)
- 加 : 더욱더 힘(力)을 내라고 말(口)로 부추겨 힘을 **더하다.**

某
아무개 **모**
(3급 9획)

단맛(甘) 나는 나무(木)열매는 **아무**에게나 좋다.
- 某年(모년) 某月(모월) 某日(모일) 某時(모시) 某氏(모씨)
- 甘(달 **감**) : 입(口) 속 혀(一)로 **단맛**을 보는 모양

査
조사할 **사**
(5급 9획)

나무(木)는 나이테(且)를 보고 나이를 안다 하여 **조사하다.**
- 調査(조사) 探査(탐사) 査察(사찰) : 조사하여 살핌
- 且(많을 **차**) : 제기(祭器)에 음식 **많이** 쌓아 놓은 모양

柔
부드러울 **유**
(3Ⅱ 9획)

창(矛)을 만드는 나무(木)는 잘 부러지지 않아 **부드럽다.**
- 柔道(유도) 柔順(유순) 柔軟(유연) 柔弱(유약) 溫柔(온유)
- 矛(창 **모**) : 긴 자루가 달린 끝이 **뾰족한 창** ☞ 軟(부드러울 연)

柱
기둥 **주**
(3Ⅱ 9획)

나무(木)로 만든 집을 지탱(支撐)하는 주(主)가 되는 **기둥.**
- 四柱八字(사주팔자) 圓柱(원주) 電信柱(전신주)
- 主(주인 **주**) : 타오르는 촛불(丶)이 방의 중심이 되어 **주되다.**

染
물들 **염**
(3Ⅱ 9획)

삶은 나무(木)를 물(氵)에 여러(九) 번 담가 **물들이다.**
- 染料(염료) 染色(염색) 感染(감염) 傳染(전염)
- 九(아홉, 많을 **구**) : 열에 가까운 수라는 뜻에서 **많음**을 나타냄

柳
버드나무 **류**
(4급 9획)

나뭇가지(木)가 무성하게(卯 무성할 묘) 자라 늘어진 **버드나무.**
- 細柳(세류) 花柳界(화류계) : 노는계집들의 사회
- 卯 : **무성한** 봄기운 들이려 두 문짝을 활짝 열어 놓은 모양

栗
밤 **률**
(3Ⅱ 10획)

가시로 덮여(覀) 있는 나무(木)인 **밤나무, 밤**
- 栗谷(율곡) : 이이의 호.　生栗(생률)　黃栗(황률)
- 覀(덮을 **아**) : 그릇 아가리에 끼워 막는 **마개. 덮는다.** ☞ 覀=襾

校
학교 **교**
(8급 10획)

나무(木)를 엇걸어(交) 똑바로 쌓은 모양. 이처럼 사람을 가르쳐 **바르게 인도하는 학교(學校).**
- 校門(교문)　校長(교장)　將校(장교)
- 交(오고갈 **교**) : 갓(亠) 쓴 아비(父)가 **오고가며 사람들을 사귀다.**

核
씨 **핵**
(4급 10획)

뼈대(亥)처럼 안에 있는 나무(木) 열매의 **씨나 알맹이.**
- 核家族(핵가족)　核武器(핵무기)　核心(핵심)　核彈頭(핵탄두)
- 亥(돼지 **해**) : 돼지의 머리(亠)와 몸, 다리의 뼈대를 본뜬 글자

株
그루 **주**
(3Ⅱ 10획)

나무(木)를 베고(朱) 남은 **그루터기.** 또는 **나누다.**
- 株價(주가)　株券(주권)　株式會社(주식회사)　株主(주주)
- 朱 : 사람(ㅏ 누운사람 인)이 나무(木)의 가지를 벤 모양

栽
심을 **재**
(3Ⅱ 10획)

흙(土)을 창(戈)과 같은 도구로 파서 나무(木)를 **심다.**
- 栽培(재배)　盆栽(분재) : 화분에 심어 가꾸는 일 ☞ 盆(동이 분)
- 土戈 (흙파낼 **재**) : 흙(土)을 창(戈)과 같은 도구로 파내다.

根
뿌리 **근**
(6급 10획)

나무(木)에서 눈에 보이지(艮) 않는 부분인 **뿌리.**
- 根幹(근간)　根本(근본)　根性(근성) ☞ 幹(줄기 간) 本(뿌리 본)
- 艮(볼 **간**) : 눈(目)의 변형자로, 눈을 뜨고 **보는** 모양

桂
계수나무 **계**
(3Ⅱ 10획)

나무(木) 껍질이 홀(圭)처럼 중요하게 쓰이는 **계수나무.**
- 桂林(계림)　桂皮(계피)　月桂冠(월계관)　月桂樹(월계수)
- 圭(홀 **규**) : 신하가 손에 들고 있는 **잘 다듬어진** 명판(名板)

格
모양 **격**
(5급 10획)

나무(木)에도 나름대로 각각(各)의 **모양** 있음. 格式(격식)
- 格言(격언) : 속담, 고사성어처럼 사리에 들어맞으며 교훈적인 말
- 各(각각 **각**) : 앞과 뒷(夊 뒤져올 치) 사람 말(口)이 **각각 다르다.**

桃
복숭아 **도**
(3Ⅱ 10획)

나무(木) 열매 씨가 금이 많이(兆) 나 있는 **복숭아.**
- 桃三李四(도삼이사) 桃園結義(도원결의) 武陵桃源(무릉도원)
  桃色雜誌(도색잡지) : 성적인 음란한 내용을 주로 다루는 잡지

案
생각할 **안**
(5급 10획)

편하게(安) 만들어진 나무(木)로 **책상**에 앉아 궁리하며 **생각
하다.**
- 案件(안건) 案内(안내) 考案(고안) 方案(방안)
- 安(편안할 **안**) : 집(宀)에는 여자(女)가 있어야 **안정되고, 편안함**

桑
뽕나무 **상**
(3Ⅱ 10획)

손(又 손 우)으로 따 먹는 '오디(뽕나무 열매)'가 많이 열리는 나무
(木)인 **뽕나무.**
- 桑葉(상엽) 蠶桑(잠상) ☞ 蠶(누에 잠)
  桑田碧海(상전벽해) : 뽕밭 변해 푸른 바다 됨. 세상 많이 바뀜

梁
들보 **량**
(3Ⅱ 11획)

물(氵)로 이쪽저쪽(丿丶)으로 나누어진(刀 칼 도) 길을 연결한 나
무(木)인 **들보.**
- 橋梁(교량) 上梁式(상량식)
  梁上君子(양상군자) : 들보 위에 있는 도둑을 점잖게 이르는 말

梨
배나무 **리**
(3급 11획)

사람을 이롭게(利 이로울 리) 하는 나무(木)인 **배나무.**
- 梨花(이화) 烏飛梨落(오비이락) : 까마귀 날자 배가 떨어짐
- 利 : 벼(禾)농사를 끝이 날카로운 연장(刂)으로 지으니 **이롭다.**

梅
매화 **매**
(3Ⅱ 11획)

나무(木) 중 매년(每) 아름다운 꽃이 피는 **매화(梅花).**
- 梅實(매실) 梅蘭菊竹(매란국죽) : 매화, 난초, 국화, 대나무
- 每(항상 **매**) : 사람(𠂉)은 **항상(**恒常**)** 어미(母)를 그리워한다.

條 条
가지 **조**
(4급 11획)

멀리(攸) 뻗은 나무(木)의 **가지**. 가지처럼 많은 **여럿**.
- 條件(조건)　條例(조례)　條理(조리)　條約(조약)　信條(신조)
- 攸(멀 **유**) : 사람(亻)이 지팡이(丨)로 땅을 치며(攵) **멀리 간다**.

械
기계 **계**
(3Ⅱ 11획)

나무(木)로 벌주기(戒) 위해 만든 틀. 후에 **기계(機械)**.
- 器械(기계) : 동력 장치를 지니지 아니한 구
- 戒(경계할 **계**) : 창(戈 창 과) 들고(廾 들 공) **경계주의하다**.

棄
버릴 **기**
(3급 12획)

기르지(育 기를 육의 줄임) 못하기에 한(一) 산(山) 속의 나무(木)
가 많은 곳에 **버리다**.
- 棄權(기권)　投棄(투기)　破棄(파기)　廢棄(폐기)
　遺棄(유기) : 내어다 버림

森
빽빽할 **삼**
(3Ⅱ 12획)

나무(木) 숲(林 수풀 림)이 **빽빽함**.
- 森林(삼림)　森嚴(삼엄)
- 森羅萬象(삼라만상) : 많은 나무가 빽빽이 들어선 것처럼 우주(宇宙)에 들어 차 있는 모든 사물(事物)과 현상(現象)

植
심을 **식**
(7급 12획)

나무(木)를 바로(直) 세워 **심다**.
- 植木日(식목일)　植物(식물)　植民地(식민지)
- 直(곧을 **직**) : 열(十) 번을 보아도(目 앉은(乚) 자세가 **곧다**.

楊
버들 **양**
(3급 13획)

나무(木) 중 햇빛(昜) 많이 받는 물가에 많은 **버드나무**.
- 垂楊(수양)　楊貴妃(양귀비) : 당 현종의 며느리에서 비가 됨
- 昜(빛날 **양**) : 아침(旦 아침 단) 햇살이 내리쬐어(勿) **빛나다**.

楓
단풍 **풍**
(3Ⅱ 13획)

나무(木) 중, 찬바람(風) 불면 잎 색이 변하는 **단풍나무**.
- 楓林(풍림)　楓葉(풍엽)　丹楓(단풍)　霜楓(상풍) ☞ 霜(서리 상)
- 風(바람 **풍**) : 모든(凡 모두 범) 벌레(虫 벌레 충)가 민감한 **바람**

業
일 **업**
(6급 13획)

나무(木)에 뻗은 가지나 잎처럼 무수히 많은(丵) **일**.
- 業主(업주) 工業(공업) 作業(작업) 事業(사업) 學業(학업)
- 丵(무성할 **착**) : 풀('立'에 丨丨丨를 더해)이 많이(十) 나 있어 **무성함**

極
다할 **극**
(4Ⅱ 13획)

나무(木)를 다루는 장인이 막힘(丂 막힐 고) 없이 입(口)과 손(又 손 우)으로 한결(一) 같이 정성을 끝까지 **다하다.**
- 極端(극단) 極度(극도) 極樂(극락) 太極旗(태극기)

榮 栄
영화 **영**
(4Ⅱ 14획)

나무(木) 위(冖)에 핀 꽃이 빛나듯(火火) **영화롭다.**
- 榮光(영광) 榮華(영화) 虛榮(허영) ☞ 華(꽃필 화)
- 冖(덮을 **멱**) : 덮개를 본뜬 글자

構
얽을 **구**
(4급 14획)

나무(木)를 엇걸어 쌓은(冓) 모양에서 **얽다**는 뜻.
- 構圖(구도) 構文(구문) 構成(구성) 構造(구조) 構築(구축)
- 冓 : 우물틀(井)을 쌓듯, 거듭해서(再 거듭 재) **엇걸어 쌓은** 모양

樣 様
모양 **양**
(4급 15획)

나무(木)가 보기 좋고(羊 = 羊) 길게(永) 자란 **모양.**
- 樣相(양상) 樣式(양식) 多樣(다양) 文樣(문양) 外樣(외양)
- 永(길 **영**) : 한 줄기(丶)에서 시작한 물(水)이 **길게** 흐름

槪 概
대강 **개**
(3Ⅱ 15획)

만들기 전에 나무(木)로 미리(旣 이미 기) 모양을 **대강 만듦.**
- 槪念(개념) 槪略(개략) 槪論(개론) 槪要(개요)
- 旡(없을 **무**) : '天'의 변형자로, 하늘은 텅 비어 아무것도 **없음.**

標
표지판 **표**
(4급 15획)

내용을 적어(票 쪽지 표) 나무판(木)에 붙인 **표지판.**
- 標記(표기) 標示(표시) 標紙(표지) 目標(목표) 商標(상표)
- 票 : 뚜껑(覀)에 내용물 알아 볼(示) 수 있도록 써 붙인 **쪽지**

樓 楼
누각 **루**
(3Ⅱ 15획)

나무(木)로 만든 여러(婁 여러 루) 층으로 된 **누각**.
• 樓閣(누각) 望樓(망루) 鐘樓(종루) 慶會樓(경회루)
• 婁 : **여럿**을 하나(一)로 묶어(串 꿸 관) 여자 (女)가 이고 있음

樂 楽
악기 **악**
(6급 15획)

북통(白) 양쪽에 줄(幺幺)을 맨 북인 **악기**를 나무(木) 받침대에 올려놓은 모양. 음악 들으니 **즐겁고** 이를 **좋아한다**.
☞ 좋아할 요, 즐길 락
• 樂器(악기) 音樂(음악) 娛樂(오락) 樂山樂水(요산요수)

模
본뜰 **모**
(4급 15획)

나무(木)로 없어지지(莫 없을 막) 않도록 모양 **본뜨다**.
• 模倣(모방) 模範(모범) 模樣(모양) 模造(모조) 規模(규모)
• 莫 : 초목(艹) 아래로 해(日)가 크게(大) 지며 없어져 **없다**.

樹
나무 **수**
(6급 16획)

많은(十) 음식을 제기(豆 제기 두)에 세워 올려놓듯, 나무(木)를 손(寸 마디 촌)으로 **심다**. 또는 **심은 나무**.
• 樹木(수목) 植樹(식수) 果樹園(과수원) ☞ 植(심을 식)

橋
다리 **교**
(5급 16획)

나무(木)로 높이(喬) 만든 **다리**.
• 橋脚(교각) 橋梁(교량) 大橋(대교) 陸橋(육교) 鐵橋(철교)
• 喬(높을 교) : 나무가 구부러질(夭 굽을 요) 정도로 **높게**(高) 자람

機 机
틀, 때 **기**
(4급 16획)

나무(木)로 베를 짜는(幾) **틀**. 베 짜기 좋은 **시기(時機)**.
機械(기계) 機能(기능) 機會(기회) 動機(동기) 危機(위기)
• 幾(몇 기) : 베틀(一)에 걸어 놓은 실(幺幺)이 **몇** 가닥인가?

橫 横
가로 **횡**
(3Ⅱ 16획)

나무(木)로 된 누런(黃 누를 황) 대문의 빗장. 빗장은 건너지르므로 **가로**. 또한 앞으로가 아니라 **비정상**의 뜻.
• 橫斷(횡단) 橫領(횡령) 橫材(횡재) 橫暴(횡포) 縱橫(종횡)

檀 박달나무 단 (4Ⅱ 17획)	나무(木) 중에서 크고(亶 클 단) 단단한 **박달나무**. • 檀君朝鮮(단군조선) : 단군이 기원전 2333년에 세움 • 亶 : 갓(亠)은 둥글며(回) 아침(旦 아침 단)해 같이 **큼**
檢 檢 검사할 검 (4Ⅱ 17획)	재목으로 쓸 나무(木)를 여럿(僉)이 살피거나 **검사함**. • 檢問(검문) 檢査(검사) 檢算(검산) 檢視(검시) 檢察(검찰) • 僉(여러 **첨**) : 사람들(人人) 의견(口口)을 모은다(스) 하여 **여럿**
欄 欄 난간 란 (3Ⅱ 21획)	나무(木)로 만든 문(門 문 문) 안쪽과 바깥쪽을 구분(柬)하는 **난간**. • 欄干(난간) 空欄(공란) ☞ 干(방패, 막을 간) • 柬(가릴 **간**) : 나누어(八) 묶는다(束 묶을 속)는 데서 **가리다**.
權 權 권세 권 (4Ⅱ 22획)	나무(木) 높은 곳에 세력을 형성하고 있는 황새(雚) 모양에서 **권세(權勢)**. • 權力(권력) 權限(권한) 權不十年(권불십년) • 隹(새 **추**) : 앉아 있는 보통 꽁지가 짧고 **작은 새** 모양

四柱(사주)

태어난 해, 달, 날, 일을 간지로 표현하면, 10개의 간(干)과 12개의 지(支)를 조합하여 만든 60간지를 쓰게 되는데, 해에 두 자, 달에 두 자, 날에 두 자, 시에 두 자씩 모두 8자로 표현된다.

檀君(단군)

'단군'의 어원은 고대 아시아 족 사이에 최고의 샤먼(제사장)을 가리키던 '텡그리 (tengri)에서 나왔을 것으로 보고 있다. 이는 신과 인간의 중재자로서 권위와 숭배의 대상이 되었던 사람을 가리킨다.

樂山樂水(요산요수)

군자(君子)는 그 중후(重厚)함이 산과 같아 산을 좋아하고, 지자(智者)는 그 지혜(智 慧)로움이 흐르는 물과 같이 막힘이 없어 물을 좋아함.
☞ 樂(악기 악, 즐길 락, 좋아할 요) 厚(두터울 후) 慧(슬기 혜)

欠 部

欠
하품 **흠**
(4획)

입을 크게 벌리며 사람(人)이 하는 **하품**.

次
다음 **차**
(4Ⅱ 6획)

설렁(冫)하게 하품하면(欠) 뒤진다 하여 **다음**.
- 次期(차기)　次男(차남)　次女(차녀)　次善(차선)　次元(차원)
- 冫(얼음 빙) : 고드름에서 떨어지는 물 모양. **차다, 춥다, 얼다.**

欲
하고자할 **욕**
(3Ⅱ 11획)

갈라진 골짜기(谷)처럼 입을 벌리고(欠) 먹고 싶은 마음이라 하여
바라다, 탐하다.
- 欲求(욕구)　欲望(욕망)　意欲(의욕)
- 谷(골 곡) : 갈라져(八) 있는 산(人) **골짜기** 입구(口)를 그린 글자

欺
속일 **기**
(3급 12획)

그것(其)이라고 하품(欠 하품 흠)하듯 말하는 것은 진실이 아닌
속임.
- 欺瞞(기만)　詐欺(사기)　☞ 瞞(속일 만)
- 其 : 곡식을 고르는 키 모양으로, 키를 두는 일정한 **그곳, 그**

歌
노래 **가**
(7급 14획)

잘 부르기(哥) 위하여 입을 크게 벌리고(欠 하품 흠) **노래 부르다.**
- 歌手(가수)　國歌(국가)　校歌(교가)　軍歌(군가)
- 哥(부를 가) : 가능한(可 가능할 가) 한 입 크게 벌려 부르다.

歎
탄식할 **탄**
(4급 15획)

가죽(革)같이 강한 사람(大)도 입을 벌리고(欠) **탄식하다.**
- 歎聲(탄성)　歎息(탄식)　歎願(탄원)　感歎(감탄)　恨歎(한탄)
- 革(가죽 혁) : 짐승의 **가죽**을 벗겨 펴놓고 말리는 모양

歡 歡
기쁠 **환**
(4급 22획)

황새(雚)가 먹이를 입을 크게 벌려(欠 하품 흠) 물고 **기뻐하다.**
- 歡談(환담) 歡待(환대) 歡迎(환영) 還送(환송)
- 雚(황새 관) : 내려다보고(吅吅) 있는 큰 새(隹 새 추)인 **황새**

止 部

止
그칠 **지**
(5급 5획)

사람이 멈추어 선 모양에서 **그치다. 발**을 나타냄.
- 禁止(금지) 停止(정지) 休止(휴지) ☞ 禁(금할 금)

正
바를 **정**
(7급 5획)

두 발(止)을 한데(一) 모아 **바르게** 서 있는 모양.
- 正門(정문) 正義(정의) 正直(정직) 正月(정월) : 음력 1월
- 정직(正直)은 삶에 있어서 평생(平生)의 보배

此
이 **차**
(3Ⅱ 6획)

멈추어(止 그칠 지) 비수(匕)를 들고 있는 지금의 어려운 **이** 상황.
- 此後(차후) 彼此(피차) ☞ 彼(저 피)
- 匕(비수 **비**) : 날카로운 **비수, 숟가락** 또는 **앉아 있는 사람**

步
걸을 **보**
(4Ⅱ 7획)

걷다 멈추고(止) 하여 보폭을 작게(小 작을 소) **걷다.**
- 步道(보도) 步幅(보폭) 步行(보행) 速步(속보) 進步(진보)
  牛步千里(우보천리) : 느려도 부단히 노력하면 성공할 수 있음

武
무예 **무**
(4Ⅱ 8획)

두(二) 손에 무기(弋 주살 익) 들고, 싸움이나 전쟁 방지(止 그칠 지)할 목적으로 만들어진 **무기·무사·무예.**
- 武功(무공) 武器(무기) 武力(무력) 武士(무사) 武術(무술)

歲
해 **세**
(5급 13획)

성장 그친(止) 개(戌)가 새끼(小) 낳는 데까지 기간인 한 **해**.
- 歲費(세비) 歲月(세월) 歲暮(세모) 年歲(연세)
- 戌(개 **술**) : 창(戈 창 과)을 든 사람(人) 옆에 있는 **개**

歷
歴
지낼 **력**
(5급 15획)

오랜 세월(厤 세월 력) 지내온 지금까지(止)의 **나날들**.
- 歷代(역대) 歷史(역사) 歷任(역임) 經歷(경력) 學歷(학력)
- 厤 : 언덕(厂) 개간하여 벼(禾)농사 짓기까지의 많은 **세월**

歸
帰
돌아갈 **귀**
(4급 18획)

오랜(自 많을 퇴) 세월을 머물며(止 그칠 지) 비(帚 비 추)로 마
당 쓸며 지내던 고향에 **돌아오다**.
- 歸京(귀경) 歸省(귀성) 歸屬(귀속) 歸着(귀착) 歸鄕(귀향)

歹(歺) 部

歹
뼈앙상할 **알**
(4획)

뼈(一)에 살(歺 고기조각 석)이 조금 붙은 **뼈. 죽음**.
- 死(죽을 사)자의 변에 있어 '죽을사변'이라고도 함. ☞ 歹 = 歺

死
죽을 **사**
(6급 6획)

뼈만 앙상히(歹) 남아 굽어(匕 굽은사람 비) **죽다**.
- 死亡(사망) 死線(사선) 死因(사인) 死活(사활) 生死(생사)
- 匕 : 날카로운 **비수, 숟가락** 또는 **굽어 있는 사람**

殃
재앙 **앙**
(3급 9획)

죽음(歹)의 한 가운데(央 가운데 앙) 있다 하여 **재앙(災殃)**.
- 殃及池魚(앙급지어) : 엉뚱하게 당한 재난
- 央 : 어른(大)이 물건(冂)을 등 **가운데에 지고 있는 모양**

殆 위태할 **태** (3Ⅱ 9획)	뼈가 앙상한(歹 뼈앙상할 알) 노인(台 늙을 태) 목숨이 **위태롭다.** • 殆半(태반) 危殆(위태) 百戰不殆(백전불태) • 台 : 입(口) 안의 치아가 늙어서 비틀어져(厶) 있는 **늙은이**
殊 다를 **수** (3Ⅱ 10획)	죽을(歹 뼈앙상할 알) 때 붉은(朱 붉을 주) 피 보게 하니 **다르다.** • 殊勳(수훈) : 뛰어난 공훈. 特殊(특수) ☞ 勳(공 훈) • 朱(붉을 주) : 사람(𠂉)이 벤 소나무(木)가지 부분이 **붉음**
殉 따라죽을 **순** (3급 10획)	사람이 죽으면(歹 뼈앙상할 알) 열흘(旬) 안에 **따라 죽는다.** • 殉敎(순교) 殉葬(순장) 殉職(순직) ☞ 葬(장사지낼 장) • 旬(열흘 순) : 날짜(日)를 묶어서(勹 쌀 포) **열흘**을 뜻한 글자
殘 殘 남을 **잔** (4급 12획)	무기(戈 창 과)로 **죽이다**(歹←死). 죽은 시체가 쌓여(㦮) **남아 있다.** • 殘金(잔금) 殘留(잔류) 殘惡(잔악) 殘在(잔재) • 㦮(쌓일 전) : 전쟁에 쓰는 무기인 창(戈 창 과)이 **쌓여 있다.**

殳 部

殳 칠 **수** (4획)	**창**이나 **몽둥이**(几 책상 궤)를 손(又 손 우)에 들고 **치다.** • '갖은둥글월문'이라고도 함.
段 계단 **단** (4급 9획)	비스듬히(丿) 세워(丨)서 층지게(三) 잘 다듬어(殳) 만든 **계단(階 段).** • 段階(단계) 段落(단락) 文段(문단) 手段(수단)

殺 殺
죽일 **살**, 감할 **쇄**
(4Ⅱ 11획)

이쪽(丿) 저쪽(乀)으로 나무(木) 찍듯(乀 찍을 주) 무기로 쳐(殳 칠수) **죽인다.** 몰아쳐 죽여 수를 **감(減)하다.**
• 殺生(살생)   殺身成仁(살신성인)   殺到(쇄도)   相殺(상쇄)

殿
대궐 **전**
(3Ⅱ 13획)

죽을(尸) 각오로 함께(共 함께 공) 창(殳 창 수)을 들고 지키는 **대궐.**
• 宮殿(궁전)   殿堂(전당)   聖殿(성전)   神殿(신전)
• 尸(주검 시) : 사람이 **죽어** 누워 있는 모양   ☞ 堂(집 당)

毁
헐 **훼**
(3급 13획)

장인(工 장인 공)이 만든 절구(臼 절구 구)에 곡식을 찧으니(殳 칠수) 절구가 **헐어지다, 못쓰게 되다.**
• 毁損(훼손)   毁謗(훼방) ☞ 損(손해볼 손)   謗(헐뜯을 방)

毋 部

毋
말 **무**
(4획)

입(口)을 막아(十) 말을 **못하게 하다.**
• 毋寧(무녕) : 편할 날이 없음.   毋論(무론) : 말할 것도 없음.

母
어미 **모**
(8급 5획)

젖 먹이는 좌우 유방(丶丶)을 가진 **어미.**
• 母國(모국)
  母校(모교) : 자기의 출신(出身) 학교(學校). ☞ 校(학교 교)
  生母(생모) : 자기를 낳아 준 어머니

每
항상 **매**
(7급 7획)

사람(亠)은 **항상(恒常)** 어미(母)를 그리워한다는 뜻.
• 每日(매일)   每月(매월)   每年(매년)   每事(매사)   每時(매시)
• 亠 누운사람 **인**   儿 어진사람 **인**   厂 굽은사람 **인**

毒 毒
독할 **독**
(4Ⅱ 8획)

하나(一)의 버섯을 땅(土)에서 따서 먹었는데 독버섯이어서 말을
못한다(毋 말 무) 데서 **독**.
• 毒性(독성)　毒素(독소)　毒藥(독약)　食中毒(식중독)

比 部

比
견줄 **비**
(5급 4획)

두 사람을 **나란히** 세워놓고 **비교함**.
• 比較(비교)　比例(비례)　比率(비율)　比重(비중)
• ヒ(비수 비) : 날카로운 **비수, 숟가락** 또는 **앉아 있는 사람**

毛 部

毛
터럭 **모**
(4Ⅱ 4획)

짐승의 **꼬리털**. 새의 **깃털**.
• 毛根(모근) 毛髮(모발) 毛布(모포)
　九牛一毛(구우일모) : 많은 가운데 극히 적은 일부분

毫
터럭 **호**
(3급 11획)

높고(高 높을 고) 길게 자란 **가는 털**(毛 터럭 모).
• 毫毛(호모) : 가는 털.　秋毫(추호) : (가을철에 새로 돋아나는 가늘
고 고운 털)이라는 데서, **조금**이나 **아주 적음**을 나타내는 말

획수를 주의해야 할 부수
• 比 : 보기에는 5획이나 4획임.　襾(덮을 아 6획)　革(가죽 혁 9획)
• 艹 : 3획. '풀'의 뜻으로 쓰일 때는 4획(艸). 예) 花 8획　苦 9획
• 辶 : 쓰기는 3획이나 '辵'과 같은 4획으로　예) 近 8획　退 10획
• 臼 : '臼'는 6획, 밑이 갈라진 '臼'는 7획　예) 舊(臼18) 興(臼16)

氏 部

氏
성씨 **씨**
(4급 4획)

뿌리 뻗어나가는 모양처럼 뻗어나가는 **사람의 성씨**.
- 氏族社會(씨족사회)   姓氏(성씨)   宗氏(종씨) 族(겨레 족)
- 本(본) : 자기 시조가 난 곳. 派(파) : 한 조상에게서 나온 갈래

民
백성 **민**
(8급 5획)

여러 성씨(氏)가 한(一) 덩어리 되어 만든 나라의 뿌리인 **백성 (百姓)**.
- 民生(민생) : 국민의 생활   國民(국민)
  民本主義(민본주의) : 국민이 나라의 근본이라는 정치사상

气 部

气
기운 **기**
(4획)

피어오르는 수증기 모양으로 뻗어나는 **기운**.
- 부수로 부를 때는 '기운기엄'라 함.

氣
기운 **기**
(7급 10획)

밥(米 쌀 미) 지을 때 피어오르는 증기(气) 등이 나중에 구름, 비 가 된다는 데서 **기후**. 또는 피어오르는 증기 같이 솟는 **기운**.
- 生氣(생기) 人氣(인기) 氣(상기) : 얼굴이 화끈 달아오름

景氣(경기)
매매(賣買), 거래(去來) 따위에 나타난 경제활동(經濟活動)의 상황
– 경기는 빛이 뻗어나가는 힘. 그러나 구름 등에 의해 빛을 발하지 못할 경우 경기 가 어둡다거나 경기가 죽었다는 말을 쓰며 이러한 악재가 사라지고 밝게 빛을 발할 때 경기가 살아난다 함.

水(氵氷) 部

水 물 수 (8급 4획)

흐르는 **물**의 모양.
- 水門(수문)　水中(수중)　水火(수화)
  水魚之交(수어지교) : 물과 물고기의 관계처럼 서로에게 필요하며
  떨어질 수 없는 친밀한 관계(군신간의 관계, 사업상의 관계)

氷 얼음 **빙** (5급 5획)

물(水)이 얼어 한(丶) 덩어리가 된 **얼음**.
- 빙산(氷山)　빙설(氷雪)　빙판(氷板)　빙하(氷下)
  氷炭(빙탄) : 성질이 전혀 상반되는 두 사물. 또는 그런 차이

永 길 **영** (6급 5획)

한 줄기(丶)에서 시작한 물(水)이 **길게** 흐르는 데서.
- 永久(영구)　永世(영세)　永遠(영원)　　　☞ 久(오랠 구)
  永眠(영면) : 영원히 잠듦. 곧, 죽음.　　　　　遠(멀　원)

汗 땀 **한** (3Ⅱ 6획)

막고(干 막을 간) 있는 피부 밖으로 나오는(氵) **땀**.
- 汗蒸幕(한증막)　不汗黨(불한당) ☞ 蒸(찔 증)　幕(휘장 막)
- 干(막을 **간**) : 손잡이가 달린 둥근 **방패**. **막는다.**

江 강 **강** (7급 6획)

물(氵)이 넓게(工) 흐르는 **강**.
- 江南(강남)　江北(강북)　江村(강촌)　江湖(강호)　漢江(한강)
- 工 : 넓은 강폭을 나타냄. 巛 내 **천**　巜 큰도랑 **괴**　〈 도랑 **견**

汚 더러울 **오** (3급 6획)

물(氵)이 가로(一) 막혀(丂) 고여 있어 **더럽다.**
- 汚物(오물)　汚染(오염)　汚辱(오욕)　貪官汚吏(탐관오리)
- 丂(막힐 **고**) : 위(一)가 **막혀** 나아가지 못하고 굽어 있는 모양

汝
너 **여**
(3급 6획)

물가(氵)에 사는 여자(女)인 바로 **너**.
- 汝等(여등) : 너희들   汝矣島(여의도)

池
못 **지**
(3Ⅱ 6획)

물(氵)이, 몸 사리고 있는 뱀(也)처럼, 둥글게 형성된 **못**.
- 乾電池(건전지) 貯水池(저수지) 天池(천지) ☞ 貯(쌓을 저)
- 也(뱀 야) : 힘(力) 있게 새(乚=乙)를 잡는 **뱀**을 보고 그린 글자

決
정할 **결**
(5급 7획)

중요한 물꼬(氵=水)를 틀까(夬) 말까를 **정한다**는 뜻.
- 決算(결산) 決選(결선) 決心(결심) 決定(결정) 表決(표결)
- 夬(터놓을 쾌) : 사람(大)이 활(弓) 당기어 벌린 모양에서 **터놓다**.

求
구할 **구**
(4Ⅱ 7획)

한(一) 방울(丶)의 물(水 = 水)이라도 필요하니 **구하다**.
- 求道(구도) 求愛(구애) 救人(구인) 求職(구직) 渴求(갈구)
- 求同存異(구동존이) : 공통점은 찾아 합의하고 이견은 남겨둔다.

汽
증기 **기**
(5급 7획)

물(氵)이 끓어 **수증기가** 피어오르는(气) 모양.
- 汽船(기선) 汽車(기차) 蒸氣(증기) ☞ 蒸(찔 증)
- 气(기운 기) : 피어오르는 수증기 모양으로 뻗어나는 **기운**

沈
가라앉을 **침**
(3Ⅱ 7획)

물(氵) 위에서 머뭇거리다(尤 머뭇거릴 유) 결국 **가라앉다. 성씨**.
- 沈沒(침몰) 沈滯(침체) 沈痛(침통) 擊沈(격침)
- 尤 : 덮여(冖) 알 수 없기에 사람(儿)이 판단을 **머뭇거리다**.

沒
빠질 **몰**
(3Ⅱ 7획)

물(氵)에 사람(⺈ 굽은사람 인)이 손(又 손 우)을 담그어 잠기듯 어딘가에 **빠지다**.
- 沒頭(몰두) 沒落(몰락) 沒收(몰수) 沒入(몰입) 沈沒(침몰)

沙
모래 **사**
(3Ⅱ 7획)

물(氵)가에 돌이 잘게(少 적을 소) 부서져 된 **모래**.
- 沙漠(사막)　白沙場(백사장)　沙器(사기) : 사기 그릇
  砂金(사금)　砂糖(사탕)　土砂(토사)　黃砂(황사) ☞ 沙 = 砂

河
물 **하**
(5급 8획)

큰 물(氵)은 항상 올바른(可) 방향으로 흐른다.
- 河口(하구)　河川(하천)　山河(산하)　運河(운하)　黃河(황하)
- 可(옳을 **가**) : 장정(丁)이 옳은 말하여(口) 일 진행을 **가능하게** 함

油
기름 **유**
(6급 8획)

물(氵) 같은, 열매(由)에서 짠 액체인 **기름**.
- 油田(유전)　油井(유정)　石油(석유)　原油(원유)　注油(주유)
- 由(말미암을 **유**) : 매달려 있는 **열매** 모양　　☞ 井(우물 정)

治
다스릴 **치**
(4Ⅱ 8획)

물(氵) 흐르듯 식견 넓은 나이든 (台) 사람이 **다스리다**.
- 治安(치안)　治水(치수)　政治(정치)　以熱治熱(이열치열)
- 台(늙을 **태**) : 입(口) 안의 치아가 늙어서 비틀어진(厶) **늙은이**

沿
물가 **연**
(3Ⅱ 8획)

물(氵)이 흘러(八) 들어가는(口) 곳인 강이나 바다의 **가장자리**. 또는 **물을 따라 내려간다**.
- 沿邊(연변)　沿岸(연안)　　　☞ 岸(언덕 안)
  沿革(연혁) : 변천(變遷)하여 온 내력(來歷)　　☞ 沿 좇을 **연**)

況
모양 **황**
(4급 8획)

물(氵)이 크게(兄 맏 형) 도는 모양에서 돌아가는 일의 **형편**이나 **모양**.
- 近況(근황)　狀況(상황)　盛況(성황)　實況(실황)
- 兄 : 아우에게 도움 말(口) 해주는 사람(儿 어진사람 인)인 **형**

泊
머무를 **박**
(3급 8획)

물가(氵 = 水)에 흰(白) 돛을 단 **배를 대다**. 배를 대고 **머무르다**.
- 民泊(민박)　宿泊(숙박)　碇泊(정박)　　☞ 碇(닻 정)
- 白(흰 **백**) : 해(日)에서 뻗어 나오는(丿) 빛이 **희다**.

184

法
법 **법**
(5급 8획)

물(氵) 흘러가듯(去) 사람 삶이 잘 흐르도록 만든 **법**.
* 法官(법관)　法律(법률)　法院(법원)　法庭(법정)　法治(법치)
* 去(갈　**거**) : 흙(土)을 밟고 각자 개인(厶=私 개인 사)이 **간다.**

派
갈래 **파**
(4급 9획)

물(氵)이 언덕(厂 언덕 한)에서 뿌리(氏)처럼 여러 **갈래**로 흐름.
* 派兵(파병)　派生(파생)　黨派(당파)　學派(학파)
* 氏(성씨 **씨**) : 뿌리가 뻗어나듯 뻗어나가는 **사람의 성씨**

泥
진흙 **니**
(3Ⅱ 8획)

흐름이 그친(尼 여승 니) 물(氵) 속에 있는 **진흙**.
* 泥田鬪狗(이전투구) : 뻘밭에서 싸우듯, 꼴사납게 싸우는 사람.
* 尼 : 죽어(尸) 굽은(匕) 모양. 여자의 생을 **그치고** 중이 된 **여승**

注
물댈 **주**
(6급 8획)

물(氵)을 주류(主流)에서 끌어서 **댄다**.
* 注目(주목)　注文(주문)　注視(주시)　注油(주유)　注入(주입)
* 主(주될 **주**) : 타오르는 촛불(丶)이 방의 중심이 되어 **주되다.**

泳
헤어칠 **영**
(3급 8획)

물(氵)에서 길게(永) **헤엄치다**.
* 泳法(영법)　背泳(배영)　水泳(수영)　平泳(평영)　混泳(혼영)
* 永(길 **영**) : 한 줄기(丶)에서 시작한 물(水)이 **길게** 흐름

洋
바다 **양**
(6급 9획)

물(氵)이 양떼(羊 양 양)처럼 많은 **큰 바다**.
* 洋食(양식)　東洋(동양)　서양(西洋)　太平洋(태평양)
  洋式(양식) : 서양에서 하는 방식. 서양 사람들의 방식(方式)

泉
샘 **천**
(4급 9획)

맑은(白) 물(水)이 솟는 **샘**.
* 溫泉(온천)　黃泉(황천)　九泉(구천) : 1. 저승. 2. 깊은 땅속.
* 白(깨끗할 **백**) : 해(日)에서 나오는(丿) 빛이 **희다. 깨끗하다.**

洗
씻을 **세**
(5급 9획)

물(氵)에 먼저(先) 손을 씻는다는 데서 **씻다.**
• 洗面(세면)　洗手(세수)　洗眼(세안)　洗車(세차)　洗濯(세탁)
• 先(먼저 **선**) : 소(牛 소 우) 끌고 사람이(儿) **먼저** 앞서 간다.

洞
마을 **동**, 통할 **통**
(7급 9획)

흐르는 물(氵)을 같이(同) 쓰는 **마을.** 물(氵)과 같이(同) 막힘없이
통하다.
• 洞口(동구) : 마을 어귀.　洞里(동리) : 마을.　洞長(동장)
• 洞察(통찰) : 환히 내다봄. 꿰뚫어 봄. ☞ 察(알 찰)

洪
넓을 **홍**
(3Ⅱ 9획)

물(氵)이 함께(共 함께 공) 많이 모여 있어 **넓다.**
• 洪福(홍복)　洪水(홍수)　洪魚(홍어) : 가오리과의 바닷물고기
• 共 : 많은(卄) 사람이 두 손(八)을 하나(一)로 모아 **함께**함

洲
물가 **주**
(3Ⅱ 9획)

물(氵)로 둘러싸여 있는 고을(州 고을 주)인 큰 **섬.** 물에 떠내려
온 흙·모래로 이루어진 땅인 **삼각주. 물가.**
• 滿洲(만주)　美洲(미주)　三角洲(삼각주)　六大洲(육대주)

活
살 **활**
(7급 9획)

물(氵)이 혀(舌)에 닿으니 **활기(活氣)차다. 살다.**
　活動(활동)　活力(활력)　生活(생활)　復活(부활) ☞ 復(다시 부)
• 舌(혀 **설**) : 천(千) 개 입(口)이 있어도 **혀** 없으면 말할 수 없다.

派
갈래 **파**
(4급 9획)

물(氵)이 언덕(厂 언덕 한)에서 뿌리(氐)처럼 여러 **갈래**로 흐름.
• 派兵(파병)　派生(파생)　黨派(당파)　學派(학파)
• 氐(성씨 **씨**) : **뿌리**가 뻗어나듯 뻗어나가는 **사람의 성씨**

流
흐를 **류**
(5급 9획)

물(氵)은 한(一) 줄기로 시작하여 굽이쳐(厶) 흐르다 끝에는 넓게
(川 내 천) **흐른다.**
• 流動(유동)　流行(유행)　韓流(한류)
• 厶(팔꿈치 **사**) : **팔꿈치**를 구부려 물건을 감싸는 모양에서 **굽다.**

泰
클 태
(3Ⅱ 10획)

무성하며(丰) 크게(人) 흐르는 물(氺)이라는 데서 **크다**. 커서 여유가 있어 **편안하다**.
• 泰山(태산) 泰平(태평)   ☞ 平(평안할 평)
• 丰(무성할 봉) : 많은(三) 풀이 흙을 뚫고(丨) 나와 **무성함**

浦
물가 포
(3Ⅱ 10획)

민물(氵)과 바닷물 드나드는 큰(甫) **포구(浦口)나 물가**.
• 浦村(포촌) 浦項製鐵(포항제철) 三千浦(삼천포)
• 甫(클 보) : 열(十) 번 실(丶) 감아 쓰는(用 쓸 용) **큰 실패**

海
바다 해
(7급 10획)

물(氵)이 항상(每) 있는 **바다**.
• 海軍(해군) 海水(해수) 海外(해외) 海洋(해양) 東海(동해)
• 每(항상 매) : 사람(丿)은 **항상(恒常)** 어미(母)를 그리워한다.

浩
넓을 호
(3Ⅱ 10획)

미리 알려야(告) 할 정도로 물(氵)이 **넓다**.
• 浩蕩(호탕)
  浩然之氣(호연지기) : 세상(世上)에 가득 찬 넓고 큰 원기(元氣).
• 告(알릴 고) : 소(牛)가 받으려 하자 위험을 소리쳐(口) **알린다**.

浪
물결 랑
(3Ⅱ 10획)

물(氵)이 보기 좋게(良) 출렁이는 모양에서 **물결**.
• 浪費(낭비) 浪說(낭설) 激浪(격랑) 放浪(방랑) 風浪(풍랑)
• 良(좋을 량) : 보는(艮 볼 간) 눈동자(丶)가 바른 데서 **좋다**.

浮
뜰 부
(3Ⅱ 10획)

물(氵)에서 손(爫)으로 아이(子)를 띄운 모양에서 **뜨다**.
• 浮刻(부각) 浮上(부상) 경기浮揚(부양) 浮沈(부침)
• 爪(손톱 조) : 긁어당기는 **손톱**을 본뜬 글자   ☞ 爪 = 爫

浴
목욕할 욕
(5급 10획)

골짜기(谷) 물(氵)로 **목욕하다**.
• 浴室(욕실) 浴湯(욕탕) 沐浴(목욕)   ☞ 沐浴(머리감을 욕)
• 谷(골짜기 곡) : 갈라져(八) 있는 산(人) **골짜기** 입구(口) 모양

浸
잠길 **침**
(3Ⅱ 10획)

양 손(⺕ 손 계, 又 손 우)에 무기 들고(冖 덮을 멱) 쳐들어오듯,
물(氵)이 들어와 **잠기다**.
- 浸水(침수)   浸透(침투)
- 又(손 **우**) : 깍지 낀 두 **손**   ☞ 透(통할 투)

消
사라질 **소**
(6급 10획)

물(氵) 줄어들어(肖) **사라지다**.
- 消滅(소멸)   消防(소방)   消失(소실)   消火器(소화기)
- 肖(작을 **초**) : 살(月=肉 고기 육)이 말라서 **작아지다**(小).

涉
건널 **섭**
(3급 10획)

물(氵)을 걸어(步) **건너다**.
- 涉外(섭외)   交涉(교섭)
   涉獵(섭렵) : 널리 이곳저곳을 돌아다니며 찾음. ☞ 獵(사냥할 렵)
- 步(걸을 **보**) : 걷다 멈추고(止 그칠 지) 하여 보폭 작게(小) **걷다**.

淚
눈물 **루**
(3급 11획)

집(戶)에 갇힌 개(犬 개 견)가 흘리는(氵) **눈물**.
- 落淚(낙루)   催淚彈(최루탄)   ☞ 催(재촉할 최)
- 戶(집 **호**) : 열고 닫는 **문**이 하나만 달린 **방**이나 **집**

涯
물가 **애**
(3급 11획)

물(氵)에 패어 생긴 흙(圭) 언덕(厂 언덕 한)에서 **물가**나 **사물의
끝**.
- 生涯(생애)   天涯(천애) : 하늘 끝.
- 圭(쌍토 **규**) : 흙(土)이 많이 쌓여 있는 모양을 나타낸 글자

液
액체 **액**
(4Ⅱ 11획)

수분(氵)의 증발이 적은 밤(夜 밤 야)에 많이 생기는 **진액**.
- 液狀(액상)   液化(액화)   水液(수액)   血液(혈액)
- 夜 : 집(亠)에서 사람(亻)이 저녁(夕)에 누워(乀) 자는 시간인 **밤**

涼
서늘할 **량**
(3Ⅱ 11획)

물(氵)이 넓은 서울(京)처럼 많아 **시원하고 서늘함**.
- 納涼(납량) : 여름에 더위 피하고 서늘함을 맛봄. 淸涼(청량)
- 京(서울 **경**) : 높이(高의 줄임) 솟아 있는(小) 궁성이 있는 **서울**

淨 淨
깨끗할 **정**
(3Ⅱ 11획)

물(氵)이 다투듯(爭) 흘러가면서 스스로 **깨끗해지다.**
- 淨潔(정결) 淨水(정수) 淨化(정화) 不淨(부정) 自淨(자정)
- 爭(다툴 **쟁**) : 손(크)의 손톱(爫)을 갈고리(亅)처럼 하여 **싸우다.**

淡
맑을 **담**
(3Ⅱ부 11획)

물(氵)을 끓이면(炎 불탈 염) 속에 든 성분이 묽어져 물맛이 심심
해진다 하여 **묽다**는 뜻이 됨.
- 淡白(담백) 淡水(담수) : 민물 淡靑(담청) 雅淡(아담)

淑
맑을 **숙**
(3Ⅱ 11획)

깨끗한 물(氵)에서 어린(叔) 싹이 트고 자란다는 데서 **맑다.** 맑게
자라 **착하다.**
- 淑女(숙녀) 靜淑(정숙) 靜淑(정숙)
- 叔(어릴 **숙**) : 위(上)쪽 **어린**(小) 싹을 손(又)으로 솎아주는 모양

混
섞일 **혼**
(4급 11획)

흐르는 물(氵)은 다 같이 모두(昆 모두 곤) **섞인다.**
- 混同(혼동) 混亂(혼란) 混聲(혼성) 混雜(혼잡) 混合(혼합)
- 昆 : 해(日)는 비교하지(比 비교할 비) 않고 **모두**를 비춤

深
깊을 **심**
(4Ⅱ 11획)

물(氵)이 나무(木) 위에 서 있는 사람(儿)을 덮을(冖 덮을 멱) 정
도로 **깊다.**
- 深夜(심야) 深海(심해) 深化(심화)
- 儿(어진사람 **인**) : 걷는 사람의 **다리. 사람**의 뜻으로 많이 쓰임

淫
음란할 **음**
(3Ⅱ 11획)

물가(氵)에서 손(爫)을 펴(丿) 선비(壬)를 만지는 모양에서 **음란**
하다.
- 淫談(음담) 淫亂(음란) 淫蕩(음탕) ☞ 蕩(방탕할 탕)
- 爫(손톱 **조**) : 긁어당기는 **손톱**을 본뜬 글자 ☞ 爪 = 爫

淺 淺
얕을 **천**
(3Ⅱ 11획)

물속(氵)에 토사(土砂) 등이 쌓여(戔) 깊이가 **얕다.**
- 淺薄(천박) 淺學(천학) 深淺(심천) ☞ 薄(엷을 박) 深(깊을 심)
- 戔(쌓일 **전**) : 전쟁에 쓰는 무기인 창(戈 창 과)이 **쌓여 있다.**

淸
맑을 **청**
(6급 11획)

물(氵)이 푸름(靑 푸를 청)은 **맑음. 깨끗함, 청나라.**
- 淸潔(청결)　淸白(청백)　淸算(청산)　淸風明月(청풍명월)
- 淸貧樂道(청빈낙도) : 청렴결백하여 가난하게 사는 것을 즐김

添
더할 **첨**
(3급 11획)

욕보여 굽어진(夭) 마음(小=心)에 물(氵)까지 끼얹는다는 데서 **더하다.**
- 添加(첨가)　添附(첨부)　添削(첨삭)
- 夭(굽을 **요**) : 비스듬히(丿) 큰(大) 것이 **굽어있는** 모양

渴
마를 **갈**
(3급 12획)

물(氵) 흐름이 그쳐(曷 그칠 갈) **마르다. 말라 없어짐.**
- 渴求(갈구)　渴望(갈망)　渴症(갈증)　枯渴(고갈)　解渴(해갈)
- 曷 : 말(曰) 없이 몸 구부리고(勹) 사람(人)이 의자(匚)에 앉음

港
항구 **항**
(4Ⅱ 12획)

물가(氵)에 형성된 거리(巷)인 **항구(港口).**
- 空港(공항)　漁港(어항)　不凍港(부동항) : 얼지 않는 항구.
- 巷 : 사람이 함께(共) 다니는, 뱀(巳)처럼 길게 난 **길**이나 **거리**

渡
건널 **도**
(3Ⅱ 12획)

물(氵)의 깊이를 헤아려(度 헤아릴 도) **건넌다.**
- 渡河(도하)　過渡期(과도기)　不渡(부도)　讓渡(양도)
- 度 : 여럿(庶 무리 서의 줄임)이 손(又 손 우)으로 **헤아림**

減
줄어들 **감**
(4Ⅱ 12획)

모든 물(氵)은 다(咸 다 함) 시간이 가면서 **준다.**
- 減量(감량)　減産(감산)　減少(감소)　減員(감원)　加減(가감)
- 咸 : 창(戈) 하나(一) 들고 뜻을 모아 **다** 함께 소리를 지름(口)

湖
호수 **호**
(5급 12획)

물(氵)이 오랜(古) 세월(月 세월 월) 고여서 된 **호수.**
- 湖水(호수)　湖南(호남)　湖西(호서) : 충청남도와 충청북도
  湖畔(호반) : 호숫가. [호반의 ~]　　☞ 畔(물가, 밭두둑 반)

測
잴 **측**
(4Ⅱ 12획)

물(氵) 깊이를 일정(一定)한 법칙(則 법 칙)으로 **재다.**
- 測量(측량)　測定(측정)　觀測(관측)　測雨器(측우기)
- 則 : 조개(貝)를 칼(刂)로 쪼개면 똑같이 나뉘듯 공정한 **법**

湯
끓을 **탕**
(3Ⅱ 12획)

물(氵)이, 강한 햇빛(昜) 같은 뜨거운 열에 받아 **끓다.**
- 湯藥(탕약)　溫湯(온탕)　再湯(재탕)　沐浴湯(목욕탕)
- 昜(빛날 **양**) : 아침(旦 아침 단) 햇살이 내리쬐(勿) **빛나다.**

源
근원 **원**
(4급 13획)

물(氵)이 시작하는 근본(原)이 되는 **근원(根源).**
- 源泉(원천)　電源(전원)　資源(자원)　☞ 泉(샘 천)
- 原 : 경사(厂)로 인하여 물(白)이 흐름(小)으로 **사물이 시작됨**

溪 渓
시내 **계**
(3Ⅱ 13획)

물(氵)에 손(爫)을 담글 수 있는 작거나(幺 작을 요) 큰(大) **시내.**
- 溪谷(계곡)　碧溪(벽계)　淸溪(청계)　退溪(퇴계)
- 爪(손톱 **조**) : 긁어당기는 **손톱** 모양　☞ 爪 = 爫 '손톱조머리'

準
평평할 **준**
(4Ⅱ 13획)

물(氵) 위를 새(隹) 열(十) 마리가 **평평하게** 날다. 이처럼 공평한 **법.**
- 準備(준비)　準則(준칙)　水準(수준)　平準(평준)
- 隹(새 **추**) : 앉아 있는 보통 꽁지가 짧고 **작은 새** 모양

溫
따뜻할 **온**
(6급 13획)

물(氵)을 죄수(囚 가둘 수)에게 그릇(皿 그릇 명)에 떠서 주는 마음이 **따뜻하다.** 좋은 행위를 몸에 **익히다.**
- 溫氣(온기)　溫水(온수)　溫室(온실)　溫故知新(온고지신)

滅
멸할 **멸**
(3Ⅱ 13획)

물(氵)로 사나운 개(戌)처럼 타오르는 불(火) 끄니 불이 꺼져 **없어지다. 멸하다.**
- 滅亡(멸망)　滅種(멸종)　消滅(소멸)
- 戌(개 **술**) : 창(戈 창 과)을 든 사람(人)의 옆에 있는 **개**

滯 滞
막힐 **체**
(3Ⅱ 14획)

물(氵)이 띠(帶 띠 대) 모양의 둑이나 제방에 **막힘**.
물이 머무르듯 일정기간 일정한 곳에서 **머무르다**.
- 滯氣(체기) 滯納(체납) 滯留(체류) 延滯(연체) 遲滯(지체)

滿 満
찰 **만**
(4Ⅱ 14획)

물(氵)이 그릇(凵 그릇 감)의 양(兩 둘 량)쪽에 가득 **차다**.
- 滿開(만개) 滿發(만발) 滿月(만월) 滿足(만족)   充滿(충만)
- 兩 : 양쪽에 물건을 올려놓는(入入) 저울(帀)의 모양에서 **둘**

滴
물방울 **적**
(3급 14획)

물방울(氵)이 과실(商)에서 떨어지는 모양에서 **물방울**.
- 硯滴(연적) 點滴(점적)   ☞ 硯(벼루 연)
- 商(과실꼭지 적) : 매달려 있는 과일 모양에서 **과실**을 뜻한 글자

漂
떠다닐 **표**
(3급 14획)

물(氵) 위에 쪽지(票 쪽지 표) 같은 것이 **떠다니다**.
- 漂流(표류) 浮漂(부표) : 물 위에 떠서 이리저리 떠돌아다님
- 票 : 뚜껑(覀)에 내용물 알아 볼(示) 수 있도록 써 붙인 **쪽지**

漆 柒
옻 **칠**
(3Ⅱ 14획)

옻나무(桼)의 진(氵)으로 **칠하다**.
- 漆板(칠판) 漆器(칠기) : 옻칠을 한 나무그릇.
- 桼(옻나무 칠) : 나무(木)에서 진(氺)이 흐르는(八) **옻나무**

漢
한나라 **한**
(7급 14획)

가죽(革 가죽 혁)처럼 질긴 진흙 많은 양자강(氵) 상류에 크게(大)
세워진 **한나라**. 군침(氵) 흘리며 서 있는 질긴(革) **사나이(大)**.
- 漢江(한강) 漢字(한자) 漢族(한족) 怪漢(괴한)

漏
샐 **루**
(3Ⅱ 14획)

빗물(雨 氵)이 집(尸)에 **새어** 들어오는 모양.
- 漏落(누락) 漏水(누수) 漏電(누전) 漏出(누출)
- 尸(지붕 시) : 집의 **지붕** 모양을 그린 글자

漁
고기잡을 **어**
(5급 14획)

물(氵)에서 **물고기(魚 고기어)를** 잡다.
- 漁夫(어부) 漁船(어선) 漁業(어업) 漁村(어촌) 漁獲(어획)
  漁父之利(어부지리) : 둘이 다투는 사이에 엉뚱한 사람이 이익을
  봄.

漫
흩어질 **만**
(3급 14획)

물(氵)이 **제멋대로** 퍼져(曼) **흩어짐**을 뜻하는 글자.
- 漫談(만담) 漫評(만평) 漫畵(만화) 放漫(방만) 散漫(산만)
- 曼(퍼질 **만**) : 햇빛(日)이 그물(罒)을 손(又)으로 펴듯, **퍼지다.**

演
꾸밀 **연**
(4Ⅱ 14획)

범(寅)이 눈물(氵) 흘리는 것은 **꾸민** 것. 잘 꾸미기 위하여 열심히
행하다.
- 演技(연기) 演說(연설) 演出(연출)
- 寅(범 **인**) : 집(宀집 면) 한(一) 쪽에서 기르는 가축으로 말미암
  아(由 말미암을 유) 사방팔방(八)으로 어슬렁거리는 **범**

漸
점차 **점**
(3Ⅱ 14획)

물(氵)이 해안선을 조금씩 깍아(斬 벨 참) 나간다 하여 **점차.**
- 漸入佳境(점입가경) 漸進的(점진적) 漸層法(점증법)
- 斬 : 수레(車)에 묶어 끌어 찢거나, 도끼(斤)로 **베어 죽인다.**

漠
사막 **막**
(3Ⅱ 14획)

물(氵) 없는(莫) **사막.** 사막처럼 **넓게 펼쳐진 곳.**
- 沙漠(사막) 漠漠(막막) 漠然(막연)   ☞ 沙(모래 사)
- 莫(없을 **막**) : 초목(艹) 아래로 해(日) 크게(大) 지며 **없어지다.**

潛
잠길 **잠**
(3Ⅱ 15획)

물(氵)에 자맥질할 때 입김 내뿜고(朁 입김낼 참) 다시 들어가는
데서 **잠기다.**
- 潛伏(잠복) 潛水(잠수) 潛在(잠재)
- 朁 : 어금니(旡)와 같이 날카롭게 입(曰)에서 **입김을 내다.**

潤
젖을 **윤**
(3Ⅱ 15획)

물기(氵)가 들어(閏 윤달 윤) 있어 **젖음.** 물기에 빛이 반사되어
윤기(潤氣), 윤택(潤澤).
- 利潤(이윤)   ☞ 澤(윤날 택)
- 閏(윤달 윤) : **윤달**에 왕(王)이 문(門) 밖으로 나가지 않던 풍습에서.

潔 潔
깨끗할 **결**
(4Ⅱ 15획)

삼(丰)을 칼(刀)로 베어 가른 실(糸)을 물(氵)에 빨아 실이 **깨끗하다.**
- 潔白(결백)　不潔(불결)　純潔(순결)　淸潔(청결)
- 丰(무성할 **봉**) : 많은(三) 풀이 흙 뚫고(丨뚫을 곤) 나와 **무성함**

潮
조수 **조**
(4급 15획)

아침(朝 아침 조)저녁으로 들고나는 바닷물(氵)인 **조수.**
- 潮流(조류)　潮水(조수)　滿潮(만조)　思潮(사조)　風潮(풍조)
- 朝 : 달(月) 지고 나뭇가지(十十) 사이로 해(日) 뜨는 **아침**

澤 沢
못 **택**
(3Ⅱ 16획)

물(氵)이 보이는(睪) **못.** 못이 있어 **윤택(潤澤)하다.**
- 光澤(광택)　德澤(덕택)　惠澤(혜택)　平澤(경기도 평택)
- 睪(살필 **역**) : 눈(罒)으로 한(一) 명씩 죄인(辛 죄인 신) **살피다.**

濁
흐릴 **탁**
(3급 16획)

물(氵)을 닭(蜀 큰닭 촉)이 먹이 등을 찾으려 휘저어 **흐리다.**
- 濁酒(탁주)　一魚濁水(일어탁수)　淸濁(청탁)　混濁(혼탁)
- 蜀 : 눈(罒)을 크게 뜨고 몸을 구부려(勹) 벌레(虫) 잡는 **큰 닭**

激
격할 **격**
(4급 16획)

물(氵)이 바위에 부딪치는(敫) 모양이 **심하다.**
- 激動(격동)　激烈(격렬)　激憤(격분)　激鬪(격투)　過激(과격)
- 敫(칠 **약**) : 햇살(白) 퍼져(放 놓을 방) 물체에 **부딪치다, 치다.**

濕 湿
젖을 **습**
(3Ⅱ 17획)

햇빛(日)에 반짝이는 명주실(絲의 줄임)은 물(氵)에 잘 **젖음.**
- 濕氣(습기)　濕度(습도)　多濕(다습)　濕式(습식)
- 糸(실 **사**) : 작고(幺 작을 요) 가는(小) **실**

濫
넘칠 **람**
(3급 17획)

물(氵)을 다룰 때 잘 살핌(監 살필 감)은 차면 **넘치기** 때문.
- 濫發(남발)　濫伐(남벌)　濫用(남용)　濫獲(남획)
- 監 : 신하(臣) 한(一) 사람(人)이 그릇(皿)의 음식을 **살피다.**

濯
씻을 **탁**
(3급 17획)

물(氵)에 깃(羽 깃 우)을 새(隹)가 살짝 **씻는다.**
- 濯足(탁족) 洗濯(세탁) 淸濁(청탁) 混濁(혼탁)
- 隹(새 **추**) : 앉아 있는 보통 꽁지가 짧고 **작은 새** 모양

濟
건널, 구할 **제**
(4Ⅱ 17획)

물(氵)을 나란히(齊 가지런할 제) **건너다.** 건너다 빠진 사람 **구하다.**
- 決濟(결제) 救濟(구제) 經濟(경제) : '經世濟民(경세제민)'의 준말로, 세상을 잘 다스려 어려운 백성을 구제함

한자로 풀어 보는 '법' 관련 한자들
- 憲(헌) : 해(害)를 입지 않고 눈(罒)으로 잘 살피며 안심(心)하고 살도록 만든 법
- 法(법) : 세상의 흐름(氵)을 막는 나쁜 것들을 없애기(去 없앨 거) 위하여 만든 법
- 規(규) : 사람들(夫 사내 부)이 보고(見 볼 견) 알 수 있도록 바르게 재어 만든 법
- 制(제) : 사람(人)이 천(巾)을 다듬듯(刂칼 도), 지나치면 제재(制裁)를 가하겠다는 법
- 律(률) : 붓(聿 붓 율)으로 살아가는데(彳 갈 척) 필요한 행동양식의 표준을 적은 법

火(灬) 部

火
불 화
(8급 4획)

타오르는 불(ㆍ 불똥 주)모양. **타다, 태우다.**
- 火星(화성) : 태양계의 행성 중의 하나. 태양으로부터 네 번째
  ☞ 星(별 성)
- ㇒(삐침 **별**) : 오른쪽에서 왼쪽으로 **삐치면서** 당기는 모양

灰
재 회
(4급 6획)

언덕(厂)에서 불(火) 타고 남은 **재.**
- 石灰(석회) 洋灰(양회)
  灰色分子(회색분자) : 소속, 주의, 노선 따위가 뚜렷치 못한 사람
- 厂(언덕 **한**) : 가파른 낭떠러지 모양으로 **언덕, 벼랑, 절벽**

災
재앙 재
(5급 7획)

흐르는 물(巛=川)과 타오르는 불(火)에 의한 **재앙.**
- 災害(재해) 産災(산재) 水災(수재) 天災(천재) 火災(화재)
- 川(내 **천**) = 巛 : 개미허리   巛 큰도랑 **괴**   〈 도랑 **견**

炎
불탈 염
(3Ⅱ 8획)

불(火) 타오르는(火) 모양에서 **덥다.** 열로 인해 생긴 **염증(炎症).**
- 炎暑(염서) 肝炎(간염) 腦炎(뇌염) 暴炎(폭염)
- ㆍ(점, 불똥 **주**) : **점**이나 떨어져 나간 **불똥** 모양

炭
숯 탄
(5급 9획)

산(山) 아래 언덕(厂)에서 불(火)로 태워 만든 **숯.**
- 炭鑛(탄광) 炭水化物(탄수화물) 石炭(석탄) 採炭(채탄)
- 厂(언덕 **한**) : 가파른 낭떠러지 모양으로 **언덕, 벼랑, 절벽**

烏
까마귀 오
(3Ⅱ 10획)

눈까지도 검어 몸과 눈 구분이 어려운 **까마귀** 나타내기 위해 '鳥'
(새 조)에서 눈(一) 빼서 나타낸 글자. **검다.**
- 烏骨鷄(오골계) 烏飛梨落(오비이락) 烏合之卒(오합지졸)

烈
세찰 **렬**
(4급 10획)

고기를 벌려(列) 놓고 굽는 불길(灬 = 火)이 **세차다.**
- 烈士(열사)　極烈(극렬)　先烈(선열)　☞ 先(먼저 선)
- 列(벌릴 **렬**) : 고기(歹 뼈앙상할 알)를 칼(刂)로 발라 **벌려 놓음**

焉
어찌 **언**
(3급 11획)

항상 바르게(正 바를 정) 앉아 있는 새(鳥 새 조)의 뜻을 어찌 알려 하여 **어찌**의 뜻으로 쓰이는 글자.
- 焉敢生心(언감생심) : 어찌 감히 그런 마음을 품을 수 있겠는가

然
그럴 **연**
(7급 12획)

개(犬) 고기(月)는 불(灬=火)로 익혀 먹음이 당연하다. **과연 그러하다.**
- 果然(과연)　自然(자연)　天然(천연)
- 月(육달 **월**) : '달'의 뜻이 아닐 때는 '육달 월'(月=肉)로 **고기**

無
없을 **무**
(5급 12획)

새(隹)를 불판(一)에 놓고 불(灬=火)로 굽는 모양으로 새의 생명이 **없음.**
- 無念(무념)　無病(무병)　無用(무용)
- 隹(새 **추**) : 앉아 있는 보통 꽁지가 짧고 작은 새 모양

煙
연기 **연**
(4Ⅱ 13획)

불(火)이 잘 타지 않고 막히면(堙) 나는 **연기(煙氣).**
- 煤煙(매연)　吸煙(흡연)　☞ 煤(그을음 매)　吸(마실 흡)
- 堙(막을 **인**) : 해 뜨는 쪽이 아닌 서쪽(西)을 흙(土)으로 **막다.**

照
비칠 **조**
(3Ⅱ 13획)

알아보도록 밝게(昭) 하기 위해 불(灬=火)을 **비추다.**
- 照明(조명)　照準(조준)　對照(대조)　參照(참조)　照會(조회)
- 昭(밝을 **소**) : 불러(召 부를 소) 밝은 해(日)처럼 **상세히 밝히다.**

煩
괴로울 **번**
(3급 13획)

불(火)이 머리(頁)에 일 정도로 심적으로 **괴롭다.**
- 煩雜(번잡)　百八煩惱(백팔번뇌)　☞ 雜(섞일 잡) 惱(괴로울 뇌)
- 頁(머리 **혈**) : 사람 **머리(一)에서 얼굴(自), 목(丿丶)까지 신체**

熟
익을 **숙**
(3Ⅱ 15획)

누구(孰 누구 숙)라도 불(灬=火)에 익듯 시간이 지나면 **익숙해진다.**
- 熟達(숙달) 熟語(숙어) 熟成(숙성) 未熟(미숙)
- 孰 : 행복 누리며(享 누릴 향) 원만하게(丸) 사는 사람은 **누구?**

熱
더울 **열**
(5급 15획)

심어져(埶) 있는 초목으로 불(灬=火) 때니 **덥고 뜨겁다.**
- 烈光(열광) 熱氣(열기) 熱心(열심) 熱意(열의) 熱情(열정)
- 埶(심을 **예**) : 둥글게(丸 둥글 환) 흙(土) 파고(儿) 흙(土)에 **심다.**

燃
불사를 **연**
(4급 16획)

불(火)에 당연히(然) 잘 탄다 하여 **불타다.**
- 燃燈(연등) 燃料(연료) 燃燒(연소) 可燃(가연)
- 然(그럴 **연**) : 개(犬) 고기(月←肉)는 불(灬)로 구워 먹음이 **당연**

燒 燒
불사를 **소**
(3Ⅱ 16획)

불(火)이 높이(堯) 타오를 정도로 크게 **불사르다.**
- 燒却(소각) 燒失(소실) 燃燒(연소) 全燒(전소)
- 堯(높을 **요**) : 흙(土) 우뚝하게(兀 우뚝할 올) 쌓은 모양이 **높다.**

燈
등불 **등**
(4Ⅱ 16획)

불(火)을 켜서 높은 곳에 올려(登 오를 등) 두는 **등불.**
- 燈火(등화) 燈下不明(등하불명) 電燈(전등) 風前燈火(풍전등화)
- 登(오를 **등**) : 발판(豆)을 밟고(癶 걸을 발) **오르는** 모양

燕
제비 **연**
(3Ⅱ 16획)

머리(廿)·몸통(口)·양 날개(北)·갈라진 꼬리(灬)를 본떠 **제비.**
- 燕尾服(연미복) 燕山君(연산군) 燕雀(연작) ☞ 雀(참새 작)
- 北(북녘 **북**) : 두 사람이 **등 맞댄** 모양. 추워서 등진 쪽인 **북쪽**

燥
마를 **조**
(3Ⅱ 17획)

불(火) 타듯, 시끄럽게(喿 새시끄러울 소) 떠드니 목이 타고 **마르다.**
- 燥渴(조갈) 無味乾燥(무미건조) ☞ 渴(마를 갈)
- 喿 : 나무(木)에 새들이 모여 지저귀니(品) **시끄럽다.**

燭
촛불 **촉**
(3급 17획)

불꽃(火)이 움직이는 벌레(蜀)처럼 넘실거리는 **촛불**.
- 燭光(촉광)　華燭(화촉) : 빛깔을 들인 초. 보통 혼례 때 사용
- 蜀(벌레 **촉**) : 눈(罒=目) 크며 고치 안에 싸여(勹) 있는 **벌레**(虫)

營 营
경영할 **영**
(4급 17획)

빛나듯(火火) 집(宀 덮을 멱)을 법도(呂) 있게 **다스리다. 경영하다.**
- 營業(영업)　國營(국영)　經營(경영)　運營(운영)
- 呂(법칙 **려**) : 위(口) 아래(口)로 일정하게 이어진(丿) **법칙**

爆
터질 **폭**
(4급 19획)

불(火)이 번쩍하고 일어나며 사납게(暴) **터지다.**
- 爆擊(폭격)　爆發(폭발)　爆藥(폭약)　爆彈(폭탄)　爆破(폭파)
- 廾(스물 **입**) : 열(十)에 열(十)을 더해 **스물**. 또한 **많다.**

爐 炉
화로 **로**
(3Ⅱ 20획)

불(火)을 담는 큰 그릇(盧 큰그릇 로)인 **화로(火爐).**
- 輕水爐(경수로)　煖爐(난로)　鎔鑛爐(용광로)　風爐(풍로)
- 盧 : 호랑이(虍 범 호) 발을 한, 음식(田) 담는 **큰 그릇(皿)**

- 燕雀安知 鴻鵠之志哉(연작안지 홍곡지지재) : 연작이 어찌 홍곡의 뜻을 알리
오. 소인(小人)이 어찌 대인(大人)의 큰 뜻을 알겠는가라는 뜻의 비유(比喩).
  – 진(秦)나라를 멸망으로 몰고 가는 첫 봉화를 올린 사람은 남의 일을 도와주고
  품삯을 받아 생활했던 진승(陳勝)이라는 사람이었다. 폭정에 대한 원한과 장래
  에 대한 포부에 불타고 있을 때 동료들에게 말하기를 "우리가 부귀하게 되거든
  오늘의 이 정리를 잊지 않기로 합시다." 그러자 주인이 "품팔이 하는 신세에..."
  라 하자 진승이 "제비와 참새가 어찌 기러기의 마음을 알겠는가?"라고 말한
  데서 유래.
  ☞ 燕(제비 연) 雀(참새 작) 安(어찌 안) 鵠(고니 곡) 哉(의문을 나타내는
      어조사 재)

- 寧爲鷄口 勿爲牛後(영위계구 물위우후) : 닭대가리가 될지언정 소꼬리가 되
지 말라. 큰 인물(人物)을 따르기 보다는 작으나마 우두머리가 되라는 말.
  ☞ 寧(차라리 영) 爲(될 위) 鷄(닭 계) 勿(말 물) 牛(소 우) 後(뒤 후)

爪(爫) 部

爪
손톱 조
(4획)

긁어당기는 **손톱**을 본뜬 글자.
• 爪 = 爫 : '손톱조머리'

爭
다툴 쟁
(5급 8획)

손톱(爫 손톱 조)과 손(彐)으로 서로 할퀴듯(亅 갈고리 궐) 다 **투다**.
• 爭取(쟁취)   爭議(쟁의) : 서로의 의견을 주장하며 다툼
• 彐(손, 손가락 **계**) : 갈라져 있는 **손가락** 모양으로 **손**의 뜻

爲 爲
할 위
(4Ⅱ 12획)

손(爫)으로 원숭이가 머리 긁는 모양. 원숭이는 앞발을 손처럼 쓴 다 하여 **하다**.
• 無爲(무위)   人爲(인위)   行爲(행위)
• 爪(손톱 **조**) : 긁어당기는 **손톱**을 본뜬 글자 ☞ 爪 = 爫

爵 爵
벼슬 작
(3급 18획)

손(爫 손톱 조)으로 그물(皿 그물 망)처럼 음식(食의 축약)을 펼쳐 놓고 법도(寸 법도 촌) 있게 제사 지내는 **벼슬**.
• 公爵(공작)   侯爵(후작)   伯爵(백작)   子爵(자작)   男爵(남작)

父 部

父
아비 부
(8급 4획)

두 손(八)에 회초리 들고 매를 대는(乂) 엄한 **아버지**.
• 父母兄弟(부모형제)   生父(생부)   學父母(학부모)
• 乂(벨 **예**) : 뭔가 들고 이리(丿)저리(乀) **치거나 베다**.

爻 部

爻
엇걸릴 **효**
(4획)

엇걸려 있는 모양에서 **주고받거나, 사귀다**는 뜻.
점칠 때에 엇걸린 산가지를 나타내는 '수효(數爻)'

爿 部

爿
널빤지 **장**
(4획)

통나무를 둘로 쪼갤 때 생긴 왼쪽의 **길쭉한 널빤지.**
• '將'(장수 장)에 들어 있어 '장수장변'이라고도 함.

片 部

片
조각 **편**
(4획)

통나무를 둘로 쪼갰을 때 생긴 오른쪽의 작은 **조각.**
• 片道(편도) 破片(파편) 一葉片舟(일엽편주) 一片丹心(일편단심)
• 爿 : 좁고 긴 널빤지. 片 : 가로, 세로가 비슷한 크기의 **나무판**

版
판목 **판**
(3Ⅱ 8획)

판목(片 조각 편)에 글자를 새겨 반복하여(反 반복할 반) 책 등
을 인쇄하다.
• 版圖(판도) 絶版(절판) 出版(출판)
• 反 : 벼랑(厂)을 손(又)으로 **반복(反復)**해 잡으며 오르다.

牙 部

牙
어금니 **아**
(3Ⅱ 4획)

뽀족한 **어금니**. 코끼리의 **상아(象牙)** 모양.
- 齒牙(치아)
- 牙城(아성) : (대장의 깃발인 아기(牙旗 ; 상아 장식을 한 기)를 세워 놓은 본영(本營). 주장(主將)이 거처하는 성

牛 部

牛
소 **우**
(5급 4획)

소를 옆에서 보고 그린 글자.
- 牛馬(우마)　　牛乳(우유)
　牛耳讀經(우이독경) : 소귀에 경 읽기. 즉 아무리 일러주어도 알아 듣지 못해 효과가 없음

物
만물 **물**
(7급 8획)

소(牛 소 우)는 버릴게 없다(勿) 하여 **만물**을 뜻한 글자.
- 物理(물리)　　萬物(만물)　　事物(사물)　　人物(인물)　　植物(식물)
- 勿(없을 **물**) : 싼(勹 쌀 포) 물건이 모두 빠져(丿丿) 남은 것이 **없음**

牧
칠 **목**
(4Ⅱ 8획)

소(牛 소 우)를 먹이 쪽으로 모는(攵 칠 복) 모양에서 **기르다**. 소를 이끌어 가듯 사람을 바른 길로 이끌며 **다스리다**.
- 牧童(목동)　　牧民官(목민관)　　牧師(목사)　　牧場(목장)

特
다를 **특**
(6급 10획)

관청(寺)에 있는 크고 힘센 소(牛 소 우)는 **다르다**.
- 特級(특급)　　特技(특기)　　特別市(특별시)　　特急列車(특급열차)
- 寺(관청 **시**) : 토지(土)를 법도(寸 법도 촌) 있게 관리하는 **관청**

牽
끌 **견**
(3급 11획)

검은(玄) 천을 덮어(冖 덮을 멱) 소(牛 소 우)를 **끌다.**
- 牽引(견인) 牽制(견제) 牽强附會(견강부회) 牽牛織女(견우직녀)
- 玄 : 하늘 덮은(亠) 작은(幺) 황사가 햇빛을 가려 빛이 **어두움**

犬(犭) 部

犬
개 **견**
(4급 4획)

앞발 들고 있는 **개.** 軍犬(군견) 珍島犬(진도견) 愛犬(애견)
- 犬馬之勞(견마지로) : 충성하는 자신의 수고를 낮추어 하는 말
  犬猿之間(견원지간) : 개와 원숭이 사이. 사이가 매우 나쁜 관계

犯
범할 **범**
(4급 5획)

짐승(犭)이 발(卩)을 들고 덤벼들려는 모양에서 **범하다.**
- 犯人(범인) 犯罪(범죄) 犯行(범행) 防犯(방범)
- 卩(무릎 **절**) : 튀어 나온 **무릎** 모양 ☞ 卩=㔾(마디 절)

狂
미칠 **광**
(3Ⅱ 7획)

개(犭=犬 개 견)가 폭군(王)처럼 날뛴다하여 **미치다.**
- 狂犬病(광견병) 狂氣(광기) 狂亂(광란) 發狂(발광)
- 王(임금 **왕**) : 한(一) 지역의 땅(土)을 다스리는 **왕**

狗
개 **구**
(3급 8획)

짐승(犭) 중에서 사람의 말귀(句 글귀 구) 알아듣는 **개.**
- 黃狗(황구) 堂狗風月(당구풍월) 羊頭狗肉(양두구육)
- 句(글귀 **구**) : 말(口)을 일정한 형식으로 묶은(勹 쌀 포) **글귀**

狀
모양 **상**, 문서 **장**
(4Ⅱ 9획)

널빤지(爿 널빤지 장)로 된 문 옆에 개(犬) 있는 **모양.**
큰(爿) 개(犬)에게 명령하듯, 윗사람이 내리는 내용 적힌 문서
- 賞狀(상장) 狀態(상태) 狀況(상황) 現狀(현상)

猛
사나울 맹
(3Ⅱ 11획)

개(犭=犬)가 크고(孟 클 맹) **사납다.**
- 猛烈(맹렬)　猛獸(맹수)　猛威(맹위)　勇猛(용맹)
- 孟 : 큰 그릇(皿 그릇 명)에 목욕 시키고 있는 **맏아들**(子)

猶
오히려 유
(3Ⅱ 12획)

짐승(犭짐승 견) 같은 미개한 두목(酋)은 결정 **망설임.** 망설이다
일 그르쳐 **오히려.**
- 猶豫(유예)　過猶不及(과유불급)　☞ 過(지나칠 과)
- 酋(두목 추) : 두 손(八)에 술(酉 술 유) 들고 제사지내는 **두목**

獄
지옥 옥
(3Ⅱ 14획)

개들(犭=犬)이 싸우듯 사람이 다투는(言) 것을 재판하여 벌주는
감옥(監獄).
- 獄苦(옥고)　獄舍(옥사)　投獄(투옥)
- 言(말씀 언) : 두(二) 번 거듭(二) 생각한 후 입으로(口) **말하다.**

獨
홀로 독
(5급 16획)

개(犭=犬)와 닭(蜀)은 같이 지내지 못한다 하여 **홀로.**
- 獨立(독립)　獨斷(독단)　獨白(독백)　獨身(독신)　獨唱(독창)
- 蜀(큰닭 촉) : 눈(罒) 크게 뜨고 몸 구부려(勹) 벌레(虫) 잡는 **큰 닭**

獲
잡을 획
(3Ⅱ 17획)

짐승(犭 짐승 견)도 필요한 만큼만 헤아려(蒦 헤아릴 약) 먹이를
잡는다.
- 獲得(획득)　漁獲(어획)　捕獲(포획)
- 蒦 : 풀숲(艹)의 새(隹)가 주위를 살피듯, 손(又)으로 잘 **헤아림.**

獵
사냥할 렵
(3급 18획)

개(犭=犬)가 짐승 목(巤 목갈기 렵)을 물어 **사냥하다.**
- 獵奇(엽기)　獵銃(엽총)　密獵(밀렵)　涉獵(섭렵)　狩獵(수렵)
- 巤 : 내(巛)처럼 흐르는 긴 털이 목덜미(囟)에 난 동물의 **갈기**

獸
짐승 수
(3Ⅱ 19획)

입들(口口)을 밭(田)에 대고 하나(一)의 먹이(口)를 찾는, 개(犬
개 견)와 같은 모든 종류의 **짐승**을 뜻하는 글자.
- 禽獸(금수)　野獸(야수)　人面獸心(인면수심)　☞ 禽(새 금)

獻 献
바칠 **헌**
(3Ⅱ 20획)

범(虍 범 호)의 발 같은 다리가 달린 솥(鬲)에 개고기(犬)를 담아 **바친다.**
- 獻金(헌금) 獻身(헌신) 獻血(헌혈)
- 鬲(솥 **력**) : **오지병** 또는 굽은 다리가 셋 달린 **큰 솥**

耂(老) 部

耂
늙을 **로**
(4획)

땅(土)에 지팡이(丿)를 짚고 있는 **노인.**
- 부수로 부를 때는 '늙을로엄'이라 함. 부수로만 쓰임.

老
늙을 **로**
(7급 6획)

늙어(耂 늙을 로) 등이 굽은(匕) 노인에서 **늙음**의 뜻.
- 老年(노년) 老母(노모) 老少(노소) 老人(노인)
- 匕(비수 **비**) : 날카로운 **비수, 숟가락,** 굽은 **사람**의 모습

考
생각할 **고**
(5급 6획)

노인(耂 늙을 로)이 막힌(丂)일에 대하여 **깊이 생각한다.**
- 考古學(고고학) 考慮(고려) 考案(고안) 慮(생각 려) 案(생각 안)
- 丂(막힐 **고**) : 위(一)가 **막혀** 나아가지 못하고 구부러짐

者
사람 **자**
(6급 9획)

늙으면(耂 늙을 로) 백발(白)이 되어 죽는 모든 **사람.**
- 記者(기자) 作者(작자) 著者(저자) 筆者(필자) 學者(학자)
- 白(흰 **백**) : 해(日)에서 뻗어 나오는(丿 삐침 별) 빛이 **희다.**

老馬之智(노마지지)
늙은 말의 지혜(智慧). 경험(經驗)이 많은 사람이 갖춘 지혜.
– 봄에 정벌(征伐)을 나섰다가 겨울에 돌아오다 폭설(暴雪)로 길을 잃었다. 늙은 말을 풀어 놓고 그 말을 따르니 길이 나와 무사히 돌아왔다는 고사(故事).

++(卄 艸) 部

艹 풀 초 (4획)

흙을 뚫고 나온 **풀**.
• '艹'은 3획이 아닌 4획(艹)으로 셈.
  부수로 부를 때는 '草'(풀 초)의 머리 부분이라 하여 '초두'라 함.

花 꽃 화 (7급 8획)

풀잎(艹 풀 초)이 변해서(化) 된 **꽃**.
• 花盆(화분) 花草(화초) 國花(국화) 生花(생화) 造花(조화)
• 化(바뀔 **화**) : 사람(亻)이 앉은(匕 앉은사람 비) 자세로 **바뀌다**.

芽 싹 아 (3Ⅱ 8획)

어금니(牙)처럼 돋아나는(艹) **새싹**.
• 麥芽(맥아) 發芽(발아)
  萌芽(맹아) : 싹 뜨는 일. 새로운 일의 시초. 일 시작의 조짐
• 牙(어금니 **아**) : 뾰족한 **어금니** 모양. 또는 코끼리의 **상아**

芳 꽃다울 방 (3Ⅱ 8획)

꽃(艹)에서 사방(方)으로 퍼지는 향기에서 **꽃답다. 향기롭다**.
• 芳年(방년) 芳名錄(방명록) 芳香劑(방향제)
  綠陰芳草(녹음방초) : 푸른 나무 그늘과 향기로운 풀. 여름철

若 같을 약 (3Ⅱ 9획)

어린 채소(艹)를 오른손(右 오른 우)으로 돌보고 있는 모양에서
어리다, 적다 그리고 그 크기나 모양이 비슷하여 **같다**.
• 若干(약간) 萬若(만약) 明若觀火(명약관화)

苗 싹 묘 (3급 9획)

논밭(田)에 나(艹) 있는 **싹**.
• 苗板(묘판)
  苗木(묘목) : 옮겨심기 위해 가꾼 어린 나무
  種苗(종묘) : 식물의 씨나 싹을 심어 묘목(苗木)을 가꿈

苟
구차할 **구**
(3급 9획)

푸성귀(艹)만을 싸서(勹) 먹고(口) 사니 **구차하다.**
• 苟且(구차) : 1.매우 가난함. 2. 떳떳하지 못함. ☞ 且(또 차)
• 勹(쌀 **포**) : 사람이 팔·손으로 무언가를 **감싸고** 있는 모양

苦
쓸 **고**
(6급 9획)

약초(艹)나 나물 등이 오래되(古) **쓰다.** 쓰니 **괴롭다.**
• 苦樂(고락)　苦生(고생)　苦心(고심)　苦痛(고통)
• 古 : 열(十) 사람 입(口)을 통한 것은 이미 **오래** 된 **옛** 것

茂
무성할 **무**
(3Ⅱ 9획)

초목(艹)이 비스듬히(丿 삐침 별) 많이 세워둔 창(戈)처럼 풍성해
무성하다.
• 茂林(무림)　茂盛(무성)　☞ 盛(풍성할 성)
• 戈(창 **과**) : 날이 세 갈래로 된 **창**이나 **무기**의 뜻

英
꽃부리 **영**
(6급 9획)

꽃(艹) 중심부인(央 가운데 앙) **꽃부리**가 가장 아름다워 **뛰어
나다.**
• 英國(영국)　英語(영어)　英才(영재)　英特(영특)
• 央 : 어른(大)이 물건(冂)을 등 **가운데**에 지고 있는 모양

茫
아득할 **망**
(3급 10획)

초목(艹)이 물(氵)에 잠겨 없어질(亡 없을 망) 정도의 홍수 등으로
아득하거나, 이처럼 **물이 많음.**
• 茫漠(망막)　茫茫大海(망망대해)　☞ 漠(사막, 넓을 막)

草
풀 **초**
(7급 10획)

땅에서 가장 일찍(早) 돋아나 는(艹) **풀.**
• 草家(초가)　草木(초목)　草食(초식)　手草(수초)　花草(화초)
• 早(일찍 **조**) : 해(日)가 지평선(一)을 뚫고(丨 뚫을 곤) **일찍** 뜸

茶
차 **다,** 차 **차**
(3Ⅱ 10획)

초목(艹木)의 잎이나 열매를 사람(人)이 다려 먹는 **차.**
• 茶道(다도)　茶房(다방)　茶禮(차례)　綠茶(녹차)　紅茶(홍차)
　茶飯事(다반사) : 항상 차를 마시거나 밥 먹듯이 늘 있는 일

荒
거칠 **황**
(3Ⅱ 10획)

풀(艹)이 없어지고(亡 없을 망) 내(川)가 마르니 땅이 황폐(荒廢)하다 하여 **거칠다.**
- 荒蕪地(황무지)　荒野(황야)
- 亡 : 덮어(亠) 놓은 것의 한쪽이 터져(乚) 물건이 **없어지다.**

莊
장엄할 **장**
(3Ⅱ 11획)

초목(艹)이 장관(壯 씩씩할 장)을 이뤄, 보기가 **뛰어나다. 장엄하다.**
- 莊嚴(장엄)　莊園(장원)　莊重(장중)　別莊(별장)
- 士(선비 **사**) : 하나(一)를 들으면 열(十)을 아는 **선비**

荷
멜 **하**
(3Ⅱ 11획)

풀짐(艹)을 누군가(何 누구 하) **멘** 모양에서 나온 글자.
- 荷役(하역)　荷重(하중)　手荷物(수하물)　賊反荷杖(적반하장)
- 何(누구 **하**) : 사람(亻) 중 올바른(可 옳을 가) 이가 **누구**?

莫
없을 **막**
(3Ⅱ 11획)

초목(艹) 아래로 해(日)가 크게(大) 지며 없어져 **없다.**
- 莫强(막강)　大(막대)　莫無可奈(막무가내)　莫上莫下(막상막하)
- 莫逆之友(막역지우) : 거스름이 없을 정도로 뜻이 잘 맞는 벗

菊
국화 **국**
(3Ⅱ 12획)

꽃(艹) 중 쌀(米)을 한줌 쥔(匊) 모양인 **국화(菊花).**
- 梅蘭菊竹(매란국죽) : 봄, 여름, 가을, 겨울을 대표하는 초목
- 匊(줌 **국**) : 손(勹 쌀 포)으로 쌀(米 쌀 미)을 **한줌 쥔** 모양

菌
곰팡이 **균**
(3Ⅱ 12획)

곡식(禾 벼 화)을 넣어두는 곳간(囗)에서 자란(艹) **곰팡이나 세균 (細菌).**
- 病菌(병균)　細菌(세균)　抗菌(항균)
- 禾(벼 **화**) : 익으면 고개 숙이며(丿) 자라는(木) **벼, 곡식**

菜
나물 **채**
(3Ⅱ 12획)

풀(艹) 중에서 캐서(采) 먹는 **나물.**
- 菜蔬(채소)　菜食(채식)　野菜(야채)　☞ 蔬(나물 소)
- 采(캘 **채**) : 손(爫 손톱 조)으로 나무(木)를 **캐다.**

華	풀(艹) 하나(一) 꽃(艹) 하나(一) 즉 많은(十) 초목 활짝 **핀 모양.** **빛나다, 화려(華麗)하다.**
꽃필, 빛날 **화**	• 榮華(영화) 華婚(화혼)
(4급 12획)	• 華僑(화교) : 해외에 거주하는 중국인들을 통틀어 이르는 말

萬 万	초원(艹 풀 초)에 사는 수많은 짐승(禺)들처럼 **많다**와 **일만(一 萬)**을 나타낸 글자.
일만 **만**	• 萬國(만국) 萬民(만민) 萬人(만인)
(8급 13획)	• 禺(짐승 **우**) : 밭(田)에 웅크리고 앉아있는(内) **짐승**의 모양

落	풀(艹) 잎에서 물방울(氵)이 똑똑(各 각각 각)**떨어지다.**
떨어질 **락**	• 落馬(낙마) 落心(낙심) 落葉(낙엽) 落第(낙제) 登落(등락)
(5급 13획)	• 各 : 앞 사람과 뒷(夂 뒤져올 치) 사람 말(口)이 **각각 다르다.**

葬	죽은(死 죽을 사) 이를 들어(廾 들 공) 풀(艹)로 덮어 **장사(葬事) 지내다.**
장사지낼 **장**	• 葬禮(장례) 葬儀社(장의사) 葬地(장지)
(3Ⅱ 13획)	• 廾(들 **공**) : **두 손으로 드는** 모양. ☞ 卄(스물 입)의 변형

葉	초목(艹)에서 돋아나는 얇은(枼) **잎사귀.**
잎사귀 **엽**	• 葉書(엽서) 葉錢(엽전) 葉茶(엽차) 針葉樹(침엽수)
(5급 13획)	• 枼(얇을 **엽**) : 나무(木)에서 해(世 해 세)마다 돋는 새 잎이 **얇음**

著	초목(艹)에 사람(者)이 **글 짓다.** 이름 알려져 **나타나다.**
지을 **저**	• 著名(저명) 著書(저서) 著者(저자) 著作(저작)
(3Ⅱ 13획)	• 者(사람 **자**) : 늙으면(耂) 백발(白 흰 백)이 되어 죽는 모든 **사람**

蒙	풀(艹)로 지붕 하여 덮은(冖 덮을 멱) 우리 안에서 먹는 일 한(一) 가지에만 관심 있는 돼지(豕 돼지 시)는 **어리석다.**
어리석을 **몽**	• 蒙古(몽고 : 나라 이름) 啓蒙思想(계몽사상)
(3Ⅱ 14획)	

蒸
찔 **증**
(3Ⅱ 14획)

삼(艹)껍질 벗기는데 도움(丞 도울 승)이 되도록 불(灬=火)을 때어 **찌다.**
- 蒸氣(증기)　蒸發(증발)　水蒸氣(수증기)
- 丞 : 갈고리(亅)로 흐르는 물(水)의 바닥(一)을 긁어 흐름을 **돕다.**

蒼
푸를 **창**
(3Ⅱ 14획)

풀(艹 풀 초) 베어 창고(倉)에 채워 **많다.** 그 빛깔이 **푸름.**
- 蒼空(창공)　蒼白(창백)　億兆蒼生(억조창생)
- 倉(창고 **창**) : 먹는(口) 식량(食 먹을 식)을 저장하는 **창고**

蓄
쌓을 **축**
(4Ⅱ 14획)

기르는(畜) 가축에게 먹일 풀(艹)을 베어 **쌓아 둔다.**
- 蓄財(축재)　蓄電器(축전기)　備蓄(비축)　貯蓄(저축)
- 畜(기를 **축**) : 검은(玄 검을 현) 염소를 **기르는** 밭(田) 모양

蓋
덮을 **개**
(3Ⅱ 14획)

풀(艹)로 안 보이게(去) 그릇(皿 그릇 명)을 **덮는다.**
- 蓋然性(개연성) : 그러하리라고 생각되는 성질.　覆蓋(복개)
- 去(없앨 **거**) : 흙(土) 밟고 각자(厶←私) 가게 하여 **없애다.**

蔬
나물 **소**
(3급 15획)

풀(艹) 속에 드문드문(疏=疎 드물 소)나 있는 **나물.**
- 蔬食(소식) = 菜食(채식)　菜蔬(채소)　☞ 菜(나물 채)
- 疏 : 발(疋 발 소)이 묶인(束 묶을 속)듯이 왕래가 **드물다.**

蓮
연꽃 **련**
(3Ⅱ 15획)

물속에서 뿌리가 이어져(連) 나가는 물풀(艹)인 **연꽃.**
- 蓮根(연근)　蓮池(연지)　蓮花(연화)　木蓮(목련)　白蓮(백련)
- 連(이을 **련**) : 수레(車 수레 거)를 길게(辶 멀리갈 착) **이음.**

蔽
가릴 **폐**
(3급 16획)

풀잎(艹)으로 해지거나(敝 해질 폐) 좋지 않은 면을 **가리다.**
덮다.
- 隱蔽(은폐)　建蔽率(건폐율)　☞ 隱(숨길 은)
- 敝 : 천(巾)을 치니(攵 칠 복) 여러 갈래(八八)로 **해지다.**

薄 薄
엷을 **박**
(3Ⅱ 17획)

풀(艹)이 물(氵) 위에 펼쳐져(尃 펼 부) 있는 모양이 **엷다.**
- 薄福(박복)   薄俸(박봉)   淺薄(천박)   如履薄氷(여리박빙)
- 尃(클 **보**) : 열(十) 번 실(丶) 감아 쓰는(用 쓸 용) **큰 실패**

薦 薦
천거할 **천**
(3급 17획)

해태(廌)가 먹는 좋은 풀(艹)이라는 데서 이처럼 좋은 것을 **천거함.**
- 薦擧(천거)   公薦(공천)   推薦(추천)   ☞ 推(밀 추)
- 廌(해태 **치**) : 네 발(灬) 달린 **해태(海多)**가 앉아 있는 모습

藏 藏
감출 **장**
(3Ⅱ 18획)

풀(艹)로 곡식을 덮어(臧 둘 장) **감추어 둔다** 하여.
- 藏書(장서)   冷藏(냉장)   所藏(소장)   愛藏(애장)   貯藏(저장)
- 臧 : 신하(臣)가 임금에게 갈 때 무기(戕 창 장)를 풀어 **두고 감**

藝 芸
재주 **예**
(4Ⅱ 19획)

초목(艹) 심고(埶 심을 예) 가꾸며, 말하고(云 말할 운) 글 쓰는 **재주.**
- 藝能(예능)   藝術(예술)   文藝(문예)   書藝(서예)
- 埶 : 둥글게(丸 둥글 환) 흙(土) 파고(儿) 흙(土) 위에 **심다.**

藥 薬
약 **약**
(6급 19획)

약초(艹 풀 초)로 만들어 환자에게 즐거움(樂 즐길 락) 주는 **약.**
- 藥局(약국)   藥草(약초)   洋藥(양약)   韓藥(한약)
- 樂 : 북통(白) 양쪽에 줄(幺幺) 맨 북을 올려놓고(木) **즐기다.**

蘇 蘇
깨어날 **소**
(3Ⅱ 20획)

약초(艹), 물고기(魚), 곡식(禾) 먹이니 **깨어나다.**
- 蘇聯(소련)   蘇生(소생)   耶蘇(야소) : '예수'의 음역.
- 禾(벼 **화**) : 익으면 고개 숙이며(丿) 자라는(木) **벼, 곡식**

蘭 蘭
난초 **란**
(3Ⅱ 21획)

잎(艹)이 난간(闌) 살대처럼 뻗으며 자라는 **난초(蘭草).**
- 金蘭之交(금란지교) : 쇠처럼 단단하고 난초처럼 향기로운 사귐.
- 闌(난간 **란**) : 문(門)의 안과 바깥을 구분(柬 가릴 간)하는 **난간**

辶(辵) 部

辶
멀리갈 착
(4획)

쉬엄쉬엄 **멀리 걸어가는** 모습에서 **가다.**
- 글자 밑에 받침처럼 쓰여 '책받침'이라고도 함.

迎
맞을 영
(4급 8획)

사람 마중 나가(辶 갈 착) 높이(卬) 받들어 **맞이하다.**
- 迎入(영입) 迎接(영접) 送舊迎新(송구영신) 歡迎(환영)
- 卬(높을 **양**) : 사람(亻)이 무릎(卩 무릎 절) 꿇고 **높이** 쳐다봄

近
가까울 근
(6급부 8획)

도끼(斤)를 들고 다니는(辶 갈 착) 거리는 보통 **가깝다.**
- 近間(근간) 近世(근세) 近代(근대) 近親(근친) 遠近(원근)
- 斤(도끼 **근**) : 도끼의 모양으로 **끊다, 베다, 무기**의 뜻

返
돌이킬 반
(3급 8획)

반대(反 반대할 반)로 간다(辶 갈 착) 하여 **돌이키다.**
- 返納(반납) 返送(반송) 返品(반품) 返還(반환)
- 反 : 벼랑(厂)을 손(又)으로 무언가를 잡으며 **반대로** 오름

迫
다가올 박
(3Ⅱ 9획)

흰(白) 돛을 단 큰 배가 **다가오다(辶).** 다가오듯 **다그치다.**
- 迫頭(박두) : 가까이 닥치어 옴. 强拍(강박) 壓迫(압박)
- 白(흰 **백**) : 해(日)에서 뻗어 나오는(丿) 빛이 **희다.** 희니 **어리다.**

述
지을 술
(3Ⅱ 9획)

삽주 뿌리(朮)가 길게 뻗어 나가듯(辶 갈 착) **말하거나 글을 짓다.**
- 述語(술어) 口述(구술) 記述(기술) 論述(논술)
- 朮(삽주뿌리 **출**) : 여러(十) 갈래로(儿) 뻗어가는(丶) **삽주 뿌리**

追
좇을 **추**
(3Ⅱ 10획)

많은(白) 발자국을 따라 가는(辶 갈 착) 데서 **좇다.**
- 追加(추가) 追擊(추격) 追求(추구) 追跡(추적) 追從(추종)
- 白(쌓일 **퇴**) : 여러 개가 겹쳐 쌓여 있어 **쌓이다, 많다**는 뜻

退
물러날 **퇴**
(4Ⅱ 10획)

보고(艮) 판단하여 아니면 **물러간다**(辶 갈 착) 하여.
- 退社(퇴사) 退院(퇴원) 退任(퇴임) 退職(퇴직) 退學(퇴학)
- 艮(볼 **간**) : 눈(目의 변형) 뜨고 보는 모양에서 **눈, 보다.**

迷
헷갈릴 **미**
(3급 10획)

길이 여러 방향(米)이라 어디로 가야(辶 갈 착) 할지 **헷갈리다.**
- 迷宮(미궁) 迷路(미로) 迷惑(미혹) 昏迷(혼미)
- 米(쌀 **미**) : 이쪽저쪽(ノ ヽ) 나무(木)에 과일 열리듯 벼의 **쌀**

送
보낼 **송**
(4Ⅱ 10획)

팔자(八)나 하늘(天)의 뜻에 따라 갈(辶) 것은 **보낸다.**
- 送年(송년) 送信(송신) 發送(발송) 放送(방송) 電送(전송)
- 天(하늘 **천**) : 사람(大) 위에 넓게 펼쳐진(一) **하늘**

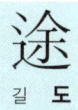

逃
달아날 **도**
(4급 10획)

여러 갈래(兆) 길로 멀리 (辶 멀리갈 착) **달아나다.**
- 逃亡(도망) 逃走(도주) 逃避(도피)   ☞ 避(피할 피)
- 兆(많을 **조**) : 갈라져 있는 많은 길의 모양에서 **많다**는 뜻

逆
거스를 **역**
(4Ⅱ 10획)

거꾸로(屰 거꾸로 역) 간다(辶 갈 착) 하여 **거스르다, 반역하다.**
- 逆流(역류) 逆說(역설) 逆順(역순) 逆行(역행)
- 屰 : 땅(一)에서 나온(ヽ ノ) 싹(屮)이 뿌리 **반대 방향**으로 자람

途
길 **도**
(3Ⅱ 11획)

내(余)가 일을 해 나아가는(辶 갈 착) **과정인 길.**
- 途中(도중) 開途國(개도국) 別途(별도) 中途(중도)
- 予(나 **여**) : 사람이 바로 서 있는 모양에서 **바른 나**의 뜻

透
통할 **투**
(3Ⅱ 11획)

빼어나(秀 빼어날 수) 막힘없이 간다(辶)하여 **통하다. 속 보이다, 속 꿰뚫어보다.**
- 透明(투명) 透視(투시) 浸透(침투)
- 秀 : 벼(禾)가 일정 범위(乃)를 벗어나 **빼어나게** 자라다.

逐
쫓을 **축**
(3급 11획)

밭에 들어온 멧돼지(豕)를 멀리(辶 멀리갈 착) **쫓아내다.**
- 逐出(축출) 角逐戰(각축전) 驅逐艦(구축함) ☞ 驅(몰 구)
- 豕(돼지 시) : **돼지**의 머리, 등, 발, 꼬리를 그린 글자

通
통할 **통**
(6급 11획)

솟아나듯(甬) 막힘없이 간다(辶 갈 착) 하여 **통하다.**
- 通風(통풍) 通學(통학) 通行(통행) 通話(통화) 交通(교통)
- 甬(솟을 용) : 꽃봉오리가 **솟아나온** 모양. 또는 물이 **솟는** 모양

速
빠를 **속**
(6급 11획)

신발 끈 등을 단단히 묶고(束) 가니(辶 갈 착) **빠르다.**
- 速記(속기) 速力(속력) 加速(가속) 高速道路(고속도로)
- 束(묶을 속) : 나무(木)를 끈으로 에워싸(口 에워쌀 위) **묶다.**

造
만들 **조**
(4Ⅱ 11획)

미리 알리고(告) 멀리(辶 멀리갈 착) 내다보고 **만들다.**
- 造語(조어) 造船(조선) 造作(조작) 改造(개조) 創造(창조)
- 告(알릴 고) : 소(牛)가 받으려 하자 위험을 소리쳐(口) **알린다.**

逝
갈 **서**
(3급 11획)

사람 생명이 꺾여(折) 영영 갔다(辶갈 착) 하여 **죽다.**
- 逝去(서거) : 돌아가심. 사거(死去)의 높임 말. ☞ 去(갈 거)
- 折(꺾을 절) : 손(扌)에 든 도끼(斤)로 나무 등을 쳐서 꺾는다.

連
이을 **련**
(4Ⅱ 11획)

수레(車 수레 거)를 길게(辶 멀리갈 착) **이음.**
- 連結(연결) 連續(연속) 連打(연타) 連休(연휴)
- 車(수레 거) : 두(二) 바퀴 달린 **수레**를 위에서 본 모양

逢
만날 **봉**
(3Ⅱ 11획)

만나려고(夆 만날 봉) 먼 길 가서(辶 갈 착) **만나다.**
- 逢變(봉변)　逢賊(봉적)　逢着(봉착)　相逢(상봉)
- 夆 : 걸을(夂 걸을 치) 때 무성한(丰) 풀이 발에 걸리듯 **만나다.**

週
돌 **주**
(5급 12획)

두루(周) 한 바퀴 돌았다(辶 멀리갈 착)는 데서 **돌다.**
- 週刊誌(주간지)　週日(주일)　來週(내주)　每週(매주)
- 周(두루 **주**) : 입(口)은 여러 용도(用 쓸 용)로 쓴다 하여 **두루**

逸
뛰어날 **일**
(3Ⅱ 12획)

약한 토끼(兔)가 달아나(辶 갈 착) **숨으니 뛰어나고, 편하다.**
- 逸品料理(일품요리)　逸話(일화)　逸脫(일탈)　安逸(안일)
- 兔(토끼 **토**) : 머리 들고 꼬리 내밀고 앉아 있는 뒷다리 긴 **토끼**

逮
잡을 **체**
(3급 12획)

안 보이게 밑(隶)으로 기어가(辶) **잡다.**
- 逮捕(체포)
- 隶(밑 **이**) : 손(⺕ 손 계)으로 밑에 있는 물(氺) 뜨는 모습
- 辶(갈 **착**) : 쉬엄쉬엄 **멀리 걸어가는** 모습에서 **가다.**

進
나아갈 **진**
(4Ⅱ 12획)

새(隹)는 갈(辶 갈 착) 때 앞으로만 **나아간다.**
- 進路(진로)　進行(진행)　前進(전진)　進退兩難(진퇴양난)
- 隹(새 **추**) : 앉아 있는 보통 꽁지가 짧고 **작은 새** 모양

遇
만날 **우**
(4급 13획)

짐승(禺)이 돌아다니다(辶) 서로 만나듯, 우연히 **만나다.**
- 待遇(대우)　境遇(경우)　遭遇(조우)　 遭(만날 조)
- 禺(짐승 **우**) : 밭(田)에 웅크리고 앉아있는(内) **원숭이**인 **짐승**

遂
이룰 **수**
(3급 13획)

사방팔방(八)에서 농지나 밭에 들어온 멧돼지(豕 돼지 시)를 멀리
(辶 멀리갈 착) 쫓아버려 뜻한 바를 **이루다.**
- 未遂(미수)　完遂(완수)　遂行(수행) : 일을 계획한 대로 해냄

遊
놀 유
(4급 13획)

아이들이 깃발(㫃 깃발 유)을 가지고 다니며(辶) **논다.**
- 遊覽船(유람선)　外遊(외유)　周遊(주유)　選擧遊說(선거유세)
- 㫃 : 사람(𠂉) 갈 방향(方) 가리키는 **깃발**을 애(子)가 든 모양

運
운전할 운
(6급 13획)

군사(軍)들이 수레를 끌고 **운전하여** 가다(辶 갈 착).
- 運動(운동)　運命(운명)　運轉(운전)　不運(불운)　幸運(행운)
- 軍(군사 군) : 수레(車)를 둘러싸고(冖 덮을 멱) 있는 **군사**

過
지날 과
(5급 13획)

비뚤어진(咼) 입에서 잘못 나간(辶 갈 착) 말. **실수나 지나간 일.**
- 過去(과거)　過失(과실)　過速(과속)　過言(과언)
- 咼(입비뚤 과) : 입(口)의 뼈(骨 뼈 골의 줄임)가 **비뚤어진** 모양

達
통달할 달
(4Ⅱ 13획)

풀이 좋은 땅(土)쪽으로 양(羊 양 양)이 가서(辶 갈 착) **이르다.**
즉 **좋은 단계에 이르다**는 뜻.
- 達成(달성)　達人(달인)　到達(도달)　熟達(숙달)　通達(통달)

違
어긋날 위
(3급 13획)

가죽(韋) 군복 입은 자가 갈(辶 갈 착) 길을 **어기다.**
- 違反(위반)　違背(위배)　違法(위법)　違憲(위헌)　違和感(위화감)
- 韋(다룸가죽 위) : 부드럽게 한 소(牛 소 우)의 **가죽**을 본뜬 글자

道
길 도
(7급 13획)

살아가는데(辶 갈 착) 있어 머리(首)에 있는 중요한 **바른 길.** 또
는 **큰 길.**
- 道路(도로)　人道(인도)　車道(차도)
- 首(머리 수) : 털 난 **머리.** 머리는 맨 위에 있어 **우두머리.**

遙
멀 요
(3급 14획)

고기(月) 굽듯 구은 질그릇(缶 질그릇 부)을 두드리니 소리가 **멀
리**까지 간다(辶 갈 착) 하여.
- 遙遠(요원)　☞ 遠(멀 원)
- 月(육달 월) : '달'의 뜻이 아닐 때는 로 **고기**(月=肉 고기 육)의 뜻

遞 遞
전할 **체**
(3급 14획)

벼랑(厂)을 빠르게 타는 범(虍 범 호)처럼 소식을 오가며(辶 갈 착) **전하다.**
- 遞信部(체신부) 郵遞局(우체국)
- 厂(언덕 **한**) : 가파른 낭떠러지 모양으로 **언덕, 벼랑, 절벽**

遣
보낼 **견**
(3급 14획)

중앙(中)에서 한(一) 사람을 뽑아 임무를 주어 언덕(𠂤) 넘어 멀리 **보내다(辶).**
- 派遣(파견) ☞ 派(나누어보낼 파)
- 𠂤(쌓일 **퇴**) : 여러 개가 겹쳐 쌓여 있어 **쌓이다, 많다. 언덕**

遠
멀 **원**
(6급 14획)

긴 옷(袁)과 같이 갈길(辶 멀리갈 착)이 **멀다**는 뜻.
- 遠近(원근) 遠大(원대) 遠視(원시) 遠洋(원양) 遠征(원정)
- 袁(옷길 **원**) : 하나(一)의 **긴 옷(衣)**으로 몸(口)을 감싼 모양

適
나아갈 **적**
(4급 15획)

뿌리(啇)가 적당한 방향으로 뻗어(辶) **나아가다.**
- 適格(적격) 適期(적기) 適切(적절) 適者生存(적자생존)
- 啇(뿌리 **적**) : 오래(古 오랠 고) 버티고 서(立) 있는 나무의 **뿌리**

遷 遷
옮길 **천**
(3Ⅱ 16획)

물건을 싸고 덮어(襾 덮을 아) 큰(大) 발걸음(㔾 무릎 절)으로 간다(辶 갈 착) 하여 **옮기다**는 뜻.
- 遷都(천도) 變遷(변천) 左遷(좌천) 改過遷善(개과천선)

遲 遲
늦을 **지**
(3부 16획)

무소(犀 무소 서)는 천천히 걸어(辶 갈 착) **느리다.**
- 遲刻(지각) 遲延(지연) 遲遲不進(지지부진) ☞ 延(끌 연)
- 犀 : 갑옷(尸 지붕 시) 입은(二丨二)모양을 한 소(牛)인 **코뿔소**

遵
따를 **준**
(3급 16획)

받들어 높이는(尊 높을 존) 사람이 가는(辶 갈 착) 길을 **따르다.**
- 遵據(준거) 遵法(준법) 遵守(준수) ☞ 據(의거할 거)
- 尊 : 두목(酋 두목 추)을 법도(寸) 있게 대해 받들어 **높이다.**

選 選
뽑을 **선**
(5급 16획)

무릎(巳 무릎 절) 꿇고 함께(共) 멀리(辶 멀리갈 착) 내다보고 **뽑는다.**
- 選良(선량) 選別(선별) 選擧(선거) 選出(선출)
- 共 : 많은(卄) 사람이 두 손(八)을 하나(一)로 모아 **함께** 행함

遺
남길 **유**
(4급 16획)

귀한(貴) 것을 남기고 간다(辶 갈 착) 하여 **남기다.**
- 遺物(유물) 遺産(유산) 遺言(유언) 遺傳工學(유전공학)
- 貴(귀할 귀) : 사물 중(中) 첫째인(一) 재물(貝)이 가장 **귀하다.**

還
돌아올 **환**
(3Ⅱ 17획)

눈알이 휘둥그렇게(睘) 돌아갔다(辶 갈 착) 다시 **돌아옴.**
- 還甲(환갑) 還給(환급) 還收(환수) 歸還(귀환) 返還(반환)
- 睘(눈돌 경) : **놀란 눈**(罒←目)으로 좋은 옷(衣) 보는 모양

避
피할 **피**
(4급 17획)

어려운 상황을 피해(辟) 간다(辶 갈 착) 하여 **피하다.**
- 避難(피난) 避雷針(피뢰침) 避暑(피서) 避身(피신)
- 辟(피할 벽) : 죽음(尸)의 구렁텅이(口)로부터 죄인(辛)이 **피하다.**

邊 辺
가 **변**
(4Ⅱ 19획)

콧(自)구멍(穴 구멍 혈) 안쪽(方 방향 방)은 보이지 않듯 멀리 떨어진(辶 갈 착) **변두리.**
- 邊方(변방) 江邊(강변) 街邊(가변)
- 自 : 코 모양. 중국인은 자기 코를 가리키며 **자기**를 나타낸다.

다산(茶山) 정약용의 3대 저서
- 牧民心書(목민심서) : 관리가 백성을 다스림에 있어 마음에 새겨야 할 사항들을 지적해 놓은 책.
- 欽欽心書(흠흠심서) : 죄수를 다루는 일에 경솔한 당시에, 관리가 죄수를 다루거나 유의할 점을 적은 책.
- 經世遺表(경세유표) : 나라를 다스리는데 필요한 여러 제도(토지 제도 등)에 대하여 임금에게 올린 내용을 적은 책.
  - 遺表 : 신하가 죽을 즈음에 임금에게 올리는 글.

玄 部

玄
검을 **현**
(3Ⅱ 5획)

하늘을 덮고(亠) 있는 작은(幺 작을 요) 황사(黃砂)가 **가물가물하게** 보이거나, 햇빛을 가려 그 빛이 **어두움**.
- 玄關(현관) 玄米(현미) 玄孫(현손) : 손자의 손자. 새까만 후손

玆
이 **자**
(3급 10획)

검어(玄 검을 현) 잘 보이는 이것(玆=玄玄). 지시대명사 **이**.
- 若玆(약자) : 이와 같음 ☞ 若(같을 약)

率
비율 **률** 거느릴 **솔**
(3Ⅱ 11획)

머리 검은(玄 검을 현) 사람을 여기저기서 많이 모아(十) **거느리다**. 잘 거느리기 위해 일정하게 나눈 **비율**.
- 率先(솔선) 輕率(경솔) 引率(인솔) 比率(비율) 效率(효율)

玉(王) 部

玉
구슬 **옥**
(4Ⅱ 5획)

구슬 여러(三) 개 꿴 모양. '王'와 혼동 피하기 위해 점(丶)을 덧붙임. 글자 안에서 '王'는 대개 '玉'의 뜻으로 쓰임.
- 玉童子(옥동자) 玉石(옥석) 玉體(옥체) 寶玉(보옥)

王
임금 **왕**
(8급 4획)

한(一) 곳의 땅(土)을 다스리는 **임금**.
- 王國(왕국) 王室(왕실) 王子(왕자) 女王(여왕)
  王朝(왕조) : 임금이 직접 나라를 다스리던 시대(時代)

珍
보배 **진**
(4급 9획)

옥(王←玉)이 검은 머릿결(㐱) 같이 곱고 귀한 **보배.**
- 珍貴(진귀)　珍島犬(진도견)　山海珍味(산해진미)
- 㐱(검은머리 **진**) : 사람(人)의 검은 머리털(彡)에서 **검은 머리**

班
나눌 **반**
(6급 10획)

증표로 한쪽을 주려고 쌍옥(王王)을 칼(刂)로 **나누다.**
- 班長(반장)　兩班(양반) : 동반(東班)과 서반(西班). 조선 중엽 이
  후에 지체나 신분(身分)이 높은 상류(上流) 계급을 일컫는 말

珠
구슬 **주**
(3Ⅱ 10획)

옥(王=玉) 중 붉은(朱) 구슬. 지금은 일반적인 **구슬.**
- 珠算(주산)　珠玉(주옥)　念珠(염주)　眞珠(진주)
- 朱(붉을 **주**) : 사람(亻)이 벤 소나무(木)가지 부분이 **붉음.**

球
둥글 **구**
(6급 11획)

옥돌(王←玉)을 구해(求) 갈고 닦으니 **둥글게** 됨.
- 球根(구근) : 알뿌리　球技(구기)　野球(야구)　地球(지구)
- 求(구할 **구**) : 한(一) 방울(·)의 물(氺)이라도 필요하니 **구하다.**

現
나타날 **현**
(6급 11획)

옥돌(王=玉)을 갈고 닦고 보니(見) 아름다운 빛깔이 **나타난다.**
- 現金(현금)　現代(현대)　現象(현상)　現場(현장)
- 見(볼 **견**) : 사람이 눈(目)으로 서서(儿) **본다.** 보이게 **나타나다.**

理
다스릴 **리**
(6급 11획)

옥돌(王←玉)을 잘 다듬듯 마을(里)을 잘 **다스리다.**
- 理科(이과)　理性(이성)　理由(이유)　道理(도리)　地理(지리)
- 里(마을 **리**) : 농토(田) 가까운 땅(土)에 자리 잡은 **마을**

琴
거문고 **금**
(3Ⅱ 12획)

구슬(王王) 부딪치듯 지금(今 이제 금)도 아름다운 소리를 내는
거문고.
- 琴瑟(금슬)　心琴(심금)　風琴(풍금)
- 今 : 사람(人) 한(一) 명이 몸 구부리고(ㄱ) 일하는 **지금, 이제**

環

고리 **환**

(4급 17획)

옥(王←玉)으로 만든 둥근(睘 눈휘둥그래질 경) **고리**.

- 環境(환경)　環太平洋(환태평양)　一環(일환)　花環(화환)
- 睘 : **놀란 눈**(罒)으로 좋은 옷(衣 옷 의의 변형) 보는 모양

瓜 部

瓜

오이 **과**

(5획)

끝이 구부러진 **오이**가 매달려 있는 모양.

- 瓜田不納履(과전불납리) : 외밭에 발을 들이지 않음. 의심받은 일을 하지 말라는 말　　　　　　　　☞ 履(신 리)

瓦 部

瓦

기와 **와**

(3Ⅱ 5획)

엇걸려 물려 있는 **기와**를 그린 글자.

- 靑瓦臺(청와대)　瓦當(와당) : 기와의 마구리　　☞ 當(덮을 당)
  瓦解(와해) : 기와 깨지듯, 조직이나 기능 따위가 무너져 흩어짐

甘 部

甘

달 **감**

(4급 5획)

입(口) 혀(一)로 **단맛** 보는 모양.

- 甘味(감미)　甘受(감수)　甘井先渴(감정선갈) 苦盡甘來(고진감래)
  甘言利說(감언이설) : 달콤하고 이로운 말로 상대는 꾀는 말

甚
심할 **심**
(3Ⅱ 9획)

달콤(甘)한 사랑에 한 쌍(匹 짝 필)이 **심하게** 빠지다.
- 甚深(심심) : (마음의 표현 정도가) 매우 깊음. 極甚(극심)
- 甘(달 **감**) : 입(口) 속 혀(一)로 **단맛**을 보는 모양

生 部

生
날 **생**
(8급 5획)

새싹(丿)이 흙(土 흙 토)을 뚫고 돋아나는 모양에서 **낳다.**
- 生水(생수)   生日(생일)   生死(생사)   中學生(중학생)
- 人 사람 **인** 亻'사람인변' ⺈ 굽은사람 **인** ⺊누운사람 **인**

産
낳을 **산**
(5급 11획)

언덕(厂)에 서(立 설 립) 있는 풀처럼 사람이 자식 **낳는다**(生 날 생)와 **생산하다.**
- 産苦(산고)   産業(산업)   産出(산출)
- 厂(언덕 **한**) : 가파른 낭떠러지 모양으로 **언덕, 벼랑, 절벽**

用 部

用
쓸 **용**
(6급 5획)

점통(冂) 돌리다 하나 뽑아 점을 쳐서 맞으면(中 맞힐 중) 그 일을 **힘써 한다.**
- 用務(용무)   用語(용어)   有用(유용)
  用意周到(용의주도) : 마음 씀이 두루 미처 빈틈이 없음

必死則生 必生則死(필사즉생 필생즉사)
오로지 죽기로 싸우면 그것이 곧 사는 길이요. 오로지 살려고 비겁(卑怯)하면 그것이 곧 죽음이다.
위기(危機)에 처한 나라를 구하려는 충신(忠臣)의 각오.   - 성웅 이순신 -

田 部

밭 전
(4Ⅱ 5획)

여러 갈래로 구분 지어져 있는 **밭**.
- 田畓(전답) 田園(전원) 油田(유전) ☞ 畓(논 답) 園(동산 원)
  丁田(정전) : 신라 때, 15살 이상의 남자에게 나누어 주던 토지

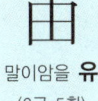

말미암을 유
(6급 5획)

밭(田)에 씨앗을 뿌림으로 **말미암아** 싹이 나온(丨뚫을 곤)
모양. 여기서 **일의 시작**이나 **유래(由來)**, **까닭**.
- 理由(이유) 自由(자유) 事由(사유) : 일의 까닭

갑옷 갑
(4급 5획)

돋아난 싹이 껍질 뒤집어쓰고 있는 모양에서 **갑옷**.
싹은 처음이라 하여 **십간(十干)의 첫째**.
- 甲富(갑부) 鐵甲(철갑) 回甲(회갑) 甲午更張(갑오경장)

알릴 신
(4Ⅱ 5획)

말(曰 말할 왈)의 핵심을 찔러(丨뚫을 곤) **아뢰다**.
아홉째 지지(地支)인 **원숭이**의 뜻으로 쓰이는 글자.
- 申告(신고) 申請(신청) 申申當付(신신당부) ☞ 付(청할 부)

남녘 남
(8급 9획)

많은(十) 풀이 나 있는 들판(冂)에 양(羊 양 양의 축약)이 있는 따
뜻한 **남녘**.
- 남대문(南大門) 남산(南山) 남한(南韓)
- 冂(멀 **경**) : **멀리** 둘러싸고 있는 **성곽**. 또는 **둘러싸다**.

界

지경 계
(6급 9획)

밭(田) 사이에 끼여(介) 있는 경계선 즉 **지경(地境)**.
- 世界(세계) 外界(외계) 政界(정계) ☞ 政(다스릴 정)
- 介(끼일 **개**) : 사람(人) 둘(丿丨) 사이에 **끼이다**.

畓
논 **답**
(3급 9획)

물(水)이 차 있는 밭(田) 즉 **논**.
- 田畓(전답)   乾畓(건답)
  天水畓(천수답) : 비가 와야 모를 내는 논. 천둥지기. 하늘바라기
  門前沃畓(문전옥답) : 집 앞의 기름진 논   ☞ 沃(기름질 옥)

畏
두려울 **외**
(3급 9획)

밭(田) 일을 할 때 옷(衣 옷 의)을 버릴까 **두려워하다**.
- 後生可畏(후생가외) : 후에 태어난 어린이는 장래가 유망하여 앞으
  로 어떠한 인물이 될지 모르기에 한편으로 두렵다는 뜻

留
머무를 **류**
(4Ⅱ 10획)

논밭(田)에서 자란 농작물을 비스듬이(丿) 팔(厶 팔꿈치 사)로 잡
아 칼(刀)로 수확 하며 **머물러** 산다 하여.
- 留級(유급)   留念(유념)   留保(유보)   留任(유임)   留學(유학)

畜
기를 **축**
(3Ⅱ 10획)

검은(玄 검을 현) 염소를 기르는 밭(田) 모양에서 가축(家畜)을
기르다.
- 畜舍(축사)   畜産(축산)   牧畜(목축)
- 玄 : 하늘 덮은(亠) 작은(幺 작을 요) 황사로 빛이 **어두움**

畢
마칠 **필**
(3Ⅱ 11획)

밭(田)에 난 풀(艹)의 일생(一)은 시월(十)이면 **마친다**.
- 畢竟(필경) : 마침내. 결국에는.   檢査畢(검사필)   未畢(미필)
- 田(밭 **전**) : 여러 갈래로 구분 지어져 있는 **밭**이나 **논**

略
줄일 **략**
(4급 11획)

밭(田)의 경계를 발걸음으로 각기(各) **대충** 정하여 **줄여** 만들음.
대략 정한 이웃 밭을 침략하여 **빼앗다**.
- 略圖(약도)   略歷(약력)   略式(약식)   略字(약자)   省略(생략)
- 各(각각 **각**) : 앞과 뒷(夂 뒤져올 치) 사람 말(口)이 **각각 다르다**.

異
다를 **이**
(4급 11획)

밭(田) 일 함께(共 함께 공) 하지만 결과는 노력에 따라 **다르다**.
- 異見(이견)   異口同聲(이구동성)   異變(이변)
- 共 : 많은(廾) 사람이 두 손(八)을 하나(一)로 모아 **함께** 행함

番
차례 **번**
(6급 12획)

분별해서(釆) 익은 곡식을 밭(田)에서 **차례**로 거두어들임.
- 番地(번지) 番號(번호) 軍番(군번) 順番(순번) 週番(주번)
- 釆(분별할 **변**) : 쌀(米)에 섞여있거나 불순물(丿) 가려내 **분별하다.**

畫
그림 **화**, 그을 **획**
(6급 13획)

붓(聿 붓 **율**)으로 논밭(田)의 경계(凵) **긋거나 그리다.**
- 畫家(화가) 畵面(화면) 畵伯(화백) 畵室(화실) 획순(畫順)
- 聿 : 세 손가락(彐 손 계)과 나머지 두(二) 손가락으로 쥔(丨) **붓**

當 当
마땅할 **당**
(5급 13획)

논밭(田) 가치를 높이(尙 높일 상) 생각함이 **마땅하다.**
- 當到(당도) 當落(당락) 當番(당번) 當然(당연) 正當(정당)
  當局者迷(당국자미) : 일의 담당자가 도리어 그 실정에 어두움

畿
경기 **기**
(3Ⅱ 15획)

서울에서 몇(幾) 리 안쪽의 논밭(田) 많은 땅인 **경기.**
- 京畿道(경기도)   湖西(호서) : 충청남북도
- 경(京) 200리 안쪽을 경기(京畿)라 했음(고려 현종 때 정함).

疋 部

疋
발 **소**, 짝 **필**
(5획)

발목에서 발끝까지의 모양으로 **발**을 나타냄.
- '짝'이나 '피륙(필로 된 베)의 치수를 세는 단위'의 뜻이 있으나 일반적으로 '匹(필 **필**)'을 많이 씀. ☞ 疋 = 疋

疏
드물 **소**
(3Ⅱ 11획)

발(疋 발 소) 묶인(束 묶을 속)듯 왕래 **드물다.** 발로 누르고 묶은 다발이 엉성하여 성기다. 속이 보여 **트이다.**
- 疏外(소외) 疏脫(소탈) 疏通(소통) 疏遠(소원) ☞ 疏 = 疎

疑
의심할 **의**
(4급 14획)

비수(匕 비수 비)·화살(矢 화살 시)·창(矛 창 모의 축약)을 지니고 다니니(疋 발 소) **의심(疑心)**한다.
- 疑問(의문)　半信半疑(반신반의)　質疑應答(질의응답)

疒 部

疒
병들 **녁**
(5획)

집(广 집 엄)에 찬바람(冫 얼을 빙)이 들어와 **병들다.**

疫
돌림병 **역**
(3Ⅱ 9획)

병(疒 병들 녁) 중, 적군들이 창(殳 창 수)을 들고 여기저기서 쳐들어오듯 여기저기로 전염되는 **돌림병.**
- 疫病(역병)　疫疾(역질)　檢疫(검역)　防疫(방역)　紅疫(홍역)

疾
병 **질**
(3Ⅱ 10획)

화살(矢)처럼 **빠르게** 악화되는 **질병(疒).**
- 疾病(질병)　疾走(질주)　疾風(질풍)　疾患(질환)
- 矢(화살 **시**) : **화살** 모양. **빠르다**와 활에 비해 **짧다**는 뜻

疲
피로할 **피**
(4급 10획)

아픈(疒) 것 같이 겉(皮)에 보이는 **피로(疲勞).**
- 疲困(피곤)　疲勞(피로)　疲弊(피폐) : 지치고 쇠약해짐.
- 皮(가죽 **피**) : 손(又 손 우)으로 당겨(ㅣ) 벗기는 짐승의 **가죽**

病
병들 **병**
(6급 10획)

병들어(疒) 몸에서 따뜻한 남녁(丙)처럼 열이 나는 **병.**
- 病名(병명)　病弱(병약)　病院(병원)　萬病(만병)　問病(문병)
- 丙(남녁 **병**) : 화로(冂)에 담긴 불(火의 줄임) 모양으로 따뜻한 **남녁**

226

症
증세 **증**
(3Ⅱ 10획)

어떤 병(疒)인지 정확히(正 바를 정) 알 수 있는 **증세.**
- 症狀(증상)　症勢(증세)　症候群(증후군)　痛症(통증)
- 疒(병들 **녁**) : 집(广 집 엄)에 찬바람(冫 얼을 빙) 들어와 **병들다.**

痛
아플 **통**
(4급 12획)

병(疒)으로 아픈 곳이 솟아나듯(甬) 쑤시고 **아프다.**
- 痛症(통증)　痛恨(통한)　苦痛(고통)　頭痛(두통)　齒痛(치통)
- 甬(솟을 **용**) : 꽃봉오리가 솟아나온 모양. 물 **솟아나는** 모양

癶 部

癶
걸을 **발**
(5획)

두 발을 벌리고 **걸어 나가는** 모양.
- 發(필 발)의 머리 부분이라 하여 '필발머리'라고도 함.

癸
천간 **계**
(3급 9획)

하늘(天)을 덮고(癶 덮을 발) 있는 **열째 천간(天干).**
- 癸丑日記(계축일기) : 광해군(1623) 때, 일기체로 기록한 글
- 癶(덮을 **발**) : 윗부분을 넓게 **덮고** 있는 모양　☞ 丑(소 **축**)

登
오를 **등**
(7급 12획)

발판(豆) 밟고 오르는(癶 걸을 발) 모양에서 **오르다.**
- 登校(등교)　登山(등산)　登場(등장)　　☞ 場(마당 장)
- 豆(제기 **두**) : **제사 지내는 그릇**의 윗부분이 **평평함**을 뜻함

發
나아갈 **발**
(6급 12획)

활(弓)을 **쏘고** 창(殳)을 던지니 앞으로 **나아간다**(癶 걸을 발).
- 發見(발견)　發想(발상)　發信(발신)　發展(발전)
- 殳(창 **수**) : 손(又)에 들고(几 책상 궤) 치는 **창**이나 **몽둥이**

白 部

白
흰 **백**
(8급 5획)

해(日)에서 뻗어 나오는(丿) 빛이 **희다. 깨끗하게 말하다.**
- 白軍(백군) 白金(백금) 白人(백인) 告白(고백) 靑白(청백)
- 丿(삐침 **별**) : 오른쪽에서 왼쪽으로 **삐치면서** 당기는 모양

百
일백 **백**
(7급 6획)

하나(一)부터 수를 세다 일정 단위가 되면 소리치는(白 말할 백)
숫자인 **일백. 많다.**
- 百方(백방) 百姓(백성)
- 白 : 입(日)에서 나오는(丿) 말이라 하여 **말하다**는 뜻

的
과녁 **적**
(5급 8획)

흰(白) 종이로 싼(勹 쌀 포) 판에 점찍어(丶 점 주) 만든 **과녁.**
- 的當(적당) 的中(적중) 目的(목적) 物質的(물질적)
- 白(흰 **백**) : 해(日)에서 뻗어 나오는(丿 삐침 별) 빛이 **희다.**

皆
다 **개**
(3급 9획)

비교(比)할 것도 없이 **다** 같이 찬성의 말(白 말할 백)을 한다
하여.
- 皆勤(개근) 皆兵(개병) 皆骨山(개골산)
- 比(견줄 **비**) : 두 사람을 **나란히** 세워놓고 **비교(比較)함**

皇
황제 **황**
(3Ⅱ 9획)

임금(王) 위에서 말하는(白 말할 백) **황제(皇帝).**
- 皇宮(황궁) 皇室(황실) 敎皇(교황) 天皇(천황)
- 白 : 삐져나오듯(丿 삐침 별) 입(日)으로 **말하다.**

百年大計(백년대계) : 먼 장래(將來)를 내다보는 원대한 계획(計劃)
- 1년 대계는 농사(農事)에 있고 10년 대계는 수목(樹木)에 있으며, 100년 대계는
  인재양성(人才養成)이나, 1,000년 대계는 환경보호(環境保護) 임.

皮 部

皮
가죽 피
(3Ⅱ 5획)

짐승의 **가죽**을 손(又 손 우)으로 당겨(丨) 벗기는 모양으로, 보통 털이 붙어 있는 **날가죽**을 의미함.
- 皮膚(피부)　皮相的(피상적)　皮革(피혁)　毛皮(모피)　脫皮(탈피)

皿 部

皿
그릇 명
(5획)

위가 넓고 받침이 있는 **그릇**.
- 器皿(기명) : 온갖 그릇.　　大皿(대명) : 큼직한 그릇

益
더할 익
(4Ⅱ 11획)

그릇(皿) 위에 음식 쌓고(八) 또(一) 쌓아(八) 넘치는 모양에서 **더하다**.
- 國益(국익)　利益(이익)　多多益善(다다익선)
- 皿(그릇 **명**) : 위가 넓고 받침이 있는 **그릇**

盜
훔칠 도
(4급 12획)

그릇(皿)의 것이 탐나 입을 벌리고(欠) 침(冫)을 흘리는 데서 **도둑**이나 **훔치다**.
- 盜難(도난)　盜用(도용)　盜賊(도적)
- 欠(하품 **흠**) : **입을 크게 벌리며**(宀) 사람(人)이 하는 **하품**

盛
풍성할 성
(4Ⅱ 12획)

음식 만들어(成) 그릇(皿 그릇 명)에 **풍성히** 담다.
- 盛大(성대)　盛況(성황)　繁盛(번성)　全盛(전성)　豊盛(풍성)
- 成(만들 **성**) : 힘들여(力의 축약) 창(戈)을 **만들어낸다**.

盟
맹세할 **맹**
(3Ⅱ 13획)

명확히(明) 하기 위해 그릇(皿 그릇 명)에 피 담아 마시며 **맹세하다.**
- 盟誓(맹서) 盟約(맹약) 加盟(가맹) 同盟(동맹)
- 明(밝을 **명**) : 낮은 해(日)가, 밤은 달(月)이 있어 **밝다.**

盡
다할 **진**
(4급 14획)

손(⺕ 손 계)에 부젓가락(ㄥ)을 들고 불(灬=火)이 있는 그릇(皿 그릇 명)을 뒤적이는 모양에서 불씨가 **다하다.**
- 盡力(진력) 極盡(극진) 未盡(미진) 脫盡(탈진)

監
살필 **감**
(4Ⅱ 14획)

신하(臣 신하 신) 한(一) 사람(丶)이 그릇(皿)에 담긴 음식을 **살피다.**
- 監督(감독) 監視(감시) 監獄(감옥)
- 皿(그릇 **명**) : 위가 넓고 받침이 있는 **그릇** ☞ 督(살필 독)

盤
소반 **반**
(3Ⅱ 15획)

일반적인(般 일반 반) 물건을 담는 그릇(皿 그릇 명)인 **소반(小盤).** 밑이 넓고 평평하다 하여 사물의 **밑바탕.**
- 盤石(반석) 基盤(기반) 巖盤(암반) 銀盤(은반) 音盤(음반)

目(罒)部

目

눈 **목**
(6급 5획)

눈. 보다.
- 目的(목적) 目標(목표) 目次(목차) ☞ 罒(누운눈 목)
- 目不識丁(목불식정) : 낫 놓고 기역자도 모름. 매우 무식함
  目不忍見(목불인견) : 차마 눈뜨고 볼 수 없을 정도로 끔직한 상황

盲

소경 **맹**
(3Ⅱ 8획)

볼 수 있는 눈(目)이 없다(亡 없을 망) 하여 **소경.**
- 盲目的(맹목적) 盲信(맹신) 盲腸(맹장) 色盲(색맹)
- 亡 : 덮어(亠) 놓은 것의 한쪽이 터져(ㄴ) 물건이 **없어지다.**

直

곧을 직
(7급 8획)

열(十) 번을 보아도(目) 앉은(ㄴ) 자세가 **곧다.**
- 直立(직립) 直線(직선) 直進(직진) 正直(정직)
- 直木先伐(직목선벌) : 곧은 나무가 먼저 베어짐

相

서로 상
(5급 9획)

나무(木)는 **서로** 마주 보는(目) 상태가 이상적.
- 相談(상담) 相對(상대) 相反(상반) 首相(수상) ☞ 相(정승 상)
- 사람 이름에 쓰이는 '相'은 '높은 벼슬' 보통 '정승'을 의미함

看

볼 간
(4급 9획)

손(手 손 수)을 눈(目 눈 목) 위에 얹어 **잘 살펴보다.**
- 看過(간과) 看病(간병) 看板(간판) 看護員(간호원)
  走馬看山(주마간산) : 달리는 말 위에서 산을 보듯, 대강 봄

眉

눈썹 미
(3급 9획)

지붕(尸) 같이 위에서 눈(目) 보호하는 털(丨)인 **눈썹.**
- 眉間(미간) 白眉(백미) : 가장 뛰어남. 焦眉(초미) : 매우 위급함
- 尸(지붕 시) : 집의 **지붕** 모양을 그린 글자. ☞ 焦(그을릴 초)

省

살필 성, 줄일 생
(6급 9획)

어리(少 어릴 소)거나 약한 것을 잘 보아(目) **살핌.**
사소(少 적을 소)하게 보이는(目) 것은 과감히 **줄임.**
- 省墓(성묘) 省察(성찰) 反省(반성) 自省(자성) 省略(생략)

眞 真

참 진
(4Ⅱ 10획)

비수(匕 비수 비)와 같은 예리한 눈(目)으로 상하(丨) 좌우(一) 사방팔방(八)으로 보아도 빠짐없어 **참하다.**
- 眞理(진리) 眞面目(진면목) 眞善美(진선미) 眞實(진실)

眠

잘 면
(3Ⅱ 10획)

눈(目) 감고 백성들이(民 백성 민) **잠을 자다**는 뜻.
- 冬眠(동면) 熟眠(숙면) 催眠(최면) 不眠症(불면증)
- 民 : 여러 성씨(氏)가 하나(一) 되어 만든 나라의 뿌리인 **백성**

眼
눈 **안**
(4Ⅱ 11획)

보는(艮) 눈(目)이 둘인 **양 눈**.
- 眼鏡(안경)　眼科(안과)　眼目(안목)　眼下無人(안하무인)
- 艮(볼 **간**) : 눈(目의 변형) 뜨고 보는 모양에서 **눈, 보다**.

着
붙을 **착**
(5급 11획)

양(羊)은 서로 바라보며(目) 의좋게 **붙어** 다닌다는 데서.
- 着席(착석)　着地(착지)　着手(착수)　着發(착발)　定着(정착)
- 羊(양 **양**) : 두 뿔 있는 **양** 머리 보고 그린 글자. ☞ 羊 = 𦍌 𦍌

睡
잘 **수**
(3급 13획)

눈(目)꺼풀을 내리고(垂) **잠자다**.
- 睡眠(수면)　午睡(오수)　　☞ 眠(잘 면)
- 垂(드리울 **수**) : 천(千)가지의 풀(卄)이 땅(土)을 향해 **드리우다**.

睦
화목할 **목**
(3Ⅱ 13획)

바라보는 눈(目)이 위아래(坴)로 정다우니 **화목하다**.
- 親睦(친목)　和睦(화목)　　親(친할 친)　☞ 和(화할 화)
- 坴(언덕 **륙**) : **위아래**로 흙(土)이 흙(土)을 덮은(儿) **큰 언덕**

督
살필 **독**
(4Ⅱ 13획)

작게(叔 작을 숙) 눈(目)을 뜨고 **살피다**.
- 監督(감독)　基督敎(기독교)　總督(총독)　☞ 總(거느릴 총)
- 叔(작을 **숙**) : 위(上)쪽 **작은**(小) 싹을 손(又)으로 솎아주는 모양

瞬
눈깜짝할 **순**
(3Ⅱ 17획)

눈(目)을 손(爫 손톱 조)으로 가리고(冖 덮을 멱) 한 걸음(舛 발엇
갈릴 천) 옮기는 데에 걸릴 정도 **짧은 시간**.
- 瞬間(순간)　瞬發力(순발력)　瞬息間(순식간)　☞ 息(숨쉴 식)

矛 部

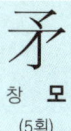

矛
창 **모**
(5획)

긴 자루가 달린 끝이 **뾰족한 창.**
• 矛盾(모순) : 말이나 행동의 앞뒤가 맞지 않음.

矢 部

矢
화살 **시**
(3급 5획)

화살 모양. 화살은 **빠르다**와 활에 비해 **짧다**는 뜻.
• 弓矢(궁시)   矢緯(시위) : 활줄
  已發之矢(이발지시) : 이미 시위를 떠난 화살. 한 번 시작된 일을
  멈추기 어려움 ☞ 已(이미 이)

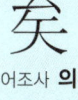

어조사 **의**
(3급 7획)

과녁(厶)에 화살(矢 화살 시)이 꽂힌 모양에서, 문장 끝에 쓰여 **강
조의 뜻**을 가진 **어조사(語助辭).**
• 萬事休矣(만사휴의) : 어쩔 도리 없이 모든 일이 끝장남을 뜻함

知
알 **지**
(5급 8획)

화살(矢)처럼 빨리 대답하거나, 남의 말(口)을 빨리 알아듣는 것
은 그것에 대해 **안다.**
• 知能(지능)   知識(지식)   智慧(지혜)   ☞ 慧(슬기 혜)
• 矢(화살 시) : **화살** 모양. **빠르다**와 활에 비해 **짧다**는 뜻

短
짧을 **단**
(6급 12획)

화살(矢 화살 시), 콩(豆) 모두 **짧다.**
• 短文(단문)   短命(단명)   短點(단점)   長短點(장단점)
• 豆(콩 **두**) : 콩꼬투리 같이 생겨 **콩. 제기(祭器)**의 모양

矯
바로잡을 **교**
(3급 17획)

굽은 화살(矢 화살 시)을 높이(喬) 날도록 **바로잡다.**
• 矯角殺牛(교각살우)   矯導所(교도소)   齒牙矯正(치아교정)
• 喬(높을 **교**) : 나무가 굽을(夭굽을 요) 정도로 **높게**(高) 자람

石 部

石
돌 **석**
(6급 5획)

언덕(厂) 밑에 떨어진 **돌(口)**.
- 石工(석공) 石綿(석면) 石油(석유) 石花(석화) : 굴조개
- 厂(언덕 **한**) : 가파른 낭떠러지 모양으로 **언덕, 벼랑, 절벽**

砂
모래 **사**
(3Ⅱ 7획)

돌(石)이 잘게(少 적을 소) 부서져 된 **모래**.
- 砂金(사금) 砂糖(사탕) 土砂(토사) 黃砂(황사)
  沙漠(사막) 白沙場(백사장) 沙器(사기) : 사기 그릇 ☞ 砂 = 沙

砲
대포 **포**
(4Ⅱ 10획)

돌(石)을 싸서(包) 쏘는 **대포(大砲)**.
- 砲兵(포병) 砲聲(포성) 砲彈(포탄) 砲丸(포환) 祝砲(축포)
- 包(쌀 **포**) : 뱃속에 태아(巳)가 싸여(勹) 있는 모양에서 **싸다**.

破
깰 **파**
(4Ⅱ 10획)

돌(石)의 겉(皮 가죽 피)을 쳐서 **깨다**.
- 破壞(파괴) 破産(파산) 破損(파손) 破片(파편) 打破(타파)
- 破竹之勢(파죽지세) : 대를 쪼개는 것과 같은 거침없는 기세

硏
연구할 **연**
(4Ⅱ 11획)

돌(石)에 반듯하게(幵) **갈다**.
- 硏究(연구) 硏磨(연마) 硏修(연수) ☞ 磨(갈 마) 修(닦을 수)
- 幵(평평할 **견**) : 방패(干 방패 간) 두 개를 붙여 **평평하게** 함

硬
굳을 **경**
(3Ⅱ 12획)

흐르는 용암이 돌(石)과 같이 다시(更 다시 갱) 단단하게 **굳음**.
- 硬度(경도) 硬直(경직) 强硬(강경) 肝硬化(간경화)
- 更 : 틀린 한마디(一) 말(曰)을 사람(人)이 좋게 **고쳐 다시** 말함

碑
비석 **비**
(4급 13획)

돌(石)로, 묘보다 낮게(卑 낮을 비) 만든 **비석.**
- 碑銘(비명) 碑文(비문) 碑石(비석) 墓碑(묘비)
- 石(돌 **석**) : 언덕(厂 언덕 한) 밑에 굴러 떨어진 **돌**(口)

碧
푸를 **벽**
(3Ⅱ 14획)

흰(白 흰 백)빛을 띠는 **푸른빛**의 옥(王 = 玉) 돌(石).
- 碧空(벽공) 碧溪水(벽계수) : 물 맑아 푸른빛이 도는 시냇물
  碧眼(벽안) : 눈동자가 파란 눈. 서양 사람을 이르는 말

確
굳을 **확**
(4Ⅱ 15획)

하늘(冖 덮을 멱) 높이 오르는 새(隹 새 추)처럼, 지조 높고 의지
가 돌(石 돌 석)처럼 **굳다.**
- 確固(확고) 確保(확보) 確信(확신) 確定(확정) 正確(정확)

磨
磨
갈 **마**
(3Ⅱ 16획)

삼(麻)을 돌(石)로 짓이겨 겉껍질 벗기는 데서 **갈다.**
- 磨滅(마멸) 磨耗(마모) 研磨(연마)
- 切磋琢磨(절차탁마) : 옥돌을 자르고, 갈고, 쪼고, 문질러 빛을 냄.
  학문이나 인격을 닦음

礎
주춧돌 **초**
(3Ⅱ 18획)

집을 지을 때 돌(石)을 나무기둥(林)의 발(疋 발 소)처럼 괴어놓는
주춧돌. 여기서 **사물의 기초(基礎)**의 뜻.
- 礎石(초석) : 주춧돌. 머릿돌. 모퉁잇돌. 사물의 기초

磨斧作針(마부작침)
도끼를 갈아 바늘을 만듦. 斧(도끼 부) 針(바늘 침)
어려운 일도 참고 계속하면 언젠가는 이루어짐.
 – 시인 이태백이 공부가 싫증 나 하산하다 냇가에서 바늘을 만들려고 도끼를 갈고
  있는 한 노파를 만났다. "언제 되겠냐"는 말에 할머니는 "되고말고. 중도에 그만
  두지만 않는다면…" 이 말에 태백은 반성한 후 다시 학문에 매진했다는 고사.

示(礻) 部

示
보일 **시**
(5급 5획)

제단 모양. 제물을 제단에 올려 신에게 **보임. 제사, 기원, 바라다.**(二 : 넓은 석판 小 : 석판 받침)
- 示範(시범) 告示(고시) 展示(전시) 表示(표시) 訓示(훈시)
- 礻 : '보일시변'

祀
제사 **사**
(3Ⅱ 11획)

제단(示)에 빙 둘러(巳 뱀 사) 지내는 **제사.**
- 祀天(사천) : 하늘에 제사를 지냄. 祭祀(제사) 宗社(종사)
- 示(제단 **시**) : **제단** 모양으로 제물을 제단에 올려 신에게 **보임**

社
단체 **사**
(6급 8획)

토지(土) 신에게 제사(示) 지내려 **모이다** 또는 그런 **단체.**
- 社長(사장) 社主(사주) 社會(사회) 社訓(사훈) 會社(회사)
  社稷(사직) : 땅의 신과 곡식 신. 나라.   ☞ 稷(곡식신 직)

祈
빌 **기**
(3Ⅱ 9획)

제단(示) 앞에서 두 손을 도끼날(斤)처럼 모아 **빌다.**
- 祈福(기복) 祈雨祭(기우제) 祈願(기원) 祈禱(기도) ☞ 禱(빌 도)
- 斤(도끼 **근**) : **도끼**의 모양으로 **끊다, 베다, 무기**의 뜻

祖
할아비 **조**
(7급 10획)

제단(示)에 음식을 쌓아(且) 놓고 제사지내는 **조상.**
- 祖國(조국) 祖母(조모) 祖父(조부) 祖上(조상) 先祖(선조)
- 且(많을 **차**) : 제기에 음식 **많이** 쌓아 놓은 모양

祝
빌 **축**
(5급 10획)

제사(示)를 올리는 맏형 (兄 맏 형)이 잘 되라고 **빌다.**
- 祝歌(축가) 祝願(축원) 祝電(축전) 祝祭(축제) 慶祝(경축)
- 兄 : 아우에게 도움 말(口)을 해주는 사람(儿 어진사람 인)인 **형**

神
귀신 신
(6급 10획)

제단(示)에서 바라는 바를 아뢰는(申) 대상인 **신.**
- 神經(신경) 神聖(신성) 新通(신통) 神話(신화)   鬼神(귀신)
- 申(아뢸 **신**) : 말(曰 말할 왈)의 핵심을 찔러(ㅣ뚫을 곤) **아뢰다.**

票
쪽지 표
(4Ⅱ 11획)

뚜껑(覀)에 내용물을 알아 볼(示) 수 있게 써 붙인 **쪽지.**
- 票決(표결) 買票(매표) 手票(수표) 暗票(암표)
- 覀(덮을 **아**) : 그릇 아가리에 끼워 막는 **마개. 덮는다.** ☞ 襾 = 覀

祥
상서 상
(3급 11획)

제단(示 제단 시)에 양(羊)을 바치니 **좋은 일이 있을 듯함.**
- 吉祥(길상) 不祥事(불상사) 祥瑞(상서)   ☞ 瑞(길조 서)
- 羊(양 **양**) : 두 뿔 있는 **양** 머리를 보고 그린 글자 ☞ 羊 = ⺶ ⺷

祭
제사 제
(4Ⅱ 11획)

고기(月=肉)를 손(又 손 우)으로 제단(示)에 올려놓고 지내는 **제사.**
- 祭器(제기) 祭壇(제단) 祭祀(제사) 祭典(제전)
- 月(육달 **월**) : '달'의 뜻이 아닐 때는 **고기**(月=肉 고기 육)의 뜻

祿
녹 록
(3Ⅱ 13획)

제사(示) 때 위패(位牌) 깎아(彔 깎을 록) 모시는 이가 받는 **녹봉.**
- 祿俸(녹봉) 國祿(국록) 貫祿(관록)
- 彔 : 멧돼지가 주둥이로(彑) 나무껍질을 수액(氺)이 나오게 **깎음**

禁
금할 금
(4Ⅱ 13획)

숲(林 수풀 림)에서 함부로 제사(示) 지냄을 **금하다.**
- 禁忌(금기) 禁斷(금단) 禁煙(금연) 禁止(금지) 監禁(감금)
- 示(제단 **시**) : **제단** 모양으로 제물을 제단에 올려 신에게 **보임**

禍
재앙 화
(3Ⅱ 14획)

제사(示) 잘못 지내 신의 노여움을 사서 입 비뚤어진(咼) **재앙.**
- 禍根(화근) 禍福(화복) 士禍(사화) 災禍(재화)
- 咼(입비뚤 **과**) : 입(口)의 뼈(骨 뼈 골의 줄임)가 **비뚤어진** 모양

福	제단(示)에서 한(一) 입(口) 먹고 살도록 농사(田) 잘 되기를 비니 **복** 받음.
복 **복** (5급 14획)	• 福音(복음) 祝福(축복) 福(행복) • 示(제단 **시**) : **제단** 모양으로 제물을 제단에 올려 신에게 **보임**

禪 禪	제사(示) 지내듯 조용히 홀로(單) **참선하다.**
참 **선** (3Ⅱ 17획)	• 坐禪(좌선) 禪宗(선종) : 참선(參禪)을 통해서 교리를 터득하려는 불교 종파. • 單(하나 **단**) : 입들(口口)에서 나온 말(曰)을 모아(十) 만든 **하나**

禮 礼	제사(示 제단 시) 지낼 때 풍성하게(豊) 차려놓고 지내는 절차인 **예절.**
예도 **례** (6급 18획)	• 禮式(예식) 禮儀(예의) 禮節(예절) • 豊(풍성할 **풍**) : 제기(豆)에 올린 떡이 커서 굽을(曲) 정도로 **풍성함**

内 部

짐승발자국 **유** (5획)	**새**나 짐승의 **발자국**을 본뜬 글자.

禽	날개(人)로 덮고(ㅗ) 있는 가슴(凶 ← 胸 가슴 흉)과 다리(内)모양의 **새**.
새 **금** (3Ⅱ 13획)	• 禽獸(금수) 家禽類(가금류) ☞ 獸(짐승 수) • 内(발자국 **유**) : **새**나 짐승의 **발자국**을 본뜬 글자

五福(오복)

수(壽), 부(富), 귀(貴, 존경받음), 강녕(康寧, 건강함), 다산(多産). – '이(齒)가 좋으면 오복에 하나'라 하여 이 말은 이가 좋아 밥 잘 먹고, 잘 먹으니 건강하고, 건강하니 자식 많이 낳고 오래 산다는 뜻이 함축(含蓄)되어 치아(齒牙)의 중요함을 이르는 말.

禾 部

禾
벼 **화**
(3급 5획)

익으면 고개를 숙이며(/) 자라는(木) **벼나 곡식.**
• 禾穀(화곡) : 벼, 곡류.　禾苗(화묘) : 볏모. 모. ☞ 苗(모, 싹 묘)

秀
배어날 **수**
(4급 7획)

일정한 크기의 벼(禾)의 범위(乃 이에 내)를 벗어나 유독 길게 자란 모양에서 **빼어나다.**
• 秀才(수재)　優秀(우수)
• 乃 : 지팡이(/) 짚은 굽은(ㄱ) 노인. 사람은 곧 **이에** 이른다.

私
개인 **사**
(4급 7획)

벼(禾 벼 화)를 팔(厶 팔꿈치 사)로 끌어안은 모양에서 **사사롭다, 개인의 이익 등을 추구한다**는 뜻.
• 私利私慾(사리사욕)　私立(사립)　私說(사설)　私心(사심)

秋
가을 **추**
(7급 9획)

벼(禾)가 불(火)에 타듯 익어 가는 **가을.**
• 秋夕(추석)　秋收(추수)　仲秋節(중추절) : 한가위. 추석(秋夕)
　秋毫(추호) : 가을에 나는 가는 털. 조금이나 매우 적음의 뜻

科
나눌 **과**
(6급 9획)

곡식(禾 벼 화)을 말(斗)로 헤아리는 **과정**이나, **나누다.**
• 科目(과목)　科學(과학)　教科(교과)　內科(내과)　理科(이과)
• 斗(말 **두**) : 곡식(ﾍ ﾍ) 양을 헤아리는 **말.** 한 말은 **18리터.**

秒
분초 **초**
(3급 9획)

벼(禾)의 작은(少 적을 소) 알갱이처럼 시간의 작은 단위인 **초.**
• 秒速(초속)　秒針(초침)　　　　☞ 針(바늘 침)
• 秒 : 각도(角度)를 나타내는 단위로는, 1도의 60분의 1임

租
세금 **조**
(3Ⅱ 10획)

벼(禾 벼 화) 쌓아(且) 놓은 것 중 일부를 바치는 **세금(稅金)**.
- 租稅(조세) 租借(조차) : 다른 나라 영토 빌려 관리 함.
- 且(많을 **차**) : 제기에 음식 **많이** 쌓아 놓은 모양

秩
차례 **질**
(3Ⅱ 10획)

벼(禾 벼 화) 손실(失) 막기 위해 **차례**로 쌓는 데서.
- 秩序(질서) : 사회에 필요한 올바른 차례와 그에 대한 규칙
- 失(잃을 **실**) : 사람(⺊ 누운사람 인)이 큰(大) 것을 **잃다**.

秘
감출 **비**
(4급 10획)

곡식(禾)은 반드시(必 반드시 필) 빛 안 드는 곳에 **감추다**.
- 秘密(비밀) 秘法(비법) 秘書(비서) 秘話(비화)
- 必 : 심장(心)에 비수(丿)가 들어와도 할 것은 **반드시** 한다.

移
옮길 **이**
(4Ⅱ 11획)

벼(禾 벼 화)를 많이(多 많을 다) 옮겨 쌓는다는 데서 **옮기다**.
- 移動(이동) 移民(이민) 移植(이식) 移越(이월)

稀
드물 **희**
(3Ⅱ 12획)

농사(禾 벼 화)가 잘 되길 바라지만(希) 실제로 잘 되기는 **드물다**.
- 稀貴(희귀) 稀少(희소) 古稀(고희) : 일흔 살.
- 希(바랄 **희**) : 엇걸어(乂) 짠 베(布 베 포)가 잘 짜지기를 **바란다**.

稅
세금 **세**
(4Ⅱ 12획)

생산한 것을 벼(禾 벼 화)로 바꾸어(兌 바꿀 태) 내는 **세금**.
- 稅關(세관) 稅金(세금) 稅務(세무) 課稅(과세)
- 兌 : 팔자(八)에 맏이(兄)로 태어나 마음가짐을 굳게 **바꾸다**.

程
과정 **정**
(4Ⅱ 12획)

세금으로 벼(禾 벼 화)를 얼마나 드릴지(呈) 정한 **법**. 볏단(禾) 네 모(口) 반듯이(壬) 쌓듯 일 해나가는 **과정**.
- 程度(정도) 工程(공정) 過程(과정) 規程(규정) 日程(일정)
- 呈(드릴 **정**) : 입(口)에 맞는 음식을 정중히 서서(壬) **드리다**.

稚
어릴 **치**
(3Ⅱ 13획)

벼(禾 벼 화)가 새(隹) 꼬리처럼 짧음 즉 덜 자라 **어림**.
- 稚魚(치어) : 어린 물고기 稚拙(치졸) 幼稚園(유치원)
- 隹(새 **추**) : 앉아 있는 보통 꽁지가 짧고 **작은 새** 모양

種
씨앗 **종**
(5급 14획)

곡식(禾) 중 무거워(重 무거울 중) 물에 가라앉는 **씨앗**.
- 種子(종자) 種族(종족) 播種(파종) 品種(품종)
- 重 : 천(千) 개의 마을(里)을 다스려야 하니 책임이 **무겁다**.

稱 称
부를 **칭**
(4급 14획)

벼(禾)를 손(爫 손톱 조)으로 땅(土)에서 들어 **저울**(冂)에 달며 중량을 **부른다**.
- 稱讚(칭찬) 稱號(칭호) 尊稱(존칭) 總稱(총칭) 呼稱(호칭)

穀 穀
곡식 **곡**
(4급 15획)

사람(士 선비 사)이 덮여(冖 덮을 멱) 있는 한(一) 겹의 껍질이 있는 벼(禾)를 찧어서(殳 칠 수) 먹는 **곡식**.
- 穀物(곡물) 穀食(곡식) 穀倉(곡창) 雜穀(잡곡)

稿
원고 **고**
(3Ⅱ 15획)

볏단(禾 벼 화) 높게(高) 쌓아 올린 **볏짚**. 벼이삭이 나옴으로 벼의 자람이 시작되듯, 처음 써 놓은 **원고**.
- 稿料(고료) 原稿(원고) 草稿(초고) 脫稿(탈고) 投稿(투고)

稻 稲
벼 **도**
(3급 15획)

손(爫 손톱 조)으로 절구(臼)에 넣고 찧어 먹는 **벼**(禾).
- 稻熱病(도열병) 立稻先賣(입도선매) : 자라고 있는 벼를 미리 팖
- 臼(절구 **구**) : 곡식이 들어 있는 **절구**

積
쌓을 **적**
(4급 16획)

수확한 볏단(禾 벼 화)을 책임(責)을 지고 **쌓는다**.
- 積極(적극) 積金(적금) 積立(적립) 積載(적재) 容積(용적)
- 責(맡을 **책**) : 주인(主 주인 주)의 재산(貝) 관리를 **맡는다**.

穫
거둘 **확**
(3급 19획)

벼(禾 벼 화)가 익었는지 잘 헤아려(蒦 헤아릴 약) **거두어들인다.**
- 收穫(수확) ☞ 收(거둘 수)
- 蒦 : 풀숲(++)의 새(隹)가 주위를 살피듯, 손(又)으로 잘 **헤아림**

穴 部

穴
구멍 **혈**
(3Ⅱ 5획)

비바람을 피할(宀) 수 있게 파헤쳐진(八 나눌 팔) **굴, 구멍.**
- 穴居(혈거) 墓穴(묘혈) 三姓穴(삼성혈) ☞ 墓(무덤 묘)
- 宀(집 **면**) : 지붕으로 덮여 있는 **집.** 또는 **지붕**이나 **덮은** 모양

究
연구할 **구**
(4Ⅱ 7획)

구불구불한(九) 굴 속(穴)을 끝까지 들어가 본다 하여, **연구
(研究)하다.**
- 探究(탐구) 學究(학구)   ☞ 研(갈 연) 探(찾을 탐)
- 九(아홉 **구**) : 열 십(十)의 가로 획을 **구부려** 열보다 적은 **아홉.**

空
구멍 **공**
(7급 8획)

목재에 구멍(穴)을 장인(工)이 파 만드니 속이 텅 **비어** 있는 **하늘**
과 같음.
- 空間(공간) 空軍(공군) 空中(공중)
- 工(장인 **공**) : **공구** 모양. 공구를 사용하는 물건을 만드는 **장인**

突
갑자기 **돌**
(3Ⅱ 9획)

구멍(穴)에서 개(犬)가 **갑자기** 튀어나오는 모양.
- 突擊(돌격) 突發(돌발) 突進(돌진) 突破(돌파) 衝突(충돌)
- 犬(개 **견**) : 앞발 들고 있는 **개**

窓
창문 **창**
(6급 11획)

벽에 구멍(穴)을 뚫어 만든 것으로 개개인(厶 ← 私 개인 사)의
마음(心)을 시원하게 하는 **창.**
- 窓口(창구) 窓門(창문)
- 厶 : **팔꿈치** 구부려 자기 이익만을 챙긴다 하여 **사사롭다.**

窮
궁할 **궁**
(4급 15획)

굴(穴 구멍 혈)을 몸(身 몸 신)을 활(弓)처럼 구부리고 들어가다 막혀 **막히다**. 막혀 **궁하다**와 살림살이가 궁하니 **가난하다**.
• 窮理(궁리) 窮地(궁지) 困窮(곤궁) 無窮(무궁)

竊 竊
훔칠 **절**
(3급 22획)

구멍(穴 구멍 혈)을 뚫어 하나(一)씩 쌀알(米)을 벌레(벌레 설)가 **훔치다**.
• 竊盜(절도) 剽竊(표절)   ☞ 剽(따낼 표)
• 米(쌀 **미**) : 이쪽저쪽(丶 丿) 나무(木)에 과일 열리듯 벼의 **쌀**

立 部

立
설 **립**
(7급 5획)

땅(一)에 두 발로 **서 있는** 사람의 모습.
• 立冬(입동) 立場(입장) 自立(자립) 中立(중립)
  立春(입춘) : 24절기의 첫째 절기. 계절이 봄으로 들어감

竝 並
나란할 **병**
(3급 10획)

두 사람이 함께 서(立) 있는 모양에서 **나란하다**.
• 竝列(병렬) 竝設(병설) : 함께 설치함. 竝行(병행)

章
글 **장**
(6급 11획)

소리(音) 열(十) 마디를 한 문장으로 읽기 좋게 만든 글. 글 대신 하는 **문양(紋樣)**.
• 文章(문장) 印章(인장)   ☞ 印(도장 인)
• 音(소리 **음**) : 사람이 서서(立) 입(日 말할 왈) 으로 내는 **소리**

竟
마칠 **경**
(3급 11획)

소리(音)를 사람(儿)이 질러 오래 해 온 어려운 일을 **마침내 마침**.
• 畢竟(필경) : 마침내. 결국. 有志竟成(유지경성)
• 儿(어진사람 **인**) : 걷는 사람의 **다리**. **사람**의 뜻으로 많이 쓰임

童
아이 **동**
(6급 12획)

마을(里)에서 서서(立 설 립) 뛰어 노는 **아이**.
- 童心(동심) 童顏(동안) 童話(동화) 兒童(아동) 學童(학동)
- 里(마을 **리**) : 농토(田) 가까운 땅(土)에 자리 잡은 **마을**

端
바를 **단**
(4Ⅱ 14획)

바로 서(立 설 립) 나오는 풀끝(耑)이 일정하게 **바르며** 이것이 **일의 시작**.
- 端緒(단서) 端正(단정) 發端(발단)
- 耑(끝 **단**) : 산(山)에 난 가지런한 풀끝(而) 모양에서 **끝**

競
다툴 **경**
(5급 20획)

서로 서서(立 설 립) 서로가 형(兄)이라는 데서 **다투다**.
- 競起(경기) 競馬(경마) 競賣(경매) 競爭(경쟁) 競合(경합)
- 兄(맏 **형**) : 아우에게 도움 말(口) 해주는 사람(儿 어진사람 인)인 **형**

竹(⺮) 部

竹
대나무 **죽**
(4Ⅱ 6획)

대나무의 대와 그 잎을 그린 자. ☞ ⺮ : 대죽머리
- 竹刀(죽도) 竹林(죽림) 竹細工品(죽세공품) ☞ 細(가늘 세)
- 竹馬故友(죽마고우) : 죽마를 타고 놀던 옛 친구. 어릴 적 친구

笑
웃을 **소**
(4Ⅱ 10획)

대(⺮ 대나무 죽)가 바람에 휘듯 허리 굽혀(夭) **웃다**.
- 笑門福來(소문복래) 談笑(담소) 失笑(실소) 一笑一少(일소일소)
- 夭(굽을 **요**) : 비스듬히(丿) 큰(大) 것이 **굽어있는** 모양

第
차례 **제**
(6급 11획)

대(⺮ 대 죽)로 만든 활(弓)을 사람(丨)이 들고 화살(丿)을 차례로 쏘는 모양에서 **차례**.
- 第一(제일) 及第(급제)
  壯元及第(장원급제) : 과거의 갑과(甲科)에서 일등으로 급제함

笛

피리 **적**

(3Ⅱ 11획)

대(竹)에 구멍 뚫음으로 말미암아(由) 소리 나는 **피리**.
- 警笛(경적)　汽笛(기적)　鼓笛隊(고적대)　萬波息笛(만파식적)
- 由(말미암을 **유**) : 밭(田)에 씨 뿌림으로 **말미암아** 싹 나온 모양

符

부호 **부**

(3Ⅱ 11획)

대쪽(竹)에 써 주는(付) **부적이나 부호**.
- 符籍(부적)　附合(부합)　符號(부호)　名實相符(명실상부)
- 付(줄 **부**) : 사람(亻)이 손(寸 마디촌)으로 물건 **주다. 부탁하다.**

筆

붓 **필**

(5급 12획)

대(竹 대 죽)로 만든 **붓**(聿 붓 율).
- 筆記(필기)　筆力(필력)　筆法(필법)　筆順(필순)　筆者(필자)
- 聿 : 세 손가락(크 손 계)과 나머지 두(二) 손가락으로 쥔(丨) **붓**

筋

힘줄 **근**

(4급 12획)

대(竹)처럼 몸(月)에서 탄력과 힘(力)을 지닌 **힘줄**.
- 筋力(근력)　筋肉(근육)　鐵筋(철근)　　　☞ 鐵쇠 철)
- 月(육달 **월**) : 달의 뜻이 아닐 때는 '月=肉 고기 육'자로 **신체**의 뜻

等

등급 **등**

(6급 12획)

대쪽(竹)에 쓴 내용을 관청(寺 관청 시)에서 고르게 매기는 **등급 (等級)**.
- 等級(등급)　等數(등수)　平等(평등)
- 寺(관청 **시**) : 토지(土)를 법도(寸 법도 촌) 있게 관리하는 **관청**

策

꾀 **책**

(3Ⅱ 12획)

대(竹) 회초리로 따끔하게(束) 매 댈 때에는 요령 있게 하듯, 머리 쓰는 **꾀**.
- 策士(책사)　策略(책략)　政策(정책)
- 朿(가시 **자**) : 나무(木)를 덮고(冖 덮을 멱) 있는 **가시**

答

답할 **답**

(7급 12획)

대쪽(竹)에 질문에 합치된(合)된 내용 적어 **답하다**.
- 答紙(답지)　名答(명답)　正答(정답)　自問自答(자문자답)
- 合(합할 **합**) : 사람들(人)을 한(一) 곳에 모아 뜻(口)을 **합하다.**

算
셈할 **산**
(7급 14획)

대(竹)로 된 자를 들고(廾) 눈금(目) 헤아리며 **셈하다.**
• 算數(산수)   計算(계산)   暗算(암산)   算出(산출)   ☞ 數(셀 수)
• 廾(들 **공**) : 두 손으로 **드는** 모양   ☞ 卄(스물 입)의 변형

管
대롱 **관**
(4급 14획)

대(竹)로 만든 **대롱.** 대로 만든 피리를 관청(官)에서 **보관(保管), 관리(管理)**함.
• 管絃樂(관현악)   銅管(동관)
• 官(관청 **관**) : 담(自 쌓일 퇴의 줄임) 높게 지은 집(宀)인 **관청**

節
節
마디 **절**
(5급 15획)

대나무(竹)가 자라 나아감(卽 나아갈 즉)에 따라 생기는 **마디.**
• 節氣(절기)   節度(절도)   節約(절약)   節次(절차)
• 卽 : 쌀밥(白)을 수저(匕)로 서서(卩) 먹은 후 힘 있게 **나아간다.**

範
모범 **범**
(4급 15획)

대나무(竹) 틀 수레(車 수레 거)에 죄인을 무릎 꿇려서(卩 무릎 절) 압송하며 본보기로 보여주는 **법(法).**
• 範圍(범위)   教範(교범)   規範(규범)   模範(모범)   示範(시범)

篇
책 **편**
(4급 15획)

대쪽(竹)에 글을 적어 잘 엮어서 작게(扁) 만든 **책.**
• 短篇(단편)   千篇一律(천편일률) : 변화 없고 판에 박은 듯 같음.
• 戶(집 **호**) : 열고 닫는 **문**이 하나만 달린 **방**이나 **집**

篤
도타울 **독**
(3급 16획)

대나무(竹)처럼 항상 서서 살아가는 말(馬 말 마)들의 사이가 **도탑다.**
• 敦篤(돈독) : 인정이 두터움.   ☞ 敦(도타울 돈)
  篤志家(독지가) : 사회사업 등에 마음 쓰고 협력, 원조하는 사람

築
지을 **축**
(4Ⅱ 16획)

대(竹 대 죽)를 장인(工 장인 공)이 잘 엮어 지붕을 하여 모두(凡) 덮고 나무(木) 기둥을 세워 **짓는다.**
• 築臺(축대)   建築(건축)   新築(신축)   增築(증축)
• 凡(모두 **범**) : 물체(丶)를 **모두** 덮고(几) 있는 천의 모양

簡
간단할 **간**
(4급 18획)

대쪽(竹) 사이(間)에 **간단하게** 적은 글이나 **편지**.
- 簡潔(간결) 簡單(간단) 簡略(간략) 簡素(간소) 書簡(서간)
- 間(사이 **간**) : 문(門)틈 **사이**로 햇빛(日)이 들어오는 모양

簿
장부 **부**
(3Ⅱ 19획)

대쪽(竹)에 먹물(氵)로 찍어 펼쳐(尃) 적는 **장부(帳簿)**.
- 簿記(부기)   名簿(명부)   家計簿(가계부)   置簿(치부)
- 尃(펼 **부**) : 큰 실패(甫 클 보)의 실을 손(寸)으로 **펼치다**.

籍
호적 **적**
(4급 20획)

대쪽(竹)에 새겨(耒) 옛(昔 옛 석)부터 내려온 **호적**.
- 國籍(국적) 黨籍(당적) 本籍(본적) 書籍(서적) 戶籍(호적)
- 耒(쟁기 **뢰**) : 잡초(丰 무성할 봉) 갈아엎는 나무(木)로 된 **쟁기**

米 部

米
쌀 **미**
(6급 6획)

이쪽저쪽(丶 丿) 나무(木)에 과일 열리듯 벼에서 나온 **쌀**.
- 精米(정미) : 벼를 찧어 쌀을 만드는 일   ☞ 精(세밀할 정)
  玄米(현미) : 껍질만 벗기고 쓿지 않은 쌀   玄(검을   현)

粉
가루 **분**
(4급 10획)

쌀(米)이 나누어(分나눌 분) 지고 나누어져 된 **가루**.
- 粉末(분말) 粉筆(분필) 粉乳(분유) 粉紅(분홍)
- 分(나눌 **분**) : 칼(刀)로 물건을 **나눈다**(八 여덟 팔, 나눌 팔).

粟
조 **속**
(3급 12획)

작은 쌀알(米) 같은 것으로 덮여(覀) 있는 **조**.
- 粟米(속미) : 좁쌀. 滄海一粟(창해일속) : 매우 작은 존재의 뜻.
- 覀(덮을 **아**) : 그릇 아가리에 끼워 막는 **마개**. **덮는다**. ☞ 覀=襾

粧 단장할 **장** (3Ⅱ 12획)	쌀가루(米 쌀 미) 바르듯 집(广)에 흰 흙(土) 발라 **단장(丹粧)** 하다. • 丹粧(단장) 治粧(치장) 化粧(화장) ☞ 丹(붉을 단) • 广(터진집 엄) : 한쪽이 터져 있는 **집, 어떤 용도로 쓰이는 집**
精 정신 **정** (4Ⅱ 14획)	쌀밥(米) 먹으니 젊은이(靑 젊을 청) 같이 **정신** 들고 **힘이 난다.** • 精力(정력) 精米(정미) 精密(정밀) 精神(정신) • 靑 : 둥근(圓) 화분에서 뚫고(l) 나온 많은(三) 새싹이 **푸르다.**
糖 사탕, **탕** 달 **당** (3Ⅱ 16획)	쌀죽(米 쌀 미) 쑤어 엿기름을 넣고 끓이니 갑자기(唐) **단맛** 나는 **엿·사탕**이 됨. • 糖料(당료) 糖分(당분) 砂糖(사탕) • 唐(갑자기 **당**) : 집(广)에서 몽둥이 들고(크) **갑자기** 소리침(口)
糧 식량 **량** (4급 18획)	쌀(米)은 헤아려(量 헤아릴 량) 먹어야 할 중요한 **양식.** • 糧穀(양곡) 糧食(양식) 軍糧(군량) 食糧(식량) • 量 : 말(日) 한(一) 마디만 들어도 마을(里)의 상황을 **헤아린다.**

• **精神一到 何事不成(정신일도 하사불성)**
  정신을 한 가지 일에 집중시켜 일을 하게 되면 되지 못할 일이 없다.
  – 남송(南宋)시대의 사상가(思想家) 주희(朱熹)는 다음과 같이 말하였다.
    "양기가 발하는 곳에는 쇠와 돌도 또한 뚫어진다(陽氣發處金石亦透).
    정신이 한번 이르면 이루지 못할 일이 있겠는가 精神一到何事不成)."
    양기 : 태양처럼 뜨겁고 사방으로 뻗어나가는 기운.

• **盡人事待天命(진인사대천명)**
  사람으로서 할 일을 다 하고 나머지는 하늘의 운에 맡겨라.
  – 일의 성패는 그 누구도 알 수 없는 것. 다만 모든 일에 임하여서는 최선을 다하
    되 일의 성사는 하늘의 뜻이며 설령 잘 안 되어도 받아들이고 더욱 정진하라
    는 말.

糸 部

糸
실 **사**
(6획)

쇼(작을 요)와 小()의 결합으로, **가는 실**을 감은 실타래 모양으로 **길다, 잇다, 실로 만든 것**.
• 부수로만 쓰임.

系
이을 **계**
(4급 7획)

매듭(丿)을 매어 실(糸)을 **이어나감**을 뜻함, 특히 위아래로 이어지는 **계보(系譜)·직계(直系)·계통(系統)**.
• 系列社(계열사)   家系(가계)   母系(모계)   體系(체계)

糾
꼬일 **규**
(3급 8획)

실(糸 실 사)이 복잡하게 얽혀(丩) **꼬이다**.
• 糾明(규명)   糾彈(규탄)   糾合(규합)   勞使紛糾(노사분규)
• 丩(얽힐 **구**) : 덩굴이 **얽힌** 모양

紅
붉을 **홍**
(4급 9획)

실(糸 실 사)에 물감 넣어 가공하여(工 장인 공) **붉게** 만드는 데서.
• 紅柿(홍시)   紅一點(홍일점)   紅葉(홍엽)
• 紅燈街(홍등가) : 술집이나 색싯집 따위가 늘어선 환락의 거리

約
맺을 **약**
(5급 9획)

실(糸)로 묶듯 잔(勺)에 술 따라 마시며 관계를 **맺음**.
• 約束(약속)   約定(약정)   約婚(약혼)   密約(밀약)   要約(요약)
• 勺(잔 **작**) : 액체를 싸듯(勹 쌀 포) 담을 수 있는 하나(一)의 **잔**

紀
벼리 **기**
(4급 9획)

실그물(糸)에서 몸(己 몸 기) 같이 중요한 **벼리**. 벼리가 그물을 헝클어지지 않게 잡는다 하여 **기강, 기율**.
• 紀綱(기강)   紀念(기념)   紀元(기원)   紀律(기율)   西紀(서기)

紋
무늬 **문**
(3Ⅱ 10획)

실(糸)로 글(文) 쓰듯 이리저리 수놓은 **무늬**.
- 波紋(파문)　花紋席(화문석) : 꽃무늬를 놓아 짠 돗자리.
- 文(글월 **문**) : 갓(亠) 쓴 이가 획을 그어(丿 乀) 만든 **글자**

納
들일 **납**
(4급 10획)

직물(糸) 짜서 관청에 **바친다**(內 들일 내) 하여 **드리다**.
- 納期(납기)　納得(납득)　納稅(납세)　納入(납입)　納品(납품)
　納凉(납량) : 여름철에 더위를 피하여 서늘함을 맛봄

純
순수할 **순**
(4Ⅱ 10획)

불순물 없는 생실(糸)로만 뭉쳐져(屯 모일 둔) 있어 **순수하다**.
- 純毛(순모)　純情(순정)　純種(순종)　純眞(순진)
- 屯 : 새싹(屮)이 땅 뚫고(丿) 나온 모양. 그 싹이 포기져 **모이다**.

紙
종이 **지**
(7급 10획)

실(糸)처럼 가는 섬유질이 뿌리(氏)처럼 줄을 이루며 만들어진
종이.
- 紙面(지면)　白紙(백지)　便紙(편지)　韓紙(한지)
- 氏(성씨 **씨**) : **뿌리** 뻗어나듯 뻗어나가는 사람 **성씨(**姓氏**)**

級
등급 **급**
(6급 10획)

실(糸)은 차례로 이어지는(及) 데서 차례로 정해진 **등급**.
- 級數(급수)　級訓(급훈)　等級(등급)　學級(학급)
- 及(이를 **급**) : 어느 범위 내(乃 이에 내)에 사람(人)이 **이르다, 들다**.

索
찾을 **색**동아줄 **삭**
(3Ⅱ 10획)

열(十)가닥 실(糸)로 덮어(冖) 가며 꼬아 만든 **동아줄**. 실 쓰기 위
해 그 끝을 **찾는다**. 누구를 찾아야 할 정도로 **쓸쓸하다**.
- 索引(색인)　索出(색출)　索道(삭도)　索莫(삭막)

粉
가루 **분**
(4급 10획)

쌀(米 쌀 미)이 나누어(分 나눌 분) 지고 나누어져 된 **가루**.
- 粉末(분말)　粉筆(분필)　粉乳(분유)　粉紅(분홍)
- 米 : 이쪽저쪽(丶 丿) 나무(木)에 과일 열리듯 벼에서 나온 **쌀**

素
흴 **소**
(4Ⅱ 10획)

뽑아 낸(| 뚫을 곤) 많은(三) 실(糸)의 색은 보통 **희다**. 흰색은 색의 **바탕**.
- 素朴(소박) 素服(소복) 素養(소양) 素材(소재) 素質(소질)

紫
자주빛 **자**
(3Ⅱ 11획)

이(此 이 차) 세상 가장 아름다운 실(糸)색인 **자주빛**.
- 紫桃(자도) 紫外線(자외선) 紫朱(자주) 山紫水明(산자수명)
- 此 : 멈추어(止) 비수(匕)를 들고 있는 지금의 어려운 **이** 상황

累
포갤 **루**
(3Ⅱ 11획)

밭이랑(田)이 실(糸)처럼 겹쳐져 있어 **여러, 포갠다**.
- 累計(누계) 累積(누적) 累進稅(누진세) 累卵之勢(누란지세)
- 이랑 : 한 고랑과 한 두둑을 합하여 이르는 말

細
가늘 **세**
(4Ⅱ 11획)

뽕밭(田)의 누에에서 나온 실(糸 실 사)이 **가늘다**.
- 細工(세공) 細菌(세균) 細部(세부) 細分(세분) 細心(세심)
  細工(세공) : 잔손질이 많이 가는 수공(手工) ☞ 菌(버섯 균)

終
마칠 **종**
(5급 11획)

계절의 끝인 겨울(冬)처럼 긴 실(糸)의 **끝**. 긴 것을 **마치다**.
- 終結(종결) 終末(종말) 終身(종신) 終着(종착) 始終(시종)
- 冬(겨울 동) : 뒤에 오는(夂 뒤져올 치) 얼음(冫 얼음 빙) 어는 계절인 **겨울**

絃
줄 **현**
(3급 11획)

현악기(絃樂器)의 줄(糸 실 사)을 퉁길 때 가물거리는(玄 가물거릴 현) **악기줄**.
- 絃樂器(현악기) 管絃樂 (관현악)   ☞ 管(대롱 관)
- 玄 : 하늘을 덮고(亠) 있는 작은(幺) 황사가 **가물가물하게** 보임

組
짤 **조**
(4급 11획)

실(糸 실 사) 여러(且) 개를 겹쳐서 베를 **짜다**.
- 組立(조립) 組成(조성) 組織(조직) 組合(조합) 織造(직조)
- 且(또, 많을 **차**) : 여러 개를 겹쳐 쌓은 모양에서 **많다는** 뜻

結
맺을 **결**
(5급 12획)

실(糸 실 사) 매듯, 좋은(吉) 날 택해 계약 등을 **맺다.**
- 結果(결과)   結局(결국)   結末(결말)   結實(결실)   結婚(결혼)
- 吉(좋을 **길**) : 고매한 인품의 선비(士)의 말(口)은 **참되고 좋다.**

絕
끊을 **절**
(4Ⅱ 12획)

실(糸)이나 뱀(巴) 같이 긴 것을 칼(刀의 줄임)로 **끊는다.** 강조하는 말로 **뛰어나 극(極)에 이름.**
- 絕交(절교)   絕對(절대)   絕頂(절정)   絕世佳人(절세가인)
- 巴(뱀 **파**) : 입으로 먹이(丨)를 먹고 있는 **큰 뱀(巳 뱀 사)**

給
줄 **급**
(5급 12획)

실(糸 실 사) 모아(合) 길게 잇듯, 물건 등을 쭉 **대주다.**
- 給料(급료)   給食(급식)   供給(공급)   自給自足(자급자족)
- 合(합할 **합**) : 사람들(人)을 한(一) 곳에 모아 뜻(口)을 **합하다.**

絡
이을 **락**
(3Ⅱ 12획)

실(糸)로 떨어져 있는 각각(各 각각 각)의 것을 **이음.**
- 脈絡(맥락)   連絡(연락)   經絡(경락) : 병이 겉에 나타나는 자리.
- 各 : 앞 사람과 뒷(夂 뒤져올 치) 사람 말(口)이 **각각 다르다.**

絲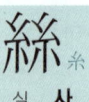
실 **사**
(4급 12획)

가는 실(糸) 여러 가닥을 꼬아 만든 **실.**
- 絹絲(견사)   綿絲(면사)   原絲(원사) : 직물의 원료가 되는 실
  一絲不亂(일사불란) : 조금도 어지럽거나 흐트러짐이 없음

經 經
책.지날.다스릴 **경**
(4Ⅱ 13획)

물 흐르듯(巠) 조리 있게 써 엮은(糸) **책.** 물 흐르듯(巠) 베틀을 실(糸)이 **지나간다.** 베 짤 때 실(糸) 얽히지 않도록 짜듯, 세상을 물 흐르듯(巠) 잘 **다스린다.**
- 經過(경과)   經歷(경력)   經營(경영)   經濟(경제)   聖經(성경)

絹
비단 **견**
(3급 13획)

누에(肙)에서 나온 실(糸)로 짠 **명주(明紬), 비단.**
- 絹紗(견사)   絹織物(견직물)   人造絹(인조견) ☞ 紬(명주 주)
- 肙(벌레 **연**) : 보기에 입(口)과 몸통(月)으로 된 **작은 벌레**

綠 绿
푸를 록
(6급 14획)

실(糸)을 나무껍질(彔 깎을 록) 삶아 물들이니 그 색이 **푸르다.**
- 綠色(녹색) 綠陰(녹음) 綠地(녹지) 草綠(초록)
- 彔 : 멧돼지가 주둥이(彑)로 나무껍질을 수액(水)이 나오게 **깎음**

綱
벼리 강
(3Ⅱ 14획)

산등성이(岡 산등성이 강)처럼 둥근 그물 둘레를 연결한 실(糸)인
벼리.
- 綱領(강령) 紀綱(기강) 三綱五倫(삼강오륜)
- 벼리 : 그물코를 꿰어 오므렸다 폈다 하는 **가장 중요한 줄**

維
맬 유
(3Ⅱ 12획)

실(糸)로 잡은 새(隹)의 다리를 묶어 **매다.**
- 纖維(섬유) 維新(유신) : 낡은 制度(제도)나 體制(체제)를 고쳐 새 롭게 함
- 隹(새 추) : 앉아 있는 보통 꽁지가 짧고 **작은 새** 모양

綿
솜 면
(3Ⅱ 14획)

실(糸) 뽑아 흰(白) 천(巾 수건 건) 짜는데 쓰이는 **솜.** 솜니 촘촘
히 이어져 있듯이 **자세하다, 이어지다.**
- 綿密(면밀) 綿絲(면사) 綿花(면화) 周到綿密(주도면밀)

緊
팽팽할 긴
(3Ⅱ 14획)

굳게(臤) 당겨진 실(糸)이 **팽팽하다.**
- 緊急(긴급) 緊密(긴밀) 緊要(긴요) 緊張(긴장) 緊縮(긴축)
- 臤(굳을 간) : 신하(臣)가 두 손(又) **굳게** 맞잡고 서 있는 모양

練 练
익힐 련
(5급 15획)

실(糸 실 사)에서 불순물 가리는 (柬) 일을 반복해 **익히다.**
- 練習(연습) 洗練(세련) 訓練(훈련)   洗(씻을 세)
- 柬(가릴 간) : 나누어(八) 묶는다(束 묶을 속)는 데서 **가리다.**

緒
실마리 서
(3Ⅱ 15획)

실(糸)을 사람(者)이 다룰 때 처음 잡는 실 끝인 **실마리.**
- 緒論(서론) 頭緒(두서) 端緒(단서) 情緒(정서)
- 者(사람 자) : 늙으면(耂) 백발(白 흰 백)이 되어 죽는 모든 **사람**

緣 緣
인연 연
(4급 15획)

실(糸)로 끊어진(彖 끊을 단) 곳을 있듯 서로 이어진 **인연**.
- 緣故(연고) 緣坐制(연좌제) 因緣(인연) 血緣(혈연)
- 彖 : 주둥이(彑 머리 계)로, 돼지(豕)가 사물을 물어 **끊어** 놓음

線
줄 선
(6급 15획)

실(糸 실 사)이 샘(泉)처럼 길게 이어지는 **줄**.
- 線路(선로) 有線(유선) 直線(직선) 電線(전선)
- 泉(샘 천) : 맑은(白 흰 백) 물(水)이 솟는 샘

緩
느릴 완
(3급 15획)

실(糸) 당기면(爰 당길 원) **느슨해진다.** 느슨해져 **느림**.
- 緩急(완급) 緩慢(완만) 緩衝(완충) 緩行(완행) 緩和(완화)
- 爰 : 손(爪 손톱 조)으로 한(一) 명의 벗(友 벗 우)을 **끌어당기다.**

緯
줄 위
(3급 15획)

실(糸)처럼 부드러운 가죽(韋)으로 만든 **줄**.
- 緯度(위도) 經緯(경위) : 경도와 위도. 南緯(남위) 北緯(북위)
- 韋(다룸가죽 위) : 부드럽게 한 소(牛 소 우)의 **가죽**을 본뜬 글자

編
엮을 편
(3Ⅱ 15획)

끈(糸)으로, 작게 책(扁 책 편)을 만들어 잘 **엮다**.
- 編隊(편대) 編成(편성) 編著者(편저자) 改編(개편) 續編(속편)
- 扁(책 편) : 집(戶 집 호)에서 만든 **작은 책(冊)**

縣 県
고을 현
(3급 16획)

목 베어(首 머리 수의 거꾸로 모양) 끈에 매단(系 이을 계) 모양에서, 중앙 정부에 매달려 있는 **지방정부인 현**.
- 縣監(현감) : 조선 때 작은 현의 원님. 縣令(현령) 郡縣(군현)

縱 縦
세로 종
(3Ⅱ 17획)

베 짤 때 날실(糸)이 아래로 줄줄이(從) 늘어져 있는 모양에서 **세로**.
- 縱斷(종단) 縱橫無盡(종횡무진) 操縱(조종)
- 從(좇을 종) : 걸어서(彳) 사람들(人人)의 발길(足) **좇아가다.**

縮
오무라들 **축**
(4급 17획)

실(糸 실 사)을 물에 담가 잠재우면(宿) **오므라든다.**
- 縮小(축소)   縮約(축약)   縮地(축지)   短縮(단축)   壓縮(압축)
- 宿(잘 **숙**) : 집(宀)에 사람(亻) 많이(百) 모여서 **묵거나 자다.**

績
공적 **적**
(4급 17획)

감긴 실(糸)처럼 여러 번씩 책임지고(責) 세운 **공적.**
- 功績(공적)   成績(성적)   實績(실적)   業績(업적)   治績(치적)
- 責(맡을 **책**) : 주인(主 주인 주)의 재산(貝) 관리를 **맡는다.**

總 総
거느릴 **총**
(4Ⅱ 17획)

실(糸)로 묶듯, 바쁘고(悤 바쁠 총) 복잡한 것을 모두 한꺼번에 **다스린다**는 데서 **모두, 묶다, 거느리다.**
- 總角(총각)   總理(총리)   總務(총무)   總選(총선)   總長(총장)
- 悤 : 굴뚝(囱 굴뚝 총)으로 연기 빠르게 나가듯 마음(心) **바쁘다.**

繁 繁
번성할 **번**
(3Ⅱ 17획)

실(糸)을 빠르게(敏 빠를 민) 뽑으니 날로 **번성하다.**
- 繁盛(번성)   繁榮(번영)   繁昌(번창)   繁華街(번화가)
- 敏 : 항상(每) 가르치며 매(攵 칠 복)로 지도하니 **빠르다.**

織
짤 **직**
(4급 18획)

실(糸)로, 찰흙(戠)으로 도자기를 만들듯, 베 등을 **짜다.**
- 織物(직물)   織女(직녀)   毛織(모직)   紡織(방직)   組織(조직)
- 戠(찰흙 **시**) : 사람 소리(音 소리 음)를 창칼(戈 창 과)로, 찰흙으로 만든 담벼락이나 도자기 등에 새긴다는 데서 **찰흙**을 뜻한 글자

繫
맬 **계**
(3급 19획)

수레(車) 바퀴가 벗어나지 않도록 양쪽에 나무를 덧대고(匸) 여기에 비녀장(殳 창 수)을 꽂고 끈(糸)으로 **얽어매다.**
- 繫留(계류) : 붙잡아 매어 놓음.   連繫(연계)

繼 継
이을 **계**
(4급 20획)

작은(幺 작을 요) 실(糸 실 사)들을 여러 겹으로 **잇다.**
- 繼母(계모)   繼續(계속)   繼承(계승)   繼走(계주)   中繼(중계)
- 幺(작을 **요**) : **실 뭉치** 또는 웅크리고 있는 **작은** 아기 모습

續 続
이을 **속**
(4Ⅱ 21획)

실(糸)이, 물건 사고팔고(賣)함이 이어지듯, **이어지다.**
• 續編(속편)   續行(속행)   相續(상속)   連續(연속)   接續(접속)
• 賣(팔 **매**) : 선비(士)는 사기(買)보다는 자신의 학식·능력을 **팔다.**
  買(살 **매**) : 망태기(罒 그물 망)에 돈(貝)으로 **사서** 담다.

缶 部

缶
질그릇 **부**
(6획)

배가 불룩하고 아가리가 좁은 **질그릇. '**장군 **부'라고도 함.**
• 장군 : 물, 술, 간장 따위를 담아 옮길 때 쓰는 뚜껑이 있는 통
  질그릇 : 잿물이나 유약 바르지 않고, 진흙으로 구워 만든 그릇

缺 欠
빠질 **결**
(4Ⅱ 10획)

그릇(缶) 일부가 깨져(夬) **모자라다, 빠지다.**
• 缺格(결격)   缺勤(결근)   缺席(결석)   缺員(결원)
• 缶(질그릇 **부**) : 배 불룩하고 아가리 좁은 **질그릇**

网(罔罓罒) 部

网
그물 **망**
(6획)

그물의 벼리(冂 에워쌀 경)와 그물코가 얽혀(乂乂) 있는 모양을
본떠 **그물.**
• '罔 罓'은 4획   '罒'은 5획
  冂 : **멀리** 둘러싸고 있는 높은 성곽. 또는 **둘러싸다.**

罔
없을 **망**
(3급 8획)

그물(网 그물 망)에 물고기가 들지 않아(亡 없을 망) **없다.**
• 罔極(망극)   罔測(망측)   怪常罔測(괴상망측)
• 亡 : 덮어(亠) 놓은 것의 한쪽이 터져(乚) 물건이 **없어지다.**

置

둘 치
(4Ⅱ 13획)

그물(罒 = 网 그물 망)을 똑바로(直) 쳐 **둔다**.
- 放置(방치) 配置(배치) 設置(설치) 留置(유치) 位置(위치)
- 直(곧을 **직**) : 열(十) 번을 보아도(目) 앉은(ㄴ) 자세가 **곧다**.

罪

허물 죄
(5급 13획)

결국은 법망(罒)에 걸려드는 그릇(非)된 짓인 **죄, 허물**.
- 罪目(죄목) 罪囚(죄수) 罪人(죄인) 犯罪(범죄) ☞ 囚(가둘 수)
- 非(아닐 **비**) : 새의 **두 날개**가 서로 같은 방향이 **아니다**.

罰

벌할 벌
(4Ⅱ 14획)

그물(罒)에 잡힌 죄인 꾸짖으며(言) 칼(刂 선칼 도) 들어 **벌하다**.
- 罰金(벌금) 罰則(벌칙) 體罰(체벌) 刑罰(형벌)
- 言(말씀 **언**) : 두(二) 번 거듭(二) 생각한 후 입으로(口) **말하다**.

署

관청 서
(3Ⅱ 14획)

그물(罒)로 새를 잡듯, 사람(者)을 잡는 **관청(官廳)**.
- 署理(서리) 部署(부서) 警察署(경찰서) 稅務署(세무서)
- 者(사람 **자**) : 늙으면(耂) 백발(白 흰 백)이 되어 죽는 모든 **사람**

罷

그만둘 파
(3급 15획)

법망(罒 그물 망)에 걸리면 능력(能 능할 능) 있는 이도 일을 **그만 둔다**.
- 罷免(파면) 罷業(파업) 罷職(파직)
- 能 : 곰 주둥이(厶)·몸통(月)·발(匕). 곰은 끈기 있어 일에 **능하다**.

羅

벌일 라
(4Ⅱ 19획)

그물(罒 그물 망)을 매어(維) 놓은 모양에서 **벌리다**.
- 羅列(나열) 新羅(신라) 羅城(나성) : 로스앤젤레스(LA)
- 維(맬 **유**) : 실(糸)로, 잡은 새(隹 새 추)의 다리를 묶어 **매다**.

新羅(신라) : 모든 것을 휘감아 다시 새롭게 펼친다.
- 우리나라 동부에 있었던 고대 국가의 하나. 당(唐)나라 원군을 이용해 백제(百濟
  ~660)와 고구려(高句麗 ~668)를 멸망시키고 통일을 이루었다 935년 고려(高
  麗) 왕건(王建)에게 멸망함.

羊 部

羊
양 **양**
(4Ⅱ 6획)

두 뿔이 나 있는 **양**.
- 羊 = ⺷ 𦍌
- 羊毛(양모) 羊皮(양피)   羊水(양수) 羊頭狗肉(양두구육) : 양 머리를 내 걸고 개고기를 팖. 겉으로는 훌륭한 체하며 속으로는 음흉(陰凶)한 짓을 함.

美
아름다울 **미**
(6급 9획)

양(羊)이 크고(大) 살쪄 **아름답다**.
- 美國(미국)   美術(미술)   美人(미인)   八方美人(팔방미인)
- 思美人曲(사미인곡) : 임(임금)을 사모하는 정을 읊은 노래

群
무리 **군**
(4급 13획)

사내(君 사내 군) 목동이 이끄는 양(羊 양 양)의 **무리**.
- 群島(군도)   群衆(군중)   群雄割據(군웅할거)   ☞ 割(나눌 할)
- 群鷄一鶴(군계일학) : 많은 가운데 걸출한 한 사람

義
옳을 **의**
(4Ⅱ 13획)

손(手)에 무기(戈) 들고 양(⺷) 지키는 데서 **정의(正義), 의리(義理). 옳은 뜻**.
- 義士(의사)   大義(대의)   正義(정의)
- 戈(창 **과**) : 날이 세 갈래로 된 **창**이나 **무기**의 뜻

羽 部

羽
깃 **우**
(3Ⅱ 6획)

새의 **깃** 또는 **날개**를 그린 글자.
- 羽毛(우모) : 깃털

翁
늙은이 **옹**
(3급 10획)

새 깃(羽)처럼 가지런히 수염이 난 귀인(公 귀인 공)인 **늙은이.**
- 故(고) 손기정 翁 塞翁之馬(새옹지마)   ☞ 塞(변방 새)
- 公 : 사사로움(厶=私 사사로울 사)을 가른(八) 인품 갖춘 **귀인**

習
익힐 **습**
(6급 11획)

날개(羽 깃 우)를 움직여 어린(白) 새가 날기를 **익히다.**
- 習慣(습관) 習得(습득) 實習(실습) 自習(자습) 學習(학습)
- 白(흰 **백**) : 해(日)에서 뻗어 나오는(丿) 빛이 **희다.** 희니 **어리다.**

翼
날개 **익**
(3Ⅱ 17획)

깃(羽 깃 우)이 서로 다른(異) 쪽으로 나 있는 **날개.**
- 一翼(일익) 右翼(우익) : 점진적이며 보수, 국수적인 입장
- 異(다를 **이**) : 밭(田) 일은 함께(共) 하지만 결과는 **다르다.**

飜
번역할 **번**
(3급 21획)

나는(飛 날 비) 새가 날개를 차례(番)로 **뒤집다.** 글을 뒤집는 즉 **번역하다.**
- 飜覆(번복) 飜案(번안) 飜譯(번역)
- 番(차례 **번**) : 분별해서(釆) 익은 곡식을 밭(田)에서 **차례**로 거둠

而 部

而
말이을 **이**
(3급 6획)

늙은이의 긴 턱수염 모양. 잔소리 많은 늙은이의 말이 길게 **이어 지다.** 문장에서 **그리고, 그러나**로 해석.
- 似而非(사이비) : 겉으로는 같아 보이나 실제는 그렇지 아니함

耐
견딜 **내**
(3Ⅱ 9획)

수염(而)을 손(寸 마디 촌)으로 만지는 모양에서 부드럽고 긴 수 염처럼 끊이지 않고 끈질기게 **참고 견디다.**
- 耐久性(내구성) 耐火(내화) 忍耐(인내)   ☞ 忍(참을 인)

耒 部

耒
쟁기 **뢰**
(6획)

잡초(丰)를 갈아엎고 밭을 가는 나무(木)로 된 **쟁기**.
- 丰(풀무성할 **봉**) : 많은(三) 풀이 흙을 뚫고(丨) 나와 **무성함**

耕
밭갈 **경**
(3Ⅱ 10획)

쟁기(耒)로 가로 세로(井)로 **밭을 갈다**.
- 耕作(경작)　耕地(경지)　農耕(농경)　晝耕夜讀(주경야독)
- 井(우물 **정**) : **가로 세로**로 얽어서 만든 **우물**의 틀을 그린 글자

耳 部

耳
귀 **이**
(5급 6획)

소리를 듣는 사람의 **귀** 모양.
- 耳順(이순) : 나이 '예순 살
  耳目口鼻(이목구비) : 1. 귀, 눈, 입, 코를 아울러 이르는 말.
  2. 귀, 눈, 입, 코의 생김새를 중심으로 본 얼굴의 생김새

耶
그런가 **야**
(3급 9획)

들리는(耳 귀 이) 마을(阝 고을 읍)의 소문이 정말 **그런가**? 또는 **어조사**.
- 耶蘇(야소) : '예수'의 한자음
  有耶無耶(유야무야) : 있는 듯 없는 듯 흐지부지한 모양

聖
성인 **성**
(4Ⅱ 13획)

귀(耳 귀 이) 밝고 옳은 말(口)을 하는 갓(丿) 쓴 선비(士)와 같이 몸가짐 바른 **성인(聖人)**.
- 聖經(성경)　聖母(성모)　聖書(성서)　聖賢(성현)　盛火(성화)

聘
부를 **빙**
(3급 13획)

귀(耳)로 들은 바에 따라(由) 막힌(丂 막힐 고) 일을 해 결하기 위해 **부른다.**
- 聘丈(빙장)　招聘(초빙)　　　☞ 招(부를 초)
- 由(말미암을 유) : 밭(田)에 씨 뿌림으로 **말미암아** 싹 나온 모양

聞
들을 **문**
(6급 14획)

문(門 문 문) 열듯 귀(耳 귀 이)를 열고 **듣다.**
- 見聞(견문)　所聞(소문)　新聞(신문)　風聞(풍문)
　聞一知十(문일지십) : 하나를 들으면 열을 안다. 지극히 총명함

聯 联
이을 **련**
(3Ⅱ 17획)

실(幺幺) 꿴(卝 북양귀 관) 북의 귀(耳)를 통하여 실이 풀려 나가며 천 **잇는다.**
- 聯盟(연맹)　聯合(연합)　關聯(관련)
- 북 : 베틀에 딸린 부품. 날씰 틈을 왔다 갔다 하며 씨실 풀어줌

聰 聪
귀밝을 **총**
(3급 17획)

귀(耳)가 바쁘다(悤 바쁠 총)는 것은 들어서 이해함이 빠르다 즉 **귀가 밝다.**
- 聰氣(총기)　聰明(총명)　　　☞ 明(눈밝을 명)
- 悤 : 저녁(夕) 밥 지을 때 **굴뚝(囪)으로** 연기가 나가는(丿) 모양

聲 声
소리 **성**
(4Ⅱ 17획)

악기(殸)를 치니(殳 칠 수) 귀(耳)에 들리는 **소리.**
- 聲樂(성악)　無聲(무성)　音聲(음성)　銃聲(총성)　形聲(형성)
- 殸(악기 성) : 매달아 놓고 **두드리는 악기를** 그린 글자

職
벼슬 **직**
(4Ⅱ 18획)

들은(耳) 것을 찰흙(戠 찰흙 시) 도자기 등에 새기는 **직업.**
- 職業(직업)　職位(직위)　職場(직장)　官職(관직)
- 戠 : 소리(音)를 창칼(戈)로, **찰흙으로** 만든 것에 새기다.

聽 聴
들을 **청**
(4급 22획)

남의 말을 귀(耳)로 왕(王)과 같은 큰 덕(德의 줄임)을 가지고 **듣는다.**
- 聽聞會(청문회)　聽取(청취)　視聽(시청)
- 德(바를 덕) : 행실(彳 갈 행)을 바른(直 곧을 직) **마음(心) 으로**

聿 部

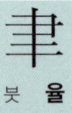

聿
붓 **율**
(6획)

세 손가락(⺕ 손 계)과 나머지 두 손가락(二)으로 쥔 (丨) **붓**.
- 聿修(율수) : 조상의 덕을 이어 닦음.

肅 肅
엄숙할 **숙**
(4급 12획)

손(⺕ 손 계)에 붓(丨)을 쥐고 한(一) 획 한 획 목판(片 조각 편)이
나 널빤지(爿 널 장)에 글 쓸 때 **엄숙하다**.
- 肅然(숙연)   肅淸(숙청)   嚴肅(엄숙)   自肅(자숙)   靜肅(정숙)

肉(月) 部

肉
고기 **육**
(4Ⅱ 6획)

고깃덩이의 힘살이나 그 단면 모양.
- 肉聲(육성)   肉眼(육안)   肉質(육질)   肉體(육체)   肉親(육친)
  弱肉强食(약육강식) : 강한 자만이 살아남는 생존 경쟁 세계

月 (肉)
육달 **월**
(4획)

달의 뜻이 아닐 때는 '육달 월'(月=肉)이라 하여 **고기, 목 밑 신체
부분**을 나타냄.
- '달 월'(⺝)은 건너긋는 두 획의 오른쪽이 떨어지고, '月'(肉)은 신
  체가 붙어 있듯이 양쪽이 다 붙음

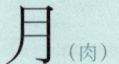

肖
베낄 **초**
(3Ⅱ 7획)

조금(小)이라도 자식은 부모의 신체(月) **닮는다**.
- 肖像(초상) 不肖(불초) : 선대(先代)의 덕이나 위업을 계승 못함
- 月(육달 **월**) : 달의 뜻이 아닐 때는 '月=肉 고기 육'자로 **신체**의 뜻

肝
간 **간**
(3Ⅱ 7획)

몸(月)에서 독성 해독하여 병 막아주는(干 막을 간) **간**.
- 肝炎(간염) 肝硬化(간경화) 九曲肝腸(구곡간장) ☞ 硬(굳을 경)
- 月(육달 **월**) : 달의 뜻이 아닐 때는 '月=肉 고기 육'자로 **신체**의 뜻

育
기를 **육**
(7급 8획)

갓난 아이(厶 ← 子)를 살(月 ← 肉 고기 육)이 오르게 **기르다**.
- 育成(육성) 育兒(육아) 敎育(교육) 發育(발육) 體育(체육)
- 厶(아이나올 **돌**) : 모체에서 아이(子)가 거꾸로 나오는 모양

肥
살찔 **비**
(3Ⅱ 8획)

몸(月 육달 월)이 구렁이(巴)처럼 통통하게 **살찌다**.
- 肥大(비대) 肥料(비료) 肥滿(비만) 天高馬肥(천고마비)
- 巴(뱀 **파**) : 큰 뱀(巳)인 **구렁이**가 먹이(丨) 물고 있는 모양

肩
어깨 **견**
(3급 8획)

문(戶)처럼 몸(月 육달 월)에서 딱 벌어진 **어깨**.
- 肩骨(견골) 肩章(견장) 肩着(견착) 兩肩(양견)
- 戶(외짝문 **호**) : 열고 닫는 **문**이 하나만 달린 **방**이나 **집**

肯
즐길 **긍**
(3급 8획)

서서(止) 고기(月=肉 고기 육)를 먹으며 **즐기다**.
- 肯定的(긍정적) 肯志(긍지) 首肯(수긍)
- 止(그칠 **지**) : 사람이 멈추어 선 모양에서 **그치다. 두 발**

肺
허파 **폐**
(3Ⅱ 9획)

몸(月)에, 시장(市 시장 시)에 사람 들고나듯, 공기 들고나는 **허파**.
- 肺結核(폐결핵) 肺炎(폐렴) 肺癌(폐암)
- 市 : 천(巾) 등을 높이(亠 머리부분 두) 쌓아두고 파는 **시장**

胃
밥통 **위**
(3Ⅱ 9획)

밭(田)처럼 몸(月)에서 음식을 담아 소화시키는 **밥통**.
- 胃酸(위산) 胃炎(위염) 胃腸(위장) 胃痛(위통) ☞ 酸(실 산)
- 月(육달 **월**) : 달의 뜻이 아닐 때는 '月=肉 고기 육'자로 **신체**의 뜻

胡
오랑캐 **호**
(3Ⅱ 9획)

오랜(古 오랠 고) 기간 고기(月=肉)를 보관하여 먹는 북쪽 **오랑캐**.
• 丙子胡亂(병자호란) : 조선 인조(1636) 때 청의 침입에 의한 전란

背
등 **배**
(4Ⅱ 9획)

사람은 보통 따뜻한 남쪽을 향해 있으므로 북쪽(北 북녘 북)을 향하고 있는 신체(月 육달 월)라는 데서 **등**.
• 背景(배경)   背反(배반)   背信(배신)   背泳(배영)   背後(배후)

砲
대포 **포**
(4Ⅱ 10획)

돌(石)을 싸서(包 쌀 포) 쏘는 **대포(大砲)**.
• 砲兵(포병)   砲聲(포성)   砲彈(포탄)   砲丸(포환)   祝砲(축포)
• 石(돌 석) : 언덕(厂 언덕 한) 밑에 굴러 떨어진 **돌**(口)

胸
가슴 **흉**
(3Ⅱ 10획)

몸(月)에서 흉한(凶 흉할 흉) 기관들을 싸고(勹 쌀 포)있는 **가슴**.
• 胸襟(흉금)   胸背(흉배)   胸部(흉부)   胸像(흉상)
• 月(육달 월) : 달의 뜻이 아닐 때는 '月=肉 고기 육'자로 **신체**의 뜻

能
능할 **능**
(5급 10획)

곰의 주둥이(厶) · 몸통(月) · 발(匕)을 나타내어, 곰이 발을 잘 사용하여 끈기 있게 일을 한다는 데서 **능하다**는 뜻.
• 能力(능력)   可能(가능)   無能(무능)   有能(유능)   才能(재능)

脅
위협할 **협**
(3Ⅱ 10획)

물건을 낄 때 힘(劦 힘합할 협)을 쓰는 **겨드랑이**(月). 겨드랑이에 힘을 세게 주며 사람을 **겁나게 한다**.
• 脅迫(협박)   脅約(협약)   威脅(위협)   ☞ 迫(다그칠 박)

脈
줄기 **맥**
(4Ⅱ 10획)

몸(月=肉)에 언덕(厂 언덕 한)에 뻗어 나온 나무뿌리(氏 성씨 씨)같이 뻗어 있는 **혈맥(血脈)**이나 **줄기**.
• 動脈(동맥)   山脈(산맥)   人脈(인맥)   一脈相通(일맥상통)

脚
다리 **각**
(3Ⅱ 11획)

신체(月 ← 肉) 중 구부러지며 물러나는(却) **다리.**
- 脚光(각광) 脚本(각본) 脚色(각색) 橋脚(교각) 馬脚(마각)
- 月(육달 **월**) : 달의 뜻이 아닐 때는 '月=肉 고기 육'자로 **신체**의 뜻

脣
입술 **순**
(3급 11획)

조개(辰)처럼 신체(月 육달 월)에서 열고 닫는 부분인 **입술.**
- 脣音(순음) : 입술소리. 丹脣(단순) 脣亡齒寒(순망치한)
- 辰(때 **신**) : 조개가 입 벌려 움직이는 모양. 이때가 농사철

脫
벗을 **탈**
(4급 11획)

벌레 등이 몸(月 육달 월) 바꾸려고(兌) 허물이나 껍질 **벗는다.**
- 脫殼(탈각) 脫黨(탈당) 脫稅(탈세) 脫皮(탈피)
- 兌(바꿀 **태**) : 팔자(八)에 맏이(兄)로 태어나 마음가짐을 굳게 **바꾸다.**

腦 腦
골 **뇌**
(3Ⅱ 13획)

머리(巛+囟 = 머리 뇌) 안의 살(月= 肉)인 **골.**
- 腦裏(뇌리) 腦炎(뇌염) 頭腦(두뇌) 洗腦(세뇌) 首腦部(수뇌부)
- '巛'은 정수리(囟 정수리 신) 위에 난 털.　　　　☞ 裏(속, 안 리)

腰
허리 **요**
(3급 13획)

신체(月 육달 월) 중 가장 중요한(要) **허리.**
- 腰帶(요대) 腰折(요절) 腰痛(요통) ☞ 帶(띠 대) 折(꺾일 절)
- 要(중요할 **요**) : 여자(女)는 몸을 덮어(襾) 감싸는 것이 **중요하다.**

腹
배 **복**
(3Ⅱ 13획)

신체(月육달 월) 중, 사람(亠)이 먹은(日) 것을 천천히(夊)이 소화하는 **배.**
- 腹部(복부) 腹案(복안) : 품고 있는 생각.
- 夊(천천히걸을 **쇠**) : 두 다리를 끌며 **천천히 걸어감.**

腸
창자 **장**
(4급 13획)

몸(月)에 햇볕(昜)처럼 영양을 주는 **창자.**
- 斷腸(단장) 大腸(대장) 小腸(소장) 九折羊腸(구절양장)
- 昜(빛날 **양**) : 아침(旦 아침 단) 햇살이 내리쬐(勿) **빛나다.**

腐
썩을 **부**
(3Ⅱ 14획)

관청(府 관청 부)의 곳간에 넣어둔 고기(肉 고기 육)가 오래되 **썩는다.**
- 不正腐敗(부정부패)　豆腐(두부)
- 陳腐(진부) : 낡아 새롭지 못함　☞ 陳(늘어놓을 진)

臟臟
오장 **장**
(3Ⅱ 22획)

신체(月) 중 중요하여 몸속에 감춰져(藏 감출 장) 있는 **오장** (五臟).
- 臟器(장기)　心臟(심장)　腎臟(신장)　☞ 腎(콩팥 신)
- 藏 : 신하(臣)가 무기(戕 창 장)를 풀어 **감추어** 두고 왕에게 감

臣 部

臣
신하 **신**
(5급 6획)

임금 앞에서 몸 구부리고 엎드린 **신하.**　☞ 奸(간사할 간)
- 家臣(가신)　奸臣(간신)　功臣(공신)　臣下(신하)　忠臣(충신)
  使臣(사신) : 나라의 명을 받아 외국에 파견되던 신하

臥
누울 **와**
(3급 8획)

몸을 구부린 신하(臣)와 같이 사람(人)이 **누워있다.**
- 臥像(와상)　臥病(와병)　臥薪嘗膽(와신상담)　☞ 薪(땔나무 신)
- 臣(신하 신) : 임금 앞에서 몸을 구부리고 엎드린 **신하**

臨
임할 **림**
(3Ⅱ 17획)

몸을 구부린 신하(臣 신하 신)처럼 사람(丶)이 몸을 굽혀 물건(品 물건 품)을 다루기 위해 가까이 **임함.**
- 臨迫(임박)　臨時(임시)　臨戰(임전)　臨終(임종)　降臨(강림)

- 降臨(강림) : 신이 인간 세상에 내려옴. 臨(윗사람이 아랫사람에게 올 림)
- 再臨(재림) : [기독교] 세상이 끝나는 날 최후(最後)의 심판(審判)을 하기 위하여 그리스도가 이 세상에 다시 오는 일.

自 部

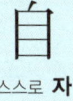

自
스스로 **자**
(7급 6획)

사람 **코**를 본뜬 글자로, 중국인은 자신 의 코를 가리키며 자기를
나타낸 데서 **스스로**. 또는 **자기(自己) 자신(自身)**.
- 自動(자동) 自立(자립) 自主(자주) 自責(자책) ☞ 責(꾸짖을 책)

臭
냄새 **취**
(3급 10획)

개(犬 개 견)가 코(自)로 맡는 **좋지 않은 냄새**.
- 口臭(구취) 惡臭(악취) 體臭(체취) 脫臭(탈취) ☞ 脫(벗을 탈)
- 自 : **코** 모양. 중국인은 자기 코를 가리키며 **자기**를 나타내다.

至 部

至
이를 **지**
(4Ⅱ 6획)

한(一) 마리 새 발(内의 줄임)이 땅(土)에 **이르다**.
- 至極(지극) 至上命令(지상명령) 冬至(동지) : 밤이 가장 긴 때
- 内(발자국 유) : 새나 짐승의 **발자국**을 본뜬 글자

致
이를 **치**
(5급 10획)

목표에 이를(至) 수 있도록 열심히 행하여(夂 행할 복) 목적을 **이
루다**.
- 致命的(치명적) 致死率(치사율) 誘致(유치)
- 夂 : 사람(𠂊)이 뭔가 들고 이리(丿)저리(乀) **치다. 행동하다.**

帶 帯
띠 **대**
(4Ⅱ 11획)

입은 옷 위에 하나(一)의 긴 **띠**를 홈(凵 구덩이 감)을 따라 끼워
장식하여(丿乚) 빙 둘러(巾 두를 잡) 매는 데서.
- 帶劍(대검) 腹帶(복대) 革帶(혁대) 熱帶地方(열대지방)

臼 部

臼
절구 **구**
(6획)

곡식이 들어 있는 **절구** 모양.
- 臼齒(구치) : 어금니 杵臼(저구) : 절구와 절굿공이 ☞ 杵(공이 저)
- 밑이 갈라진 '臼'은 7획임

與 与
줄 **여**
(4급 14획)

한(一) 사람이 몸 구부려(ㅋ ← ㄳ굽은사람 인) 공이(丨)로 절구 (臼) 찧고 한(一) 사람은 손(八)으로 뒤집는 모양. 일에 **참여한** 사람에게 만든 음식을 나누어 **주다.**
- 與黨(여당) 與野(여야) 給與(급여) 授與(수여) 參與(참여)

興 興
일어날 **흥**
(4Ⅱ 16획)

양쪽(臼)에서 같이(同) 잡고 밑에서(一) 들어(八) **일어남.** 함께 힘을 합하여 일을 하니 잘 되어 **흥한다**는 뜻.
- 興亡(흥망) 興味(흥미) 興夫傳(흥부전) 興行(흥행)

舊 旧
예 **구**
(5급 18획)

풀(艹)밭의 새(隹 새 추)가 절구(臼)의 곡식을 먹으려고 모양에서 과거 지나간 추억의 **옛날.**
- 舊式(구식) 舊屋(구옥) 新舊(친구)
- 艹(풀 초) : 풀 모양. '草'의 머리 부분이기에 **초두**라 부름. 4획.

舌 部

舌
혀 **설**
(4급 6획)

천(千 일천 천) 개의 입(口)이 있어도 **혀**가 없으면 말 할 수 없다는 데서.
- 舌戰(설전) 舌禍(설화) 毒舌(독설)
  舌側音(설측음) : 혀의 양쪽 트인 곳으로 내는 소리. 側(곁 측)

舍
집 **사**
(4Ⅱ 8획)

지붕(人)으로 네 벽(口)을 막아(干 방패 간) 만든 **집.**
- 舍監(사감)   舍宅(사택)   館舍(관사)   校舍(교사) : 학교 건물
- '千'을 '干'으로 쓰기도 함. '干'이 '집'이라는 뜻에 가까움

舛 部

舛
발엇갈릴 **천**
(6획)

왼발과 오른발이 엇갈려 있는 모양.
- 고기 조각(夕 고기조각 석)과 소(牛←牛의 축약형) 즉 쇠고기를 먹
  는다는 것은 좋은 일이기에 발을 엇갈려 가며 춤추는 모양

舞
춤출 **무**
(4급 14획)

새(隹 새 추)를 불판(一)에 올려 구워 먹으며 발을 엇갈려(舛 발엇
갈릴 천) **춤추며** 논다는 데서.
- 舞臺(무대)   舞踊(무용)   歌舞(가무)   ☞ 踊(춤출 용)

舟 部

舟
배 **주**
(3급 6획)

통나무(刀)를 파서 만든 **쪽배**에서 노(一)를 젓는 모양.
- 一葉片舟(일엽편주) : 한 척의 조그마한 조각배.   ☞ 釜(가마 부)
  破釜沈舟(파부침주) : 승리하지 않으면 돌아가지 않겠다는 결의

航
건널 **항**
(4Ⅱ 10획)

돛을 높이(亢 높을 항) 단 배(舟 배 주)를 타고 **건너다.**
- 航空(항공)   航路(항로)   航海(항해)   缺航(결항)   密航(밀항)
- 亢(높을 **항**) : 책상(几 책상 궤) 머리 부분(亠)이라 하여 **높다.**

般
일반 **반**
(3급 10획)

배(舟 배 주)를 노로 저어(殳 몽둥이 수) 나아가는 모양. 여러 사람이 타는 배라는 데서 **일반, 보통**의 뜻.
- 萬般(만반)   一般(일반)   全般(전반)   般若心經(반야심경)

船
배 **선**
(5급 11획)

배(舟) 중, 다니기 좋게 앞이 뾰족하고(八) 뒤가 반듯한(口), 주로 **사람 나르는 배**.
- 船舶(선박)   船員(선원)   船長(선장)   ☞ 舶(큰배 박)
- 舟(배 주) : 통나무(刀) 파서 만든 **쪽배**에서 노(一) 젓는 모양

艮 部

눈, 볼 **간**
(6획)

눈(目)을 뜨고 보는 모양에서 **눈, 보다**는 뜻.

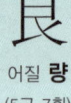
어질 **량**
(5급 7획)

보는(艮) 눈동자(丶 점 주)가 바른 모양에서 **어질다**.
- 良民(양민)   良書(양서)   良民(양민)   良質(양질)   良好(양호)
- 丶(점, 불똥 주) : **점**이나 떨어져 나간 **불똥** 모양

色 部

色
빛 **색**
(7급 6획)

사람이 몸을 굽혀(⺈ 굽은사람 인) 앉았다. 물컹하여 보니 큰 뱀(巴 뱀 파)임을 알고 깜짝 놀라 변하는 **얼굴색**.
- 白色(백색)   靑色(청색)   氣色(기색)   色盲(색맹)

虍 部

虍
범 **호**
(6획)

얼룩덜룩한 줄무늬의 **호랑이** 가죽.
• 부수자로만 쓰임

虎
범 **호**
(3Ⅱ 8획)

범(虍)이 어슬렁거리며 걷는(儿 걸을 인) 모양.
• 虎患(호환) 虎死留皮(호사유피) ☞ 患(근심 환) 留(남을 유)
• 儿 : 걷는 사람의 **다리. 사람**의 뜻으로 많이 쓰임

處 処
곳 **처**
(4Ⅱ 12획)

범(虍)이 걸음(夂 천천히걸을 쇠) 멈추고 걸터앉는(几 책상 궤)
곳. 편한 상태를 취하거나 그러한 상황.
• 處女(처녀) 處理(처리) 處世(처세) 處地(처지) 處刑(처형)

虛 虚
빌 **허**
(4Ⅱ 12획)

범(虍) 잡으려 파놓은 구덩이에 박아 놓은 창살(丱 쌍상투 관)
모양으로, 구덩이가 텅 **비어 있다**는 뜻.
• 虛空(허공) 虛費(허비) 虛實(허실) 虛言(허언) 空虛(공허)

號 号
부를 **호**
(6급 13획)

입(口) 크게 벌려(丂) 범(虎)처럼 큰 소리로 이름 따위를 **부르다.**
• 號數(호수) 號外(호외) 記號(기호) 信號(신호)
• 丂(막힌입벌릴 고) : 막힌(一) 입을 크게 벌리는 모양

• 虎死留皮(호사유피) : 호랑이는 죽어서 가죽을 남김. 인생 헛되이 살지 말라
  는 말.
  – 虎死留皮 人死留名(호사유피 인사유명)이라지만 도리어 호랑이는 가죽 때문에
    죽고 사람은 쓸데없는 명예욕(名譽慾) 때문에 많이 죽는다.
    ☞ 留(남을 유) 譽(기릴 예)

虫 部

虫
벌레 **충**
(6획)

사리고 있는 **뱀**. 주먹 크기보다 작은 동물이나 벌레.

蛇
독사 **사**
(3Ⅱ 11획)

벌레(虫 벌레 충) 같이 집(宀 집 면) 근체에서 볼 수 있는 비수(匕 비수 비) 같은 이빨을 가진 **독사(毒蛇)**.
- 蛇足(사족) : 뱀의 발. 쓸데없는 짓을 하여 도리어 잘못되게 함

蜂
벌 **봉**
(3급 13획)

곤충(虫 벌레 충) 중 만나서(夆 만날 봉) 집단으로 사는 **벌**.
- 蜂起(봉기)　蜂蜜(봉밀)　蜂針(봉침)　養蜂(양봉)
- 夆 : 걸을(夂 걸을 치) 때 무성한(丰) 풀이 발에 걸리듯 **만나다**.

蜜
꿀 **밀**
(3급 14획)

집(宀) 안을 반드시(必 반드시 필) 곤충(虫 벌레 충)이 채우는 **꿀**.
- 蜜月(밀월)　蜂蜜(봉밀)　☞ 蜂(벌 봉)
- 宀(집 **면**) : 지붕으로 덮여 있는 **집**. '갓머리'라고도 함

蝶
나비 **접**
(3급 15획)

곤충(虫 벌레 충) 중 날개가 얇은(枼 얇을 엽) **나비**.
- 蝶泳(접영)　胡蝶之夢(호접지몽) : 나비가 된 꿈. 인생의 덧없음
- 枼 : 나무(木)에서 해(世 해 세)마다 돋아나는 새 잎이 **얇음**

螢
반딧불 **형**
(3급 16획)

지붕(冖 덮을 멱) 위에서 빛(火火)을 내고 있는 벌레(虫 벌레 충)인 **반딧불**.
- 螢光燈(형광등)　☞ 燈(등불 등)　之(~의 지)
  螢雪之功(형설지공) : 반딧불과 눈빛으로 책 읽으며 노력한 공

벌레 충

(4Ⅱ 18획)

많은 벌레 모양.

• 蟲齒(충치) 病蟲害(병충해) 害蟲(해충)
獅子身中蟲(사자신중충) : 사자 몸속의 벌레. 국가, 사회, 단체를
좀먹는 사람들로 이는 사리사욕을 탐하는 정치·경제·종교인 등.
– 사자가 죽는 경우는 외부 힘에 의해서가 아니라, 대부분 자신이
공급한 먹이 먹고 사는 몸속의 회충(蛔蟲)에 의해 일찍 죽음.

血 部

피 혈

(4Ⅱ 6획)

제사 때 쓸 **피**(丿)가 그릇(皿) 위에 떨어지는 모양.

• 血管(혈관) 血氣(혈기) 血壓(혈압) 血液(혈액) 血淸(혈청)
• 皿(그릇 **명**) : 위가 넓고 받침이 있는 **그릇**

무리 중

(4Ⅱ 12획)

같은 핏줄(血) 가진 사람(亻)이 여기저기 모인 **무리**.

• 衆生(중생) 公衆(공중) 觀衆(관중) 大衆(대중) 民衆(민중)
衆口難防(중구난방) : 여러 사람의 입은 막기가 어려움

行 部

다닐 행, 항렬 항

(6급 6획)

왼발(彳 걸을 척)·오른발(亍 걸을 촉)을 움직여 걸어가는 모양.
다닌다, 행하다. 대수(代數) 관계를 표시하는 **항렬(行列).**

• 行動(행동) 行事(행사) 行人(행인) 行爲(행위) 言行(언행)

재주 술

(6급 11획)

삽주뿌리(朮 삽주뿌리 출)가 여러 갈래로 뻗어 나가듯이 여러 가
지로 행할(行 다닐, 행할 행) 수 있는 **재주.**

• 術法(술법) 術策(술책) 美術(미술) 手術(수술) 學術(학술)

街

거리 **가**
(4Ⅱ 12획)

다니기(行) 좋게 반듯하게(圭) 닦아 놓은 **큰 거리.**
- 街道(가도) 街路樹(가로수) 商街(상가) 市街(시가)
- 圭(홀 **규**) : 신하가 손에 들고 있는 **잘 다듬어진** 명판(名板)

衝

부딪칠 **충**
(3Ⅱ 15획)

무거운(重 무거울 중) 것이 움직이다(行) **부딪히다.**
- 衝擊(충격) 衝突(충돌) 衝動的(충동적) 折衝(절충)
- 重 : 천(千) 개의 마을(里)을 다스려야 하니 책임이 **무겁다.**

衛

지킬 **위**
(4Ⅱ 15획)

가죽(韋 가죽 위)옷 입은 병사가 성곽 돌며(行) **지키다.**
- 衛生(위생) 衛星(위성) 防衛(방위) 親衛(친위) 護衛(호위)
- 韋(다룸가죽 **위**) : 부드럽게 한 소(牛 소 우)의 **가죽**을 본뜬 글자

衡

저울대 **형** 가로 **횡**
(3Ⅱ 16획)

사람(宀 굽은사람 인)이 걸어 다니며(行) 밭(田)에서 수확한 큰
(大) 작물을 다는 **저울.**
- 連衡(연횡)   ☞ 衡(가로 횡)
  均衡(균형) 平衡(평형) 度量衡(도량형) ☞ 度(길이 도)

衣(衤) 部

衣

옷 **의**
(6급 6획)

위에 입는 옷 모양.
- 衣服(의복) 衣裳(의상) 衣食住(의식주) 上衣(상의)
  衣冠之盜(의관지도) : 조복(朝服) 훔쳐 입은 도둑(공직자)
- 衤 : '옷의변' ☞ 服(바지 복) 裳(치마 상)

表

겉 **표**
(6급 8획)

옷(衣)은 겉감과 안감의 두(二) 겹 중, 바깥쪽인 **겉.**
- 表面(표면) 表現(표현) 成績表(성적표) ☞ 績(공적 적) 裏(속 리)
  表裏不同(표리부동) : 겉과 속이 다름. 말과 속마음이 다름

衰
쇠할 **쇠**
(3Ⅱ 10획)

풀(艹 풀 초)로 엮은(二) 옷(衣 옷 의)을 입은 사람의 모습이 **쇠약해 보인다**는 뜻.
- 衰弱(쇠약)　衰殘(쇠잔)　衰退(쇠퇴)　興亡盛衰(흥망성쇠)

被
입을 **피**
(3Ⅱ 10획)

옷(衤)을 겉(皮 겉 피)에 **입는다.**
- 被告(피고)　被服(피복)　被殺(피살)　被襲(피습)　被害(피해)
- 皮 : 짐승의 **가죽**을 손(又 손 우)으로 당겨(丨) 벗기는 모양

裁
마름질할 **재**
(3Ⅱ 12획)

흙(土) 파기(戈) 위해 가르듯, 옷(衣) 만들기 위해 **마름질하다.** 마름질은 몸 크기를 잘 **헤아려, 판단하다.**
- 裁斷(재단)　才量(재량)　裁判(재판)　決裁(결재)　獨裁(독재)

裂
찢어질 **렬**
(3Ⅱ 12획)

벌어진(列) 옷(衣), 즉 **찢어지**거나 **터짐**을 뜻함.
- 裂傷(열상)　決裂(결렬)　龜裂(균열)　分裂(분열)　破裂(파열)
- 列(벌릴 **렬**) : 고기(歹 뼈앙상할 알)를 칼(刂)로 발라 **벌려 놓음**

裏
속 **리**
(3Ⅱ 13획)

산천(山川)에 둘러싸여 있는 마을(里 마을 리)처럼 옷(衣 옷 의)의 안쪽이라는 데서 **안, 속, 보이지 않는 곳.**
- 裏面(이면)　裏書(이서)　表裏不同(표리부동) : 겉과 속이 다름

裕
넉넉할 **유**
(3Ⅱ 12획)

옷(衤=衣)이 골짜기(谷) 같이 주름져 있어 **넉넉하다.**
- 裕福(유복)　富裕(부유)　餘裕(여유)　 餘(남을 **여**)
- 谷(골 **곡**) : 갈라져(八) 있는 산(人) **골짜기** 입구(口)를 그린 글자

補
채울 **보**
(3Ⅱ 12획)

찢어진 옷(衤=衣)을 실패(甫)로 **깁다.** 부족함을 **채우다.**
- 補强(보강)　補修(보수)　補完(보완)　補習(보습)　補充(보충)
- 甫(실패 **보**) : 열(十) 번 실(丶) 감아 쓰는(用 쓸 용) **큰 실패**

裝 裝
꾸밀 장
(4급 13획)

천이나 옷(衣 옷 의)으로 좋게(壯 씩씩할 장) **꾸민다.**
- 裝備(장비) 裝飾(장식) 裝置(장치) 服裝(복장) 女裝(여장)
- ☞ 備(갖출 비) 飾(꾸밀 식) 置(둘 치) 服(옷 복)

裳
치마 상
(3Ⅱ 14획)

큰 집(尙 큰집 상)처럼 크고 통으로 된 옷(衣 옷 의)인 **치마.**
- 衣裳(의상) 同價紅裳(동가홍상) : 같은 값이면 골라 가짐
- 尙 : 지붕 높게(小) 세운 큰 집(冂 둘러쌀 경) 입구(口) 모양

製
지을 제
(4Ⅱ 14획)

천을 잘 다듬어(制 다듬을 제) 옷(衣) 등을 **만들다.**
- 製藥(제약) 製作(제작) 製造(제조) 製品(제품)
- 制 : 소(牛 소 우)의 가죽이나 천(巾)을 칼(刂)로 잘 **다듬은** 모양

複
겹칠 복
(4급 14획)

옷(衤 옷 의)을 사람(亠)이 해(日)지면 걸어서(夂 걸을 쇠) 집으로
돌아옴을 거듭하듯, 거듭 **겹쳐** 입는 데서.
- 複利(복리) 複寫(복사) 複數(복수) 複式(복식) 複製(복제)

襲
엄습할 습
(3Ⅱ 22획)

용(龍)은 비가 억수로 내릴 때 하늘로 오르는데 이 때 비 맞으면
옷(衣) 안으로 비가 들어오듯, **안으로 무섭게 쳐들어오는 것.**
- 空襲(공습) 奇襲(기습) 逆襲(역습)

襾(覀) 部

襾
덮을 아
(6획)

그릇의 아가리나 구멍에 끼워 막는 **마개** 모양으로 **덮는다.**

西
서녘 **서**
(8급 6획)

한(一) 사람(儿)이 집(口)으로 들어가는 모양에서 해지는 **서녘**.
- 西洋(서양) : 동양에서 미국과 유럽을 이르는 말
- 儿(어진사람 **인**) : 걷는 사람의 **다리**. **사람**의 뜻으로 많이 쓰임

要
중요할 **요**
(5급 9획)

여자(女)는 몸을 덮어(覀) 감싸는 것이 **중요(重要)하다**.
- 要求(요구) 要望(요망) 要請(요청) 要因(요인) 重要(중요)
- 覀(덮을 **아**) : 그릇 아가리에 끼워 막는 **마개**. **덮다**. ☞ 覀 = 襾

覆
덮을 **복**
(3Ⅱ 18획)

열려 있는 것을 덮개(覀 덮을 아)로 다시(復 다시 부) **덮는다**. 그 덮개를 엎어 덮는다는 데서 **뒤집다**는 뜻.
- 覆蓋(복개) : 뚜껑이나 덮개를 덮음. 覆面(복면) 顚覆(전복)

見 部

見
볼 **견**, 나타날 **현**
(5급 7획)

사람이 눈(目)으로 서서(儿) **본다**. 보이게 **나타나다**.
- 見聞(견문) 見學(견학) 發見(발견) 意見(의견)
- 儿(어진사람 **인**) : 걷는 사람의 **다리**. **사람**의 뜻으로 많이 쓰임

規
법 **규**
(5급 11획)

사람들(夫)이 보고(見 볼 견) 항상 **지켜야 할 법**.
- 規約(규약) 規律(규율) 規定(규정) 規則(규칙) 法規(법규)
- 夫(사내 **부**) : 갓(一) 쓴 어른(大)이나 **사내**. 글 읽는 **지아비**

視 視
볼 **시**
(4Ⅱ 12획)

보이는(示 보일 시) 것을 눈으로 **본다**(見).
- 視覺(시각) 視力(시력) 視聽(시청) 視金如石(시금여석)
- 示 : **제단** 모양으로 제물을 제단에 올려 신에게 **보임**

親
어버이 **친**
(6급 16획)

나무(木)에 올라 있는(立 설 립) 자식을 걱정스레 바라보는(見 볼 견) **어버이**. 어버이는 항상 가깝고 **친함**.
- 親家(친가) 親舊(친구) 親母(친모) 親切(친절) 親戚(친척)

覺 / 覚
깨달을 **각**
(4급 20획)

보고(見) 배워(學 배울 학의 줄임) **깨닫는다**.
- 覺悟(각오) 感覺(감각) 味覺(미각) 視覺(시각) 聽覺(청각)
- 見(볼 **견**) : 사람이 눈(目)으로 서서(儿 어진사람 인) **본다**.

覽 / 覧
볼 **람**
(4급 21획)

살피어(監) **본다**(見). 특히 **잘 살피어 보다**.
- 觀覽(관람) 博覽會(박람회) 遊覽船(유람선) 展覽(전람)
- 監 : 신하(臣) 한(一) 사람(𠂉)이 그릇(皿)의 음식을 **살피다**.

觀 / 観
볼 **관**
(5급 25획)

황새(雚)가 둘러보는(見 볼 견) 모양에서 **살펴보다**.
- 觀光(관광) 觀念(관념) 觀戰(관전) 主觀的(주관적)
- 雚(황새 **관**) : 위에서 내려다보고(口口) 있는 새(隹 새 추)인 **황새**

角 部

角
뿔 **각**
(6급 7획)

굽고(⺈ 굽은사람 인) 둥근(用의 줄임)짐승의 **뿔** 모양.
- 角度(각도) 角木(각목) 三角(삼각) 直角(직각)
- 用 : 점치는 **둥근** 점통(冂)을 보고 그린 글자 ☞ 用(쓸 용)

解
풀 **해**
(4Ⅱ 13획)

소(牛) 뿔(角) 사이를 칼(刀)로 쳐서 잡아 **가른다** 하여 **풀다**.
- 解決(해결) 解氷(해빙) 理解(이해) 解語花(해어화)
- 牛(소 **우**) : **소**를 옆에서 보고 그린 글자

278

觸 触
닿을 **촉**
(3Ⅱ 20획)

뿔(角 뿔 각) 같은 더듬이로 벌레(蜀)가 감지하기 위해 **닿다**.
- 觸覺(촉각) 觸感(촉감) 觸手(촉수) 一觸卽發(일촉즉발)
- 蜀(벌레 **촉**) : 눈(罒=目) 크며 고치 안에 싸여(勹) 있는 **벌레**(虫)

言 部

言
말씀 **언**
(6급 7획)

두(二) 번 이상 거듭(二) 생각한 후 입으로(口) **말한다**.
- 言語(언어) 言行(언행) 方言(방언) : 어느 지방 말. 사투리
- 言飛千里(언비천리) : 발 없는 말이 천리를 감. 말은 빠르게 멀리 퍼짐

訂
고칠 **정**
(3급 9획)

말(言)을 잘못해서 장정(丁)이 바르게 **고친다**는 뜻.
- 訂正(정정) 改訂(개정) 校訂(교정) 修訂(수정) ☞ 修(고칠 수)
- 亅(갈고리 **궐**) : 밑 끝이 구부러진 **갈고리. 못** ☞ 校(바로잡을 교)

計
셈할 **계**
(6급 9획)

말(言 말씀 언)로 수량을 십(十) 단위로 헤아리며 **셈하다**. 셈을 하여 계획(計劃)을 세운다 하여 **꾀하다**.
- 計略(계략) 計算(계산) 計測(계측) 時計(시계) 會計(회계)

討
칠 **토**
(4급 10획)

말(言)을 법도(寸 법도 촌) 있게 하여 일을 처리하거나 잘못된 적을 바로잡기 위해 **친다**는 뜻.
- 討論(토론) 討伐(토벌) 討議(토의) 檢討(검토) 聲討(성토)

訓
가르칠 **훈**
(6급 10획)

말(言)을 물 흐르듯(川) 이치에 맞게 하며 **가르치다**.
- 訓戒(훈계) 訓民正音(훈민정음) 訓話(훈화) : 훈계하는 말
- 川(내 **천**) = 巛 : '개미허리' 巛 큰도랑 **괴** 〈 도랑 **견**

記
적을 **기**
(7급 10획)

형태가 없는 말(言)을 형태, 즉 몸(己)을 만들어 **적음.**
- 記事(기사)　日記(일기)　登記(등기) : 장부에 적어 올림
- 己(몸 **기**) : 구부러져 있는 상태에서 일어나는 **몸**을 그림

訟
송사할 **송**
(3Ⅱ 11획)

말(言)로 공정히(公 공정할 공) **잘 잘못 가림.**
- 訟事 : 옳고 그름의 판결을 요청하는 일.　訴訟(소송)
- 公 : 사사로움(厶 사사로울 사)을 가르고(八) **대중**에게 **공정하다.**

訣
헤어질 **결**
(3Ⅱ 11획)

할 말(言)을 터놓고(夬) 한 후 **헤어지다.** 이것도 **비결(秘訣).**
- 訣別(결별)　永訣(영결) : 죽은 사람과 영원히 이별함
- 夬(트일 **쾌**) : 사람(大)이 당기는 활(弓)의 한쪽이 **트인** 모양

設
베풀 **설**
(4Ⅱ 11획)

말(言) 주고받으며 일하여(殳) **만들다, 세우다, 갖추다, 베푼다.**
- 設計(설계)　設置(설치)　建設(건설)　施設(시설)
- 殳(행할 **수**) : 무언가(几 책상 궤)를 손(又 손 우)에 들고 **행하다.**

訪
찾을 **방**
(4Ⅱ 11획)

말(言 말씀 언)로 찾는 곳의 방향(方)을 물어 **찾다.**
- 訪問(방문)　訪韓(방한)　來訪(내방)　答訪(답방)　巡訪(순방)
- 方(사방 **방**) : 쟁기가 **사방**으로 나아가는 모양 또는 **방향**

許
허락할 **허**
(5급 11획)

말(言)에 숨김이 없고 낮(午)처럼 명백하니 **허락하다.**
- 許可(허가)　許諾(허락)　許容(허용)　免許(면허)　特許(특허)
- 午(낮 **오**) : 사람(ノ 누운사람 인)이 많이(十) 다니는 **낮**

訴
호소할 **소**
(3Ⅱ 12획)

억울함을 물리치기(斥) 위해 말(言)로 **하소연하다.**
- 訴訟(소송)　告訴(고소)　提訴(제소)　被訴(피소)　抗訴(항소)
- 斥(물리칠 **척**) : 도끼(斤 도끼 근)로 내려쳐(ヽ 찍을 주) **물리친다.**

評
평할 **평**
(4급 12획)

논할(言) 때는 치우치지 않고(平) **공평(公評)하게**.
- 評價(평가) 評判(평판) 論評(논평) 好評(호평) 批評(비평)
- 平(평평할 **평**) : 두 손(八)으로 받쳐 든 방패(干)가 **평평하다**.

詞
말씀 **사**
(3Ⅱ 12획)

말(言) 중 잘 살피어(司 살필 사) 하는 **내용 있는 말**.
- 歌詞(가사) 名詞(명사) 副詞(부사) 助詞(조사) 品詞(품사)
- 司 : 몸을 구부려(ㄱ) 하나(一)의 명령(口)을 듣고 일을 **살핌**

試
시험 **시**
(4Ⅱ 13획)

일정한 방식(式)의 말(言 말씀 언)로 물어 **시험하다**.
- 試圖(시도) 試料(시료) 試合(시합) 試驗(시험) 入試(입시)
- 式(법 **식**) : 장인(工)이 먹줄(弋 주살 익) 들고 일하는 **방식**

詩
시문 **시**
(4Ⅱ 13획)

말(言)을 절(寺)처럼 조용한 마음으로 쓰는 글인 **시**.
- 詩歌(시가) 詩想(시상) 詩集(시집) 詩評(시평) 序詩(서시)
- 寺(관청 **시**) : 토지(土)를 법도(寸 법도 촌) 있게 관리하는 **관청**
  寺(절 **사**) : 불교 초기에 관청에서 불법을 폈던 것이 **절**이 됨

話
이야기 **화**
(7급 13획)

말(言)을 혀(舌 혀 설)를 놀려, 길게 하는 **이야기**.
- 話頭(화두) 話者(화자) 對話(대화) 童話(동화) 會話(회화)
- 舌 : 천(千) 개 입(口)이 있어도 **혀** 없으면 말할 수 없다.

誇
자랑할 **과**
(3Ⅱ 13획)

말(言)을 사실보다 크게(夸 큰체할 과), 즉 **자랑하다**.
- 誇大廣告(과대광고) 誇示(과시) 誇張(과장) ☞ 張(넓힐 장)
- 夸 : 막힌(丂 막힐 고) 입김 크게(太) 내 뱉듯이 **큰소리치다**.

認
인정할 **인**
(4Ⅱ 14획)

말(言)을 참고(忍) 들어 그 내용을 **인정(認定)하다**.
- 認可(인가) 認識(인식) 認定(인정) 公認(공인) 確認(확인)
- 忍(참을 **인**) : 칼날(刃) 같은 무서움도 강한 마음(心)으로 **참다**.

誓
맹세할 **서**
(3급 14획)

증표로 화살을 꺽으며(折) 말(言 말씀 언)로 **맹세하다.**
- 盟誓(맹서) 誓約(서약) 宣誓(선서) ☞ 誓(맹세할 서) 宣(공포할 선)
- 折(꺾을 **절**) : 손(扌)에 든 도끼(斤)로 나무 등을 쳐서 꺾는다.

誌
적을 **지**
(4급 14획)

말(言 말씀 언)이나 품고 있는 뜻(志)을 **기록(記錄)함.**
- 校誌(교지) 本誌(본지) 日誌(일지) 雜誌(잡지)
- 志(뜻 **지**) : 선비(士 선비 사)가 마음(心)에 품은 큰 **뜻**

誕
태어날 **탄**
(3급 14획)

아기의 말(言)인 울음을 길게 끌며(延 끌 연) **태어나다.**
- 誕生(탄생) 誕辰(탄신) 聖誕(성탄) ☞ 辰(때 신)
- 延 : 삐뚤게(丿) 나아감(㐬)을 그치다(止)는 데서 시간을 **끌다.**

誘
꾈 **유**
(3Ⅱ 14획)

말(言)을 빼어나게(秀 빼어날 수) 잘하여 사람을 **꾀다.**
- 誘導(유도) 誘發(유발) 誘引(유인) 誘致(유치) 誘惑(유혹)
- 秀 : 벼(禾)가 일정 범위(乃)를 벗어나 **빼어나게** 자라다.

誠
정성 **성**
(4Ⅱ 14획)

말한(言) 바를 이루기(成 이룰 성) 위해 들이는 **정성.**
- 誠金(성금) 誠實(성실) 誠意(성의) 精誠(정성) 孝誠(효성)
- 成 : 힘들여(力) 창(戈 창 과)을 만든다 하여 **이루어낸다.**

語
말씀 **어**
(7급 14획)

말(言 말씀 언)로 나(吾)를 표현하는 **말씀.**
- 語順(어순) 語學(어학) 國語(국어) 言語(언어)
- 吾(나 **오**) : 다섯(五) 손가락으로 입(口)을 가리키며 **나**를 나타냄.

誦
욀 **송**
(3급 14획)

머릿속 말(言 말씀 언)이 저절로 솟아나올(甬) 정도로 **외다.**
- 朗誦(낭송) 暗誦(암송) 愛誦(애송) 牛耳誦經(우이송경)
- 甬(솟을 **용**) : 꽃봉오리가 솟은 모양. 또는 물 **솟아나는** 모양

誤
잘못될 **오**
(4Ⅱ 14획)

말(言 말씀 언)로 크게 떠버리며(吳 떠들 오) 일을 **그르치다.**
- 誤答(오답)   誤報(오보)   誤算(오산)   誤解(오해)
- 吳(오나라 **오**) : 하나(一)의 대국(大)이라 **떠드는**(口) **오나라.**

說
말씀 **설**, 달랠 **세**
(5급 14획)

말(言) 바꾸어(兌) 가며 **알기 쉽게 말하다.** 말로 달래다.
- 說教(설교)   說明(설명)   說話(설화)   選擧遊說(선거유세)
- 兌(바꿀 **태**) : 팔자(八)에 맏이(兄)로 태어나 마음가짐을 굳게 **바꾸다.**

誰
누구 **수**
(3급 15획)

새(隹) 지저귀는 소리가 무슨 말(言)인지 **누가** 알겠는가.
- 誰何(수하) : 누구인지 신분을 밝히도록 묻는 일.
- 隹(새 **추**) : 앉아 있는 보통 꽁지가 짧고 **작은 새** 모양

課
매길 **과**
(5급 5획)

농사의 결실(果)을 물어(言) 세금 **매기거나 부과함.**
- 課稅(과세)   課外(과외)   課題(과제)   公課金(공과금)
- 果(열매 **과**) : 밭(田)에 심는 과일나무(木)에서 나는 **열매. 결실**

談
말씀 **담**
(5급 15획)

말(言 말씀 언)에 따스한 불꽃(炎)이 이는 좋은 **말씀.**
- 談話(담화)   德談(덕담)   相談(상담)   情談(정담)   會談(회담)
- 炎(불탈 **염**) : 불(火)이 타오르는(火) 모양에서 **불꽃, 덥다.**

調
고를 **조**
(5급 15획)

말(言)을 두루(周) 조화(調和) 있게 한다하여 **고르다.**
- 調理(조리)   調節(조절)   調和(조화)   强調(강조)   曲調(곡조)
- 周(두루 **주**) : 입(口)은 여러 용도(用 쓸 용)로 쓴다 하여 **두루**

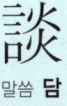
헤아릴 **량**
(3급 15획)

말(言)을 큰(京) 마음으로 **헤아려** 듣는다.
- 諒知(양지)
  諒解覺書(양해각서) : 계약이나 조약에 이르기 전에 상호 협조, 수정을 약속한 증서(MOU : Memorandum Of Understanding).

請
청할 **청**
(4Ⅱ 15획)

부탁의 말(言)을 젊은이(靑)가 드린다 하여 **청하다.**
- 請求(청구) 請託(청탁) 申請(신청) 請牒狀(청첩장)
- 青(무성할 **봉**) : 많은(三) 풀이 흙을 뚫고(ㅣ) 나와 **무성함**

論
논할 **론**
(4Ⅱ 15획)

말(言 말씀 언)을 책 엮듯(侖 뭉치 륜) 조리 있게 하면서 **논하다.**
- 論述(논술) 論語(논어) 論評(논평) 理論(이론)
- 侖 : 글 적은 종이를 사람(人)이 하나(一)의 책(册)으로 **뭉침**

諸
모두 **제**
(3Ⅱ 16획)

말(言 말씀 언)은 모든 사람(者)이 한다는 데서 **모두.**
- 諸君(제군) 諸島(제도) 諸子百家(제자백가) 諸侯(제후)
- 者(사람 **자**) : 늙으면(耂) 백발(白 흰 백)이 되어 죽는 모든 **사람**

諾
허락할 **낙**
(3Ⅱ 16획)

말(言)이 사실과 같아(若 같을 약) **허락하다.**
- 許諾(허락) 受諾(수락) 承諾(승낙) 快諾(쾌락)
- 若 : 오른손(右)으로 돌보는 채소(艹)의 모양이 비슷하여 **같다.**

謀
꾀할 **모**
(3Ⅱ 16획)

말(言)을 통하여 아무도(某 아무개 모) 모르게 어떤 일을 **꾀하다.**
- 謀略(모략) 謀議(모의) 謀陷(모함) 圖謀(도모)
- 某 : 단맛(甘 달 감) 나는 나무(木)열매는 **아무**에게도 좋다.

謂
이를 **위**
(3Ⅱ 16획)

말(言)을 위(胃 밥통 위)가 음식 소화시키듯 한다 하여 **이르다. 말하다.**
- 所謂(소위) : 이른바. 말하는 바
- 胃 : 밭(田)처럼 몸(月)에서 음식을 담아 소화시키는 **밥통**

謁
아뢸 **알**
(3급 16획)

마음에 있는 말(言)을 처음부터 끝(曷 그칠 갈)까지 윗사람에게 **아뢴다.**
- 謁見(알현) : 윗사람을 찾아 뵘. 拜謁(배알)
- 曷 : 말(日) 없이 몸 구부리고(勹) 사람(人)이 의자(ㄴ)에 앉음

謠
노래 요
(4Ⅱ 17획)

고기(月=肉 고기 육) 굽듯 구은 질그릇(缶 질그릇 부)을 두드리며 장단 맞춰 부르는 말(言 말씀 언)인 **노래**.
• 歌謠(가요) 童謠(동요) 民謠(민요)   ☞ 童(아이 동)

講
강론할 **강**
(4Ⅱ 17획)

말(言)로 얽혀(冓 엇걸어쌓을 구) 있는 내용을 **자세히 설명하다**.
• 講壇(강단) 講論(강론) 講士(강사) 講義(강의)
• 冓 : 우물틀(井)을 쌓듯, 거듭해서(再 거듭 재) **엇걸어 쌓은 모양**

謝
사례할 **사**
(4Ⅱ 17획)

말(言)을 활 쏘듯(射) 딱 잘라 **물리치다**. 말(言)로써 바르게 활 쏘듯(射), 잘 잘못을 가려 **사과, 사례하다**.
• 謝過(사과) 謝禮(사례) 謝罪(사죄) 謝恩會(사은회)

謙 謙
겸손할 **겸**
(3Ⅱ 17획)

사양한다는 말(言)을 거듭(兼)한다 하여 **겸손하다**.
• 謙遜(겸손) 謙讓之德(겸양지덕) : 겸손하고 양보하는 미덕.
• 兼(겸할 **겸**) : 벼(禾) 둘을 한(一) 손(크)에 쥔 모양에서 **겸하다**.

謹 謹
삼갈 **근**
(3급 18획)

말할(言) 때, 진흙(堇)길을 조심히 걸어가듯 **삼간다**.
• 勤愼(근신) 謹嚴(근엄) 謹弔(근조) 謹賀新年(근하신년)
• 堇(진흙 **근**) : 가죽(革 가죽 혁)과 같이 질긴 흙(土)인 **진흙**

證
증거 **증**
(4급 19획)

말(言)하기 위해 증언대에 오른다(登) 하여 **증언, 증거**.
• 證據(증거) 證券(증권) 證明(증명) 領收證(영수증)
• 登(오를 **등**) : 발판(豆)을 밟고(癶 걸을 발) **오르는 모양**

識
알 **식**, 적을 **지**
(5급 19획)

말(言), 소리(音)를 창칼(戈 창 과)로 새기어 **알게 적는다**.
• 識別(식별) 知識(지식) 標識(표지) 識字憂患(식자우환)
• 音(소리 **음**) : 사람이 서서(立) 입(日 말할 왈)으로 내는 **소리**

譜
족보 **보**
(3Ⅱ 19획)

넓게(普 넓을 보) 펴져 있는 말(言)을 모아 적은 **족보·악보.**
- 家譜(가보) 系譜(계보) 樂譜(악보) 族譜(족보)
- 普 : 해(日)는 나란히(並=竝) 세상을 여기저기 **넓게** 비친다.

警
경계할 **경**
(4Ⅱ 20획)

공경하는(敬) 자세로 말한다(言) 하여 **조심, 경계하다.**
- 警戒(경계) 警告(경고) 警備(경비) 警察(경찰) 警護(경호)
- 敬 : 구차한(苟) 마음의 나를 매로(攵) 혼내는 이를 **공경한다.**

譯 訳
통역할 **역**
(3Ⅱ 20획)

말(言 말씀 언) 뜻을 잘 살피어(睪) **번역·통역하다.**
- 譯官(역관) 意譯(의역) 直譯(직역) 通譯(통역) 翻譯(번역)
- 睪(살필 **역**) : 눈(罒)으로 한(一) 명씩 죄인(幸 죄인 신) **살피다.**

議
의논할 **의**
(4Ⅱ 20획)

말(言)을 통하여 좋은(義 옳을 의) 방향으로 이끈다는 데서 **토의 (討議)하다, 의논(議論)하다.**
- 議員(의원) 議長(의장) 議題(의제) 會議(회의)

護
보호할 **호**
(4Ⅱ 21획)

말(言)을 헤아려(蒦 헤아릴 약) 듣고 가치 있는 것을 **보호한다.**
- 護國(호국) 護送(호송) 護身術(호신술) 守護(수호)
- 蒦 : 풀숲(艹)의 새(隹)가 주위를 살피듯, 손(又)으로 잘 **헤아림**

譽 誉
기릴 **예**
(3Ⅱ 21획)

말(言)로써 **받들어 준다(與).**
- 名譽(명예) 슈譽(영예)
- 與(줄 **여**) : 한(一) 사람이 몸을 구부려(与) 절굿공이(l)로 절구(臼)를 찧고 한(一) 사람은 손(八)으로 뒤집는 모양, 일에 **참여(參與)한** 사람에게 만든 음식 나누어 **주다.**

讀 読
읽을 **독**, 구절 **두**
(6급 22획)

말(言)하며 물건을 팔듯(賣 팔 매) 글을 소리 내어 **읽다.** 글을 읽을 때 띄어 읽는 한 단위의 글인 **구절(句節).**
- 讀書(독서) 讀者(독자) 讀後感(독후감) 句讀點(구두점)

變 変
변할 **변**
(5급 23획)

계속해서(絲) 회초리(攵 칠 복)를 대며 가르치니 **변하다**.
- 變動(변동) 變色(변색) 變數(변수) 變質(변질) 變化(변화)
- 絲(이어질 **련**) : 말(言 말씀 언)이 실(絲 실 사)처럼 **이어지다**.

讓 讓
사양할 **양**
(3Ⅱ 24획)

말(言)로 상대의 도움(襄 도울 양)을 정중히 **사양함**.
- 讓渡(양도) 讓步(양보) 分讓(분양) 辭讓(사양) 割讓(할양)
- 襄 : 옷(衣) 속 여자가슴(口口)은 우물(井) 같이 아이에게 **도움이 됨**

讚 讚
칭찬할 **찬**
(4급 26획)

말(言)로 도움(贊)이 되도록 **칭찬(稱讚)하다**.
- 讚美(찬미) 讚辭(찬사) 讚頌歌(찬송가) 禮讚(예찬)
- 贊(도울 **찬**) : 먼저(先 먼저 선) 재물(貝)을 내어 **돕다**.

谷 部

골짜기 **곡**
(3Ⅱ 7획)

갈라져(八) 있는 산(人)의 **골짜기** 입구(口)를 그린 글자.
- 溪谷(계곡) 深山幽谷(심산유곡) 進退維谷(진퇴유곡)
  進退兩難(진퇴양난) : 이러기도 저러기도 어려워 입장이 곤란함

豆 部

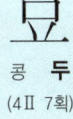
콩 **두**
(4Ⅱ 7획)

콩꼬투리 같이 생겨 **콩**.
- 부수로는 제기(祭器)의 뜻도 있음. 豆腐(두부) 大豆(대두) : 콩
  種豆得豆(종두득두) : 콩을 심어 콩을 거둠. 원인에 따라 그에 맞는
  결과가 생김

豈
어찌 **기**
(3급 10획)

산(山)에 들에 나는 콩(豆)이 **어찌** 나겠는가.
- 豈不成功(기불성공) : 어찌 성공하지 못하겠는가?
- 豆(콩 **두**) : 콩꼬투리 같이 생겨 **콩**

豐
풍성할 **풍**
(4Ⅱ 13획)

제기(豆 제기 두)에 올린 떡이 커서 굽은(曲) 모양에서, 이처럼 **풍성(豊盛)함**.
- 豊年(풍년) 豊滿(풍만) 豊富(풍부)
- 曲(굽을 **곡**) : 입(口)의 혀(一)를 길게 내미니(丨丨) **구부러짐**

豕 部

豕
돼지 **시**
(7획)

돼지의 머리, 등, 발, 꼬리를 그린 글자.
- 豕心(시심) : 돼지같이 욕심이 많음
  野豕(야시) : 들돼지, 멧돼지

豚
돼지 **돈**
(3급 11획)

살(月=肉 고기 육)이 많은 **집돼지**(豕 돼지 시).
- 豚舍(돈사) 豚肉(돈육) 豚皮(돈피) 養豚(양돈)
- 月(육달 **월**) : 달의 뜻이 아닐 때는 **고기**(月=肉 고기 육)의 뜻

象
코끼리 **상**
(4급 12획)

코끼리의 코, 이마, 어금니, 네 발, 꼬리를 그린 글자.
- 象牙(상아) 表象(표상) 印象派(인상파) 現象(현상)
  象形文字(상형문자) : 물체 모양을 본뜬 글자

豪
클 **호**
(3Ⅱ 14획)

높은(高) 기상과 멧돼지(豕) 같이 **크고, 강한 호걸**.
- 豪傑(호걸) 豪雨(호우) 豪快(호쾌) 豪華(호화) 文豪(문호)
- 高(높을 **고**) : 성곽(冂 에워쌀 경) 위에 높이 만든 **높은** 망루

豫 予
미리 **예**
(4급 16획)

내(予)가 코끼리(象 코끼리 상)와 같이 여유 있게 행동하는 것은 **미리** 준비를 잘 하였다는 데서 나온 글자.
- 豫告(예고) 豫防(예방) 豫備(예비) 豫約(예약) 豫言(예언)
- 予(나 **여**) : 사람이 바로 서 있는 모양에서 **바른 나**의 뜻

豸 部

豸
맹수 **치, 태**
(7획)

발을 들고 덤벼들려는 **맹수** 모양.
- 獬豸(해태) : 옳고 그름을 판단할 줄 안다는 상상의 동물
  ☞ 獬(짐승이름 해)

貌
모습 **모**
(3Ⅱ 14획)

서 있는 맹수(豸 맹수 치)처럼 서 있는 사람의 목(丶), 몸통(曰), 다리(儿 다리 인) 모양에서 **전체적인 모습**.
- 美貌(미모) 容貌(용모) 全貌(전모) ☞ 容(얼굴 용)

貝 部

貝
조개 **패**
(3급 7획)

줄무늬 있는 **조개**가 살을 내밀어 이동하는 모습. 옛날 단단하며 광택 나는 아름다운 작은 마노조개를 **화폐**로 사용. **돈, 재물**.
- 魚貝類(어패류) 貝塚(패총) ☞ 塚(무덤 총)

貞
곧을 **정**
(3Ⅱ 9획)

점친(卜) 대가로 재물(貝)을 받고 점의 내용을 정직하게 말한다 하여 **곧다**.
- 貞淑(정숙) 貞操(정조) 貞節(정절)
- 卜(점 **복**) : 태운 동물 뼈의 갈라진 금을 모양을 보고 **점**을 침

負
질 **부**
(4급 9획)

사람(⺈ 굽은사람 인)이 재물(貝 조개 패)을 등에 지고 있는 모양으로 **짐지다, 빚지다**는 뜻을 나타낸 글자.
- 負擔(부담)　負傷(부상)　負債(부채)　自負心(자부심)

貢
바칠 **공**
(3Ⅱ 10획)

장인(工 장인 공)이 만든 물건을 재물(貝)처럼 위에 **바친다.**
- 貢納(공납)　貢物(공물)　貢獻(공헌)　朝貢(조공)
- 貝(조개 **패**) : 작고 단단하며 광택 나는 조개를 **화폐**로 사용함

財
재물 **재**
(5급 10획)

돈(貝)으로 여러 재주(才)를 부려 만든 **재물(財物).**
- 財界(재계)　財力(재력)　財閥(재벌)　財産(재산)　財數(재수)
- 才(재주 **재**) : 손가락 열(十) 개로 사물(丿)을 다루는 **재주**

貧
가난할 **빈**
(4Ⅱ 11획)

재물(貝 조개 패)을 함부로 나누어(分) 쓰니 **부족하거나 가난하다.**
- 貧民(빈민)　貧富(빈부)　貧血(빈혈)　淸貧(청빈)
- 分(나눌 **분**) : 칼(刀)로 물건을 **나눈다**(八 여덟 팔, 나눌 팔).

貪
탐할 **탐**
(3급 11획)

이제(今)나 저제나 재물(貝 조개 패)만을 **탐한다.**
- 貪官(탐관)　貪慾(탐욕)　小貪大失(소탐대실)　☞ 失(잃을 실)
- 今(이제 **금**) : 사람(人) 한(一) 명이 몸 구부려(ㄱ) 일하는 **지금**

貨
재물 **화**
(4Ⅱ 11획)

바뀌어(化) 돈(貝 조개 패)이 될 수 있는 것인 **재물.**
- 貨物(화물)　貨幣(화폐)　百貨店(백화점)　財貨(재화)
- 化(바뀔 **화**) : 사람(亻)이 앉은(匕 앉은사람 비) 자세로 **바뀌다.**

貫
꿸 **관**
(3Ⅱ 11획)

돈(貝)을 꿰어(毌) 놓은 모양.　무게의 단위인 **관(貫).**
- 貫祿(관록)　貫通(관통)　貫徹(관철)　始終一貫(시종일관)
- 毌(말 **무**) : 입(口)을 막거나(十) 꿰어 말을 **못하게 하다.**

販
팔 판
(3급 11획)

돈(貝) 같은 것을 받고 반대(反 반대 반)로 물건 등을 **팔다**.
- 販路(판로) 販賣(판매) 販促(판촉) 總販(총판)
- 反 : 벼랑(厂)을 손(又)으로 무언가를 잡으며 **반대로** 오름

責
맡을 책
(5급 11획)

주인(主)의 재산(貝 조개 패) 관리를 **맡다**.
- 責望(책망) 責任(책임) 問責(문책) 職責(직책) 質責(질책)
- 主(주인 **주**) : 타오르는 촛불(丶)이 방의 중심이 되어 **주되다**.

貯
쌓을 저
(5급 12획)

재물(貝)을 집(宀)의 장정(丁)이 열심히 일하여 **쌓다**.
- 貯金(저금) 貯藏(저장) 貯蓄(저축) ☞ 蓄(쌓을 축)
- 丁(장정 **정**) : 팔을 펴고(一) 서(亅)있는 **장정**(壯丁)

貴
귀할 귀
(5급 12획)

사물 중(中) 첫째(一) 가는 재물(貝)이 가장 **귀하다**.
- 貴社(귀사) 貴族(귀족) 貴重(귀중) 貴下(귀하) 珍貴(진귀)
- 貝(조개 **패**) : 작고 단단하며 광택 나는 조개를 **화폐**로 사용함

買
살 매
(5급 12획)

망태기(罒)에 돈(貝 조개 패)으로 사서 담는 데서 **사다**.
- 買收(매수) 買入(매입) ☞ 收(거둘 수)
- 网(그물 **망**) : 얽혀(乂乂) 있는 **그물** 모양 ☞ 网 = 罒

貸
빌릴 대
(3Ⅱ 12획)

빌려 쓰는 대가(代)로 돈(貝 조개 패)을 준다는 데서 **빌리다** 또는 **빌려주다**.
- 貸與(대여) 貸出(대출) 賃貸(임대)
- 代(대신할 **대**) : 푯말(弋 푯말 익)을 세워 사람(亻)을 **대신하다**.

費
쓸 비
(5급 12획)

필요하지 않은(弗) 것에 재물(貝)을 **쓰다**.
- 費用(비용) 消費(소비) 食費(식비) 車費(차비) 會費(회비)
- 弗(아닐 **불**) : 활(弓)에 비뚤거나(丿) 짧은(丨) 화살은 쓰는 게 **아니다**.

貿
비꿀 **무**
(3Ⅱ 12획)

많은(卯 무성할 묘의 변형) 물건(貝 조개 패) 등을 거래를 통하여 **바꾸다.**
- 貿易(무역) 貿易風(무역풍) ☞ 易(바꿀 역)
- 卯 : **무성한** 봄기운 들이려 두 문짝을 활짝 열어 놓은 모양

賀
하례할 **하**
(3Ⅱ 12획)

좋은 일에 재물(貝)을 더하여(加) 주며 **하례(賀禮)하다.**
- 賀客(하객) 祝賀(축하) 致賀(치하) 年賀狀(연하장)
- 加(더할 **가**) : 힘(力)을 내라고 말(口)로 부추겨 힘을 **더하다.**

賊
도적 **적**
(4급 13획)

재물(貝) 빼앗으려 무기(戈 창 과)를 휘두르는(ノ丶) **도적.**
- 盜賊(도적) 義賊(의적) 海賊(해적) 賊反荷杖(적반하장)
- 戈(창 **과**) : 날이 세 갈래로 된 **창**이나 **무기**의 뜻

賃
품삯 **임**
(3Ⅱ 13획)

맡은(任) 일을 한 후 받는(貝) **품삯.** 맡기고(任) 재물(貝)을 **빌림.**
- 賃金(임금) 賃貸(임대) 賃借(임차) 運賃(운임)
- 任(맡길 **임**) : 지략 뛰어난 사람(亻)에게 북방(壬) 경계를 **맡기다.**

資
재물 **자**
(4급 13획)

목숨 다음(次 다음 차) 가는 것은 돈이나 **재물(貝)**이다.
- 資金(자금) 資本(자본) 資産(자산) 物資(물자) 投資(투자)
- 次 : 설렁(冫 찰 빙)하게 하품(欠 하품 흠)하면 뒤진다 하여 **다음**

賓
손 **빈**
(3급 14획)

집(宀)에 하나(一)의 작은(小) 선물(貝 조개 패) 같은 것을 가지고 오는 귀한 **손님.**
- 貴賓(귀빈) 內賓(내빈) 迎賓(영빈)
- 宀(집 **면**) : 지붕으로 덮여 있는 **집.** '갓머리'라고도 함

賦
매길 **부**
(3Ⅱ 15획)

세금(貝)을 강압적(武)으로 **매겨 부과하다.** 거둔 세금으로 백성에게 **혜택을 주다.**
- 賦課(부과) 賦役(부역) 天賦(천부)
- 武(무력 **무**) : 두(二) 손에 무기(弋) 들고 서(止) 있는 모양

賞
상줄 **상**
(5급 15획)

공 있는 사람에게 높은(尙 높을 상) 벼슬과 재물(貝)로 **상주다.**
- 賞金(상금)　賞狀(상장)　大賞(대상)　受賞(수상)
- 尙 : 지붕 높은(小) 집(冂) 입구(口). 이러한 큰 집을 **받들다.**

賢
어질 **현**
(4Ⅱ 15획)

굳은(臤) 의지로 재물(貝)을 **현명하게** 관리하니까 **어질다.**
- 賢明(현명)　賢人(현인)　先賢(선현)　賢母良妻(현모양처)
- 臤(굳을 **간**) : 신하(臣)가 두 손(又) **굳게** 맞잡고 서 있는 모양

賜
줄 **사**
(3급 15획)

재물(貝 조개 패)을 점친(易 점칠 역) 대가로 **주다.**
- 賜額(사액) : 임금이 액자를 내림.　賜藥(사약)　下賜(하사)
- 易 : 해(日)가 있다 없어지듯(勿) 변화를 통해 길흉을 **점치다.**

賤 賎
천할 **천**
(3Ⅱ 15획)

재물(貝 조개 패) 쌓기에만(戔) 전념(專念)하니 **천하다.**
- 賤民(천민)　賤待(천대)　賤職(천직)　貴賤(귀천)　微賤(미천)
- 戔(쌓일 **전**) : 전쟁에 쓰는 무기인 창(戈 창 과)이 **쌓여** 있다.

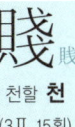
팔 **매**
(5급 15획)

선비(士)는 사기(買) 보다는 자신의 학식・능력을 **팔다.**
- 賣場(매장)　賣店(매점)　賣出(매출)　發賣(발매)　販賣(판매)
  買占賣惜(매점매석) : 값 오를 것을 예상하고 폭리 얻기 위해 물건
  을 휩쓸어 사두고(買占) 팔기를 꺼리는(賣惜) 일　☞ 占(차지할 점)

바탕 **질**
(5급 15획)

도끼(斤 도끼 근)와 재물(貝 조개 패)은 생활의 **바탕.**
두 도끼(斤)의 **품질**이나 가격(貝)을 **물어보다.**
- 質問(질문)　質責(질책)　性質(성질)　物質(물질)　素質(소질)

賴 頼
의뢰할 **뢰**
(3Ⅱ 16획)

나무 다발(束 묶을 속)을 지고(負) 갈 것을 **믿고 의뢰하다.**
- 無賴漢(무뢰한)　信賴(신뢰)　依賴(의뢰)　☞ 漢(사나이 한)
- 負(짐질 **부**) : 사람(𠂊 굽은사람 인)이 재물(貝)을 등에 **지다.**

贈 贈
줄 **증**
(3급 19획)

재물(貝)을 잘 하라고 거듭(曾 거듭 증)하여 **주다.**
• 贈與(증여)　贈呈(증정)　寄贈(기증)　☞ 與(줄 여) 呈(드릴 정)
• 曾 : 갈라진(八) 입(口)에서 **거듭** 나오는 작은(小) 말(曰)에서.

贊 贊
도울 **찬**
(3Ⅱ 19획)

먼저(先) 재물(貝 조개 패)을 내어 **돕다.**
• 贊反(찬반)　贊成(찬성)　贊助(찬조)　協贊(협찬)
• 先(먼저 선) : 소(牛 소 우) 끌고 사람(儿)이 **먼저** 앞서 간다.

赤 部

赤
붉을 **적**
(5급 7획)

솟아 있는 흙(土)과 같이 타오르는 불빛(火)이 **붉다.**
• 赤道(적도)　赤色(적색)　赤十字(적십자)　赤字(적자)
　赤外線(적외선) : 파장이 가시광선보다 길어 눈에 보이지 않는 광선

走 部

走
달릴 **주**
(4Ⅱ 7획)

땅(土) 위를 다리(疋 발 소)를 벌려 **달리는** 모습.
• 走力(주력)　走行(주행)　競走(경주)　繼走(계주)
• 走馬看山(주마간산) : 사물의 겉만 대강 보고 지나감.

赴
디디를 **부**
(3급 9획)

달려가(走) 점(卜 점 복)친 결과를 알리려 **다다르다.**
• 赴任(부임) : 임명을 받아 임지(任地)에 옴　☞ 任(맡을 임)
• 卜 : 동물 뼈를 태울 때 생긴 **가로 세로의 금** 모양으로 **점**을 침

起

일어날 **기**

(4Ⅱ 10획)

달리듯(走 달릴 주) 몸(己)을 빠르게 **일으키다.**
- 起立(기립)　起死回生(기사회생)　起床(기상)　起案(기안)
- 己(몸 **기**) : 구부러져 있는 상태에서 일어나는 **몸**을 그림.

超

넘을 **초**

(3Ⅱ 12획)

부름(召 부를 소)에 달려가다(走) 높은 것을 **넘다.**
- 超過(초과)　超越(초월) : 어떤 수준을 뛰어 넘음
- 召 : 칼(刀) 같이 무서운 소리(口), 즉 **공적인 일로 부른다.**

越

넘을 **월**

(3Ⅱ 12획)

도끼(戉) 들고 달려(走 달릴 주) 나라의 경계를 **넘다.**
- 越境(월경)　越權(월권)　越南(월남)　越等(월등)　移越(이월)
- 戉(큰도끼 **월**) : 창(戈 창 과)에 달린 **큰 도끼**　☞ 境(지경 경)

趣

달릴 **취**

(4급 15획)

좋은 것을 취하기(取 취할 취) 위해 **달려(走)나아가다.**
- 趣味(취미)　趣旨(취지)　趣向(취향)　情趣(정취)　興趣(흥취)
- 取 : 전투 승리의 증표로 적의 귀(耳)를 손(又)으로 **취하다.**

足(⻊) 部

足

발　**족**

(7급 7획)

무릎 아래의 **발** 모양. 또는 **만족하다**는 뜻을 가짐.
- 足鎖(족쇄)　足跡(족적)　滿足(만족)　不足(부족)　豊足(풍족)
- ⻊(발 **소**) : 발목에서 발끝까지의 모양으로 **발**을 나타냄

距

거리 **거**

(3Ⅱ 12획)

발(足 발 족)을 크게(巨) 벌린 것처럼 떨어진 **거리.**
- 距離(거리)　☞ 離(떠놓을 리)
- 巨(클 **거**) : 'ㄷ'자 모양의 큰 자를 손에 쥔 모양에서 **크다.**

跡
자취 **적**
(3Ⅱ 13획)

발자국(足 발 족)이 여러(亦) 개 나 있다 하여 **발자취**.
- 遺跡(유적)　人跡(인적)　足跡(족적)　潛跡(잠적)　筆跡(필적)
- 亦(또 **역**) : 팔을 **자주** 흔들며 걸어가는 사람 모양

跳
뛸 **도**
(3급 13획)

발(足)을 여러(兆) 번 굴려 **뛰다**.
- 跳躍(도약) : 뛰어 오름.　☞ 躍(뛸 **약**)
- 兆(많을 **조**) : 점치기 위해 거북 껍질을 태워 **갈라진 많은 금**

路
길 **로**
(6급 13획)

발(⻊ = 足 발 족)로 각자(各 각각 각)가 걸어가는 **길**.
- 路線(노선)　道路(도로)　通路(통로)　街路樹(가로수)
- 各 : 앞 사람과 뒷(夂 뒤져올 치) 사람 말(口)이 **각각 다르다**.

踏
밟을 **답**
(3Ⅱ 15획)

발(⻊ 발 족)을 거듭하여(沓) **밟다**.
- 踏步(답보)　踏査(답사)　踏襲(답습)　踏十里(답십리)
- 沓(거듭 **답**) : 물(水)이 흐르듯 말(曰 말할 왈)을 **거듭하다**.

踐
밟을 **천**
(3Ⅱ 15획)

발(足 발 족)을 많이(戔) 움직여 직접 행한다 하여 **밟다**.
- 踐踏(천답) : 짓밟음　踐行(천행) : 실제로 행함　實踐(실천)
- 戈(창 **과**) : 날이 세 갈래로 된 **창**이나 **무기**의 뜻

蹟
발자취 **적**
(3Ⅱ 18획)

한 걸음(足 발 족)씩 책임(責) 있게 걸어온 **발자취**.
- 古蹟(고적)　奇蹟(기적)　史蹟(사적)　行蹟(행적)
- 貝(조개 **패**) : 작고 단단하며 광택 나는 조개를 **화폐**로 사용함

躍
뛸 **약**
(3급 21획)

발(足)과 날개의 깃(羽 깃 우)을 이용해 새(隹)가 **뛰다**.
- 躍上有飛(약상유비)　躍進(약진)　跳躍(도약)　☞ 跳(뛸 **도**)
- 隹(새 **추**) : 앉아 있는 보통 꽁지가 짧고 **작은 새** 모양

身 部

身
몸 **신**
(6급 7획)

배가 크고 근육이 단단하게 형성 된 **좋은 몸**.
- 身上(신상) 身長(신장) 身體(신체) 心身(심신) 全身(전신)
  身土不二(신토불이) : 내 고장에서 나는 농산물이 내 몸에 좋음

車 部

車
수레 **거.차**
(7급 7획)

두(二) 바퀴 달린 **수레**.
- 自轉車(자전거) 車道(차도) 電車(전차)
  車馬費(거마비) : (차나 말을 타는 비용이라는 뜻으로) '교통비(交通費)'를 달리 이르는 말 ☞ 轉(구를 전) 道(길 도) 費(쓸 비)

軌
궤도 **궤**
(3급 9획)

많은(九) 차들(車 수레 차)이 다니는 길인 **궤도**.
- 軌道(궤도) : 기차나 전차가 다니게 만든 일정한 길. 軌跡(궤적)
- 九(많을 **구**) : **아홉**은 열에 가까운 수라는 뜻에서 **많음**을 나타냄

軍
군사 **군**
(8급 9획)

수레(車 수레 거)를 둘러싸고(冖) 있는 **군사(軍事)**.
- 軍民(군민) 軍人(군인) 白軍(백군) 靑軍(청군)
- 冖(덮을 **멱**) : **덮개**나 **지붕**을 본뜬 글자. **집**의 뜻으로도 쓰임

軒
집 **헌**
(3급 10획)

전차(車 수레 차)가 적의 공격을 막아(干 막을 간) 주듯 비바람 막아주는 **집**.
- 軒軒丈夫(헌헌장부) : 남자다운 사내
  東軒(동헌) : 고을 원님 등이 공사(公事)를 처리하는 곳

軟
부드러울 **연**
(3Ⅱ 11획)

수레(車 수레 거)를 오래 타 하품(欠)이 나며 몸이 늘어져 **유연(柔軟)하다.**
- 軟骨(연골)　軟性(연성)　軟弱(연약)
- 欠(하품 흠) : **입을 크게 벌리며**(⌒) 사람(人)이 하는 **하품**

較
비교할 **교**
(3Ⅱ 13획)

수레(車)가 교차(交)할 때 그 크기가 **비교됨.**
- 比較(비교)　日較差(일교차)　☞ 比(견줄 비)　差(다를 차)
- 交(오고갈 교) : 갓(亠) 쓴 아비(父)가 **오고가며** 사람들을 **사귀다.**

載
실을 **재**
(3Ⅱ 13획)

흙(土)을 창(戈) 같은 도구로 파서 수레(車)에 **실음.**
- 記載(기재)　連載(연재)　積載(적재)　千載一遇(천재일우)
- 戈(창 과) : 날이 세 갈래로 된 **창**이나 **무기, 도구**의 뜻

輕 輕
가벼울 **경**
(5급 14획)

수레(車 수레 거)가 물 흐르듯(巠) 가는 것은 **가볍기**에.
- 輕量(경량)　輕率(경솔)　輕油(경유)　輕音樂(경음악)
- 巠(물줄기 경) : 한(一) 줄기에서 내(巛)와 강(工)이 되는 **물줄기**

輩
무리 **배**
(3Ⅱ 15획)

두 날개(非 날개 비) 펼치듯 수레(車 수레 거)의 행렬이 양쪽으로 펼쳐져 가는 **무리.**
- 輩出(배출)　先輩(선배)　年輩(연배)　暴力輩(폭력배)　後排(후배)

輝
빛날 **휘**
(3급 15획)

불을 피워 놓은(光 빛 광) 군영(軍)이 **밝게 빛나다.**
- 輝石(휘석)　輝煌(휘황)　☞ 煌(빛날 황)
- 光 : 높은(兀 우뚝할 올) 곳에 올려둔 불에서 나오는(丶丨丿) **빛**

輪
바퀴 **륜**
(4급 15획)

수레(車 수레 거)에 있어 바퀴살이 뭉쳐서(侖) 된 **바퀴.**
- 輪轉機(윤전기) : 인쇄하는 기계.　輪廻(윤회)　五輪旗(오륜기)
- 侖 : 글을 적은 종이를 사람(人)이 하나(一)의 책(册)으로 **뭉침**

輸 輸
나를 **수**
(3Ⅱ 16획)

육로는 수레(車 수레 거), 수로는 거룻배(兪 거룻배 유)로 **나른다.**
- 輸送(수송)　輸入(수입)　輸出(수출)　運輸(운수)
- 兪 : 몸체(月) 앞이 뾰족하며(亼), 물(巜) 위를 다니는 **거룻배**

輿
가마, 많을 **여**
(3급 17획)

수레(車) 같은 것의 양쪽(臼 갈라질 구) 밑(一)을 잡고 들어(八)
나아가는 **가마.** 가마 끄는 사람의 수가 **많다.**
- 喪輿(상여)　輿論(여론) : 대중의 공통된 의견.　☞ 喪(죽을 상)

轉 転
구를 **전**
(4급 18획)

수레(車) 바퀴는 오로지(專 오로지 전) **구른다.**
- 轉勤(전근)　轉落(전락)　轉業(전업)　轉職(전직)　轉學(전학)
  轉禍爲福(전화위복) : 재앙(災殃)이 바뀌어 오히려 복(福)이 됨

辛 部

辛
매울 **신**
(3급 7획)

세워(立 설 립) 놓고 죄인 이마에 '十' 자를 바늘로 새긴다는 데서,
혹독하여 **맵다는 뜻.** 글자 안에서는 **죄인**의 뜻으로 많이 쓰임.
- 香辛料(향신료)　千辛萬苦(천신만고)

辨
분변할 **변**
(3급 16획)

두 죄인(辛)의 잘 잘못을 칼(刂)로 가르듯, **분별한다.**
- 辨明(변명)　辨別(변별)　辨理士(변리사)　辨證法(변증법)
- 辛(죄인 **신**) : 세워(立) 놓고 이마에 '十'자를 새기는 **죄인**

辭 辞
말씀 **사**
(4급 19획)

얽힌 실타래처럼 복잡하게 얽혀있는 죄인(辛 죄인 신)을 다스리
는 **복잡한 말.** 복잡한 사정이 있어 **그만두다.**
- 辭意(사의)　辭任(사임)　辭典(사전)　辭職(사직)　辭退(사퇴)

辯 弁
말잘할 **변**
(4급 21획)

죄인들(辛)을 도와 **잘 말한다**(言 말씀 언)는 뜻.
- 辯論(변론)　辯護士(변호사)　答辯(답변)　代辯人(대변인)
- 辛(죄인 **신**) : 세워(立) 놓고 이마에 '十'자를 새기는 **죄인**

辰 部

辰
별 **진**. 때 **신**
(3Ⅱ 7획)

조개가 입 벌려 움직이는 모양. 이 **때** 농사철을 알리는 전갈자리 **별**이 나타나는 데서. **다섯 번 째 지지(地支)인 용.**
- 生辰(생신)　日月星辰(일월성신)　辰時(진시) : 오전 7시~ 9시

辱
욕될 **욕**
(3Ⅱ 10획)

농사철(辰)에 일을 하지 않는 자를 법도(寸 법도 촌)에 따라 **욕보이다.**
- 困辱(곤욕)　榮辱(영욕)　壽則多辱(수즉다욕)
- 寸 : 엄지(丶)로 손목에서 맥박 뛰는 사이의 **법도 있게 재는 손**

農
농사 **농**
(7급 13획)

허리를 굽혀(曲) 별(辰 별 진)이 보이는 새벽부터 나가 일하는 **농사(農事).**
- 農家(농가)　農夫(농부)　農村(농촌)　農土(농토)
- 曲(굽을 **곡**) : 입(口)의 혀(一)를 길게 내미니(丨丨) **구부러짐**

酉 部

酉
닭 **유**
(7획)

술병 모양으로 酒(술 주)의 옛 글자. **술, 술병**의 뜻.
- '**닭**'의 뜻으로 쓰이게 됨은 술은 보통 일이 끝날 때인 유시(酉時 : 1/시)부티 마시는데 이 무렵에 닭이 닭장으로 들어가는 데서, 시간을 나타내는 동물 중 하나인 닭이 됨.

配
나눌, 짝 **배**
(4Ⅱ 10획)

술(酉)을 사람(己 몸 기)에게 **나누어** 따라주거나, 술 부어놓고 신
랑, 신부가 몸을 구부려 절한다 하여 **짝**.
• 配給(배급) 配當(배당) 配達(배달) 配偶者(배우자)

酌
술따를 **작**
(3급 10획)

술(酉 닭, 술 유)을 작은 잔(勺 잔 작)에 **따르다**.
• 酌婦(작부) 酌定(작정) 自酌(자작) 參酌(참작)
• 勺 : 액체를 싸듯(勹) 담을 수 있는 하나(一)의 **작은 잔**

酒
술 **주**
(4급 10획)

물(氵)로 만든 술병(酉)에 든 **술**.
• 主客(주객) 酒道(주도) 酒量(주량) 酒店(주점) 禁酒(금주)
• 酉(술병, 닭 **유**) : 술병 모양. 酒(술 주)의 옛 글자. **술, 술병**의 뜻

醉
취할 **취**
(3Ⅱ 15획)

술(酉)을 졸병(卒 병사 졸)들이 마시면 잘 **취한다**.
• 醉客(취객) 醉氣(취기) 醉中(취중) 宿醉(숙취) 心醉(심취)
• 卒(마칠 **졸**) : 같은 모자(亠) 쓴 여러(十) 사람(人人)인 **병졸**

醜
추할 **추**
(3급 17획)

술(酉)을 많이 마시면 귀신(鬼 귀신 귀)처럼 보기가 **추하다**.
• 醜聞(추문) 醜惡(추악) 醜雜(추잡) 醜態(추태)
• 鬼 : 비뚤어진(丿) 생각(思)으로 사사롭게(厶) 사람 해치는 **귀신**

醫 医
의원 **의**
(6급 18획)

화살(矢 화살 시), 창(殳 창 수)에 다친 상처(匸 상자 방)를 약술(酉←
酒 술 주)로 소독하고 치료하는 **의원**.
• 醫師(의사) 醫術(의술) 醫藥(의약) 名醫(명의) 韓藥(한약)

燒酒(소주)와 燒酎(소주) 燒(불사를 소) 酎(여러번걸러맑게만든술 주)
곡물에서 얻은 주정(酒精 알코올)에 향료, 감미료를 첨가하여 물로 희석(稀釋)시킨 것
이 희석식 소주(燒酒). [~이슬]이나 [처음처~]의 병에는 '燒酎'라 적혀 있음.

釆 部

釆
분별할 **변**
(7획)

쌀(米 쌀 미)에 섞여있거나 떠 있는 불순물(丿)을 가려내는 데서 **분별하다.**

釋 釈
풀 **석**
(3Ⅱ 20획)

사물 잘 분별하고(釆) 살피어(睪) 알기 쉽게 **풀어놓음.**
* 釋放(석방) 保釋(보석) 解釋(해석) 手不釋卷(수불석권)
* 睪(살필 **역**) : 눈(罒)으로 한(一) 명씩 차례로 죄인(幸)을 **살피다.**

里 部

里
마을 **리**
(7급 7획)

농토(田) 가까운 땅(土)에 자리 잡은 **마을.**
또는 **거리를 나타내는 단위**로 쓰임(1里는 약 393m).
* 里長(이장) 萬里長城(만리장성) ☞ 1海里(해리) : 약 1,852미터

重
무거울 **중**
(7급 9획)

매일 천(千 일천 천)번 이상 **거듭하는** 삽질에 의해 마을(里) 사람들의 몸이 **무겁지만** 농사는 **중요하다.**
* 重大(중대) 重量(중량) 重複(중복) 重要(중요) 重責(중책)

野
들 **야**
(6급 11획)

마을(里 마을 리) 근처에 있는 내(予)가 일하는 **들.**
* 野黨(야당) 野山(야산) 野生(야생) 野外(야외) 野合(야합)
* 予(나 **여**) : 사람이 바로 서 있는 모양에서 **바른 나**

量

수량 **량**

(5급 12획)

말(曰 말할 왈) 한마디(一)만 들어도 마을(里)의 상황을 짐작하여 **헤아린다.**

- 量産(양산)　分量(분량)　質量(질량)
- 里(마을 **리**) : 농토(田) 가까운 땅(土)에 자리 잡은 **마을**

金 部

金

쇠 **금**, 성 **김**

(8급 8획)

덮여(亼) 있는 흙(土) 속에 흩어져(丶丿) 있는 **금속. 성.**

- '금(金)'씨가 '김'씨로 불리게 된 것은 조선 태조 이성계의 성씨 '이(李)'에 들어 있는 **나무(木)를 쇠(金)가 이긴다하여** '金'자를 성씨로 쓰거나 부를 때는 '금'이 아닌 '김'으로 부르라 명한데서 유래.

針

바늘 **침**

(4급 10획)

쇠(金)로 된 **바늘(十)** 모양을 본뜬 글자.

- 鍼術(침술)　針葉樹(침엽수)　檢針(검침)　方針(방침)
  針小棒大(침소봉대) : 작은 것을 크게 과장(誇張)하여 말함

鈍

둔할 **둔**

(3급 12획)

쇠(金)로 만든 무기의 날이 땅을 뚫고(丿) 구덩이(凵 구덩이 감)에서 나온 새싹(乚)의 떡잎(屯) 같이 두껍게 되어 **무디다.**

- 鈍感(둔감)　鈍器(둔기)　鈍才(둔재)　愚鈍(우둔)

鉛

납 **연**

(4급 13획)

금속(金) 중 녹으면 잘 흘러(几) 들어가는(口) **납.**

- 鉛筆(연필)　亞鉛(아연)　黑鉛(흑연)　 亞(버금 **아**)
- 几(덮개 **궤**) : 무언가를 덮으며 **흘러가는** 모양에서 **덮개**

銃

총 **총**

(4Ⅱ 14획)

금속(金) 총알을 채워서(充 찰 충) 쏘는 **총.**

- 銃器(총기)　銃殺(총살)　銃彈(총탄)　銃砲(총포)
- 充 : 갓(亠) 쓴 선비는 진실(允 진실로 윤)됨으로 가득 **차다.**
  允 : 사사로움(厶→私)이 없는 어진 사람(儿)은 **진실하다.**

銀
은 **은**
(6급 14획)

금속(金 쇠 금) 중 눈(艮)의 흰자위와 같은 색깔인 **은.**
- 銀行(은행) : 금융 기관. '銀'은 '돈', '行'은 '가게'나 '점포'를 뜻함
- 艮(눈, 볼 **간**) : 눈(目) 뜨고 보는 모양에서 **눈, 보다**는 뜻

銘
새길 **명**
(3Ⅱ 14획)

금속(金)에 이름(名)이나 글을 **새기다.**
- 銘記(명기) 銘心(명심) 碑銘(비명) 座右銘(좌우명)
- 名(이름 **명**) : 저녁(夕 저녁 석)에 부르는(口) **이름**

銅
구리 **동**
(4Ⅱ 14획)

금(金) 같은(同) 색인 황동(黃銅)에서 **구리**를 뜻하는 글자.
- 銅管(동관) 銅線(동선) 銅錢(동전) 靑銅器(청동기)
- 同(같을 **동**) : 둘러싼(冂 쌀 경) 사람 말(口)이 한결(一) **같다.**

銳
날카로울 **예**
(3급 15획)

무딘 쇠(金)를 갈아 모양을 바꾸어(兌 바꿀 태) **날카롭게** 하다.
- 銳角(예각) 銳利(예리) 尖銳(첨예) ☞ 尖(뾰족할 **첨**)
- 兌 : 팔자(八)에 맏이(兄)로 태어나 마음가짐을 굳게 **바꾸다.**

錄 録
기록할 **록**
(4Ⅱ 16획)

금속(金)을 파거나 깎아서(彔 깎을 록) **기록(記錄)하다.**
- 錄音(녹음) 錄畫(녹화) 記錄(기록) 目錄(목록) 收錄(수록)
- 彔 : 멧돼지가 주둥이(彑)로 나무껍질에서 수액(氺)이 나오게 **깎음**

鋼
강철 **강**
(3Ⅱ 16획)

쇠(金)가 강하여 변치 않는 산등성이(岡)처럼 그 모양이 잘 변하지 않는 **강철(鋼鐵).**
- 製鋼(제강) 鐵鋼(철강)
- 岡(산등성이 **강**) : 그물(网)처럼 이어져 솟아(山) 있는 **산등성이**

錯
섞일 **착**
(3Ⅱ 16획)

금속(金)이 오래(昔)되면 녹과 같은 불순물이 **섞인다.**
- 錯覺(착각) 錯視(착시) 錯誤(착오) 交錯(교착) 性倒錯(성도착)
- 昔(옛 **석**) : 많은(卄) 시간이 한결(一)같이 흘러간 **오랜 옛날(日)**

304

錢（钱）
돈 **전**
(4급 16획)

금속(金)으로 쌓아(戋) 놓기 좋게 만든 **돈**.
- 전주(錢主)　금전(金錢)　급전(急錢)　동전(銅錢)　환전(換錢)
- 戋(쌓일 **전**) : 전쟁에 쓰는 무기인 창(戈 창 과)이 **쌓여 있다**.

錦
비단 **금**
(3Ⅱ 16획)

금빛(金 황금 금) 같이 고운 흰(白 흰 백) 누에고치에서 나온 실로
짠 천(巾 수건 건)인 **비단(緋緞)**.
- 錦江(금강)　錦上添花(금상첨화)　錦衣還鄕(금의환향)

錬（炼）
단련할 **련**
(3Ⅱ 17획)

쇠(金)의 성질을 가려(柬) 단단하게 **단련(鍛鍊)하다**.
- 鍊金術(연금술)　練習(연습)　敎鍊(교련)　老鍊(노련)
- 柬(가릴 **간**) : 나누어(八) 묶는다(束 묶을 속)는 데서 **가리다**.

鍾
쇠북 **종**
(4급 17획)

쇠(金)로 만든 크고 무거운(重 무거울 중) **쇠북**.
- 鍾路(종로)　鐘閣(종각)　警鐘(경종)　自鳴鐘(자명종) ☞ 鍾 = 鐘
- 重 : 천(千) 개의 마을(里)을 다스려야 하니 책임이 **무겁다**.

鎭（镇）
진압할 **진**
(3Ⅱ 18획)

쇠(金)와 같이 묵직하고, 참되게(眞 참 진) 마음을 **진정시키다**.
- 鎭壓(진압)　鎭靜(진정)　鎭火(진화)　文鎭(문진)
- 眞 : 비수(匕) 같은 예리한 눈(目)으로 보아도 빠짐없어 **참하다**.

鎖
쇠사슬 **쇄**
(3Ⅱ 18획)

작은(小 작을 소) 조개(貝 조개 패)를 꿰어 엮듯이 금속(金)의 고
리를 엮어 만든 **쇠사슬**. 또는 **닫다**는 뜻.
- 鎖國(쇄국)　封鎖(봉쇄)　閉鎖(폐쇄)　項鎖(항쇄) ☞ 項(목 항)

鏡
거울 **경**
(4급 19획)

금속(金)을 갈고 닦으니 마침내(竟) **거울**이 됨.
- 內視鏡(내시경)　望遠鏡(망원경)　眼鏡(안경)　顯微鏡(현미경)
　破鏡(파경) : 부부 금실이 좋지 않아 갈라서게 되는 일

鐵 (鉄)
쇠 철
(5급 21획)

금속(金) 중 흙(土)에서 나와(口) 금속의 왕(王)이며 무기(戈)를 만드는 쇠.
- 鐵鋼(철강) 鐵路(철로) 製鐵(제철)
- 戈(창 과) : 날이 세 갈래로 된 **창**이나 **무기**의 뜻

鑄 (鋳)
쇳물부을 주
(3Ⅱ 22획)

쇠(金)에 오래도록(壽 오래살 수) 열을 가해 녹인 후 거푸집에 이 **쇳물을 부어 만들다.**
- 鑄物(주물) 鑄造(주조) 鑄貨(주화) ☞ 造(만들 조) 貨(화폐 화)

鑑
거울 감
(3Ⅱ 22획)

잘 닦인 금속(金) **거울**로 비추어 **잘 살펴봄**(監 살필 감).
- 鑑賞(감상) 鑑別(감별) 鑑識(감식) 鑑定(감정) 印鑑(인감)
- 監 : 신하(臣) 한(一) 사람(丷)이 그릇(皿)의 음식을 **살피다.**

鑛 (鉱)
쇳돌 광
(4급 23획)

쇠(金)가 함유된 돌이 넓게(廣) 묻혀 있다 하여 **쇳돌.**
- 鑛脈(광맥) 鑛物(광물) 鑛山(광산) 鑛業(광업) 炭鑛(탄광)
- 廣(넓을 광) : 집(广 집 엄)이 누런(黃) 빛을 띤 땅처럼 **넓다.**

長(镸) 部

長
길 장
(8급 8획)

수염이 긴 노인이 지팡이 짚고 있는 모습으로 **길다, 어른.**
- 長女(장녀) 校長(교장) 十長生(십장생) : 오래 산다는 열 가지(해, 산, 물, 돌, 구름, 소나무, 불로초, 거북, 학, 사슴)

약자(略字)의 풀이
- 鉄(쇠 철) : 금속(金) 중에서 그 형태를 잃지(失 잃을 실) 않고 오래 유지되는 쇠.
- 寿(살 수) : 무수히 많은(丰 풀무성할 봉) 먹을거리 중에서도 몸에 좋은 것으로 잘 헤아려(寸 헤아릴 촌) 가려 먹어야 오래 산다는 뜻.

門 部

門
문 **문**
(8급 8획)

두 짝으로 된 **문. 집, 열다.**
- 門下生(문하생)   校門(교문)
  四大門(사대문) : 조선(朝鮮)시대 서울의 사방에 두었던 큰 문인
  흥인지문(동대문), 숭례문(남대문), 돈의문(서대문), 숙정문(북대문)

閉
닫을 **폐**
(4급 11획)

문(門 문 문)에 빗장(才)을 끼워 **닫다.**
- 閉幕(폐막)   閉店(폐점)   閉會(폐회)   開閉(개폐)
- 才 : '재주 재'자이나 여기서는 문에 끼우는 **빗장**을 뜻함

間
사이 **간**
(7급 12획)

문(門)틈 사이로 햇빛(日)이 들어오는 모양에서 **사이.**
- 間食(간식)   空間(공간)   時間(시간)   人間(인간) ☞ 髮(터럭 발)
  間髮(간발) : 머리카락 하나 정도의 극히 작은 차이를 뜻함

閏
윤달 **윤**
(3급 12획)

윤달에는 왕(王)이 문(門) 밖으로 나가지 않던 풍습에서 나온 글자.
- 閏年(윤년)   閏月(윤월)
- 윤달 : 음력에서 한 해의 길이를 맞추기 위해 더 넣은 한 달

閑
한가할 **한**
(4급 12획)

외양간 문(門 문 문)을 나무(木)로 막은 것은 겨울철은 농사가 **한가(閑暇)하다.**
- 閑職(한직)   農閑期(농한기)
  閑良(한량) : 돈 잘 쓰고, 잘 노는 사람을 이르는 말

開
열 **개**
(6급 12획)

문(門 문 문)의 빗장(一)을 들어(廾) **열다.**
- 開發(개발)   開放(개방)   開業(개업)   開閉(개폐)   開學(개학)
- 廾(들 공) : **두 손으로 드는 모양.** ☞ 廾(스물 입)의 변형

閣
집 **각**
(3Ⅱ 14획)

여기저기에서 각각(各) 문(門 문 문)이 있는 **큰 집**.
- 閣下(각하)   改閣(개각)   內閣(내각)   鐘閣(종각)
- 各(각각 **각**) : 앞과 뒷(夂 뒤져올 치) 사람 말(口)이 **각각 다르다**.

閱
살필 **열**
(3급 15획)

문(門 문 문) 열고 들어가, 담당자를 바꾸어(兌 바꿀 태) 잘 **살펴보다**.
- 閱覽(열람)   檢閱(검열)   査閱(사열)
- 兌 : 팔자(八)에 맏이(兄)로 태어나 마음가짐을 굳게 **바꾸다**.

關 関
빗장 **관**
(5급 19획)

북에 실(幺幺←絲 실 사) 꿰어(丱 북양귀 관) 넣듯, 문(門) 잠글 때 끼워 넣는 **빗장**. 빗장 끼이듯 서로 **관계되다**.
- 關係(관계)   關聯(관련)   關門(관문)   關東八景(관동팔경)
- 북 : 베틀에 딸린 부속. 날실의 틈을 왔다 갔다 하며 씨실을 풀어줌

隶 部

隶
밑 **이**
(8획)

손(크 손 계)으로 **밑**에 있는 물(氺)을 뜨는 모습

隷
따를 **례**
(3급 16획)

선비(士)를 제단(示)에 음식 올리듯, 밑에서(隶) 받들어 모시는 **종**이 주인을 **따른다**.
- 隷屬(예속)   奴隷(노예)   ☞ 屬(속할 속)   奴(종 노)
- 示(제단 **시**) : **제단** 모양으로 제물을 제단에 올려 신에게 **보임**

隹 部

隹
새 **추**
(8획)

새가 앉아 있는 모양. 보통 꽁지가 짧고 **작은 새**.

雁
기러기 **안**
(3급 12획)

바위(厂 언덕 한) 밑에 사람(亻)처럼 집짓고 사는 새(隹 새 추)인 **기러기**.
• 雁帛(안백) : 비단에 편지를 써서 기러기발에 묶어 소식을 알림
  雁行(안행) : 기러기가 줄지어 남

雄
수컷 **웅**
(5급 12획)

힘센 오른(右 오른 우) 팔꿈치(厶)처럼 힘센 새(隹 새 추)인 **수컷**.
• 雄辯(웅변)   雄壯(웅장)   英雄(영웅)   ☞ 辯(말잘할 변)
• 厶(팔꿈치 **사**) : **팔꿈치**를 구부려 물건을 감싸는 모양

雅
우아할 **아**
(3Ⅱ 12획)

새(隹) 어금니(牙)는 **아담하며 아름답다**.
• 雅淡(아담)   雅量(아량)   雅樂(아악)   優雅(우아)   淸雅(청아)
• 牙(어금니 **아**) : 뾰족한 **어금니** 모양 또는 코끼리의 **상아**

集
모일 **집**
(6급 12획)

새(隹)가 나무(木)에 **모이다**.
• 集中(집중)   集合(집합)   集會(집회)   募集(모집)   召集(소집)
  集合離散(집합이산) : 자신의 이익에 따라 모이고 흩어짐

雖
비록 **수**
(3급 17획)

입(口)으로 벌레(虫) 따위나 잡아먹는 새(隹)지만 **비록**.
• 雖誰(수수) : 비록 누구라 할지라도   雖然(수연) : 그러나
• 虫(벌레 **충**) : 사리고 있는 **뱀**이나 **작은 벌레** 모양

雜 雑
섞일 **잡**
(4급 18획)

나무(木) 위(亠)에 오른 아이들(人人)처럼 여러 종류의 새(隹 새 추)가 섞여 있다는 데서 **섞이다**.
• 雜技(잡기)   雜念(잡념)   雜談(잡담)   雜食(잡식)   雜誌(잡지)

雙 双
둘 **쌍**
(3Ⅱ 18획)

한 쌍의 새(隹 새 추)가 손(又)에 있는 모양에서 **둘.**
• 雙方(쌍방) 雙手(쌍수) 雙曲線(쌍곡선) 無雙(무쌍)
• 又(손・또 **우**) : 깍지 낀 두 **손,** 즉 하나가 아닌 둘이라 하여 **또**

離
떠날 **리**
(4급 19획)

짐승(离)이나 새(隹 새 추)가는 철이 되면 **떠난다.**
• 離別(이별) 離職(이직) 離脫(이탈) 離合集散(이합집산)
• 离(짐승 **리**) : 머리(亠)・가슴(凶)・발(内 발자국 유)로 **짐승**의 뜻

難
어려울 **난**
(4Ⅱ 19획)

가죽(革)처럼 끈질긴 사람(大)도 새(隹 새 추)를 잡기는 **어렵다.**
• 難民(난민) 難解(난해) 論難(논란) 災難(재난)
• 革(가죽 **혁**) : 짐승의 **가죽**을 벗겨 펴놓고 말리는 모양

雨 部

雨
비 **우**
(5급 8획)

구름(一)에서 넓게(冂) 떨어지는(l) 빗방울(丶丶)인 **비.**
• 雨期(우기) 雨衣(우의) 雨傘(우산) 降雨(강우) 暴雨(폭우)
  雨後竹筍(우후죽순) : 비 온 뒤 자란 죽순   ☞ 筍(죽순 순)

雪
눈 **설**
(6급 11획)

비(雨)가 얼어서 내리는 손(⺕)으로 받을 수 있는 **눈.**
• 雪景(설경) 雪山(설산) 雪氷(설빙) 大雪(대설) 暴雪(폭설)
• ⺕(손 **계**) : 갈라져 있는 **손가락.** 손.   ☞ 景(밝을 경)

雲
구름 **운**
(5급 12획)

비(雨) 온다고 말하듯(云), 떠 있는 **구름.**
• 雲集(운집)   ☞ 集(모일 집)
  雲雨之情(운우지정) : 남녀의 육체적인 사랑을 고상하게 이르는 말
• 云(말할 **운**) : 둘(二)이 사적(私的)으로(厶=私, 개인 사) **말하다.**

零
떨어질 **령**
(3급 13획)

비(雨) 떨어지듯 명령(令 명령 령)도 위에서 **떨어지다.**
- 零細民(영세민) : 수입이 적어 겨우 살아가는 주민. 零下(영하)
- 令 : 사람(人) 한(一) 곳에 모아 놓고(卩무릎 절) 내리는 **명령**

電
번개 **전**
(7급 13획)

천둥(雷) 치기 전 길게 선을 그으며(乚) 번쩍이는 **번개.**
- 電氣(전기)   電算(전산)   電子(전자)   電車(전차)   電話(전화)
- 雷(우레 **뢰**) : 비(雨) 올 때 천둥소리 내며 밭(田)에 떨어지는 **우레**

雷
우레 **뢰**
(3Ⅱ 13획)

비(雨) 올 때 천둥소리 내며 밭(田)에 떨어지는 **우레.**
- 雷管(뇌관)   落雷(낙뢰)   魚雷(어뢰)   地雷(지뢰)   爆雷(폭뢰)
- 雨(비 **우**) : 구름(一)에서 넓게(冂) 떨어지는(丨) 비(丶丶)

需
구할 **수**
(3Ⅱ 14획)

내리는 비(雨)와 같이 시원하게 말 잘하는(而 말이을 이) 사람을 **구하다.**
- 需給(수급)   需要(수요)   軍需(군수)   ☞ 給(줄 급)
- 而 : 턱수염 모양. 잔소리가 많은 늙은이의 말이 **이어지다.**

震
벼락 **진**
(3Ⅱ 15획)

비(雨) 올 때(辰) 치는 **벼락.** 벼락에 천지가 **진동(震動)하다.**
- 震怒(진노)   地震(지진)   微震(미진)   强震(강진)
- 辰(때 **신**) : 조개가 입 벌려 움직이는 모양. 이**때**가 농사철

霜
서리 **상**
(3Ⅱ 17획)

비(雨 비 우)가 서로(相) 엉겨 얼어붙어서 된 **서리.**
- 霜降(상강)   秋霜(추상)   雪上加霜(설상가상)   ☞ 降(내리 강)
- 相(서로 **상**) : 나무(木)는 **서로** 마주 보는(目) 상태가 이상적

霧
안개 **무**
(3급 19획)

비(雨)가 힘차게(務 힘쓸 무) 내린 후 생기는 **안개.**
- 雲霧(운무)   噴霧器(분무기)   五里霧中(오리무중)   ☞ 噴(뿜을 분)
- 務 : 창(矛 창 모)으로 찌르고 치고(攵 칠 복) 힘써(力) **행하다.**

露
이슬 **로**
(3Ⅱ 20획)

비(雨)가 온 듯 길가(路 길 로)의 풀잎에 내린 **이슬**.
길(路)에서 비(雨)를 맞는 모양에서 **드러내놓다.**
- 露骨的(노골적) 露店商(노점상) 草露(초로) 披露宴(피로연)

靈 霊
신령 **령**
(3Ⅱ 21획)

비(雨) 내리는 주문(口)을 외는 무당(巫)의 대상인 **신령**.
- 靈感(영감) 靈驗(영험) 妄靈(망령) 神靈(신령) 魂靈(혼령)
- 巫(무당 무) : 위(一)의 **신**과 아래(一)의 **사람** 잇는(丨) **사람**(人)

靑 部

靑
푸를 **청**
(8급 8획)

둥근(圓) 화분에서 뚫고(丨뚫을 곤) 나온 많은(三) 새싹이 **푸르
다. 푸르니 젊다.**
- 靑年(청년) 靑白(청백) 靑山(청산)
- 圓(둥글 **원**) : '圓(둥글 원)'의 약자로 **둥근 화분**을 보고 그린 글자

靜 静
고요할 **정**
(4급 16획)

푸르러(靑 푸를 청) 풍요롭고, 다툼(爭) 없어 안정되어 **조용하다.**
- 靜肅(정숙) 靜寂(정적) 安靜(안정) ☞ 寂(고요할 적)
- 爭(다툴 **쟁**) : 손(크)의 손톱(爫)을 갈고리(亅)처럼 하여 **싸우다.**

非 部

非
아닐 **비**
(4Ⅱ 8획)

새의 두 날개 모양으로 서로 다른 두 방향(方向)으로 향하여 같은
방향이 **아니다.**
- 非理(비리) 非命(비명) 非常(비상) 非暴力(비폭력)

面 部

面
낯 **면**
(7급 9획)

사람의 **앞 얼굴**을 본뜬 글자.
- 面上(면상) 面長(면장) 正面(정면)
  紙面(지면) : 종이의 겉면. 신문의 기사가 실리는 면
  面目(면목) : 얼굴의 생김새. 얼굴. 체면(體面).   紙(종이 지)

革 部

革
가죽, 바꿀 **혁**
(4급 9획)

짐승 가죽을 펴놓고 말리는 모양에서 **털 뽑은 가죽**. 또는 좋게 **바꾸다.**
- 革帶(혁대) 革命(혁명) 革新(혁신) 改革(개혁) 變革(변혁)

韋 部

韋
다룸가죽 **위**
(9획)

부드럽게 한 소(牛 소 우)의 **가죽**을 본뜬 글자.
- 다룸가죽 : 매만져서 부드럽게 만든 가죽

韓
한국 **한**
(8급 17획)

나뭇가지(十十) 사이로 해(日) 돋는 동쪽에 많은 산으로 둘러싸인 (韋) **나라.**
- 韓國(한국) 韓食(한식) 南韓(남한)
  大韓民國(대한민국) : 삼한(三韓)과 대한제국(大韓帝國)을 이음

韭 部

韭
부추 **구**
(9획)

땅(一) 위에 여러 갈래로 나온 **부추**.
- 纖(가늘 **섬**, 2급 糸부 23획) : 실(糸)이 사람들(人人)이 창칼(戈 창 과)로 끊은 부추(韭 부추 구)처럼 **가늘다**. • 纖維(섬유)

- 殲(죽일 섬, 1급 歹부 21획) : 사람들(人人)을 부추(韭) 베듯 창(戈 창 과)으로 찔러 다 죽인다(歹 ← 死 죽을 사)는 뜻. 殲滅(섬멸)
- 籤(제비 첨, 1급 竹부 23획) : 대(竹)를 사람들(人人)이 부추(韭)처럼 가늘게 창칼 (戈 창 과)로 갈라 뽑기 할 때 쓰는 제비. 抽籤(추첨)

音 部

音
소리 **음**
(6급 9획)

사람이 서서(立 설 립) 입(曰 말할 왈)으로 내는 **소리**.
- 音色(음색) 音聲(음성) 音樂(음악) 得音(득음) 和音(화음)
- 福音(복음) : 기쁜 소식. 그리스도에 의한 인간을 구원하기 위한 말씀

韻
운 **운**
(3Ⅱ 19획)

사람(員)이 글을 읽을 때 소리(音 소리 음)의 높낮이를 가리킨 **운**.
- 韻律(운율) 韻文(운문) 韻致(운치) 音韻(음운)
- 員(인원 **원**) : 입(口)으로 돈(貝) 세는 모양에서 **일을 하는 사람**

響
울릴 **향**
(3Ⅱ 22획)

시골(鄕)에서 듣던 메아리 소리(音 소리 음)의 **울림**.
- 交響樂(교향악) 反響(반향) 影響(영향) 音響(음향)
- 鄕 : 어려서(幺) 쌀밥(白)을 수저(匕)로 먹으며 자라온 **시골**(阝)

頁 部

頁
머리 **혈**
(9획)

사람의 **머리(一)**에서 얼굴(自), 목(八)까지 신체.
- '頁'은 부수로만 쓰이며 한자로 '머리'는 '首(수)·頭(두)'를 씀

頂
정수리 **정**
(3Ⅱ 11획)

사람(丁) 머리(頁)의 **정수리**. 사물의 **꼭대기**.
- 頂門一鍼(정문일침)　頂上(정상)　頂點(정점)　絶頂(절정)
- 丁(장정 **정**) : 팔을 펴고(一) 서(亅)있는 **장정**

頃
잠깐 **경**
(3Ⅱ 11획)

비수(匕)에 목(頁)을 찔려 목숨이 **잠깐** 사이에 끊어짐.
- 頃刻(경각)　萬頃蒼波(만경창파) : 끝없이 넓고 푸른 바다
- 匕(비수 **비**) : 날카로운 **비수, 숟가락** 또는 **앉아 있는 사람**

須
모름지기 **수**
(3급 12획)

수염(彡 터럭 삼)이 얼굴(頁)에 많이 나야 풍채가 좋게 보인다는
것은 두말 할 나위가 없다는 데서 **모름지기**의 뜻이 됨.
- 男兒須讀 五車書(남아수독 오거서)　☞ 讀(읽을 독)

項
목 **항**
(3Ⅱ 12획)

'工' 같은 모양을 한 머리(頁) 어깨 사이의 **목**. 목은 **중요하다**.
- 項目(항목)　事項(사항)　條項(조항)　☞ 條(가지 조)
- '工'은 '장인 공'자이나 여기서는 사람의 '목'을 나타냄

順
따를, 순할 **순**
(5급 12획)

물(川) 흐르듯 우두머리(頁)를 **따르다**. 따르니 **순하다**.
- 順理(순리)　順番(순번)　順序(순서)　順位(순위)
- 川(내 **천**) = 巛 : '개미허리'　巛 큰도랑 괴　〈 도랑 견

頌
기릴 **송**
(4급 13획)

대중(公 대중 공)이 머리(頁) 숙여 받들어 그 뜻을 **기리다**.
- 頌德(송덕) 讚頌(찬송) 稱頌(칭송) ☞ 稱(칭찬할 칭)
- 公 : 사사로움(厶 사사로울 사)을 가르고(八) **대중**에게 **공정하다**.

頗
치우칠 **파**
(3급 14획)

겉(皮 가죽 피)만 보고 머리(頁)로 판단하니 **치우치다**. 치우침이
매우 심하다.
- 偏頗(편파) 頗多(파다) : 매우 많음 ☞ 偏(치우칠 편)
- 皮 : 짐승의 **가죽**을 손(又 손 우)으로 당겨(丨) 벗기는 모양

領
다스릴 **령**
(5급 14획)

명령(令)을 내리는 우두머리(頁 머리 혈)가 **다스리다**.
- 領空(영공) 首領(수령) 大統領(대통령) ☞ 統(거느릴 통)
- 令 : 사람(人) 한(一) 곳에 모아 놓고(卩 무릎 절) 내리는 **명령**

頭
머리 **두**
(6급 16획)

제기(豆 제기 두) 모양 같이 생긴 신체의 **머리(頁)**.
- 頭角(두각) 頭腦(두뇌) 頭痛(두통) 白頭山(백두산)
- 豆(콩, 제기 **두**) : 콩꼬투리 같이 생겨 **콩**, **제기(祭器)**의 모양

頻
자주 **빈**
(3급 16획)

걸으며(步) 머리(頁 머리 혈)를 **자주** 움직인다는 데서.
- 頻度(빈도) 頻發(빈발) 頻繁(빈번) ☞ 繁(자주 번)
- 步(걸을 **보**) : 걷다 멈추고(止 그칠 지) 하여 보폭 작게(小) **걷다**.

題
제목 **제**
(6급 18획)

바르게(是 옳을 시) 써서 나타낸 머리말(頁)인 **제목**.
- 題目(제목) 問題(문제) 宿題(숙제) 主題(주제) 話題(화제)
- 是(옳을 **시**) : 정확한 해(日)와 같이 바르게(正) 말함이 **옳다**.

顔
얼굴 **안**
(3Ⅱ 18획)

선비(彦)의 머리(頁 머리 혈)에서 '얼'이 깃든 **얼굴**.
- 顔面(안면) 顔色(안색) 紅顔(홍안) 破顔大笑(파안대소)
- 彦(선비 **언**) : 서(立) 있는 모습이 긴(丿) 머리(彡)를 한 **선비**

額
이마 **액**
(4급 18획)

손님(客 손 객)이 들 때 먼저 내미는 머리(頁 머리 혈)에 있는 **이마**. 손님(客) 머리(頁)수가 곧 돈이다.
• 額面(액면)　額數(액수)　額子(액자)　金額(금액)　總額(총액)

願
바랄 **원**
(5급 19획)

처음부터(原 급본 원) 머리(頁 머리 혈)로 생각한대로 되길 **바라다**.
• 願書(원서)　所願(소원)　念願(염원)　志願書(지원서)
• 原 : 경사(厂)로 인하여 물(白)이 흐름(小)으로 **사물이 시작됨**

類類
무리 **류**
(5급 19획)

쌀알(米 쌀 미) 같이 많은 개들(犬)이 머리(頁 머리 혈) 맞대고 모여 있는 **무리**. 무리는 서로 **닮다**.
• 類似(유사)　種類(종류)　☞ 似(닮을 사)
　類類相從(유유상종) : 같은 무리끼리 서로 내왕(來往)하며 사귐

顧
돌아볼 **고**
(3급 21획)

한 일(雇 품살 고)에 대하여 머리(頁 머리 혈)를 돌려 뒤를 보듯, **돌아보다**.
• 顧客(고객)　顧問(고문)　回顧錄(회고록)
• 雇 : 집(戶)에서 기르는 새(隹)처럼 **품삯을 주고 사람을 부리다**.

顯顯
나타날 **현**
(4급 23획)

햇빛(日)에 반짝이는 실(絲의 줄임)인 명주실로 장식한 머리(頁 머리 혈) 부분이 두드러지게 **나타난다** 하여.
• 顯微鏡(현미경)　顯著(현저)　顯忠日(현충일)　☞ 微(작을 미)

風 部

風
바람 **풍**
(6급 9획)

모든(凡) 벌레(虫 벌레 충)는 **바람**에 민감하다.
• 風速(풍속)　風俗(풍속)　風土(풍토)　風波(풍파)　風向(풍향)
• 凡(모두 범) : 물체(丶)를 **모두** 덮고(几) 있는 천의 모양

飛 部

飛
날 비
(4Ⅱ 9획)

새가 두 날개를 펴고 **나는** 모양. 飛上(비상) 飛行機(비행기)
- 躍上有飛(약상유비) : 뛰는 놈 위에 나는 놈 있다. 잘난 사람이 있으면 그보다 더 잘난 사람이 또 있으니 항상 겸손하라는 말

飜
번역할 **번**
(3급 21획)

나는(飛 날 비) 새가 날개를 차례(番)로 **뒤집다**. 글을 뒤집는, 즉 **번역하다.**
- 飜覆(번복)　飜案(번안)　飜譯(번역)
- 番(차례 **번**) : 분별해서(釆) 익은 곡식을 밭(田)에서 **차례**로 거둠

食 部

食
먹을 **식**
(7급 9획)

사람(人)이 좋은(良) 것을 **먹는다**는 또는 그런 **밥.**
- 食堂(식당)　食糧(식량)　食事(식사)　食性(식성)
- 良(어질 **량**) : 보는(艮 볼 간) 눈동자(丶)가 바른 모양에서 **좋다.**

飢
주릴 **기**
(3급 11획)

상(几)에 차려 먹을 밥(𩙿 밥 식)이 없어 **굶주리다.**
- 飢渴(기갈)　飢餓(기아)　虛飢(허기)　飢不擇食(기불택식)
- 几(책상 **궤**) : 기대앉는 **책상**이나 **덮개**의 모양. 餓(주릴 아)

飮
마실 **음**
(6급 13획)

먹을(𩙿 = 食) 때 입 크게 벌리는(欠) 데서 **마시다.**
- 飮料(음료)　飮福(음복)　飮食(음식)　飮酒(음주)　過飮(과음)
- 欠(하품 **흠**) : **입을 크게 벌리며**(⺈) 사람(人)이 하는 **하품**

飯飯
밥 **반**
(3Ⅱ 13획)

먹을(食 먹을 식) 때 반복해서(反 반복할 반) 먹는 **밥**.
- 飯店(반점)　飯酒(반주)　白飯(백반)　殘飯(잔반)　朝飯(조반)
- 反 : 벼랑(厂)을, 손(又)으로 **반복**(反復)해 잡으며 오르다.

飽
배부를 **포**
(3급 14획)

음식(⻟=食)을 뱃속에 가득 싸고(包 쌀 포) 있으니 **배부르다**.
- 飽滿(포만)　飽食(포식)　飽和狀態(포화상태)
- 包(쌀 **포**) : 뱃속에 태아(巳)가 싸여(勹) 있는 모양에서 **싸다**.

飾飾
꾸밀 **식**
(3Ⅱ 14획)

식탁(⻟)을 차릴 때 사람(𠆢)이 천(巾)으로 **꾸미다**.
- 假飾(가식)　裝飾(장식)　粉飾(분식) : 내용 없이 겉만 발라 꾸밈.
- 巾(수건 **건**) : 몸(丨)에 두른(冂) **수건, 천, 천의로 만든 것**.

養
기를 **양**
(5급 15획)

양(⺶ = 羊 양 양)에게 잘 먹여(食) **기르다**.
- 養分(양분)　養育(양육)　養老院(양로원)　敎養(교양)
- 羊(양 **양**) : 두 뿔 있는 **양** 머리를 보고 그린 글자 ☞ 羊 = ⺷ ⺶

餘余
남을 **여**
(4Ⅱ 16획)

음식(食)을 나(余 나 여) 혼자 다 먹지 않아 **남음**.
- 餘念(여념)　餘力(여력)　餘生(여생)　餘裕(여유)　餘波(여파)
- 余(나 **여**) : 똑바로 서 있는 **자랑스런 나**를 나타낸 글자

餓
주릴 **아**
(3급 16획)

먹을(⻟=食 먹을 식) 것이 없어 내(我)가 **굶주리다**.
- 餓鬼(아귀) : 잘 못 먹어 굶주린 귀신　餓死(아사) : 굶어 죽음
- 我(나 **아**) : 손(手 손 수)에 창(戈 창 과)을 들고 방어하는 **나**

館館
집 **관**
(3Ⅱ 17획)

여행하는 관리(官 벼슬 관)가 밥(食) 먹고 묵도록 진 **큰 집**.
- 館舍(관사)　圖書館(도서관)　博物館(박물관)　本館(본관)
- 官 : 담(𠂤의 줄임) 높게 지은 집(宀)인 **관청의 관리**(官吏)

首 部

首
머리 **수**
(5급 9획)

털 난 **머리. 우두머리.**
- 首都(수도) 首相(수상) 首席(수석)
  首丘初心(수구초심) : 여우가 죽을 때 머리를 자기가 태어났던 쪽
  으로 두고 죽는다 하여 고향(故鄕)을 그리워하는 마음

香 部

香
향기 **향**
(4Ⅱ 9획)

밥(禾)에서 나는 입맛(曰) 돋구는 고소한 **향기.**
- 香氣(향기) 香水(향수) 香辛料(향신료) ☞ 辛(매울 신)
- 禾(벼 **화**) : 익으면 고개 숙이며(丿) 자라는(木) **벼, 곡식**

馬 部

馬
말 **마**
(5급 10획)

네 발(灬)로 달리는 **말.**
- 馬力(마력) 馬夫(마부) 馬車(마차)
  馬脚露出(마각노출) : 숨기고 있던 일을 부지중 드러내거나 드러남
  馬耳東風(마이동풍) : 말 귀에 봄바람. 남의 말을 귀담아 듣지 아니함

騎
말탈 **기**
(3Ⅱ 18획)

말(馬 말 마)을 기이할(奇) 정도로 잘 **타다.**
- 騎馬(기마) 騎兵(기병) 騎手(기수) ☞ 手(재주있는사람 수)
  騎虎之勢(기호지세) : 일을 중도에 그만둘 수 없는 형편

騰
오를 **등**
(3급 20획)

몸(月)과 양손(丿八) 둘(二)을 이용해 사람(人)이 말(馬 말 마)에 **오르다.**
- 騰落(등락)　急騰(급등)　暴騰(폭등)
- 月(육달 **월**) : 달의 뜻이 아닐 때는 '月=肉 고기 육'자로 **신체**의 뜻

騷
시끄러울 **소**
(3급 20획)

말(馬)이 벼룩(蚤 벼룩 조)에 물려 날뛰니 **시끄럽다.**
- 騷動(소동)　騷亂(소란)　騷擾事態(소요사태)　騷音(소음)
- 蚤 : 손톱(丶)으로 꼬집듯(叉 깍지 낄 차) 깨무는 벌레(虫)인 **벼룩**

驅 駆
몰 **구**
(3급 21획)

말(馬)을 일정한 구역(區)으로 **몰다**, 또는 **몰아내다.**
- 驅迫(구박)　驅步(구보)　驅使(구사)　驅逐艦(구축함)　驅蟲(구충)
- 品(물품 **품**) : 여러 사람 입(口)에 오르내릴 정도로 훌륭한 **물품**

驗 験
시험할 **험**
(4Ⅱ 23획)

말(馬)을 여럿(僉)이 보거나 타본다는 데서 **시험하다.**
- 經驗(경험)　試驗(시험)　實驗(실험)　體驗(체험)　效驗(효험)
- 僉(여러 **첨**) : 사람들(人人) 의견(口口)을 모으는(亼) 데서 **여럿**
- 亼(모을 **집**) : 사람(人)을 한(一) 곳에 **모으다.**

驚
놀랄 **경**
(4급 23획)

조심성(敬 공경할 경)이 많은 말(馬)이 잘 **놀란다.**
- 驚氣(경기)　驚異(경이)　驚蟄(경칩)　驚歎(경탄)
- 驚天動地(경천동지) : 하늘이 놀라고 땅이 움직일 정도로 놀라게 함

驛 駅
정거장 **역**
(3Ⅱ 23획)

말(馬 말 마)을 보살피고(睪) 갈아탈 수 있도록 한 **역, 정거장.**
- 驛舍(역사)　驛前(역전)　驛長(역장)　　☞ 舍(집 사)
- 辛(죄인 **신**) : 세워(立) 놓고 이마에 '十'자를 새기는 **죄인**

骨 部

骨
뼈 **골**
(4급 10획)

살을 발라낸 **뼈**에 살(月=肉)이 조금 붙어 있는 모양.
- 骨格(골격) 骨盤(골반) 骨折(골절) 骨肉相爭(골육상쟁)
- 月(육달 **월**) : '달'의 뜻이 아닐 때는 **고기**(月=肉 고기 육)의 뜻

體 体
몸 **체**
(6급 23획)

뼈(骨 뼈 골)에 살집이 보기 좋게(豊) 이루어진 **몸**.
- 體格(체격) 體力(체력) 體面(체면) 體育(체육) 全體(전체)
- 豊(풍성할 **풍**) : 제기(豆)의 떡이 커서 굽을(曲) 정도로 **풍성함**

高 部

高
높을 **고**
(6급 10획)

성곽(冂) 위에 높이 세워 만든 망루 모양에서 **높다.**
- 高校(고교) 高級(고급) 高度(고도) 高速(고속) 高手(고수)
- 冂(둘러쌀 **경**) : **멀리** 둘러싸고 있는 **성곽** 또는 **둘러싸다.**

髟 部

髟
머리길 **표**
(10획)

늘어져 있는 **긴**(镸 = 長 길 장) **머리카락**(彡 터럭 삼).
- '長'은 8획 '镸'은 7획

髟

터럭 **발**
(4급 15획)

개가 달릴(犮) 때 뒤로 늘어지는 **긴**(髟 = 長) **터럭**(彡 터럭 삼).
- 假髮(가발) 毛髮(모발) 白髮(백발) 長髮(장발)
- 犮(개달릴 **발**) : **개**(犬)가 발을 앞으로(丿) 뻗으며 **달리는** 모양

鬥 部

鬥

싸움 **두**
(10획)

서로 맞서서(丨丨) 왕(王)이 되려고 **싸우다**.

鬪 鬭

싸울 **투**
(4급 20획)

콩(豆 콩 두)같이 작은 것을 빼앗기 위해 손(寸)으로 다투어(鬥)
싸우다.
- 鬪犬(투견)   鬪爭(투쟁)   戰鬪(전투)
- 먹기 위해 싸움. 역으로 나누어 먹으며 사는 것이 평화(平和)

鬯 部

鬯

술 **창**
(10획)

그릇(凵 그릇 감)에 기장쌀로 **담근 술**을 국자(匕 수저 비)로 푸는
모양.

무성할 **울**
(2급 29획)

담근 술(鬯)을 단지(缶 그릇 부)에 담아 숲(林)에 묻고 풀(彡)로
덮으니(冖) **답답하다**. 답답할 정도로 산림(山林) **빽빽**하여 **무성**
하다.
- 憂鬱(우울)   鬱蒼(울창)   鬱陵島(울릉도)

鬲 部

鬲
오지병 **격**, 솥 **력**
(10획)

오지병 또는 굽은 다리가 셋 달린 **큰 솥**.
• 오지병 : 진흙으로 만들어 잿물을 입혀 구은 병

鬼 部

鬼
귀신 **귀**
(3Ⅱ 10획)

비뚤어진(丿) 생각(思 생각 사의 변형)으로 사사롭게(厶 ← 私 개인 사) 사람을 해치는 **귀신**.
• 鬼神(귀신)　鬼才(귀재)　神出鬼沒(신출귀몰)　餓鬼(아귀)

魂
넋 **혼**
(3Ⅱ 14획)

보이지 않는 말(云)처럼 떠다니는 죽은(鬼 귀신 신) 이의 **넋**.
• 魂靈(혼령)　魂魄(혼백)　靈魂(영혼)　鬪魂(투혼)
• 云(말할 운) : 둘(二)이 사적(私的)으로(厶=私 개인 사) **말하다**.

魚 部

魚
고기 **어**
(5급 11획)

물고기의 머리(⺈), 몸통(田), 지느러미(灬) 모양.
• 魚群(어군)　魚類(어류)　魚族(어족)　廣魚(광어)　活魚(활어)
　魚頭肉尾(어두육미) : 물고기는 대가리, 짐승은 꼬리 쪽이 맛있다 함.

鮮
고을 **선**
(5급 17획)

물고기(魚)가 양(羊 양 양)처럼 곱고 **깨끗하며, 신선하다.**
- 鮮明(선명) 鮮血(선혈) 新鮮度(신선도) 朝鮮時代(조선시대)
- 羊(양 **양**) : 두 뿔 있는 **양** 머리를 보고 그린 글자 ☞ 羊 = 羊 羊

鳥 部

鳥
새 **조**
(4Ⅱ 11획)

꽁지가 긴 **새**가 앉아 있는 모양.
- 鳥類(조류) 白鳥(백조) 鳥銃(조총) : 옛날의 소총.
  鳥足之血(조족지혈) : 새 발의 피. 필요에 비해 매우 적은 분량

鳳
봉황새 **봉**
(3Ⅱ 14획)

모든(凡) 새(鳥 새 조) 가운데 으뜸인 **봉황(鳳凰).**
- 龍味鳳湯(용미봉탕) : 맛이 좋고 매우 진귀한 음식
- 凡(모두 **범**) : 물체(丶)를 **모두** 덮고(几) 있는 천의 모양

鳴
울 **명**
(4급 14획)

입(口)으로 새(鳥 새 조)가 **울다.**
- 悲鳴(비명) 自鳴鐘(자명종)
  共鳴(공명) : 남의 생각이나 주장, 감정 등에 찬성함
  百家爭鳴(백가쟁명) : 전국시대 사상가들의 논쟁을 가리킨 말

鴻
기러기 **홍**
(3급 17획)

강(江)에 사는 새(鳥 새 조)인 **큰 기러기.**
- 鴻鵠(홍곡) : 큰기러기와 고니. '큰 새'를 뜻하는 말. 큰 인물
- 江(강 **강**) : 물(氵)이 넓게(工) 흐르는 **강** ☞ 鵠(고니 곡)

鷄
닭 **계**
(4급 21획)

손톱(爫 손톱 조)과 같이 작고(幺) 큰(大) 발톱으로 싸우는 새(鳥
새 조)인 **닭.**
- 鷄卵(계란) 養鷄(양계) 鬪鷄(투계)
- 幺(작을 **요**) : 실 **뭉치** 또는 웅크리고 있는 **작은** 아기 모습

鶴

학 학
(3Ⅱ 21획)

하늘(一 덮을 멱)을 뚫고 오르는 새(隹) 중 큰 새(鳥 새 조)인 **학**.
- 鶴首苦待(학수고대)　群鷄一鶴(군계일학)
- 隹(새 **추**) : 앉아 있는 보통 꽁지가 짧고 **작은 새** 모양

鹵 部

鹵

소금밭 로
(11획)

엉기어 있는 **소금**을 포대(口)에 담아 묶은(卜) 모양. 소금이 나는
땅에서는 풀이 자라지 않아 **황무지**.

鹽 塩

소금 염
(3Ⅱ 24획)

염전(鹵 소금밭 로)에 바닷물을 끌어 들여 관리(監 살필 감)를 잘
하여 만든 **소금**.
- 鹽分(염분)　鹽田(염전)　食鹽(식염)
- 監 : 신하(臣) 한(一) 사람(𠂉)이 그릇(皿)의 음식을 **살피다**.

鹿 部

鹿

사슴 록
(3급 11획)

사슴의 뿔, 머리, 몸통, 다리를 그린 글자.
- 鹿角(녹각)
　鹿皮曰(녹비왈) : 사슴 가죽을 아래위로 당기면 '日'자가 '曰'자로도
　된다는 데서, 주견 없이 이랬다저랬다 함을 빗대는 말

麗

고울 려
(4Ⅱ 19획)

두 마리 사슴(鹿)이 나란히 짝지어 가는 모습이 **곱다**.
- 麗水(여수)　華麗(화려)　高句麗(고구려)
　高麗(고려) : 왕건이 개성을 도읍으로 세운 왕조(918~1392)

麥 部

麥 麦
보리 **맥**
(3Ⅱ 11획)

중요성이 쌀보다 뒤처져(夂) 오는(來 올 래) **보리**.
- 麥酒(맥주) 麥芽糖(맥아당) : 보리의 눈에서 빼낸 당(엿당)
- 夂(뒤져올 **치**) : 두 다리를 끌며 **천천히 걸어감**

麻 部

麻 麻
삼 **마**
(3Ⅱ 11획)

집(广)에 **삼**의 줄기를 늘어놓고 섬유를 뽑는 모양.
- 麻藥(마약) 麻衣太子(마의태자) 大麻草(대마초)
- 广(터진집 **엄**) : 한쪽이 터져 있는 **집, 어떤 용도로 쓰이는 집**

黃 部

黃 黄
누를 **황**
(6급 12획)

구덩이(凵 구덩이 감)를 나란히(二) 쭉 파서(八 나눌 팔) 씨를 뿌
림으로 말미암아(由 말미암을 유) 곡식을 얻을 수 있는 **누런** 땅.
- 黃金(황금) 黃色(황색) 黃昏(황혼)

黍 部

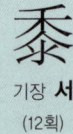
黍
기장 **서**
(12획)

벼(禾 벼 화)과의 식물로 물(氺) 넣어(入 들 입) 술을 만드는데 가장 좋은 **기장**을 뜻하는 글자.

黑 部

黑 黑
검을 **흑**
(5급 12획)

불(灬=火)을 때니 흙(土)으로 만든 굴뚝 구멍(口)으로 갈라져(丶丿) 빠져나가는 연기에 그을려 **검음**.
• 黑白(흑백)　黑色(흑색)　黑心(흑심)　黑字(흑자)　暗黑(암흑)

默
잠잠할 **묵**
(3Ⅱ 16획)

어두운(黑 검을 흑) 밤에 개(犬 개 견)도 짖지 않는 **고요함**. 또는 이처럼 말없이 **잠잠하다**.
• 默念(묵념)　默秘權(묵비권)　默認(묵인)　沈默(침묵)

點 点
점 **점**
(4급 17획)

검은(黑) 먹물로 표시한다(占)는 데서 **점**. 또는 **점찍다**.
• 點檢(점검)　點數(점수)　點火(점화)　觀點(관점)　長點(장점)
• 占(점칠 **점**) : 점령한 땅(口)에 깃발(卜) 꽂은 모양에서 **차지하다**.

黨 党
무리 **당**
(4Ⅱ 20획)

높은(尙 높일 상) 뜻으로 어둠(黑)을 밝히기 위하여 모인 **무리**.
• 黨權(당권)　黨利黨略(당리당략)　野黨(야당)　與黨(여당)
• 尙 : 지붕 높은(小) 집(冂) 입구(口). 이러한 큰 집을 **받들다**.

黹 部

바느질 **치**
(12획)

천(巾)에 수놓는 모양에서 **바느질하다**.
• 부수로 쓰이는 실용한자가 없음.

黽 部

맹꽁이 **맹**
(13획)

큰 두 눈에 배가 불룩 나온 **맹꽁이**.
• 鱉 자라 별 繩 줄 승 蠅 파리 승

鼎 部

鼎
솥 **정**
(13획)

두 귀와 발이 세 개인 **솥** 모양.
• 鼎立(정립) : 육지로 이어진 이웃하는 세 세력이 공존함

鼓 部

鼓
북 **고**
(3Ⅱ 13획)

음식(十)을 제기(豆 제기 두)에 올리듯, 올려놓고 나뭇가지(支)로 치는 **북**.
• 鼓舞(고무)   鼓手(고수)   鼓笛(고적)   鼓吹(고취)
• 支(지탱할 **지**) : 대나무 가지(十)를 손(又)에 **쥐고 있는** 모양

鼠 部

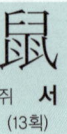

鼠
쥐 **서**
(13획)

절구(臼 절구 구) 밑 곡식을 주워 먹는 꼬리(乀) 긴 **쥐**.
* 泰山鳴動 鼠一匹(태산명동 서일필) : 태산이 움직일 정도의 큰 소리가 나서 보니 쥐 한 마리 나옴. 시작은 거창하나 결과는 미약함

鼻 部

鼻
코 **비**
(5급 14획)

코 모양인 '自'자에 논밭(田)에서 난 것을 손 (廾 들 공)으로 줍듯, 공기 흡입하는 **코**.
* 鼻炎(비염) 鼻音(비음) 鼻祖(비조) : 시조(始祖) 또는 어떤 일을 가장 먼저 시작한 사람. 사람이 태 안에서 몸이 생길 때 코가 가장 먼저 생긴다는 설에서 유래

齊 部

齊
齐
가지런할 **제**
(3Ⅱ 14획)

곡식을 베어서 가지런히 묶은 모양에서 **가지런하다**.
* 修身齊家 治國平天下(수신제가 치국평천하) 齊唱(제창)
* 丫(두갈래 **아**) : 한(一) 갈래에서 갈라져 나와서 된 **두 갈래**

齒 部

330

齒 齒
이 **치**
(4Ⅱ 15획)

나란히(止) 혀(一) 위(人人) 아래(人人)로 잇몸(凵)에 박혀 있는
이.
- 齒科(치과) 齒藥(치약) 齒列(치열) 齒痛(치통)
- 止(그칠 **지**) : 사람이 발을 **나란히** 멈추어 선 모양에서 **그치다.**

龍 部

龍 竜
용 **룡**
(4급 16획)

몸(月)을 세워(立 설 립) 꾸불꾸불 하늘을 오르는 **용**.
- 龍宮(용궁) 龍床(용상) 龍王(용왕) 龍顔(용안) : 임금의 얼굴.
- 月(육달 **월**) : 달의 뜻이 아닐 때는 '月=肉 고기 육'자로 **신체**의 뜻

龜 部

거북 **귀**, 터질 **균**
(3급 16획)

머리와 꼬리를 내놓고 네 발로 기어가는 **거북**. 거북 등껍데기 모
양에서 **트다, 갈라지다**는 뜻. 땅 이름.
- 龜鑑(귀감) 龜船(귀선) 龜裂(균열) 龜浦(구포: 부산광역시)

龠 部

피리 **약**
(17획)

여러 구멍(口口口)에서 나는 소리가 뭉쳐서(侖) 소리의 조화를 이
루는 **피리**.
- 侖(뭉치 **륜**) : 글 적은 종이를 사람(人)이 하나(一)의 책(册)으로 뭉침

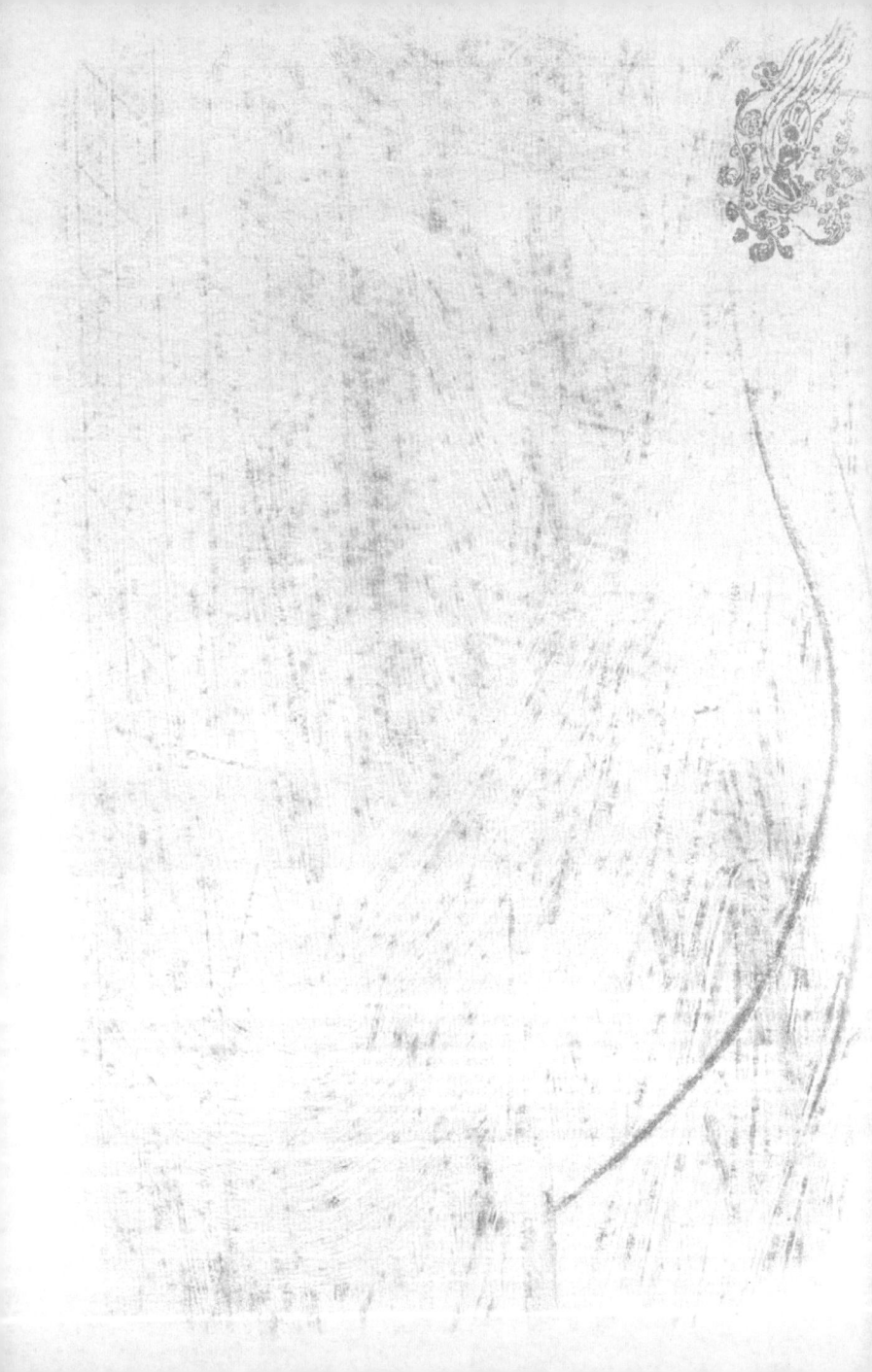

부록

* 어느 쪽이 부수인지 구분하기 힘든 한자

한자	부수	한자	부수	한자	부수	한자	부수	한자	부수	한자	부수	한자	부수
丁	一	事	亅	兼	八	卓	十	壹	士	已	己	明	日
七	一	于	二	冊	冂	南	十	壽	士	巷	己	昌	日
丈	一	五	二	再	冂	危	卩	夜	夕	師	巾	晝	日
丑	一	井	二	凡	几	卯	卩	天	大	席	巾	普	日
丘	一	互	二	凰	几	厄	厂	奉	大	常	巾	智	日
丙	一	亞	二	出	凵	厚	厂	委	女	平	干	曲	曰
世	一	享	亠	初	刀	去	厶	威	女	年	干	更	曰
中	丨	來	人	前	刀	參	厶	孔	子	幸	干	書	曰
丸	丶	傘	人	務	力	及	又	季	子	幹	干	替	曰
丹	丶	元	儿	勝	力	反	又	執	子	幾	幺	最	曰
主	丶	兄	儿	勇	力	受	又	安	宀	建	廴	會	曰
乃	丿	光	儿	募	力	古	口	密	宀	式	弋	望	月
久	丿	兆	儿	勿	勹	各	口	寶	宀	弘	弓	朱	木
之	丿	充	儿	化	匕	合	口	寺	寸	弟	弓	束	木
乎	丿	克	儿	匠	匚	周	口	將	寸	愛	心	東	木
乘	丿	兔	儿	匹	匚	和	口	尙	小	或	戈	柔	木
九	乙	內	入	區	匸	咸	口	就	尢	所	戶	業	木
乞	乙	全	入	千	十	四	囗	局	尸	承	手	次	欠
也	乙	兩	入	升	十	垂	土	尾	尸	摩	手	欲	欠
乳	乙	公	八	午	十	執	土	巡	巛	敎	攴	正	止
乾	乙	六	八	半	十	報	土	巨	工	整	攴	此	止
予	亅	兵	八	卒	十	壬	士	巳	己	旣	无	武	止

한자	부수	한자	부수	한자	부수	한자	부수	한자	부수	한자	부수	한자	부수
歲	止	理	玉	盾	目	胡	肉	襲	衣	輝	車	雁	佳
歷	止	現	玉	眞	目	能	肉	西	襾	辨	辛	集	佳
歸	止	琴	玉	矣	矢	脈	肉	要	襾	辯	辛	雙	佳
母	母	甚	甘	知	矢	脫	肉	視	見	辭	辛	雜	佳
每	母	甲	田	短	矢	肯	肉	親	見	辱	辰	韓	韋
毒	母	申	田	碧	石	臥	臣	解	角	農	辰	頃	頁
民	氏	由	田	磨	石	臨	臣	計	言	部	邑	須	頁
求	水	男	田	私	禾	臭	自	記	言	配	酉	順	頁
災	火	畜	田	秋	禾	致	至	豈	豆	酒	酉	類	頁
炭	火	畫	田	突	穴	臺	至	豚	豕	醜	酉	馮	馬
烏	火	疏	疋	窓	穴	與	臼	象	豕	醫	酉	驗	馬
焉	火	疑	疋	窮	穴	興	臼	豫	豕	采	采	髮	髟
燕	火	癸	癶	竟	立	舊	臼	貞	貝	重	里	鬪	鬥
營	火	登	癶	章	立	舍	舌	貢	貝	量	里	鮮	魚
爽	爻	發	癶	聖	耳	舞	舛	貳	貝	衡	金	鳴	鳥
牧	牛	百	白	聞	耳	蛋	虫	賓	貝	間	門	鳳	鳥
牽	牛	皇	白	職	耳	蜀	虫	賴	貝	閏	門	鴻	鳥
狀	犬	盜	皿	廳	耳	衰	衣	赦	赤	閑	門	鹽	鹵
玆	玄	盟	皿	肅	聿	裁	衣	軟	車	隷	隶	麗	鹿
率	玄	直	目	肖	肉	裏	衣	載	車	雇	佳	默	黑
王	玉	相	目	育	肉	裏	衣	輩	車	雅	佳	黨	黑

한자의 원형(原形)이나 글씨체가 바뀌어 획수를 잘못 세기 쉬우나 **한자의 획수는 이미 정해진 획수(畫數)로 세어야 한다.**

++ : 3획. '풀'의 뜻으로 쓰일 때는 4획(艹)임	예) 花	8획 苦 9획
辶 : 쓰기는 3획이나 '辶'과 같은 4획으로 셈	예) 近=近	8획 退=退 10획
臼 : '臼'는 6획, 밑이 갈라진 '臼'는 7획	예) 舊(臼)	18획 興(臼) 16획
厶 : '厶'은 2획이나 '内'은 5획으로 되어 있음	예) 去	5획 私 7획

■ 획수를 주의해야 할 한자

乙	1	卑	8	此	6	麥	11	乘	10	瓜	5	表	8
弓	3	果	8	御	11	夊	3	北	5	團	14	衷	10
可	5	今	4	++	4	俊	9	印	6	垂	8	丫	3
丘	5	考	6	展	10	夏	10	段	9	畢	11	邦	7
之	4	汚	6	備	12	夂	4	氏	4	臼	6	降	9
乃	2	吳	7	芳	8	收	6	民	5	兒	8	艮	6
及	4	極	13	寬	15	散	12	旅	10	寫	15	飛	9
凹	5	匸	2	成	7	敬	13	方	4	舊	18	殼	12
凸	5	匠	6	骨	10	幣	15	互	3	臼	7	鹿	11
亞	8	巨	5	帥	9	世	5	互	4	與	14	比	4
以	5	臣	6	亥	6	甘	5	瓦	4	興	16	電	13
叫	5	姬	9	玄	3	兩	6	뇨	4	年	6	鼎	13
仰	6	熙	13	幼	5	度	9	片	4	舛	6	鼠	13
卯	7	夊	3	糸	6	席	10	牙	4	舞	14	獵	18
戶	4	延	7	夂	3	庶	11	潛	15	韋	9	齊	14
后	6	毒	8	冬	5	黃	12	玆	10	鳥	11	龍	16
免	7	靑	8	後	9	燕	16	爪	4	衣	6	龜	16

3. 8급~1급까지의 급수별 한자 모음

8급 배정 50字의 훈·음·부수·획수

一	한	일	一	1	東	동녘	동	木	8	韓	한국	한	韋	16
二	두	이	二	2	西	서녘	서	西	6	國	나라	국	口	11
三	석	삼	一	3	南	남녘	남	十	9	軍	군사	군	車	9
四	넉	사	口	5	北	북녘	북	匕	5	人	사람	인	人	2
五	다섯	오	二	4	父	아비	부	父	4	王	임금	왕	玉	4
六	여섯	륙	八	4	母	어미	모	毋	4	民	백성	민	氏	5
七	일곱	칠	一	2	兄	맏	형	儿	5	山	메	산	山	3
八	여덟	팔	八	2	弟	아우	제	弓	7	寸	마디	촌	寸	3
九	아홉	구	乙	2	大	큰	대	大	3	萬	일만	만	⧺	13
十	열	십	十	2	中	가운데	중	丨	4	年	해	년	干	6
月	달	월	月	4	小	작을	소	小	3	青	푸를	청	靑	8
火	불	화	火	4	學	배울	학	子	16	白	흰	백	白	5
水	물	수	水	4	校	학교	교	木	10	長	길	장	長	8
木	나무	목	木	4	教	가르칠	교	攵	11	女	여자	녀	女	3
金	쇠	금	金	8	室	집	실	宀	9	門	문	문	門	8
土	흙	토	土	3	先	먼저	선	儿	6	外	바깥	외	夕	5
日	날	일	日	4	生	날	생	生	5					

7급 배정 100字의 훈·음·부수·획수

家	집 가	宀10	林	수풀 림	木8	時	때 시	日10	住	살 주	人7
歌	노래 가	欠14	立	설 립	立5	食	먹을 식	食9	重	무거울 중	里9
間	사이 간	門12	每	매양 매	毋7	植	심을 식	木12	地	땅 지	土6
江	강 강	水6	面	낯 면	面9	心	마음 심	心4	紙	종이 지	糸10
車	수레 거	車7	名	이름 명	口6	安	편안할 안	宀6	直	곧을 직	目8
工	장인 공	工3	命	목숨 명	口8	語	말씀 어	言14	千	일천 천	十3
空	빌 공	穴8	文	글월 문	文4	然	그럴 연	火12	川	내 천	川3
口	입 구	口3	問	물을 문	口11	午	낮 오	十4	天	하늘 천	大4
記	적을 기	言10	物	만물 물	牛8	右	오른 우	口5	草	풀 초	艹10
旗	깃발 기	方14	方	사방 방	方4	有	있을 유	月6	村	마을 촌	木7
氣	기운 기	气10	百	일백 백	白6	育	기를 육	肉8	秋	가을 추	禾9
男	사내 남	田7	夫	지아비 부	大4	邑	고을 읍	邑7	春	봄 춘	日9
內	안 내	入4	不	아닐 불	一4	入	들 입	入2	出	날 출	凵5
農	농사 농	辰13	事	일 사	亅8	子	아들 자	子3	便	편한 편	人9
答	대답 답	竹12	算	셈 산	竹14	字	글자 자	子6	平	평평할 평	干5
道	길 도	辶13	上	위 상	一3	自	스스로 자	自6	下	아래 하	一3
冬	겨울 동	冫5	色	빛 색	色6	場	마당 장	土12	夏	여름 하	夂10
同	같을 동	口6	夕	저녁 석	夕3	全	온전할 전	入6	漢	한나라 한	水14
洞	마을 동	水9	姓	성씨 성	女8	前	앞 전	刀9	海	바다 해	水10
動	움직일 동	力11	世	인간 세	一5	電	번개 전	雨13	花	꽃 화	艹8
登	오를 등	癶12	少	적을 소	小4	正	바를 정	止5	話	이야기 화	言13
來	올 래	人8	所	바 소	戶8	祖	할아비 조	示10	活	살 활	水9
力	힘 력	力2	手	손 수	手4	足	발 족	足7	孝	효도 효	子7
老	늙을 로	老6	數	셈 수	攵15	左	왼 좌	工5	後	뒤 후	彳9
里	마을 리	里7	市	저자 시	巾5	主	주인 주	丶5	休	쉴 휴	人6

338

6급 배정 150字의 훈·음·부수·획수

各	각각	각	口 6	級	등급	급	糸 10	美	아름다울	미	羊 9
角	뿔	각	角 7	多	많을	다	夕 6	朴	소박할	박	木 6
感	느낄	감	心 13	短	짧을	단	矢 12	反	반대할	반	又 4
强	강할	강	弓 12	堂	집	당	土 11	半	반	반	十 5
開	열	개	門 12	代	대신할	대	人 5	班	나눌	반	玉 10
京	서울	경	亠 8	待	기다릴	대	彳 9	發	필	발	癶 12
界	지경	계	田 9	對	대할	대	寸 14	放	놓을	방	攵 8
計	셀	계	言 9	度	법도	도	广 9	番	차례	번	田 12
古	예	고	口 5	圖	그림	도	囗 14	別	나눌	별	刀 7
苦	쓸	고	艹 9	讀	읽을	독	言 22	病	병들	병	疒 10
高	높을	고	高 10	童	아이	동	立 12	服	옷	복	月 8
公	공평할	공	八 4	頭	머리	두	頁 16	本	근본	본	木 5
功	공로	공	力 5	等	고를	등	竹 12	部	나눌	부	邑 11
共	함께	공	八 6	樂	즐길	락	木 15	分	나눌	분	刀 4
科	과목	과	禾 9	例	법식	례	人 8	使	부릴	사	人 8
果	열매	과	木 8	禮	예도	례	示 18	死	죽을	사	歹 6
光	빛	광	儿 6	路	길	로	足 13	社	모일	사	示 8
交	사귈	교	亠 6	綠	푸를	록	糸 14	書	글	서	日 10
球	둥글	구	玉 11	理	다스릴	리	玉 11	石	돌	석	石 5
區	구역	구	匚 11	利	이로울	리	刀 7	席	자리	석	巾 10
郡	고을	군	邑 11	李	오얏	리	木 7	線	줄	선	糸 15
近	가까울	근	辶 8	明	밝을	명	日 8	雪	눈	설	雨 11
根	뿌리	근	木 10	目	눈	목	目 5	成	이룰	성	戈 7
今	이제	금	人 4	聞	들을	문	耳 14	省	살필	성	目 9
急	급할	급	心 9	米	쌀	미	米 6	消	사라질	소	水 10

한자	뜻	음	부수·획	한자	뜻	음	부수·획	한자	뜻	음	부수·획
速	빠를	속	辶 11	用	쓸	용	用 5	族	겨레	족	方 11
孫	손자	손	子 10	勇	날랠	용	力 9	注	물댈	주	水 8
樹	나무	수	木 16	運	운전할	운	辶 13	晝	낮	주	日 11
術	재주	술	行 11	園	동산	원	口 13	集	모일	집	隹 12
習	익힐	습	羽 11	遠	멀	원	辶 14	窓	창문	창	穴 11
勝	이길	승	力 12	由	말미암을	유	田 5	淸	맑을	청	水 11
始	처음	시	女 8	油	기름	유	水 8	體	몸	체	骨 23
式	법	식	弋 6	銀	은	은	金 14	親	친할	친	見 16
神	귀신	신	示 10	音	소리	음	音 9	太	클	태	大 4
身	몸	신	身 7	飮	마실	음	食 13	通	통할	통	辶 11
信	믿을	신	人 9	衣	옷	의	衣 6	特	다를	특	牛 10
新	새로울	신	斤 13	意	뜻	의	心 13	表	겉	표	衣 8
失	잃을	실	大 5	醫	의원	의	酉 18	風	바람	풍	風 9
愛	사랑	애	心 13	者	사람	자	耂 9	合	합할	합	口 6
夜	밤	야	夕 8	作	지을	작	人 7	行	다닐	행	行 6
野	들	야	里 11	昨	어제	작	日 9	幸	행복	행	干 8
弱	약할	약	弓 10	章	글	장	立 11	向	향할	향	口 6
藥	약	약	艹 19	才	재주	재	手 3	現	나타날	현	玉 11
洋	큰바다	양	水 9	在	있을	재	土 6	形	모양	형	彡 7
陽	볕	양	阜 12	戰	싸울	전	戈 16	號	부를	호	虍 13
言	말씀	언	言 7	庭	뜰	정	广 10	和	화할	화	口 8
業	일	업	木 13	定	정할	정	宀 8	畵	그림	화	田 12
永	길	영	水 5	第	차례	제	竹 11	黃	누를	황	黃 12
英	꽃부리	영	艹 9	題	제목	제	頁 18	會	모일	회	日 13
溫	따뜻할	온	水 13	朝	아침	조	月 12	訓	가르칠	훈	言 10

5급 배정 200字의 훈·음·부수·획수

5급 500자 = 5급(200), 6급(150), 7급(100), 8급(50)

한자	훈·음·부수·획수	한자	훈·음·부수·획수	한자	훈·음·부수·획수	한자	훈·음·부수·획수
可	옳을 가 口 5	觀	볼 관 見 25	都	도읍 도 邑 12	法	법 법 水 8
加	더할 가 力 5	廣	넓을 광 广 15	獨	홀로 독 犭 16	變	변할 변 言 23
價	값 가 人 15	橋	다리 교 木 16	落	떨어질 락 艹 13	兵	병사 병 八 7
改	고칠 개 攵 7	具	갖출 구 八 8	朗	밝을 랑 月 11	福	복 복 示 14
客	손 객 宀 9	救	구제할 구 攵 11	冷	찰 랭 冫 7	奉	받들 봉 大 8
去	갈 거 厶 5	舊	옛 구 臼 18	良	어질 량 艮 7	比	견줄 비 比 4
擧	들 거 手 18	局	판 국 尸 7	量	수량 량 里 12	費	쓸 비 貝 12
件	물건 건 人 6	貴	귀할 귀 貝 12	旅	나그네 려 方 10	鼻	코 비 鼻 14
建	세울 건 廴 9	規	법 규 見 11	歷	지낼 력 止 16	氷	얼음 빙 水 4
健	튼튼할 건 人 11	給	줄 급 糸 12	練	익힐 련 糸 15	士	선비 사 士 3
格	격식 격 木 10	技	재주 기 手 7	令	명령 령 人 5	仕	벼슬 사 人 5
見	볼 견 見 7	己	몸 기 己 3	領	다스릴 령 頁 14	史	사기 사 口 5
決	정할 결 水 7	基	터 기 土 11	勞	일할 로 力 12	査	조사할 사 木 9
結	맺을 결 糸 12	期	기약할 기 月 12	料	헤아릴 료 斗 10	思	생각 사 心 9
景	볕 경 日 12	汽	증기 기 水 7	流	흐를 류 水 10	寫	베낄 사 宀 15
輕	가벼울 경 車 14	吉	길할 길 口 6	類	무리 류 頁 19	産	낳을 산 生 11
敬	공경할 경 攵 13	念	생각 념 心 8	陸	뭍 륙 阜 11	相	서로 상 目 9
競	다툴 경 立 20	能	능할 능 肉 10	馬	말 마 馬 10	商	장사 상 口 11
考	생각할 고 耂 6	團	둥글 단 口 14	末	끝 말 木 5	賞	상줄 상 貝 15
告	알릴 고 口 7	壇	제단 단 土 16	亡	망할 망 亠 3	序	차례 서 广 7
固	굳을 고 口 8	談	말씀 담 言 15	望	바랄 망 月 11	仙	신선 선 人 5
曲	굽을 곡 曰 6	當	마땅할 당 田 13	買	살 매 貝 12	船	배 선 舟 11
過	지날 과 辶 13	德	바를 덕 彳 15	賣	팔 매 貝 15	善	착할 선 口 12
課	매길 과 言 15	到	이를 도 刀 8	無	없을 무 火 12	選	뽑을 선 辶 16
關	빗장 관 門 19	島	섬 도 山 10	倍	갑절 배 人 10	鮮	고을 선 魚 17

한자	뜻	음	부수	획수	한자	뜻	음	부수	획수	한자	뜻	음	부수	획수	한자	뜻	음	부수	획수
設	말씀	설	言	14	曜	빛날	요	日	18	典	법	전	八	8	最	가장	최	日	12
性	성품	성	心	8	浴	목욕할	욕	水	10	展	펼	전	尸	10	祝	빌	축	示	10
洗	씻을	세	水	9	友	벗	우	又	4	傳	전할	전	人	13	充	찰	충	儿	10
歲	해	세	止	13	牛	소	우	牛	4	切	끊을	절	刀	4	致	이를	치	至	10
束	묶을	속	木	7	雨	비	우	雨	8	節	마디	절	竹	15	則	법	칙	刀	9
首	머리	수	首	9	雲	구름	운	雨	12	店	가게	점	广	8	他	다를	타	人	5
宿	잘	숙	宀	11	雄	수컷	웅	隹	12	停	머무를	정	人	11	打	칠	타	手	5
順	순할	순	頁	12	元	으뜸	원	儿	4	情	뜻	정	心	11	卓	높을	탁	十	8
示	보일	시	示	5	院	집	원	阜	10	調	고를	조	言	15	炭	숯	탄	火	9
識	알	식	言	19	原	근본	원	厂	10	操	잡을	조	手	16	宅	집	택	宀	6
臣	신하	신	臣	6	願	바랄	원	頁	19	卒	군사	졸	十	8	板	널	판	木	8
實	열매	실	宀	14	位	자리	위	人	7	終	마칠	종	糸	11	敗	패할	패	攵	11
兒	아이	아	儿	8	偉	위대할	위	人	11	種	씨앗	종	禾	14	品	물건	품	口	9
惡	악할	악	心	12	以	써	이	人	5	罪	허물	죄	网	13	必	반드시	필	心	5
案	생각할	안	木	10	耳	귀	이	耳	6	州	고을	주	川	6	筆	붓	필	竹	12
約	맺을	약	糸	9	因	인할	인	口	6	週	돌	주	辶	12	河	물	하	水	8
養	기를	양	食	15	任	맡길	임	人	6	止	그칠	지	止	4	寒	찰	한	宀	12
魚	고기	어	魚	11	材	재목	재	木	7	知	알	지	矢	8	害	해할	해	宀	10
漁	고기잡을	어	水	14	財	재물	재	貝	10	質	바탕	질	貝	15	許	허락할	허	言	11
億	억	억	人	15	再	두번	재	冂	6	着	붙을	착	目	12	湖	호수	호	水	12
熱	더울	열	火	15	災	재앙	재	火	7	參	참여할	참	厶	11	化	될	화	匕	4
葉	잎사귀	엽	艹	13	爭	다툴	쟁	爪	8	唱	부를	창	口	11	患	근심	환	心	11
屋	집	옥	尸	9	貯	쌓을	저	貝	12	責	맡을	책	貝	11	效	효험	효	攵	10
完	완전할	완	宀	7	赤	붉을	적	赤	7	鐵	쇠	철	金	21	凶	흉할	흉	凵	4
要	중요할	요	両	9	的	과녁	적	白	8	初	처음	초	刀	7	黑	검을	흑	黑	12

4급II 배정 250字의 훈·음·부수·획수

街	거리	가	行12	器	그릇	기	口16	連	이을	련	辶11	邊	가	변	辶19
假	거짓	가	人11	暖	따뜻할	난	日13	列	벌일	렬	刀6	步	걸을	보	止7
減	덜	감	水12	難	어려울	난	隹19	錄	기록할	록	金16	保	지킬	보	人9
監	살필	감	皿14	努	힘쓸	노	力7	論	논할	론	言15	報	알릴	보	土12
康	편안할	강	广11	怒	성낼	노	心9	留	머무를	류	田10	寶	보배	보	宀20
講	강론할	강	言17	單	하나	단	口12	律	법률	률	彳9	復	회복할	복	彳12
個	낱	개	人10	端	끝	단	立14	滿	찰	만	水14	府	관청	부	广8
檢	검사할	검	木17	檀	박달나무	단	木17	脈	줄기	맥	肉10	婦	며느리	부	女11
缺	빠질	결	缶10	斷	끊을	단	斤17	毛	터럭	모	毛4	副	버금	부	刀11
潔	깨끗할	결	水15	達	통달할	달	辶13	牧	칠	목	牛8	富	부자	부	宀12
慶	경사	경	心15	擔	맡을	담	手16	武	무예	무	止8	佛	부처	불	人7
經	지날	경	糸13	黨	무리	당	黑20	務	힘쓸	무	力11	非	아닐	비	非8
境	지경	경	土14	帶	띠	대	巾11	未	아직	미	木5	悲	슬플	비	心12
警	경계할	경	言20	隊	무리	대	阜12	味	맛	미	口8	飛	날	비	飛9
係	이을	계	人9	導	이끌	도	寸16	密	빽빽할	밀	宀11	備	갖출	비	人12
故	연고	고	攵9	毒	독할	독	毋8	博	넓을	박	十12	貧	가난할	빈	貝11
官	벼슬	관	宀8	督	감독할	독	木13	防	막을	방	阜7	寺	절	사	寸6
究	연구할	구	穴7	銅	구리	동	金14	訪	찾을	방	言11	舍	집	사	舌8
句	글귀	구	口5	斗	말	두	斗4	房	방	방	戶8	師	스승	사	巾10
求	구할	구	水7	豆	콩	두	豆7	拜	절	배	手9	謝	사례할	사	言17
宮	집	궁	宀10	得	얻을	득	彳11	背	등	배	肉9	殺	죽일	살	殳11
權	권세	권	木22	燈	등불	등	火16	配	짝	배	酉10	床	평상	상	广7
極	다할	극	木13	羅	벌일	라	网19	伐	칠	벌	人6	狀	형상	상	犬9
禁	금할	금	示13	雨	두	량	入8	罰	벌할	벌	网14	想	생각	상	心13
起	일어날	기	走10	麗	고울	려	鹿19	壁	벽	벽	土16	常	항상	상	巾11

設	베풀	설	言	11	施	베풀	시	方	9	圓	둥글	원	口	13	製	지을	제	衣	14
城	토성	성	土	10	詩	시문	시	言	13	衛	지킬	위	行	16	除	없앨	제	阜	10
盛	풍성할	성	皿	12	試	시험	시	言	13	爲	할	위	爪	12	祭	제사	제	示	11
誠	정성	성	言	14	息	쉴	식	心	10	肉	고기	육	肉	6	際	사이	제	阜	14
星	별	성	日	9	申	알릴	신	田	5	恩	은혜	은	心	10	提	낼	제	手	12
聖	성인	성	耳	13	深	깊을	심	水	11	陰	그늘	음	阜	11	濟	건널	제	水	17
聲	소리	성	耳	17	眼	눈	안	目	11	應	응할	응	心	17	早	일찍	조	日	6
細	가늘	세	糸	11	暗	어두울	암	日	13	義	옳을	의	羊	13	造	만들	조	辶	11
稅	세금	세	禾	12	壓	누를	압	土	17	議	의논할	의	言	20	助	도울	조	力	7
勢	형세	세	力	13	液	액체	액	水	11	移	옮길	이	禾	11	鳥	새	조	鳥	11
素	흴	소	糸	10	羊	양	양	羊	6	益	더할	익	皿	10	尊	높을	존	寸	12
笑	웃을	소	竹	10	如	같을	여	女	6	認	인정할	인	言	14	宗	으뜸	종	宀	8
掃	쓸	소	手	11	餘	남을	여	食	16	引	끌	인	弓	4	走	달릴	주	走	7
俗	풍속	속	人	9	逆	거스를	역	辶	10	印	도장	인	卩	6	竹	대나무	죽	竹	6
續	이을	속	糸	12	研	연구할	연	石	11	將	장수	장	寸	11	準	평평할	준	水	13
送	보낼	송	辶	10	煙	연기	연	火	13	障	막힐	장	阜	14	衆	무리	중	血	12
守	지킬	수	宀	6	演	꾸밀	연	水	14	低	낮을	저	人	7	增	더할	증	土	15
收	거둘	수	攵	6	榮	영화	영	木	14	敵	원수	적	攵	15	支	갈라질	지	支	4
受	받을	수	又	8	藝	재주	예	艹	19	田	밭	전	田	5	至	이를	지	至	6
授	줄	수	手	11	誤	잘못될	오	言	14	絶	끊을	절	糸	12	指	가리킬	지	手	9
修	닦을	수	人	10	玉	구슬	옥	玉	5	接	접할	접	手	11	志	뜻	지	心	7
純	순수할	수	糸	10	往	갈	왕	彳	8	政	칠	정	攵	9	職	벼슬	직	耳	18
承	이을	승	手	8	謠	노래	요	言	17	程	과정	정	禾	12	眞	참	진	目	10
視	볼	시	見	12	容	얼굴	용	宀	10	精	정신	정	米	14	進	나아갈	진	辶	12
是	옳을	시	日	9	員	인원	원	口	10	制	제도	제	刀	8	次	다음	차	欠	6

漢字	뜻	음	부수	획	漢字	뜻	음	부수	획	漢字	뜻	음	부수	획	漢字	뜻	음	부수	획
察	살필	찰	宀	14	置	둘	치	网	13	票	쪽지	표	示	11	惠	은혜	혜	心	12
創	비롯할	창	刀	12	齒	이	치	齒	15	豊	풍성할	풍	豆	13	戶	집	호	戶	4
處	곳	처	虍	11	侵	침략할	침	人	9	限	한정	한	阜	9	呼	부를	호	口	8
請	청할	청	言	15	快	상쾌할	쾌	心	7	航	건널	항	舟	10	好	좋을	호	女	6
銃	총	총	金	14	態	모양	태	心	14	港	항구	항	水	12	護	보호할	호	言	21
總	거느릴	총	糸	17	統	거느릴	통	糸	12	解	풀	해	角	13	貨	재물	화	貝	11
蓄	쌓을	축	++	14	退	물러날	퇴	辶	10	香	향기	향	香	9	確	굳을	확	石	15
築	지을	축	竹	16	波	물결	파	水	8	鄕	시골	향	邑	13	回	돌	회	口	8
忠	충성	충	心	8	破	깰	파	石	10	虛	빌	허	虍	12	吸	마실	흡	口	7
蟲	벌레	충	虫	18	布	베	포	巾	5	驗	시험할	험	馬	23	興	일어날	흥	臼	16
取	취할	취	又	8	包	쌀	포	勹	5	賢	어질	현	貝	15	希	바랄	희	巾	7
測	잴	측	水	12	砲	대포	포	石	10	血	피	혈	血	6					
治	다스릴	치	水	8	暴	사나울	폭	日	15	協	도울	협	十	8					

4급 배정 250字의 훈·음·부수·획수

4급1000자 = 4급(250), 4급Ⅱ(250), 5급(200), 6급(150), 7급(100), 8급(50)

暇	겨를	가	日 13	戒	경계할	계	戈 7	勤	부지런할	근	力 13	模	본뜰	모	木 15
刻	새길	각	刀 8	季	계절	계	子 8	筋	힘줄	근	竹 12	妙	묘할	묘	女 7
覺	깨달을	각	見 20	階	계단	계	阜 12	紀	벼리	기	糸 9	墓	무덤	묘	土 14
干	방패	간	干 3	鷄	닭	계	鳥 21	奇	기이할	기	大 8	舞	춤출	무	舛 14
看	볼	간	目 9	繼	이을	계	糸 20	寄	붙어살	기	宀 11	拍	칠	박	手 8
簡	간단할	간	竹 18	孤	외로울	고	子 8	機	틀	기	木 16	髮	터럭	발	髟 15
甘	달	감	甘 5	庫	창고	고	广 10	納	들일	납	糸 10	妨	방해할	방	女 7
敢	감히	감	攵 12	穀	곡식	곡	禾 15	段	계단	단	殳 9	犯	범할	범	犬 5
甲	갑옷	갑	田 5	困	곤란할	곤	口 7	逃	달아날	도	辶 10	範	모범	범	竹 15
降	내릴	강	阜 9	骨	뼈	골	骨 10	徒	무리	도	彳 10	辯	말잘할	변	辛 21
更	다시	갱	曰 7	孔	구멍	공	子 4	盜	훔칠	도	皿 12	普	넓을	보	日 12
巨	클	거	工 5	攻	칠	공	攵 7	卵	알	란	卩 7	伏	엎드릴	복	人 6
拒	막을	거	手 8	管	대롱	관	竹 14	亂	어지러울	란	乙 13	複	겹칠	복	衣 14
居	살	거	尸 8	鑛	쇳돌	광	金 23	覽	볼	람	見 21	否	아닐	부	口 7
據	증거	거	手 16	構	얽을	구	木 14	略	줄일	략	田 11	負	질	부	貝 9
傑	뛰어날	걸	人 12	君	임금	군	口 7	糧	식량	량	米 18	粉	가루	분	米 10
儉	검소할	검	人 15	群	무리	군	羊 13	慮	생각할	려	心 15	憤	분할	분	心 15
激	격할	격	水 16	屈	굽을	굴	尸 8	烈	세찰	렬	火 10	批	비평할	비	手 7
擊	칠	격	手 17	窮	궁할	궁	穴 15	龍	용	룡	龍 16	秘	감출	비	禾 10
犬	개	견	犬 4	券	문서	권	刀 8	柳	버드나무	류	木 9	碑	비석	비	石 13
堅	굳을	견	土 11	卷	책	권	卩 8	輪	바퀴	륜	車 15	私	개인	사	禾 7
鏡	거울	경	金 19	勸	권할	권	力 20	離	떠날	리	隹 19	絲	실	사	糸 12
傾	기울	경	人 13	歸	돌아갈	귀	止 18	妹	누이	매	女 8	射	쏠	사	寸 10
驚	놀랄	경	馬 23	均	고를	균	土 7	勉	힘쓸	면	力 9	辭	말씀	사	辛 19
系	관계할	계	糸 7	劇	꾸밀	극	刀 15	鳴	울	명	鳥 14	散	흩어질	산	攵 12

象	코끼리	상	豕12	營	경영할	영	火17	資	재물	자	貝13	組	짤	조 糸11
傷	다칠	상	人13	豫	미리	예	豕16	殘	남을	잔	歹12	條	가지	조 木11
宣	알릴	선	宀9	遇	만날	우	辶13	雜	섞일	잡	隹18	潮	조수	조 水15
舌	혀	설	舌6	郵	우편	우	邑11	壯	씩씩할	장	士7	存	있을	존 子6
屬	속할	속	尸21	優	뛰어날	우	人17	裝	꾸밀	장	衣13	從	좇을	종 彳11
損	손해볼	손	手13	怨	원한	원	心9	奬	권할	장	大14	鍾	쇠북	종 金17
松	소나무	송	木8	源	근원	원	水13	帳	휘장	장	巾11	座	자리	좌 广10
頌	기릴	송	頁13	援	도울	원	手12	張	펼	장	弓11	朱	붉을	주 木6
秀	빼어날	수	禾7	危	위험할	위	卩6	腸	창자	장	肉13	周	두루	주 口8
叔	어릴	숙	又8	委	맡길	위	女8	底	밑	저	广8	酒	술	주 酉10
肅	엄숙할	숙	聿12	威	위협할	위	女9	賊	도적	적	貝13	證	증거	증 言19
崇	받들	숭	山11	圍	둘레	위	口12	適	나아갈	적	辶15	誌	기록할	지 言14
氏	성씨	씨	氏4	慰	위로할	위	心15	積	쌓을	적	禾16	智	슬기	지 日12
額	이마	액	頁18	乳	젖	유	乙8	績	공적	적	糸17	持	가질	지 手9
樣	모양	양	木15	遊	놀	유	辶13	籍	호적	적	竹20	織	짤	직 糸18
嚴	엄할	엄	口20	遺	남길	유	辶16	專	오로지	전	寸11	陣	진칠	진 阜10
與	줄	여	臼14	儒	선비	유	人16	轉	구를	전	車18	珍	보배	진 玉9
易	바꿀	역	日8	隱	숨을	은	阜17	錢	돈	전	金16	盡	다할	진 皿14
域	지역	역	土11	依	의지할	의	人8	折	꺾을	절	手7	差	다를	차 工10
延	끌	연	廴7	儀	거동	의	人15	占	점칠	점	卜5	讚	칭찬할	찬 言26
鉛	납	연	金13	疑	의심할	의	疋14	點	점	점	黑17	採	캘	채 手11
燃	불사를	연	火16	異	다를	이	田11	丁	장정	정	一2	冊	책	책 冂5
緣	인연	연	糸15	仁	어질	인	人4	整	가지런할	정	攵16	泉	샘	천 水9
迎	맞을	영	辶8	姉	누이	자	女8	靜	고요할	정	靑16	聽	들을	청 耳22
映	비칠	영	日9	姿	맵시	자	女9	帝	임금	제	巾9	廳	관청	청 广25

招	부를	초	手8	擇	가릴	택	手16	疲	피로할	피	疒10	混	섞일	혼	水11
推	밀	추	手11	討	칠	토	言10	避	피할	피	辶17	紅	붉을	홍	糸9
縮	오무라들	축	糸17	痛	아플	통	疒12	恨	원한	한	心9	華	빛날	화	艹12
趣	달릴	취	走15	投	던질	투	手7	閑	한가한	한	門12	環	고리	환	玉17
就	나아갈	취	尢12	鬪	싸울	투	鬥20	抗	막을	항	手7	歡	기쁠	환	欠22
層	층	층	尸15	派	갈래	파	水9	核	씨	핵	木10	況	모양	황	水8
寢	잘	침	宀14	判	판단할	판	刀7	憲	법	헌	心16	灰	재	회	火6
針	바늘	침	金10	篇	책	편	竹15	險	험할	험	阜16	厚	두터울	후	厂9
稱	부를	칭	禾14	評	평할	평	言12	革	가죽	혁	革9	候	기후	후	人10
彈	튕길	탄	弓15	閉	닫을	폐	門11	顯	나타날	현	頁23	揮	휘두를	휘	手12
歎	탄식할	탄	欠15	胞	태보	포	肉9	刑	형벌	형	刀6	喜	기쁠	희	口12
脫	벗을	탈	肉11	爆	터질	폭	火19	或	혹시	혹	戈8				
探	찾을	탐	手11	標	표지판	표	木15	婚	혼인할	혼	女11				

3급II 배정 500字의 훈·음·부수·획수

3급II 1,500자=3급II (500), 4급(250), 4급II (250), 5급(200), 6급(150), 7급(100), 8급(50)

佳	아름다울	가	人 8	硬	굳을	경	石 12	巧	교묘할	교	工 5	奴	종	노	女 5
架	걸칠	가	木 9	械	기계	계	木 11	較	비교할	교	車 13	腦	골	뇌	肉 13
閣	집	각	門 14	契	맺을	계	大 9	久	오랠	구	ノ 3	泥	진흙	니	水 8
脚	다리	각	肉 11	桂	계수나무	계	木 10	丘	언덕	구	一 5	茶	차	다	++ 10
刊	새길	간	刀 5	啓	열	계	口 11	拘	잡을	구	手 8	丹	붉을	단	、 4
肝	간	간	肉 7	溪	시내	계	水 13	菊	국화	국	++ 12	旦	아침	단	日 5
幹	줄기	간	干 13	姑	시어미	고	女 8	弓	활	궁	弓 3	但	다만	단	人 7
懇	정성	간	心 17	稿	원고	고	禾 15	拳	주먹	권	手 9	淡	맑을	담	水 11
鑑	거울	감	金 22	鼓	북	고	鼓 13	鬼	귀신	귀	鬼 10	踏	밟을	담	足 15
剛	굳셀	강	刀 10	谷	골짜기	곡	谷 7	菌	곰팡이	균	++ 12	唐	당나라	당	口 10
綱	벼리	강	糸 14	哭	울	곡	口 10	克	이길	극	儿 7	糖	사탕	당	米 16
鋼	강철	강	金 16	恐	두려울	공	心 10	禽	새	금	禸 13	貸	빌릴	대	貝 12
介	끼일	개	人 4	貢	바칠	공	貝 10	琴	거문고	금	玉 12	臺	대	대	至 14
蓋	덮을	개	++ 14	供	드릴	공	人 8	錦	비단	금	金 16	刀	칼	도	刀 2
槪	대강	개	木 15	恭	공경할	공	心 10	及	미칠	급	又 4	途	길	도	辶 11
距	거리	거	足 12	誇	자랑할	과	言 13	企	세울	기	人 6	倒	넘어질	도	人 10
乾	하늘	건	乙 11	寡	적을	과	宀 14	其	그	기	八 8	桃	복숭아	도	木 10
劍	칼	검	刀 15	館	집	관	食 17	祈	빌	기	示 9	陶	그릇	도	阜 11
隔	사이	격	阜 13	冠	갓	관	冖 9	畿	경기	기	田 15	渡	건널	도	水 12
訣	헤어질	결	言 11	貫	꿸	관	貝 11	騎	말탈	기	馬 18	突	갑자기	돌	穴 9
兼	겸할	겸	八 10	慣	버릇	관	心 14	緊	팽팽할	긴	糸 14	凍	얼	동	冫 10
謙	겸손할	겸	言 17	寬	너그러울	관	宀 15	諾	허락할	낙	言 16	絡	이을	락	糸 12
徑	지름길	경	彳 10	狂	미칠	광	犬 7	娘	아가씨	낭	女 10	蘭	난초	란	++ 21
耕	밭갈	경	耒 10	怪	괴이할	괴	心 8	耐	견딜	내	而 9	欄	난간	란	木 21
頃	잠깐	경	頁 11	壞	무너질	괴	土 19	寧	편안할	녕	宀 14	浪	물결	랑	水 10

자원풀이로 깨치는 부수한자 · 349

漢字	訓	音	部首	획	漢字	訓	音	部首	획	漢字	訓	音	部首	획	漢字	訓	音	部首	획
郎	사내	랑	邑	10	隆	솟을	륭	阜	12	謀	꾀할	모	言	16	繁	번성할	번	糸	17
廊	복도	랑	广	13	陵	언덕	릉	阜	11	慕	사모할	모	心	15	凡	무릇	범	几	3
涼	서늘할	량	水	11	裏	속	리	衣	13	貌	모습	모	豸	14	碧	푸를	벽	石	14
梁	들보	량	木	11	履	밟을	리	尸	15	睦	화목할	목	目	13	丙	남녘	병	一	5
勵	힘쓸	려	力	17	吏	아전	리	口	6	沒	빠질	몰	水	7	補	채울	보	衣	12
曆	달력	력	日	16	臨	임할	림	臣	17	夢	꿈	몽	夕	14	譜	족보	보	言	19
蓮	연꽃	련	++	15	麻	삼	마	麻	11	蒙	어리석을	몽	++	14	腹	배	복	肉	13
鍊	단련할	련	金	17	磨	갈	마	石	16	茂	무성할	무	++	9	覆	덮을	복	襾	18
聯	이을	련	耳	17	莫	없을	막	++	11	貿	바꿀	무	貝	12	封	봉할	봉	寸	9
戀	사모할	련	心	23	幕	휘장	막	巾	14	墨	먹	묵	土	15	峰	봉우리	봉	山	10
裂	찢어질	렬	衣	12	漠	사막	막	水	14	黙	잠잠할	묵	黑	16	逢	만날	봉	辶	11
嶺	재	령	山	17	晚	늦을	만	日	11	紋	무늬	문	糸	10	鳳	봉황새	봉	鳥	14
靈	신령	령	雨	21	妄	망령될	망	女	6	勿	말	물	勹	4	扶	도울	부	手	7
露	이슬	로	雨	20	梅	매화	매	木	11	尾	꼬리	미	尸	7	付	줄	부	人	5
爐	화로	로	火	20	媒	중매	매	女	12	微	작을	미	彳	13	附	붙을	부	阜	8
祿	녹	록	示	13	麥	보리	맥	麥	11	迫	다그칠	박	辶	9	符	부호	부	竹	11
弄	희롱할	롱	廾	7	盲	소경	맹	目	8	薄	엷을	박	++	17	浮	뜰	부	水	10
雷	우레	뢰	雨	13	孟	맏	맹	子	8	飯	밥	반	食	13	腐	썩을	부	肉	14
賴	의뢰할	뢰	貝	16	猛	사나울	맹	犬	11	盤	소반	반	皿	15	賦	매길	부	貝	15
累	포갤	루	糸	11	盟	맹세할	맹	皿	13	拔	뺄	발	手	8	簿	장부	부	竹	19
漏	샐	루	水	14	免	면할	면	儿	7	芳	꽃다울	방	++	8	奔	달릴	분	大	9
樓	다락	루	木	15	眠	잘	면	目	10	培	북돋을	배	土	11	奮	떨칠	분	大	14
倫	인륜	륜	人	10	綿	솜	면	糸	14	排	밀칠	배	手	11	紛	어지러울	분	糸	10
栗	밤	률	木	10	滅	멸할	멸	水	13	輩	무리	배	車	15	拂	떨칠	불	手	8
率	비율	률	玄	11	銘	새길	명	金	14	伯	맏	백	人	7	妃	왕비	비	女	6

肥	살찔	비	肉 8	緖	실마리	서	糸 15	巡	돌	순	川 7	仰	우러를	앙	人 6
卑	낮을	비	十 8	惜	아까울	석	心 11	瞬	눈깜짝할	순	目 17	哀	슬플	애	口 9
婢	여종	비	女 11	釋	풀	석	釆 20	述	지을	술	辶 9	若	같을	약	艹 9
祀	제사	사	示 11	旋	돌	선	方 11	拾	주을	습	手 9	揚	올릴	양	手 12
沙	모래	사	水 7	禪	참	선	示 17	濕	젖을	습	水 17	壤	흙	양	土 20
邪	간사할	사	邑 7	訴	호소할	소	言 12	襲	엄습할	습	衣 22	讓	사양할	양	言 24
司	맡을	사	口 5	疏	드물	소	疋 11	昇	오를	승	日 8	御	임금	어	彳 11
詞	말씀	사	言 12	燒	불사를	소	火 16	乘	탈	승	丿 10	抑	누를	억	手 7
蛇	독사	사	虫 11	蘇	깨어날	소	艹 20	僧	중	승	人 14	憶	생각할	억	心 16
斜	기울	사	斗 11	訟	송사할	송	言 11	侍	모실	시	人 8	亦	또	역	亠 6
削	깎을	삭	刀 9	刷	인쇄할	쇄	刀 8	飾	꾸밀	식	食 14	役	일할	역	彳 7
森	빽빽할	삼	木 12	鎖	쇠사슬	쇄	金 18	愼	삼갈	신	心 13	疫	돌림병	역	疒 9
桑	뽕나무	상	木 10	衰	쇠할	쇠	衣 10	甚	심할	심	甘 9	譯	통역할	역	言 20
償	갚을	상	人 17	垂	드리울	수	土 8	審	살필	심	宀 15	驛	정거장	역	馬 23
霜	서리	상	雨 17	帥	장수	수	巾 9	雙	둘	쌍	隹 18	沿	물가	연	水 8
詳	자세할	상	言 13	殊	다를	수	歹 10	牙	어금니	아	牙 4	宴	잔치	연	宀 10
喪	죽을	상	口 12	愁	금심	수	心 13	芽	싹	아	艹 8	軟	연할	연	車 11
像	모양	상	人 14	需	구할	수	雨 14	雅	우아할	아	隹 12	燕	제비	연	火 16
尙	높일	상	小 8	壽	목숨	수	士 14	我	나	아	戈 7	悅	기쁠	열	心 10
裳	치마	상	衣 14	隨	따를	수	阜 16	亞	버금	아	二 8	炎	불꽃	염	火 8
塞	변방	새	土 13	輸	나를	수	車 16	阿	언덕	아	阜 8	染	물들일	염	木 9
索	찾을	색	糸 10	獸	짐승	수	犬 19	岸	언덕	안	山 8	鹽	소금	염	鹵 24
恕	용서할	서	心 10	淑	맑을	숙	水 11	顔	얼굴	안	頁 18	影	그림자	영	彡 15
徐	천천히	서	彳 10	熟	익을	숙	火 15	巖	바위	암	山 23	譽	기릴	예	言 21
署	관청	서	网 14	旬	열흘	순	日 6	央	가운데	앙	大 5	悟	깨달을	오	心 10

烏	까마귀 오 火 10	潤	젖을 윤 水 15	著	지을 저 ++ 13	珠	구슬 주 玉 10
獄	지옥 옥 犬 14	乙	새 을 乙 1	跡	자취 적 足 13	株	그루 주 木 10
瓦	기와 와 瓦 5	淫	음란할 음 水 11	寂	고요할 적 宀 11	奏	아뢸 주 大 9
緩	느릴 완 糸 15	已	이미 이 己 3	笛	피리 적 竹 11	洲	물가 주 水 9
辱	욕될 욕 辰 10	翼	날개 익 羽 17	摘	딸 적 手 14	鑄	쇳물부을 주 金 22
欲	하고자할 욕 欠 11	忍	참을 인 心 7	蹟	발자취 적 足 18	仲	버금 중 人 6
慾	욕심 욕 心 15	逸	뛰어날 일 辶 12	殿	대궐 전 殳 13	卽	곧 즉 卩 9
宇	집 우 宀 6	壬	북방 임 士 4	漸	점차 점 水 14	症	증세 증 疒 10
羽	깃 우 羽 6	賃	품삯 임 人 13	亭	정자 정 亠 9	曾	일찍 증 日 12
偶	짝 우 人 11	刺	찌를 자 刀 8	頂	정수리 정 頁 11	憎	미워할 증 心 15
愚	어리석을 우 心 13	紫	자줏빛 자 糸 11	井	우물 정 二 4	蒸	찔 증 ++ 14
憂	근심 우 心 15	慈	사랑 자 心 14	征	칠 정 彳 8	之	갈 지 丿 4
韻	운 운 音 19	暫	잠시 잠 日 15	廷	조정 정 廴 7	池	못 지 水 6
越	넘을 월 走 12	潛	잠길 잠 水 15	貞	곧을 정 貝 9	枝	가지 지 木 8
胃	밥통 위 肉 9	丈	어른 장 一 3	淨	깨끗할 정 水 11	辰	별 진 辰 7
謂	이를 위 言 16	莊	장엄할 장 ++ 11	齊	가지런할 제 齊 14	振	떨칠 진 手 10
僞	거짓 위 人 14	掌	손바닥 장 手 12	諸	모두 제 言 16	震	벼락 진 雨 15
幼	어릴 유 幺 5	葬	장사지낼 장 ++ 13	兆	조짐 조 儿 6	鎭	진압할 진 金 18
猶	오히려 유 犬 12	粧	단장할 장 米 12	租	세금 조 禾 10	陳	펼칠 진 阜 11
柔	부드러울 유 木 9	藏	감출 장 ++ 18	照	비칠 조 火 13	疾	병 질 疒 10
幽	그윽할 유 幺 9	臟	오장 장 肉 22	燥	마를 조 火 17	秩	차례 질 禾 10
悠	멀 유 心 11	栽	심을 재 木 10	縱	세로 종 糸 17	執	잡을 집 土 11
維	맬 유 糸 12	裁	마름질할 재 衣 12	坐	앉을 좌 土 7	徵	부를 징 彳 15
裕	넉넉할 유 衣 12	載	실을 재 車 13	宙	집 주 宀 8	此	이 차 止 6
誘	꾈 유 言 14	抵	막을 저 手 8	柱	기둥 주 木 9	借	빌릴 차 人 10

錯 섞일 착 金16	催 재촉할 최 人13	編 엮을 편 糸15	穴 구멍 혈 穴5
贊 도울 찬 貝19	追 쫓을 추 辶10	肺 허파 폐 肉9	脅 위협할 협 肉10
昌 번창할 창 日8	畜 기를 축 田10	廢 폐할 폐 广15	衡 저울대 형 行16
倉 창고 창 人10	衝 찌를 충 行15	弊 폐단 폐 廾15	慧 슬기 혜 心15
蒼 푸를 창 艹14	吹 불 취 口7	浦 물가 포 水10	虎 범 호 虍8
菜 나물 채 艹12	醉 취할 취 酉15	捕 잡을 포 手10	胡 오랑캐 호 肉9
彩 채색 채 彡11	側 곁 측 人11	楓 단풍 풍 木13	浩 넓을 호 水10
債 빚 채 人13	値 값 치 人10	皮 가죽 피 皮5	豪 클 호 豕14
策 꾀 책 竹12	恥 부끄러울 치 心10	彼 저 피 彳8	惑 혹시 혹 心12
妻 아내 처 女8	稚 어릴 치 禾13	被 입을 피 衣10	魂 넋 혼 鬼14
尺 자 척 尸4	漆 옻 칠 水14	畢 마칠 필 田11	忽 문득 홀 心8
拓 넓힐 척 手8	沈 가라앉을 침 水7	何 어찌 하 人7	洪 넓을 홍 水9
戚 겨레 척 戈11	浸 잠길 침 水14	荷 멜 하 艹11	禍 재앙 화 示14
淺 얕을 천 水11	奪 빼앗을 탈 大14	賀 하례할 하 貝12	換 바꿀 환 手12
踐 밟을 천 足15	塔 탑 탑 土13	鶴 학 학 鳥21	還 돌아올 환 辶17
賤 천할 천 貝15	湯 끓을 탕 水12	汗 땀 한 水6	皇 황제 황 白9
遷 옮길 천 辶16	殆 위태할 태 歹9	割 나눌 할 刀12	荒 거칠 황 艹10
哲 밝을 철 口10	泰 클 태 水10	含 머금을 함 口7	悔 뉘우칠 회 心10
徹 통할 철 彳15	澤 못 택 水16	陷 빠질 함 阜11	懷 품을 회 心19
滯 막힐 체 水14	吐 토할 토 口6	恒 항상 항 心9	劃 그을 획 刀14
肖 베낄 초 肉7	兎 토끼 토 儿8	項 목 항 頁12	獲 잡을 획 犬17
超 넘을 초 走12	透 통할 투 辶11	響 울릴 향 音22	橫 가로 횡 木16
礎 주춧돌 초 石18	版 판목 판 片8	獻 바칠 헌 犬20	胸 가슴 흉 肉10
促 재촉할 촉 人9	片 조각 편 片4	玄 검을 현 玄5	稀 드물 희 禾12
觸 닿을 촉 角20	偏 치우칠 편 人11	懸 매달 현 心20	戲 희롱할 희 戈17

3급 배정 317字의 훈·음·부수·획수

3급 1,817자 = 3급(317), 3급II(500), 4급(250), 4급II(250), 5급(200), 6급(150), 7급(100), 8급(50)

한자	훈	음	부수	획수
却	물리칠	각	卩	7
姦	간음할	간	女	9
渴	마를	갈	水	12
皆	다	개	白	9
慨	슬퍼할	개	心	14
乞	빌	걸	乙	3
肩	어깨	견	肉	8
牽	끌	견	牛	11
遣	보낼	견	辶	14
絹	비단	견	糸	13
庚	천간	경	广	8
竟	마칠	경	立	11
卿	벼슬	경	卩	12
癸	천간	계	癶	9
繫	맬	계	糸	19
枯	마를	고	木	9
顧	돌아볼	고	頁	21
坤	땅	곤	土	8
郭	성곽	곽	邑	11
掛	걸	괘	手	11
塊	덩이	괴	土	13
愧	부끄러울	괴	心	13
郊	들	교	邑	9
矯	바로잡을	교	矢	17
俱	함께	구	人	10
苟	구차할	구	艹	9
狗	개	구	犬	8
驅	몰	구	馬	21
懼	두려울	구	心	21
厥	그	궐	厂	12
軌	궤도	궤	車	9
龜	거북	귀	龜	16
叫	부르짖을	규	口	5
糾	꼬일	규	糸	8
斤	도끼	근	斤	4
僅	겨우	근	人	13
謹	삼갈	근	言	18
肯	즐길	긍	肉	8
豈	어찌	기	豆	10
忌	꺼릴	기	心	7
欺	속일	기	欠	12
飢	주릴	기	食	11
旣	이미	기	无	11
棄	버릴	기	木	12
幾	몇	기	幺	12
那	어찌	나	邑	7
乃	이에	내	丿	2
奈	어찌	내	大	8
惱	괴로울	뇌	心	12
畓	논	답	田	9
挑	건드릴	도	手	9
跳	뛸	도	足	13
塗	칠할	도	土	13
稻	벼	도	禾	15
篤	도타울	독	竹	16
豚	돼지	돈	豕	11
敦	도타울	돈	攵	12
屯	머무를	둔	丿	4
鈍	둔할	둔	金	12
騰	오를	등	馬	20
濫	넘칠	람	水	17
掠	노략질	략	手	11
諒	헤아릴	량	言	15
憐	가련할	련	心	15
劣	못날	렬	力	6
廉	쌀	렴	广	13
獵	사냥할	렵	犬	18
零	떨어질	령	雨	13
隸	따를	례	隶	16
鹿	사슴	록	鹿	11
了	마칠	료	亅	2
僚	동료	료	人	14
淚	눈물	루	水	11
屢	여러	루	尸	14
梨	배나무	리	木	11
隣	이웃	린	阜	15
慢	게으를	만	心	14
漫	흩어질	만	水	14
忙	바쁠	망	心	6
忘	잊을	망	心	7
茫	아득할	망	艹	10
罔	없을	망	网	8
埋	묻을	매	土	10
冥	어두울	명	冖	7
某	아무개	모	木	9
侮	모욕할	모	人	9
冒	무릅쓸	모	冂	9
募	모을	모	力	13
暮	저물	모	日	15
卯	토끼	묘	卩	5
苗	싹	묘	艹	9
廟	사당	묘	广	15
戊	천간	무	戈	5
霧	안개	무	雨	19
迷	헷갈릴	미	辶	10
眉	눈썹	미	目	9
敏	빠를	민	攵	11
憫	연민할	민	心	15
蜜	꿀	밀	虫	14
泊	머무를	박	水	8

返	돌이킬 반	辶	8	詐	속일 사	言	12	誰	누구 수	言	15	於	어조사 어	方	8
叛	배반할 반	又	9	斯	이 사	斤	12	雖	비록 수	隹	17	焉	어찌 언	火	11
伴	짝 반	人	7	賜	줄 사	貝	15	搜	찾을 수	手	13	予	나 여	亅	4
般	일반 반	舟	10	朔	초하루 삭	月	10	孰	누구 숙	子	11	汝	너 여	水	6
邦	나라 방	邑	7	祥	상서 상	示	11	殉	따라죽을 순	歹	10	輿	가마 여	車	17
傍	모방할 방	人	10	嘗	맛볼 상	口	14	循	좇을 순	彳	12	余	나 여	人	7
倣	곁 방	人	12	敍	펼 서	攴	11	脣	입술 순	肉	11	閱	살필 열	門	15
杯	잔 배	木	8	庶	무리 서	广	11	戌	개 술	戈	6	泳	헤엄칠 영	水	8
飜	번역할 번	飛	21	暑	더울 서	日	13	矢	화살 시	矢	5	詠	읊을 영	言	12
煩	번뇌할 번	火	13	誓	맹세할 서	言	14	伸	펼 신	人	7	銳	날카로울 예	金	15
辨	분별할 변	辛	16	逝	갈 서	辶	11	辛	매울 신	辛	7	吾	나 오	口	7
竝	나란할 병	立	10	昔	옛 석	日	8	晨	새벽 신	日	11	汚	더러울 오	水	6
屛	병풍 병	尸	11	析	쪼갤 석	木	8	尋	찾을 심	寸	12	娛	즐길 오	女	10
卜	점 복	卜	2	涉	건널 섭	水	10	餓	주릴 아	食	16	嗚	탄식할 오	口	13
蜂	벌 봉	虫	13	攝	잡을 섭	手	21	岳	큰산 악	山	8	傲	거만할 오	人	13
赴	다다를 부	走	9	召	부를 소	口	5	雁	기러기 안	隹	12	翁	늙은이 옹	羽	10
墳	무덤 분	土	15	昭	밝을 소	日	9	謁	아뢸 알	言	16	擁	안을 옹	手	16
朋	벗 붕	月	8	蔬	나물 소	++	15	押	누를 압	手	8	臥	누울 와	臣	8
崩	무너질 붕	山	11	騷	떠들 소	馬	20	殃	재앙 앙	歹	9	曰	가로 왈	曰	4
賓	손 빈	貝	14	粟	조 속	米	12	涯	물가 애	水	11	畏	두려울 외	田	9
頻	자주 빈	頁	16	誦	욀 송	言	14	厄	재앙 액	厂	4	腰	허리 요	肉	13
聘	부를 빙	耳	13	囚	가둘 수	口	5	也	어조사 야	乙	3	搖	흔들 요	手	13
巳	뱀 사	己	3	睡	졸 수	目	13	耶	어조사 야	耳	9	遙	멀 요	辶	14
似	닮을 사	人	7	須	모름지기 수	頁	12	躍	뛸 약	足	21	庸	떳떳할 용	广	11
捨	버릴 사	手	11	遂	이룰 수	辶	13	楊	버들 양	木	13	又	또 우	又	2

한자	뜻	음	부수	획수
于	어조사	우	二	3
尤	더욱	우	尤	4
云	이를	운	二	4
違	어긋날	위	辶	13
緯	줄	위	糸	15
哉	어조사	재	口	9
滴	물방울	적	水	14
竊	훔칠	절	穴	22
蝶	나비	접	虫	15
訂	고칠	정	言	9
添	더할	첨	水	11
妾	첩	첩	女	8
晴	갤	청	日	12
逮	잡을	체	辶	12
替	바꿀	체	日	12
罷	그만둘	파	网	15
播	뿌릴	파	手	15
把	잡을	파	手	7
販	팔	판	貝	11
貝	조개	패	貝	7
酉	닭	유	酉	7
唯	오직	유	口	11
惟	생각할	유	心	11
愈	병나을	유	心	13
閏	윤달	윤	門	12
堤	둑	제	土	12
弔	조상할	조	弓	4
拙	못날	졸	手	8
佐	도울	좌	人	7
舟	배	주	舟	6
遞	전할	체	辶	14
抄	베낄	초	手	7
秒	분초	초	禾	9
燭	촛불	촉	火	17
聰	귀밝을	총	耳	17
遍	두루	편	辶	13
蔽	가릴	폐	++	16
幣	화폐	폐	巾	15
抱	안을	포	手	8
飽	배부를	포	食	14
吟	읊을	음	口	7
泣	울	읍	水	8
凝	엉길	응	冫	16
矣	어조사	의	矢	7
宜	마땅할	의	宀	8
俊	준걸	준	人	9
遵	좇을	준	辶	16
贈	줄	증	貝	19
只	다만	지	口	5
遲	늦을	지	辶	16
抽	뽑을	추	手	8
醜	추할	추	酉	17
丑	소	축	一	4
逐	쫓을	축	辶	11
臭	냄새	취	自	10
幅	폭	폭	巾	12
漂	떠다닐	표	水	14
匹	짝	필	匚	4
旱	가물	한	日	7
咸	다	함	口	9
而	말이을	이	而	6
夷	오랑캐	이	大	6
姻	혼인	인	女	9
寅	범	인	宀	11
恣	방자할	자	心	10
姪	조카	질	女	9
懲	혼낼	징	心	19
且	또	차	一	5
捉	잡을	착	手	10
慘	참혹할	참	心	14
枕	베개	침	木	8
妥	어루만질	타	女	7
墮	떨어질	타	土	15
托	맡길	탁	手	6
濁	흐릴	탁	水	16
巷	거리	항	己	9
亥	돼지	해	亠	6
該	해당할	해	言	13
奚	어찌	해	大	10
享	누릴	향	亠	8
玆	이	자	玄	10
酌	술따를	작	酉	10
爵	벼슬	작	爪	18
墻	담	장	土	16
宰	재상	재	宀	10
慙	부끄러울	참	心	15
暢	화창할	창	日	14
斥	물리칠	척	斤	5
薦	천거할	천	++	17
尖	뾰족할	첨	小	6
濯	씻을	탁	水	17
誕	태어날	탄	言	14
貪	탐할	탐	貝	11
怠	게으를	타	心	9
頗	치우칠	파	頁	14
軒	집	헌	車	10
絃	줄	현	糸	11
縣	고을	현	糸	16
嫌	싫어할	혐	女	13
亨	형통할	형	亠	7

螢	반딧불	형	虫	16		昏	어두울	혼	日	8		擴	넓힐	확	手	18		輝	빛날	휘	車	15
兮	어조사	혜	八	4		弘	넓을	홍	弓	5		丸	둥글	환	丶	3		携	이끌	휴	手	13
互	서로	호	二	4		鴻	기러기	홍	鳥	17		曉	새벽	효	日	16						
乎	어조사	호	丿	5		禾	벼	화	禾	5		侯	제후	후	人	9						
毫	터럭	호	毛	11		穫	거둘	확	禾	19		毁	헐	훼	殳	13						

2급 배정 538字의 훈·음·부수·획수

● 일반 한자 188자

葛	칡	갈	++13	尼	여승	니	尸5	痲	저릴	마	疒13	膚	살갗	부	肉15
憾	섭섭할	감	心16	溺	빠질	닉	水13	膜	꺼풀	막	肉15	數	펼	부	攵15
坑	구덩이	갱	土7	鍛	쇠불릴	단	金17	娩	낳을	만	女10	弗	아닐	불	弓5
揭	들	게	手12	潭	못	담	水15	灣	물굽이	만	水25	匪	도적	비	匚10
憩	쉴	게	心12	膽	쓸개	담	肉17	蠻	오랑캐	만	虫25	唆	부추길	사	口10
雇	품살	고	隹16	垈	집터	대	土8	網	그물	망	糸14	赦	용서할	사	赤11
戈	창	과	戈4	戴	일	대	戈17	魅	홀릴	매	鬼15	飼	기를	사	食14
瓜	오이	과	爪5	悼	슬퍼할	도	心11	枚	낱	매	木8	傘	우산	산	人12
菓	과자	과	++12	桐	오동나무	동	木10	蔑	멸시할	멸	++15	酸	실	산	酉14
款	조목	관	欠12	棟	큰집	동	木12	矛	창	모	矛6	蔘	인삼	삼	++15
傀	허수아비	괴	人12	謄	베낄	등	言17	帽	모자	모	巾12	揷	꽂을	삽	手12
絞	목맬	교	糸12	藤	등나무	등	++19	沐	머리감을	목	水7	箱	상자	상	竹14
僑	붙어살	교	人14	裸	벗을	라	衣13	紊	어지러울	문	糸10	瑞	상서로울	서	玉13
膠	아교	교	肉15	洛	물이름	락	水9	舶	큰배	박	舟11	碩	클	석	石14
購	살	구	貝17	爛	빛날	란	火21	搬	운반할	반	手13	繕	고칠	선	糸18
歐	토할	구	欠15	藍	쪽	람	++18	紡	실뽑을	방	糸10	纖	가늘	섬	糸23
鷗	갈매기	구	鳥22	拉	납치할	랍	手8	賠	물어줄	배	貝15	貰	세놓을	세	貝12
掘	팔	굴	手11	輛	수레	량	車15	俳	배우	배	人10	紹	소개할	소	糸11
窟	굴	굴	穴13	煉	달굴	련	火13	柏	잣나무	배	木9	盾	방패	순	目9
圈	둘레	권	口11	籠	바구니	롱	竹22	閥	문벌	벌	門14	升	오를	승	十4
闕	대궐	궐	門18	療	병고칠	료	疒17	氾	넓을	범	水6	屍	주검	시	尸9
閨	규수	규	門14	硫	유황	류	石12	僻	후미질	벽	人15	殖	불릴	식	歹12
棋	바둑	기	木12	謬	그르칠	류	言18	倂	아우를	병	人10	紳	큰띠	신	糸11
濃	짙을	농	水16	摩	문지를	마	手15	俸	녹	봉	人10	腎	콩팥	신	肉12
尿	오줌	뇨	尸7	魔	마귀	마	鬼21	縫	꿰맬	봉	糸17	握	쥘	악	手12

癌	암	암 疒17	諮	물을	자 言16	餐	밥	찬 食16	霸	으뜸	패 雨19
碍	막을	애 石13	雌	암컷	자 隹13	札	패	찰 木5	坪	평지	평 土8
惹	이끌	야 心13	蠶	누에	잠 虫24	刹	절	찰 刀8	怖	두려울	포 心8
孃	아가씨	양 女20	沮	막을	저 水8	斬	벨	참 斤11	抛	던질	포 手8
硯	벼루	연 石12	呈	드릴	정 口7	滄	물푸를	창 水13	鋪	가게	포 金15
厭	싫어할	염 厂14	艇	거룻배	정 舟13	彰	드러날	창 彡14	虐	모질	학 虍9
預	맡길	예 頁13	偵	염탐할	정 人11	悽	슬퍼할	처 心11	翰	편지	한 羽16
梧	오동나무	오 木11	劑	약지을	제 刀16	隻	외짝	척 隹10	艦	싸움배	함 舟20
穩	편안할	온 禾19	措	둘	조 手11	撤	거둘	철 手15	弦	활시위	현 弓8
歪	비뚤	왜 止9	釣	낚시	조 金11	諜	염탐할	첩 言16	峽	골짜기	협 山10
妖	요사할	요 女7	彫	새길	조 彡11	締	맺을	체 糸15	型	틀	형 土9
傭	품팔	용 人13	綜	모을	종 糸14	哨	망볼	초 口10	濠	해자	호 水17
熔	녹을	용 火14	駐	머무를	주 馬15	焦	그을릴	초 火12	酷	심할	혹 酉14
鬱	답답할	울 鬯29	准	승인할	준 冫10	趨	달릴	추 走17	靴	가죽신	화 革13
苑	동산	원 艹9	旨	뜻	지 日6	軸	굴대	축 車12	幻	허깨비	환 幺4
尉	벼슬	위 寸11	脂	기름	지 肉10	蹴	찰	축 足19	滑	미끄러울	활 水13
融	녹을	융 虫16	津	나루	진 水9	衷	속마음	충 衣10	廻	빙돌	회 廴9
貳	두	이 貝12	診	진찰할	진 言12	炊	불땔	취 火8	喉	목구멍	후 口12
刃	칼날	인 刀3	塵	티끌	진 土14	託	부탁할	탁 言10	勳	공	훈 力16
壹	한	일 士12	窒	막힐	질 穴11	琢	쫄	탁 玉12	熙	빛날	희 火13
妊	아이밸	임 女7	輯	모을	집 車16	胎	아이밸	태 肉9	憶	탄식할	희 口16
磁	자석	자 石14	遮	막을	차 辶15	颱	태풍	태 風14	姬	예쁜여자	희 女9

● 인명 · 지명 350자

한자	뜻	음	부수·획	한자	뜻	음	부수·획	한자	뜻	음	부수·획	한자	뜻	음	부수·획
伽	절	가	人7	璟	옥빛	경	玉16	麒	기린	기	鹿19	魯	노나라	로	魚15
柯	가지	가	木9	瓊	구슬	경	玉19	沂	물이름	기	水7	盧	성	로	皿16
軻	수레	가	車12	皐	언덕	고	白11	驥	천리마	기	馬27	蘆	갈대	로	艹20
賈	성	가	貝13	串	꿸	관	丨7	湍	여울	단	水12	鷺	해오라기	로	鳥23
迦	부처이름	가	辶9	琯	옥피리	관	玉12	塘	못	당	土13	遼	멀	료	辶16
珏	쌍옥	각	玉9	槐	회화나무	괴	木14	悳	큰	덕	心12	劉	죽일	류	刀15
杆	몽둥이	간	木7	邱	언덕	구	邑8	燾	비칠	도	火18	崙	산이름	륜	山11
艮	볼	간	艮6	玖	옥돌	구	玉7	惇	도타울	돈	心11	楞	네모질	릉	木13
鞨	말갈족	갈	革18	鞫	성	국	革17	燉	불빛	돈	火16	麟	기린	린	鹿23
邯	이름	감	邑8	圭	쌍토	규	土6	頓	조아릴	돈	頁13	靺	말갈족	말	革14
岬	곶	갑	山8	奎	별	규	大9	乭	이름	돌	乙6	貊	종족이름	맥	豸13
鉀	갑옷	갑	金13	揆	헤아릴	규	手12	董	간직할	동	艹13	覓	찾을	멱	見11
姜	성	강	女9	珪	홀	규	玉10	杜	막을	두	木7	冕	면류관	면	冂11
彊	굳셀	강	弓16	槿	무궁화	근	木15	鄧	성	등	邑15	沔	물이름	면	水7
疆	지경	강	田19	瑾	옥	근	玉15	萊	명아주	래	艹12	勉	힘쓸	면	人9
岡	산등성이	강	山8	兢	떨릴	긍	儿14	亮	밝을	량	亠9	牟	성	모	牛6
崗	언덕	강	山11	冀	바랄	기	八16	樑	들보	량	木15	茅	띠	모	艹9
价	클	개	人6	岐	갈림길	기	山7	呂	성	려	口7	謨	꾀	모	言18
塏	높은땅	개	土13	淇	물이름	기	水11	廬	농막집	려	广19	穆	화목할	목	禾16
鍵	열쇠	건	金17	琦	옥이름	기	玉12	驪	검은말	려	馬29	昴	별이름	묘	日9
杰	뛰어날	걸	木8	琪	예쁜옥	기	玉12	礪	숫돌	려	石20	汶	물이름	문	水7
桀	이름	걸	木10	璣	구슬	기	玉16	漣	잔물결	련	水14	彌	넓을	미	弓17
甄	질그릇	견	瓦14	箕	키	기	竹14	濂	물이름	렴	水16	旻	하늘	민	日8
炅	빛날	경	火8	耆	늙은이	기	耂10	玲	옥소리	령	玉9	旼	화할	민	日8
儆	경계할	경	人15	騏	준마	기	馬18	醴	단술	례	酉20	玟	옥돌	민	玉8

珉 예쁜돌 민 玉 9	傅 스승 부 人 12	邵 땅이름 소 邑 8	衍 넓을 연 行 9	
閔 성 민 門 12	芬 향기 분 ++8	宋 송나라 송 宀 7	閻 마을 염 門 16	
磻 반계 반 石 17	鵬 새 붕 鳥 19	洙 물가 수 水 9	燁 빛날 엽 火 16	
潘 뜨물 반 水 15	丕 클 비 一 5	銖 저울눈 수 金 14	暎 비칠 영 日 13	
鉢 바리때 발 金 13	毘 도울 비 比 9	隋 수나라 수 阜 12	瑛 옥빛 영 玉 13	
渤 바다이름 발 水 12	毖 삼갈 비 比 9	洵 진실로 순 水 9	盈 찰 영 皿 9	
旁 곁 방 方 10	彬 빛날 빈 彡 11	淳 순박할 순 水 11	瑩 옥돌 영 玉 15	
龐 클 방 龍 19	泗 물이름 사 水 8	珣 옥이름 순 玉 10	芮 성 예 ++8	
裵 성 배 衣 14	庠 학교 상 广 9	舜 순임금 순 舜 12	睿 슬기 예 目 14	
筏 뗏목 벌 竹 12	舒 펼 서 舌 12	荀 풀이름 순 ++10	濊 물깊을 예 水 16	
范 성 범 ++9	奭 쌍백 석 大 15	瑟 거문고 슬 玉 13	吳 오나라 오 口 7	
卞 성 변 卜 4	晳 밝을 석 日 12	繩 노끈 승 糸 19	塢 물가 오 土 16	
弁 고깔 변 廾 5	錫 주석 석 金 16	柴 섶 시 木 9	沃 기름질 옥 水 7	
昞 밝을 병 日 9	瑄 도리옥 선 玉 13	湜 물맑을 식 水 12	鈺 보배 옥 金 13	
昺 밝을 병 日 9	璇 옥 선 玉 15	軾 가로나무 식 車 13	邕 막힐 옹 邑 10	
柄 자루 병 木 9	璿 옥 선 玉 18	瀋 물이름 심 水 18	雍 화할 옹 隹 13	
炳 빛날 병 火 9	卨 이름 설 卜 11	閼 막을 알 門 16	甕 독 옹 瓦 18	
秉 잡을 병 禾 8	薛 대쑥 설 ++17	鴨 오리 압 鳥 16	莞 왕골 완 ++11	
甫 클 보 用 7	陝 땅이름 섬 阜 10	埃 티끌 애 土 10	旺 왕성할 왕 日 8	
潽 물이름 보 水 15	蟾 두꺼비 섬 虫 19	艾 쑥 애 ++6	汪 넓을 왕 水 7	
輔 도울 보 車 14	暹 해돋을 섬 日 16	倻 가야 야 人 11	倭 왜나라 왜 人 10	
馥 향기 복 香 18	燮 불꽃 섭 火 17	襄 도울 양 衣 17	堯 요임금 요 土 12	
蓬 쑥 봉 ++15	晟 밝을 성 日 11	彦 선비 언 彡 9	姚 예쁠 요 女 9	
阜 언덕 부 阜 8	巢 새집 소 川 11	姸 고울 연 女 9	耀 빛날 요 羽 20	
釜 가마 부 金 10	沼 못 소 水 8	淵 못 연 水 12	溶 녹을 용 水 13	

瑢	패옥소리	용	玉	14	尹	다스릴	윤	尸	4	禎	상서로울	정	示	14
鎔	쇠녹일	용	++	11	胤	뒤이을	윤	肉	9	鼎	솥	정	鼎	13
鏞	쇠북	용	金	19	鈗	병기	윤	金	12	趙	나라	조	走	14
佑	도울	우	人	7	殷	은나라	은	殳	10	曹	성	조	曰	10
祐	복	우	示	10	垠	지경	은	土	9	祚	복	조	示	10
禹	성	우	内	9	誾	향기	은	言	15	琮	서옥	종	玉	12
旭	아침해	욱	日	6	鷹	매	응	鳥	24	疇	밭이랑	주	田	19
頊	삼갈	욱	頁	13	伊	저	이	人	6	埈	높을	준	土	10
昱	해밝을	욱	日	9	珥	귀걸이	이	玉	10	峻	험준할	준	山	10
煜	빛날	욱	火	13	怡	기쁠	이	心	8	晙	밝을	준	日	11
郁	성할	욱	邑	9	翊	도울	익	羽	11	浚	칠	준	水	10
芸	향풀	운	++	8	鎰	무게이름	일	金	18	濬	깊을	준	水	17
蔚	고을이름	울	++	15	佾	춤	일	人	8	駿	준마	준	馬	17
熊	곰	웅	火	14	滋	불을	자	水	12	址	터	지	土	7
媛	예쁜여자	원	女	12	庄	전장	장	广	6	芝	지초	지	++	8
瑗	구슬	원	玉	13	獐	노루	장	犬	14	稙	올벼	직	禾	13
袁	옷길	원	衣	10	璋	반쪽홀	장	玉	15	稷	피	직	禾	15
渭	물이름	위	水	12	蔣	성	장	++	15	秦	진나라	진	禾	10
韋	가죽	위	韋	9	甸	경기	전	田	7	晋	나라	진	日	10
魏	위나라	위	鬼	18	鄭	나라	정	邑	15	燦	빛날	찬	火	17
庾	곳집	유	广	12	晶	맑을	정	日	12	鑽	뚫을	찬	金	27
俞	성	유	入	9	珽	옥이를	정	玉	11	璨	옥빛	찬	玉	17
楡	느릅나무	유	木	13	旌	기	정	方	11	瓚	제기	찬	玉	23
踰	넘을	유	足	16	楨	광나무	정	木	13	敞	시원할	창	攵	12
允	맏	윤	儿	4	汀	물가	정	水	5	昶	해길	창	日	9

采	풍채	채	采	8
埰	사패지	채	土	11
蔡	성	채	++	15
陟	오를	척	阜	10
釧	팔찌	천	金	11
喆	밝을	철	口	12
澈	맑을	철	水	15
瞻	볼	첨	目	18
楚	초나라	초	木	13
蜀	촉나라	촉	虫	13
崔	성	최	山	11
楸	가래	추	木	13
鄒	추나라	추	邑	13
椿	참죽나무	춘	木	13
沖	화할	충	水	6
聚	모을	취	耳	14
峙	언덕	치	山	9
雉	꿩	치	隹	13
灘	여울	탄	水	22
耽	즐길	탐	耳	10
兌	바꿀	태	儿	7
台	별	태	口	5
坡	언덕	파	土	8
阪	언덕	판	阜	7
彭	성	팽	彡	12

扁	작을	편	戶 9	峴	고개	현	山 10	鎬	호경	호	金 18	壎	질나팔	훈	土 17
葡	포도	포	⺿ 13	炫	밝을	현	火 9	祜	복	호	示 10	薰	향풀	훈	⺿ 18
鮑	물고기	포	魚 16	鉉	솥귀	현	金 13	泓	물깊을	홍	水 8	徽	아름다울	휘	彳 17
杓	자루	표	木 7	瀅	물맑을	형	水 18	嬅	탐스러울	화	女 15	烋	아름다울	휴	火 10
馮	성	풍	馬 12	炯	빛날	형	火 9	樺	자작나무	화	木 16	匈	오랑캐	흉	勹 6
弼	도울	필	弓 12	邢	성	형	邑 7	桓	굳셀	환	木 10	欽	공경할	흠	欠 12
泌	흐를	필	水 8	馨	향기	형	香 20	煥	빛날	환	火 13	嬉	아름다울	희	女 15
陜	땅이름	합	阜 10	昊	하늘	호	日 8	晃	밝을	황	日 10	熹	빛날	희	火 16
亢	높을	항	亠 4	晧	밝을	호	日 11	滉	깊을	황	水 13	憙	기뻐할	희	心 16
沆	넓을	항	水 7	皓	흴	호	白 12	檜	전나무	회	木 17	禧	복	희	示 17
杏	살구	행	木 7	澔	넓을	호	水 15	淮	물이름	회	水 11	羲	이름	희	羊 16
赫	빛날	혁	赤 14	壕	해자	호	土 17	后	임금	후	口 6				
爀	불빛	혁	火 18	扈	따를	호	戶 11	熏	불길	훈	火 14				

1급 배정 1,145字의 훈·음·부수·획수

1급 3,500 = 1급(1,145), 2급(538), 3급(1,817)

字	훈	음	부수	획	字	훈	음	부수	획	字	훈	음	부수	획	字	훈	음	부수	획
哥	부를	가	口	10	紺	감색	감	糸	11	膈	흉격	격	肉	14	昆	맏	곤	日	8
呵	꾸짖을	가	口	8	瞰	내려다볼	감	目	17	譴	꾸짖을	견	言	21	棍	몽둥이	곤	木	12
苛	가혹할	가	++	9	匣	상자	갑	匚	7	鵑	두견새	견	鳥	18	袞	곤룡포	곤	衣	11
嘉	아름다울	가	口	14	閘	수문	갑	門	13	繭	고치	견	糸	19	汩	빠질	골	水	11
嫁	시집갈	가	女	13	慷	슬플	강	心	14	憬	동경할	경	心	15	拱	팔짱낄	공	手	9
稼	일할	가	禾	15	糠	쌀겨	강	米	17	鯨	고래	경	魚	19	鞏	굳을	공	革	15
袈	가사	가	衣	11	腔	빈속	강	肉	12	梗	굳을	경	木	11	顆	낱알	과	頁	17
駕	멍에	가	馬	15	薑	생강	강	++	17	磬	경쇠	경	石	16	廓	둘레	곽	广	14
恪	삼갈	각	心	9	箇	낱	개	竹	14	莖	줄기	경	++	11	槨	덧널	곽	木	15
殼	껍질	각	殳	12	凱	이길	개	几	12	頸	목	경	頁	16	藿	콩잎	곽	++	20
奸	간사할	간	女	6	愾	성낼	개	心	13	脛	정강이	경	肉	11	灌	물댈	관	水	21
竿	장대	간	竹	9	漑	물댈	개	水	14	勁	굳셀	경	力	9	棺	널	관	木	12
墾	개간할	간	土	16	芥	겨자	개	++	8	悸	두근거릴	계	心	11	刮	비빌	괄	刀	8
艱	어려울	간	艮	17	羹	국	갱	羊	19	呱	울	고	口	8	括	묶을	괄	手	9
諫	간할	간	言	16	渠	개천	거	水	12	拷	때릴	고	手	9	匡	바로잡을	광	匚	6
揀	가릴	간	手	12	倨	거만할	거	人	10	敲	두드릴	고	支	14	壙	구덩이	광	土	18
澗	산골물	간	水	16	醵	추렴할	거	酉	20	叩	조아릴	고	口	5	曠	넓을	광	日	19
癎	간질	간	疒	17	巾	수건	건	巾	3	辜	허물	고	辛	12	胱	방광	광	肉	10
竭	다할	간	立	14	腱	힘줄	건	肉	13	痼	고질병	고	疒	13	卦	점괘	괘	卜	8
喝	외칠	간	口	12	虔	정성	건	虍	13	錮	땜질할	고	金	16	罫	줄	괘	网	13
褐	굵은베	갈	衣	14	劫	위협할	겁	力	7	股	넓적다리	고	肉	8	乖	어그러질	괴	丿	8
勘	헤아릴	감	力	11	怯	겁낼	겁	心	8	膏	기름	고	肉	14	拐	속일	괴	手	8
堪	견딜	감	土	12	偈	불교글	게	人	11	袴	바지	고	衣	11	魁	우두머리	괴	鬼	14
柑	귤나무	감	木	9	覡	남자무당	격	見	14	鵠	고니	곡	鳥	18	轟	수레소리	굉	車	21
疳	감질	감	疒	10	檄	격문	격	木	17	梏	수갑	곡	木	11	宏	클	굉	宀	7

한자	뜻	음	부수·획	한자	뜻	음	부수·획	한자	뜻	음	부수·획	한자	뜻	음	부수·획
肱	팔뚝	굉	肉8	矩	곱자	구	矢10	棘	가시나무	극	木12	懦	나약할	나	心17
喬	높을	교	口12	廐	마구간	구	广14	隙	틈	극	阜13	挐	잡을	나	手9
嬌	아리따울	교	女12	臼	절구	구	臼6	覲	뵐	근	見18	拿	붙잡을	나	手10
轎	가마	교	車19	舅	시아비	구	臼13	饉	흉년들	근	食20	煖	따뜻할	난	火13
驕	교만할	교	馬22	衢	거리	구	行24	衾	이불	금	衣10	捏	반죽할	날	手10
攪	흔들	교	手23	窘	막힐	군	穴12	擒	사로잡을	금	手16	捺	누를	날	手11
咬	새소리	교	口9	穹	하늘	궁	穴8	襟	옷깃	금	衣18	衲	장삼	납	衣9
狡	교활할	교	犬9	躬	몸	궁	身10	扱	다룰	급	手7	囊	주머니	낭	口22
皎	밝을	교	白11	倦	게으를	권	人10	汲	물길을	급	水7	涅	개흙	녈	水10
蛟	이무기	교	虫12	眷	돌볼	권	目11	矜	자랑할	긍	矛9	弩	쇠뇌	노	弓8
仇	원수	구	人4	捲	말	권	手11	亘	뻗칠	긍	二6	駑	둔한말	노	馬15
鳩	비둘기	구	鳥13	顴	광대뼈	관	頁27	嗜	즐길	기	口13	膿	고름	농	肉17
枸	구기자	구	木9	蹶	넘어질	궐	足19	伎	재주	기	人6	訥	말더듬을	눌	言11
駒	망아지	구	馬15	几	안석	궤	几2	妓	기생	기	女7	紐	끈	뉴	糸10
鈎	갈고리	구	金13	机	책상	궤	木6	朞	돌	기	月12	匿	숨을	닉	匚11
嘔	토할	구	口14	櫃	함	궤	木18	杞	나무이름	기	木7	簞	광주리	단	竹18
嶇	험할	구	山14	潰	무너질	궤	水15	崎	험할	기	山11	緞	비단	단	糸15
毆	때릴	구	殳15	詭	속일	궤	言13	綺	비단	기	糸14	蛋	새알	단	虫11
謳	노래할	구	言18	硅	규소	소	石11	畸	뙈기밭	기	田13	撻	매질할	달	手16
軀	몸	구	身18	逵	큰길	규	辶12	羈	굴레	기	网24	疸	황달	달	疒10
垢	때	구	土9	窺	엿볼	규	穴16	肌	살	기	肉6	痰	가래	담	疒13
寇	도둑	구	宀11	葵	해바라기	규	++13	譏	나무랄	기	言19	憺	참담할	담	心16
樞	널	구	木9	橘	굴나무	귤	木16	拮	일할	길	手9	澹	담박할	담	水16
灸	뜸질할	구	火7	剋	이길	극	刀9	喫	마실	끽	口12	譚	이야기	담	言16
溝	도랑	구	水13	戟	창	극	戈12	儺	푸닥거리	나	人21	曇	흐릴	담	日16

遝	몰릴	답	辶	14	胴	몸통	동	肉	10	戾	돌아올	려	戶	8	寮	동관	료	宀	15
撞	칠	당	手	15	兜	투구	두/도	儿	11	濾	거를	려	水	18	燎	불놓을	료	火	16
棠	아가위	당	木	12	痘	천연두	두	疒	12	黎	검을	려	黍	15	瞭	밝을	료	目	17
螳	사마귀	당	虫	17	臀	볼기	둔	肉	17	瀝	물방울틸	력	水	19	寥	쓸쓸할	료	宀	14
擡	들	대	手	17	遁	달아날	둔	辶	13	礫	조약돌	력	石	20	聊	귀울릴	료	耳	11
袋	자루	대	衣	11	橙	등재나무	등	木	16	輦	가마	련	車	15	陋	좁을	루	阜	9
掉	흔들	도	手	11	懶	게으를	라	心	19	斂	거둘	렴	攵	17	壘	보루	루	土	18
堵	담	도	土	12	癩	문둥병	라	疒	21	殮	염할	렴	歹	17	溜	물방울	류	水	13
屠	죽일	도	尸	12	邏	돌	라	辶	23	簾	발	렴	竹	19	瘤	혹	류	疒	15
睹	볼	도	目	14	螺	소라	라	虫	17	囹	감옥	령	口	8	琉	유리	류	玉	10
賭	내기걸	도	貝	16	烙	지질	락	火	10	鈴	방울	령	金	13	戮	죽일	륙	戈	15
搗	찧을	도	手	13	酪	쇠젖	락	酉	13	齡	나이	령	齒	20	淪	빠질	륜	水	11
淘	일어낼	도	水	11	駱	낙타	락	馬	16	逞	멋대로할	령	辶	11	綸	다스릴	륜	糸	14
萄	포도	도	艹	12	鸞	난새	란	鳥	30	撈	건질	로	手	15	慄	떨릴	률	心	13
滔	물넘칠	도	水	13	瀾	물결	란	水	20	擄	노략질할	로	手	16	肋	갈비	륵	肉	6
蹈	밟을	도	足	17	剌	어그러질	랄	刀	9	虜	포로	로	虍	12	勒	굴레	륵	力	11
濤	물결	도	水	17	辣	매울	랄	辛	14	碌	푸른돌	록	石	13	凜	늠름할	름	冫	15
禱	빌	도	示	19	籃	바구니	람	竹	20	麓	산기슭	록	鹿	19	凌	업신여길	릉	冫	10
鍍	도금할	도	金	17	臘	섣달	랍	肉	19	壟	언덕	롱	土	19	稜	모서리	릉	禾	13
瀆	더럽힐	독	水	18	蠟	밀	랍	虫	21	聾	귀머거리	롱	耳	22	綾	비단	릉	糸	14
禿	대머리	독	禾	7	狼	이리	랑	犬	10	瓏	옥소리	롱	玉	20	菱	마름꽃	릉	艹	12
沌	어두울	돈	水	7	倆	재주	량	人	10	磊	돌무더기	뢰	石	15	俚	속될	리	人	9
憧	그리워할	동	心	15	粱	기장	량	米	13	牢	우리	뢰	牛	7	釐	거리단위	리	里	18
瞳	눈동자	동	目	17	侶	짝	려	人	9	傀	꼭두각시	뢰	人	17	裡	속	리	衣	12
疼	아플	동	疒	10	閭	마을	려	門	15	賂	뇌물	뢰	貝	13	悧	영리할	리	心	10

痢	설사	리	疒	10	寐	잠잘	매	宀	12	畝	이랑	묘	田	10	礬	명반	반	石	20
籬	울타리	리	竹	25	煤	그을음	매	火	13	毋	말	무	毋	4	斑	얼룩	반	文	12
罹	걸릴	리	网	16	罵	욕할	매	网	15	拇	엄지	무	手	8	蟠	몸서릴	반	虫	18
吝	아낄	린	口	7	邁	나아갈	매	辶	17	巫	무당	무	工	7	拌	버릴	반	手	8
鱗	비늘	린	魚	23	呆	어리석을	매	口	7	誣	무고할	무	言	14	畔	밭두둑	반	田	10
燐	도깨비불	린	火	16	萌	싹	맹	++	12	憮	멍할	무	心	15	絆	얽을	반	糸	11
躙	짓밟을	린	足	27	棉	목화	면	木	12	撫	어루만질	무	手	15	頒	널리펼	반	頁	13
淋	임질	림	水	11	眄	곁눈질	면	目	9	蕪	거칠	무	++	16	槃	소반	반	木	14
笠	삿갓	립	竹	11	緬	가는실	면	糸	15	蚊	모기	문	虫	10	勃	발끈할	발	力	9
粒	알갱이	립	米	11	麵	밀가루	면	麥	15	媚	아첨할	미	女	12	潑	활발할	발	水	15
寞	쓸쓸할	막	宀	14	酩	술취할	명	酉	13	薇	장미	미	++	17	撥	퉁길	발	手	15
卍	만자	만	十	6	皿	그릇	명	皿	5	靡	쓰러질	미	非	19	醱	술익을	발	酉	19
彎	굽을	만	弓	22	溟	바다	명	水	13	悶	번민할	민	心	12	跋	밟을	발	足	12
挽	당길	만	手	10	暝	어두울	명	日	14	謐	고요할	밀	言	17	魃	가물귀신	발	鬼	15
輓	끌	만	車	14	螟	마디충	명	虫	16	剝	벗길	박	刀	10	尨	삽살개	방	尢	7
瞞	속일	만	目	16	袂	소매	몌	衣	9	撲	때릴	박	手	15	幇	도울	방	巾	12
饅	만두	만	食	20	摸	찾을	모	手	14	樸	순박할	박	木	16	坊	동네	방	土	7
鰻	뱀장어	만	魚	22	模	모호할	모	米	17	珀	호박	박	玉	9	彷	방황할	방	彳	7
蔓	덩굴	만	++	15	牡	수컷	모	牛	7	箔	금박	박	竹	14	枋	박달나무	방	木	8
抹	지울	말	手	8	耗	줄어들	모	耒	10	粕	지게미	박	米	11	昉	밝을	방	日	8
沫	거품	말	水	8	歿	죽을	몰	歹	8	搏	칠	박	手	13	肪	기름	방	肉	8
襪	버선	말	衣	20	描	그릴	묘	手	12	縛	묶을	박	糸	16	榜	방붙일	방	木	14
芒	까끄라기	망	++	7	猫	고양이	묘	犬	12	膊	어깨	박	肉	14	膀	오줌통	방	肉	14
忙	멍할	망	心	11	杳	어두울	묘	木	8	駁	논박할	박	馬	14	謗	헐뜯을	방	言	17
昧	어두울	매	日	9	渺	아득할	묘	水	12	攀	잡을	반	手	19	徘	배회할	배	彳	11

漢字	뜻	음	部首	획	漢字	뜻	음	部首	획	漢字	뜻	음	部首	획	漢字	뜻	음	部首	획
湃	물결칠	배	水	12	輻	바퀴살	복	車	16	彿	비슷할	불	彳	8	嬪	궁녀	빈	女	17
胚	아이밸	배	肉	9	鰒	전복	복	魚	20	棚	선반	붕	木	12	殯	빈소	빈	歹	18
陪	모실	배	阜	11	捧	받들	봉	手	11	硼	붕산	붕	石	13	濱	물가	빈	水	17
帛	비단	백	巾	8	棒	몽둥이	봉	木	12	繃	묶을	붕	糸	17	憑	기댈	빙	心	16
魄	넋	백	鬼	15	烽	봉화	봉	火	11	憊	고달플	비	心	16	蓑	도롱이	사	++	14
蕃	우거질	번	++	16	鋒	칼끝	봉	金	15	妣	죽은에미	비	女	7	些	적을	사	二	7
藩	울타리	번	++	19	俯	굽어볼	부	人	10	匕	비수	비	匕	2	嗣	대이을	사	口	13
帆	돛	범	巾	6	咐	분부할	부	口	8	庇	덮을	비	广	7	祠	사당	사	示	10
梵	범어	범	木	11	腑	오장육부	부	肉	12	琵	비파	비	玉	12	奢	사치할	사	大	12
氾	넘칠	범	水	5	駙	곁말	부	馬	15	砒	비상	비	石	9	娑	춤출	사	女	10
泛	뜰	범	水	8	剖	쪼갤	부	刀	10	秕	쭉정이	비	禾	9	紗	비단	사	糸	10
劈	쪼갤	벽	刀	15	埠	부두	부	土	11	沸	끓을	비	水	8	徙	옮길	사	彳	11
擘	엄지	벽	手	17	孵	알깔	부	子	14	扉	문짝	비	戶	12	瀉	쏟을	사	水	18
璧	옥	벽	玉	18	斧	도끼	부	斤	8	緋	비단	비	糸	14	獅	사자	사	犬	13
癖	버릇	벽	疒	18	芙	연꽃	부	++	8	蜚	날	비	虫	14	麝	사향노루	사	鹿	21
闢	열	벽	門	21	訃	부고	부	言	9	誹	비방할	비	言	15	刪	깎을	산	刀	7
瞥	언뜻볼	별	目	17	賻	부의	부	貝	17	翡	물총새	비	羽	14	珊	산호	산	玉	9
鱉	자라	별	黽	25	噴	뿜을	분	口	15	臂	팔	비	肉	17	疝	산증	산	疒	8
瓶	병	병	瓦	11	吩	명령할	분	口	7	脾	지라	비	肉	12	撒	뿌릴	살	手	15
餅	떡	병	食	17	忿	성낼	분	心	8	痺	저릴	비	疒	13	煞	죽일	살	火	13
堡	작은성	보	土	12	扮	꾸밀	분	手	7	裨	도울	비	衣	13	薩	보살	살	++	18
洑	보	보	水	9	盆	동이	분	皿	9	譬	비유할	비	言	20	滲	스밀	삼	水	14
菩	보리수	보	++	12	雰	안개	분	雨	12	鄙	더러울	비	邑	14	澁	떫을	삽	水	15
僕	종	복	人	14	焚	불사를	분	火	12	嚬	찡그릴	빈	口	19	孀	과부	상	女	20
匐	길	복	勹	11	糞	똥	분	米	17	瀕	물가	빈	水	19	爽	시원할	상	爻	11

한자	훈	음	부수	획수	한자	훈	음	부수	획수	한자	훈	음	부수	획수	한자	훈	음	부수	획수
翔	날	상	羽	12	泄	샐	설	水	8	穗	이삭	수	禾	17	拭	닦을	식	手	9
觴	잔	상	角	18	渫	파낼	설	水	12	竪	더벅머리	수	立	13	熄	꺼질	식	火	14
璽	도장	새	玉	19	殲	다죽일	섬	歹	21	粹	순수할	수	米	14	蝕	좀먹을	식	虫	15
嗇	아낄	색	口	13	閃	번적할	섬	門	10	繡	수놓을	수	糸	18	呻	끙끙거릴	신	口	8
牲	희생	생	牛	9	醒	술깰	성	酉	16	羞	부끄울	수	羊	11	娠	아이밸	신	女	10
甥	남조카	생	生	12	塑	토우	소	土	13	蒐	모을	수	++	14	蜃	큰조개	신	虫	13
嶼	섬	서	山	17	遡	거스릴	소	辶	14	讎	원수	수	言	23	宸	대궐	신	宀	10
抒	끌어낼	서	手	7	宵	밤	소	宀	10	袖	소매	수	衣	10	燼	깜부기불	신	火	18
曙	새벽	서	日	18	逍	거닐	소	辶	11	酬	갚을	수	酉	13	薪	섶나무	신	++	17
藷	참마	서	++	18	疎	드물	소	疋	12	髓	골수	수	骨	23	訊	물을	신	言	10
棲	깃들	서	木	12	搔	긁을	소	手	13	塾	글방	숙	土	14	迅	빠를	신	辶	7
犀	무소	서	牛	12	瘙	종기	소	疒	15	夙	일찍	숙	夕	6	悉	다	실	心	11
胥	서로	서	肉	9	梳	빗	소	木	11	菽	콩	숙	++	12	俄	갑자기	아	人	9
壻	사위	서	土	12	甦	깨어날	소	生	12	筍	죽순	순	竹	12	訝	의심할	아	言	11
黍	기장	서	黍	12	簫	퉁소	소	竹	18	醇	진할술	순	酉	15	啞	벙어리	아	口	11
鼠	쥐	서	鼠	13	蕭	대쑥	소	++	16	馴	길들	순	馬	13	衙	관청	아	行	13
潟	개펄	석	水	15	贖	바꿀	속	貝	22	膝	무릎	슬	肉	15	顎	턱	악	頁	18
扇	부채	선	戶	10	遜	겸손할	손	辶	14	丞	도울	승	一	6	愕	놀랄	악	心	12
煽	부추길	선	火	14	悚	두려울	송	心	10	匙	숟가락	시	匕	11	堊	흰흙	악	土	11
羨	부러울	선	羊	13	灑	뿌릴	쇄	水	22	媤	시집	시	女	12	按	누를	안	手	9
膳	선물	선	肉	16	碎	부술	쇄	石	13	弑	죽일	시	弋	12	晏	늦을	안	日	10
腺	샘	선	肉	13	嫂	형수	수	女	13	柿	감나무	시	木	9	鞍	안장	안	革	15
銑	무쇠	선	金	14	瘦	수척할	수	疒	15	猜	시기할	시	犬	11	軋	삐걱거릴	알	車	8
屑	가루	설	尸	10	戍	지킬	수	戈	6	諡	시호	시	言	16	斡	돌	알	斗	14
渫	새어나갈	설	水	9	狩	사냥	수	犬	9	豺	승냥이	시	豸	10	庵	암자	암	广	11

闇	어두울 암	門 17	禦	막을 어	示 16	壅	막힐 옹	土 16	茸	무성할 용	++ 10
怏	원망할 앙	心 8	臆	가슴 억	肉 17	渦	소용돌이 와	水 12	蓉	연꽃 용	++ 14
秧	모 앙	禾 10	堰	방죽 언	土 12	蝸	달팽이 와	虫 15	涌	샘솟을 용	水 10
鴦	원앙 앙	鳥 16	諺	상말 언	言 16	訛	그릇될 와	言 11	踊	뛸 용	足 14
昻	오를 앙	日 8	儼	의젓할 엄	人 22	婉	순할 완	女 11	嵎	산굽이 우	山 12
曖	희미할 애	日 17	奄	문득 엄	大 8	宛	완연할 완	宀 8	寓	빗댈 우	宀 12
崖	벼랑 애	山 11	掩	가릴 엄	手 11	腕	팔 완	肉 12	隅	모퉁이 우	阜 12
隘	좁을 애	阜 13	繹	풀어낼 역	糸 19	玩	장난할 완	玉 8	虞	염려할 우	虍 13
靄	아지랑이 애	雨 24	捐	버릴 연	手 10	頑	완고할 완	頁 13	迂	멀 우	辶 7
扼	누를 액	手 7	椽	서까래 연	木 13	阮	성씨 완	阜 7	殞	죽을 운	歹 14
縊	목맬 액	糸 16	撚	비틀 연	手 15	枉	굽을 왕	木 8	隕	떨어질 운	阜 10
腋	겨드랑이 액	肉 12	鳶	솔개 연	鳥 14	矮	작을 왜	矢 13	耘	김맬 운	耒 10
櫻	앵두나무 앵	木 21	筵	자리 연	竹 13	猥	함부로 외	犬 12	冤	원통할 원	冖 10
鶯	꾀꼬리 앵	鳥 21	焰	불꽃 염	火 12	巍	높을 외	山 21	猿	원숭이 원	犬 13
冶	불릴 야	冫 7	艶	고울 염	色 19	僥	바랄 요	人 14	鴛	원앙 원	鳥 16
揶	희롱할 야	手 12	嬰	갓난아이 영	女 17	撓	구부러질 요	手 15	萎	씨들 위	++ 12
爺	아비 야	父 13	裔	후손 예	衣 13	饒	넉넉할 요	食 21	宥	용서할 유	宀 9
葯	꽃밥 약	++ 13	曳	끌 예	日 6	凹	오목할 요	凵 5	喩	비유할 유	口 12
瘍	종기 양	疒 14	穢	더러울 예	禾 18	拗	꺾을 요	手 8	愉	즐거울 유	心 12
攘	물리칠 양	手 20	詣	이를 예	言 13	窈	그윽할 요	穴 10	揄	끌 유	手 12
釀	술빚을 양	酉 24	寤	깰 오	宀 14	夭	어릴 요	大 4	鍮	놋쇠 유	金 17
恙	근심 양	心 10	伍	대오 오	人 6	擾	어지러울 요	手 18	癒	병나을 유	疒 18
癢	가려울 양	疒 20	奧	속 오	大 13	窯	가마 요	穴 15	諭	깨우칠 유	言 16
圄	감옥 어	口 10	懊	원망할 오	心 16	邀	맞을 요	辶 17	柚	유자나무 유	木 9
瘀	멍들 어	疒 13	蘊	쌓을 온	++ 20	聳	솟을 용	耳 17	諛	아첨할 유	言 16

한자	뜻	음	부수	획수		한자	뜻	음	부수	획수		한자	뜻	음	부수	획수		한자	뜻	음	부수	획수
蹂	짓밟을	유	足	16		仔	자세할	자	人	5		薔	장미	장	++	17		栓	나무못	전	木	10
游	헤엄칠	유	水	12		炙	구울	자	火	8		檣	돛대	장	木	17		銓	저울질할	전	金	14
戎	병장기	융	戈	6		煮	삶을	자	火	13		齋	재계할	재	齊	17		氈	털로짤	전	毛	17
絨	가는베	융	糸	12		瓷	그릇	자	瓦	11		滓	찌꺼기	재	水	13		顫	떨릴	전	頁	22
蔭	덕택	음	++	15		疵	흠	자	疒	10		錚	쇳소리	쟁	金	16		澱	앙금	전	水	16
揖	읍할	읍	手	12		蔗	사탕수수	자	++	15		咀	씹을	저	口	8		癲	미칠	전	疒	24
膺	가슴	응	肉	17		藉	깔개	자	++	18		狙	원숭이	저	犬	8		顚	꼭대기	전	頁	19
擬	흉내낼	의	手	17		綽	너그러울	작	糸	14		詛	저주할	저	言	12		箋	쪽지	전	竹	14
椅	의자	의	木	12		勺	구기	작	勹	3		箸	젓가락	저	竹	15		餞	전별할	전	食	17
毅	굳셀	의	殳	15		灼	사를	작	火	7		豬	산돼지	저	豕	16		篆	전자	전	竹	15
誼	의좋을	의	言	15		芍	함박꽃	작	++	7		躇	주저할	저	足	20		輾	돌아누울	전	車	17
痍	상처	이	疒	11		炸	터질	작	火	9		邸	큰집	저	邑	8		截	끊을	절	戈	14
姨	이모	이	女	9		嚼	씹을	작	口	21		觝	맞닥뜨릴	저	角	12		粘	끈끈할	점	米	11
弛	늦출	이	弓	6		鵲	까치	작	鳥	19		嫡	본마누라	적	女	14		霑	젖을	점	雨	16
爾	너	이	爻	14		雀	참새	작	隹	11		謫	귀양갈	적	言	18		幀	그림족자	정	巾	12
餌	먹이	이	食	15		棧	잔도	잔	木	12		狄	오랑캐	적	犬	7		挺	빼어낼	정	手	10
翌	다음날	익	羽	11		盞	잔	잔	皿	13		迹	자취	적	辶	10		町	밭두둑	정	田	7
咽	목구멍	인	口	9		箴	바늘	잠	竹	15		剪	자를	전	刀	11		酊	술취할	정	酉	9
湮	잠길	인	水	12		簪	비녀	잠	竹	18		煎	달일	전	火	13		釘	못	정	金	10
蚓	지렁이	인	虫	10		仗	병장기	장	人	5		箭	화살	전	竹	15		睛	눈동자	정	目	13
靭	질길	인	革	12		杖	지팡이	장	木	7		塡	메울	전	土	13		靖	편안할	정	靑	13
佚	편할	일	人	7		匠	장인	장	匚	6		奠	제사	전	大	12		碇	닻	정	石	13
溢	넘칠	일	水	13		漿	미음	장	水	15		廛	가게	전	广	15		錠	덩이	정	金	16
剩	남을	잉	刀	12		醬	젓갈	장	酉	18		纏	얽을	전	糸	21		穽	함정	정	穴	9
孕	아이밸	잉	子	5		獐	노루	장	犬	14		悛	고칠	전	心	10		悌	공손할	제	心	10

梯	사다리	제	木11	踵	발꿈치	종	足16	嗔	성낼	진	口13

梯	사다리	제	木11	踵	발꿈치	종	足16	嗔	성낼	진	口13	塹	구덩이	참	土14
啼	울	제	口12	踪	자취	종	足15	疹	홍역	진	疒10	懺	뉘우칠	참	心20
蹄	발굽	제	足16	挫	꺾을	좌	手10	叱	꾸짖을	질	口5	讖	예언서	참	言24
凋	시들	조	冫10	做	간주할	주	人11	桎	차꼬	질	木10	站	역마을	참	立10
稠	빽빽할	조	禾13	呪	빌	주	口8	膣	생식기	질	肉15	讒	모함할	참	言24
嘲	비웃을	조	口15	嗾	부추길	주	口14	帙	책갑	질	巾8	倡	광대	창	人10
曹	무리	조	日11	廚	부엌	주	广15	跌	넘어질	질	足12	娼	창녀	창	女11
槽	통	조	木15	胄	자손	주	月9	迭	바꿀	질	辶9	猖	날뛸	창	犬11
漕	배저을	조	水14	紬	명주	주	糸11	嫉	미워할	질	女13	菖	창포	창	艹12
糟	지게미	조	米17	註	뜻풀	주	言12	斟	헤아릴	짐	斗13	廠	헛간	창	广15
遭	만날	조	辶15	誅	벨	주	言13	朕	나	짐	月10	愴	슬퍼할	창	心13
棗	대추나무	조	木12	躊	주저할	주	足21	什	세간	집	人4	槍	창	창	木14
爪	손톱	조	爪4	輳	모일	주	車16	澄	맑을	징	水15	瘡	부스럼	창	疒15
眺	바라볼	조	目11	紂	임금이름	주	糸9	叉	깍지킬	차	又3	艙	선창	창	舟16
粗	거칠	조	米11	樽	술통	준	木16	嗟	탄식할	차	口13	漲	넘칠	창	水14
阻	막힐	조	阜8	蠢	꿈지럭	준	虫21	蹉	넘어질	차	足17	脹	배부를	창	肉12
詔	고할	조	言12	竣	마칠	준	立12	搾	짤	착	手13	寨	울타리	채	宀13
繰	고치켤	조	糸19	櫛	빗	즐	木19	窄	좁을	착	穴10	柵	울타리	책	木9
藻	조류	조	艹20	汁	즙	즙	水5	鑿	뚫을	착	金28	凄	쓸쓸할	처	冫10
躁	조급할	조	足20	葺	기울	즙	艹13	撰	지을	찬	手15	擲	던질	척	手18
肇	시작할	조	聿14	咫	가까울	지	口9	饌	반찬	찬	食21	滌	씻을	척	水14
簇	조릿대	족	竹17	摯	잡을	지	手15	簒	빼앗을	찬	竹16	瘠	수척할	척	疒15
猝	갑자기	졸	犬11	祉	복	지	示9	纂	모을	찬	糸20	脊	등뼈	척	肉10
慫	권할	종	心15	肢	사지	지	肉8	擦	문지를	찰	手17	喘	헐떡일	천	口12
腫	부스럼	종	肉13	枳	탱자	지	木9	僭	참람할	참	人14	擅	멋대로	천	手16

穿 뚫을 천 穴9	囑 부탁할 촉 口24	幟 기 치 巾15	搭 탈 탑 手13
闡 열 천 門20	忖 헤아릴 촌 心6	熾 불꽃 치 火16	宕 호방할 탕 宀8
凸 볼록할 철 凵5	叢 모을 총 又18	痔 치질 치 疒11	蕩 방탕할 탕 艹16
綴 묶을 철 糸14	塚 무덤 총 土13	癡 어리석을 치 疒19	汰 씻을 태 水7
轍 바퀴국 철 車19	寵 사랑할 총 宀19	嗤 비웃을 치 口13	笞 볼기칠 태 竹11
僉 다 첨 人13	撮 취할 촬 手15	緻 촘촘할 치 糸15	苔 이끼 태 艹9
籤 제비 첨 竹23	墜 떨어질 추 土15	馳 달릴 치 馬13	跆 밟을 태 足12
諂 아첨할 첨 言15	樞 지도리 추 木15	勅 조서 칙 力9	撑 버틸 탱 手15
帖 표제 첩 巾8	芻 꼴 추 艹10	砧 다듬잇돌 침 石10	攄 펼 터 手18
貼 붙을 첩 貝12	酋 두목 추 酉9	鍼 침 침 金17	慟 애통할 통 心14
捷 이길 첩 手11	鰍 미꾸라지 추 魚20	蟄 숨을 칩 虫17	桶 통 통 木11
牒 편지 첩 片13	椎 등뼈 추 木12	秤 저울 칭 禾10	筒 대통 통 竹12
疊 거듭 첩 田22	錐 송곳 추 金16	唾 침 타 口11	堆 쌓일 퇴 土11
涕 눈물 체 水10	錘 저울 추 金16	惰 게으를 타 心12	槌 망치 추 木14
諦 살필 체 言16	鎚 쇠망치 추 金18	楕 길쭉할 타 木13	褪 바랠 퇴 衣15
憔 수척할 초 心15	黜 물리칠 출 黑17	舵 키 타 舟11	腿 넓적다리 퇴 肉14
樵 땔나무 초 木16	悴 파리할 췌 心11	陀 비탈질 타 阜8	頹 무너질 퇴 頁16
礁 암초 초 石17	萃 모일 췌 艹12	駝 낙타 타 馬15	套 덮개 투 大10
蕉 파초 초 艹16	膵 췌장 췌 肉16	擢 뽑을 탁 手17	妬 샘낼 투 女8
梢 나무끝 초 木11	贅 혹 췌 貝18	鐸 방울 탁 金21	慝 간사할 특 心15
硝 초석 초 石12	娶 장가들 취 女11	呑 삼킬 탄 口7	婆 할미 파 女11
稍 작을 초 禾12	翠 비취 취 羽14	坦 평평할 탄 土8	巴 뱀 파 己4
炒 볶을 초 火8	脆 무를 취 肉10	憚 꺼릴 탄 心15	爬 긁을 파 爪8
貂 담비 초 豸12	惻 슬퍼할 측 心12	綻 옷터질 탄 糸14	琶 비파 파 玉12
醋 식초 초 酉15	侈 사치할 치 人8	眈 노려볼 탐 目9	芭 파초 파 艹8

跛	절름발이	파	足	12
辦	힘쓸	판	辛	16
佩	찰	패	人	8
唄	찬불	패	口	10
悖	어그러질	패	心	10
沛	늪	패	水	7
牌	문패	패	片	12
稗	피	패	禾	13
澎	물소리	팽	水	15
膨	부풀	팽	肉	16
愎	괴팍할	퍅	心	12
鞭	채찍	편	革	18
騙	속일	편	馬	19
貶	낮출	폄	貝	12
萍	부평초	평	++	12
斃	넘어질	폐	攵	18
陛	섬돌	폐	阜	10
匍	길	포	勹	9
哺	먹일	포	口	10
圃	밭	포	口	10
脯	육포	포	肉	11
蒲	부들	포	++	14
逋	달아날	포	辶	11
咆	고함지를	포	口	8
庖	부엌	포	广	8

泡	거품	포	水	8
疱	천연두	포	疒	10
袍	두루마기	포	衣	10
褒	기릴	포	衣	15
曝	쬘	폭	日	19
瀑	폭포	폭	水	18
剽	따낼	표	刀	13
慓	급할	표	心	14
飄	나부낄	표	風	20
豹	표범	표	豸	10
稟	여쭐	품	禾	13
諷	욀	풍	言	16
披	펼	피	手	8
疋	필	필	疋	5
乏	가난할	핍	丿	5
逼	닥칠	핍	辶	13
瑕	티	하	玉	13
蝦	새우	하	虫	15
遐	멀	하	辶	13
霞	노을	하	雨	17
瘧	학질	학	疒	15
謔	희롱할	학	言	17
壑	골	학	土	17
瀚	옷빨래	한	水	16
悍	사나울	한	心	10

罕	드물	한	网	7
轄	관장할	할	車	17
函	함	함	凵	8
涵	젖을	함	水	11
喊	소리칠	함	口	12
緘	꿰맬	함	糸	15
鹹	짤	함	鹵	20
檻	우리	함	木	18
銜	재갈	함	金	14
盒	그릇	합	皿	11
蛤	대합조개	합	虫	12
缸	항아리	항	缶	9
肛	똥구멍	항	肉	7
偕	함께	해	人	11
楷	본보기	해	木	13
諧	익살	해	言	16
咳	기침	해	口	9
駭	놀랄	해	馬	16
骸	해골	해	骨	16
懈	게으를	해	心	16
邂	만날	해	辶	17
劾	캐물을	핵	力	8
嚮	향할	향	口	19
饗	잔치할	향	食	22
噓	불	허	口	14

墟	빈터	허	土	15
歇	쉴	헐	欠	13
眩	아찔할	현	目	10
衒	자랑할	현	行	11
絢	무늬	현	糸	12
俠	의로울	협	人	9
挾	낄	협	手	10
狹	좁을	협	犬	10
頰	뺨	협	頁	16
荊	가시나무	형	++	10
彗	비	혜	ヨ	11
醯	초	혜	酉	19
弧	활	호	弓	8
狐	여우	호	犬	8
琥	호박	호	玉	12
瑚	산호	호	玉	13
糊	풀	호	米	15
渾	흐릴	혼	水	12
笏	홀	홀	竹	10
惚	황홀할	홀	心	11
虹	무지개	홍	虫	9
訌	어지러울	홍	言	10
哄	떠들	홍	口	9
喚	부를	환	口	12
宦	내시	환	宀	9

鰥	홀아비	환	魚 21	晦	그믐	회	日 11	嗅	냄새맡을	후	口 13	洶	용솟을	흉	水 9
驩	기뻐할	환	馬 28	誨	가르칠	회	言 14	朽	썩을	후	木 6	欣	기뻐할	흔	欠 8
猾	교활할	활	犬 13	繪	그림	회	糸 19	逅	만날	후	辶 10	痕	흉터	흔	疒 11
闊	넓을	활	門 17	膾	회	회	肉 17	暈	달무리	훈	日 13	欠	하품	흠	欠 4
凰	봉황새	황	几 11	徊	노닐	회	彳 9	喧	시끄러울	훤	口 12	歆	먹을	흠	欠 13
煌	빛날	황	火 13	蛔	회충	회	虫 12	卉	풀	훼	十 5	恰	마치	흡	心 9
遑	급할	황	辶 13	賄	뇌물	회	貝 13	喙	부리	훼	口 12	洽	흡족할	흡	水 9
徨	헤맬	황	彳 12	哮	으르렁거릴	효	口 10	彙	무리	휘	彐 13	犧	희생할	희	牛 20
惶	두려울	황	心 12	酵	발효	효	酉 14	諱	꺼릴	휘	言 16	詰	꾸짖을	힐	言 13
恍	황홀할	황	心 9	嚆	울릴	효	口 17	麾	대장기	휘	麻 15				
慌	당황할	황	心 13	爻	사귈	효	爻 4	恤	구휼할	휼	心 9				
恢	넓을	회	心 9	吼	울	효	口 7	兇	흉악할	흉	儿 6				

4. 여러 음(音)을 가진 한자와 용례

降	강	내리다	降雨(강우)	率	률	비율	確率(확률)
	항	항복하다	降伏(항복)		솔	거느리다	統率(통솔)
更	갱	다시	更生(갱생)	北	북	북녘	南北(남북)
	경	고치다	更張(경장)		배	달아나다	敗北(패배)
車	거	수레	車馬(거마)	寺	사	절	寺院(사원)
	차	수레	車輛(차량)		시	모시다	寺人(시인)
見	견	볼	見聞(견문)	狀	상	형상	形狀(형상)
	현	나타나다	見夢(현몽)		장	문서	賞狀(상장)
龜	귀	거북	龜鑑(귀감)	殺	살	죽이다	殺生(살생)
	균	터지다	龜裂(균열)		쇄	감하다	相殺(상쇄)
金	금	쇠	金屬(금속)	塞	새	변방	要塞(요새)
	김	성	金氏(김씨)		색	막다	塞源(색원)
茶	다	차	茶菓(다과)	索	색	찾다	索出(색출)
	차	차	茶禮(차례)		삭	쓸쓸하다	索莫(삭막)
度	도	법도	制度(제도)	說	설	말씀하다	說明(설명)
	탁	헤아리다	度地(탁지)		세	달래다	遊說(유세)
					열	기쁘다	說乎(열호)
讀	독	읽다	讀書(독서)	省	성	살피다	省墓(성묘)
	두	구절	句讀(구두)		생	덜다	省略(생략)
洞	동	마을	洞長(동장)	屬	속	속하다	屬國(속국)
	통	통하다	洞察(통찰)		촉	맡기다	屬託(촉탁)
樂	락	즐기다	娛樂(오락)	數	수	세다	數學(수학)
	악	악기	樂器(악기)		삭	자주	數尿(삭뇨)
	요	좋아하다	樂山(요산)				

拾	습	줍다	拾得(습득)
	십	갖은열	拾萬(십만)
食	식	먹다	食事(식사)
	사	밥	疏食(소사)
識	식	알다	知識(지식)
	지	기록하다	標識(표지)
惡	악	악하다	善惡(선악)
	오	미워하다	憎惡(증오)
若	약	같다	萬若(만약)
	야	반야	般若(반야)
易	역	바꾸다	貿易(무역)
	이	쉽다	容易(용이)
咽	인	목구멍	咽喉(인후)
	열	목멜	嗚咽(오열)
刺	자	찌르다	刺客(자객)
	척	찌르다	刺殺(척살)
切	절	자르다	切斷(절단)
	체	모두	一切(일체)
提	제	낼	提案(제안)
	리	보리	菩提(보리)
辰	진	별	星辰(성진)
	신	때	生辰(생신)

參	참	참여하다	參加(참가)
	삼	갖은석	參萬(삼만)
拓	척	열다	開拓(개척)
	탁	밀다	拓本(탁본)
推	추	밀다	推理(추리)
	퇴	밀다	推敲(퇴고)
則	칙	법	法則(법칙)
	즉	곧	然則(연즉)
沈	침	잠기다	沈沒(침몰)
	심	성씨	沈氏(심씨)
宅	택	집	宅地(택지)
	댁	집	宅內(댁내)
布	포	베	布木(포목)
	보	보시	布施(보시)
暴	폭	사나울	暴動(폭동)
	포	사납다	暴惡(포악)
便	편	편하다	便利(편리)
	변	똥오줌	小便(소변)
行	행	다니다	行路(행로)
	항	항렬	行列(항렬)
畫	화	그림	畫家(화가)
	획	긋다	畫數(획수)

5. 한자의 약자(略字)

정의(定義) : 점, 획의 생략이나, 변형에 의한 획 줄임이 현저히 나타나는 글자

유래(由來) : 약자는 글을 빨리 쓰기 위한 **초서(草書)**에서 유래하였다.

격식(格式)을 갖추어 글을 쓸 때는 정자(正字)를 쓴다.

구성(構成) : 1. 점, 획의 생략 2. 구성 일부분을 다른 한자의 형태로 바꿈

價	価	값	**가**	龜	亀	거북	**귀**	兩	両	두	**량**	發	発	나아갈	**발**
假	仮	거짓	**가**	氣	気	기운	**기**	勵	励	힘쓸	**려**	拜	拝	절	**배**
覺	覚	깨달을	**각**	既	既	이미	**기**	歷	歴	지낼	**력**	變	変	변할	**변**
擧	挙	들	**거**	內	内	안	**내**	戀	恋	사모할	**련**	邊	辺	가	**변**
據	拠	의거할	**거**	單	単	하나	**단**	獵	猟	사냥할	**렵**	並	並	나란할	**병**
徑	径	지름길	**경**	團	団	둥글	**단**	靈	霊	신령	**령**	寶	宝	보배	**보**
經	経	다스릴	**경**	斷	断	끊을	**단**	禮	礼	예도	**례**	拂	払	떨칠	**불**
輕	軽	가벼울	**경**	擔	担	멜	**담**	勞	労	일할	**로**	佛	仏	부처	**불**
鷄	鶏	닭	**계**	當	当	마땅할	**당**	爐	炉	화로	**로**	冰	氷	얼음	**빙**
繼	継	이을	**계**	黨	党	무리	**당**	綠	緑	푸를	**록**	師	师	스승	**사**
館	館	집	**관**	對	対	대할	**대**	賴	頼	의뢰할	**뢰**	絲	糸	실	**사**
關	関	빗장	**관**	德	徳	바를	**덕**	龍	竜	용	**룡**	寫	写	베낄	**사**
廣	広	넓을	**광**	圖	図	그림	**도**	樓	楼	여러	**루**	辭	辞	말씀	**사**
敎	教	가르칠	**교**	讀	読	읽을	**독**	萬	万	일만	**만**	狀	状	모양	**상**
區	区	나눌	**구**	獨	独	홀로	**독**	滿	満	찰	**만**	雙	双	둘	**쌍**
驅	駆	몰	**구**	樂	楽	즐길	**락**	蠻	蛮	오랑캐	**만**	敍	叙	펼	**서**
舊	旧	옛	**구**	亂	乱	어지러울	**란**	賣	売	팔	**매**	釋	釈	풀	**서**
國	国	나라	**국**	覽	覧	볼	**람**	麥	麦	보리	**맥**	聲	声	소리	**성**
勸	勧	권할	**권**	來	来	올	**래**	半	半	절반	**반**	續	続	이을	**속**
屬	属	속할	**속**	圓	円	둥글	**원**	從	従	좇을	**종**	澤	沢	못	**택**
收	収	거둘	**수**	圍	囲	에워쌀	**위**	晝	昼	낮	**주**	廢	廃	폐할	**폐**

正字	略字	訓	音		正字	略字	訓	音		正字	略字	訓	音		正字	略字	訓	音
數	数	셀	수		爲	为	할	위		卽	即	곧	즉		豐	豊	풍성할	풍
輸	輸	나를	수		應	応	응할	응		增	増	더할	증		學	学	배울	학
壽	寿	목숨	수		醫	医	의원	의		證	証	증거	증		海	海	바다	해
肅	粛	엄숙할	숙		貳	弍	두	이		眞	真	참	진		鄕	郷	시골	향
濕	湿	젖을	습		壹	壱	한	일		盡	尽	다할	진		虛	虚	빌	허
乘	乗	탈	승		姊	姉	누이	자		贊	賛	도울	찬		獻	献	바칠	헌
實	実	열매	실		殘	残	남을	잔		讚	讃	칭찬할	찬		驗	験	시험할	험
兒	児	아이	아		蠶	蚕	누에	잠		參	参	참여할	참		險	険	험할	험
亞	亜	버금	아		雜	雑	섞일	잡		冊	册	책	책		縣	県	고을	현
惡	悪	악할	악		壯	壮	씩씩할	장		處	処	곳	처		顯	顕	나타날	현
巖	巌	바위	암		將	将	장수	장		淺	浅	얕을	천		陜	陕	좁을	협
壓	圧	누를	압		爭	争	다툴	쟁		鐵	鉄	쇠	철		峽	峡	골짜기	협
藥	薬	약	약		戰	戦	싸울	전		廳	庁	관청	청		螢	蛍	반딧불	형
讓	譲	사양할	양		錢	銭	돈	전		體	体	몸	체		號	号	부를	호
嚴	厳	엄할	엄		專	専	오로지	전		觸	触	닿을	촉		畵	画	그림	화
餘	余	남을	여		轉	転	구를	전		總	総	거느릴	총		擴	拡	넓힐	확
與	与	줄	여		點	点	점찍을	점		蟲	虫	벌레	충		歡	歓	기쁠	환
驛	駅	정거장	역		靜	静	고요할	정		醉	酔	취할	취		黃	黄	누를	황
譯	訳	통역할	역		淨	浄	깨끗할	정		齒	歯	이	치		會	会	모일	회
鹽	塩	소금	염		濟	済	건널	제		漆	柒	옻	칠		懷	懐	품을	회
榮	栄	영화	영		齊	斉	가지런할	제		稱	称	부를	칭		勳	勲	공	훈
藝	芸	재주	예		條	条	가지	조		彈	弾	총알	탄		黑	黒	검을	흑
溫	温	따뜻할	온		弔	吊	조상할	조		擇	択	뽑을	택		戲	戯	희롱할	희

6. 한자의 반대(反對), 상대자(相對字), 반의어 모음

加減	가감	君臣	군신	得失	득실	生死	생사
可否	가부	貴賤	귀천	賣買	매매	善惡	선악
干戈	간과	近遠	근원	明暗	명암	先後	선후
甘苦	감고	禽獸	금수	矛盾	모순	盛衰	성쇠
江山	강산	及落	급락	問答	문답	成敗	성패
強弱	강약	起伏	기복	文武	문무	疏密	소밀
開閉	개폐	吉凶	길흉	物心	물심	損益	손익
去來	거래	難易	난이	美醜	미추	送迎	송영
乾坤	건곤	男女	남녀	民官	민관	需給	수급
乾濕	건습	南北	남북	班常	반상	首尾	수미
謙慢	겸만	內外	내외	發着	발착	手足	수족
慶弔	경조	冷溫	냉온	本末	본말	收支	수지
輕重	경중	勞使	노사	夫婦	부부	水火	수화
京鄕	경향	老少	노소	夫妻	부처	順逆	순역
苦樂	고락	濃淡	농담	浮沈	부침	昇降	승강
姑婦	고부	多少	다소	貧富	빈부	勝負	승부
高低	고저	單複	단복	氷炭	빙탄	勝敗	승패
曲直	곡직	斷續	단속	師弟	사제	始末	시말
功過	공과	當落	당락	死活	사활	是非	시비
攻防	공방	大小	대소	山川	산천	始終	시종
公私	공사	貸借	대차	山河	산하	視聽	시청
攻守	공수	東西	동서	山海	산해	新古	신고
廣狹	광협	同異	동이	賞罰	상벌	新舊	신구
敎學	교학	動靜	동정	上下	상하	信疑	신의

380

伸縮	신축	離合	이합	晝夜	주야	取捨	취사
心身	심신	因果	인과	主從	주종	親疎	친소
安危	안위	日月	일월	衆寡	중과	脫着	탈착
愛惡	애오	任免	임면	增減	증감	投打	투타
愛憎	애증	姉妹	자매	遲速	지속	廢立	폐립
哀歡	애환	雌雄	자웅	眞假	진가	表裏	표리
抑揚	억양	自他	자타	眞僞	진위	豊凶	풍흉
言行	언행	昨今	작금	進退	진퇴	皮骨	피골
榮辱	영욕	長短	장단	集配	집배	彼我	피아
玉石	옥석	長幼	장유	集散	집산	彼此	피차
溫冷	온냉	將兵	장병	贊反	찬반	夏冬	하동
緩急	완급	田畓	전답	天地	천지	寒暖	한난
往來	왕래	前後	전후	天壤	천양	閑忙	한망
往復	왕복	正誤	정오	添削	첨삭	寒暑	한서
凹凸	요철	早晚	조만	淸濁	청탁	虛實	허실
優劣	우열	朝夕	조석	初終	초종	賢愚	현우
遠近	원근	祖孫	조손	春秋	춘추	兄弟	형제
有無	유무	燥濕	조습	出缺	출결	好惡	호악
陸海	육해	朝野	조야	出納	출납	禍福	화복
恩怨	은원	尊卑	존비	出沒	출몰	厚薄	후박
隱現	은현	存廢	존폐	忠逆	충역	胸背	흉배
陰陽	음양	縱橫	종횡	出入	출입	黑白	흑백
音訓	음훈	左右	좌우	取捨	취사	興亡	흥망
異同	이동	主客	주객	治亂	치란	喜悲	희비

可決·否決	가결·부결	固定·流動	고정·유동	動機·結果	동기·결과
加工·實際	가공·실제	困難·容易	곤란·용이	滅亡·隆興	멸망·융흥
加熱·冷覺	가열·냉각	供給·需要	공급·수요	名譽·恥辱	명예·치욕
加入·脫退	가입·탈퇴	空想·現實	공상·현실	模糊·分明	모호·분명
感性·理性	감성·이성	公的·私的	공적·사적	背恩·報恩	배은·보은
感情·理性	감정·이성	過激·穩健	과격·온건	服從·抵抗	복종·저항
强硬·柔和	강경·유화	君子·小人	군자·소인	富貴·貧賤	부귀·빈천
個別·全體	개별·전체	僅少·過多	근소·과다	分離·統合	분리·통합
巨富·極貧	거부·극빈	急行·緩行	급행·완행	紛爭·和解	분쟁·화해
建設·破壞	건설·파괴	肯定·否定	긍정·부정	不運·幸運	불운·행운
乾燥·濕潤	건조·습윤	記憶·忘却	기억·망각	非凡·平凡	비범·평범
儉約·浪費	검약·낭비	緊張·弛緩	긴장·이완	奢侈·儉素	사치·검소
缺席·出席	결석·출석	濫用·節約	남용·절약	死後·生前	사후·생전
缺乏·豊富	결핍·풍부	內容·形式	내용·형식	削除·添加	삭제·첨가
缺陷·長點	결함·장점	老鍊·未熟	노련·미숙	詳述·略述	상술·약술
結合·分離	결합·분리	單獨·共同	단독·공동	先天·後天	선천·후천
謙虛·傲慢	겸허·오만	單純·複雜	단순·복잡	成功·失敗	성공·실패
輕減·加重	경감·가중	短縮·延長	단축·연장	消極·積極	소극·적극
經度·緯度	경도·위도	都心·郊外	도심·교외	騷亂·靜肅	소란·정숙
輕視·重視	경시·중시	獨裁·民主	독재·민주	消費·生産	소비·생산
硬直·柔軟	경직·유연	獨創·模倣	독창·모방	疏遠·親近	소원·친근

始作·終末	시작·종말	姉妹·兄弟	자매·형제	最終·最初	최종·최초
愼重·輕率	신중·경솔	自意·他意	자의·타의	聰明·愚鈍	총명·우둔
安全·危險	안전·위험	低俗·高尙	저속·고상	抽象·具體	추상·구체
暗黑·光明	암흑·광명	貯蓄·消費	저축·소비	充足·不足	충족·부족
抑壓·解放	억압·해방	長點·短點	장점·단점	親密·疏遠	친밀·소원
逆行·順行	역행·순행	絶對·相對	절대·상대	快樂·苦痛	쾌락·고통
連結·斷絶	연결·단절	正當·不當	정당·부당	敗北·勝利	패배·승리
溫情·冷情	온정·냉정	正午·子正	정오·자정	閉鎖·開放	폐쇄·개방
愚昧·賢明	우매·현명	正統·異端	정통·이단	閉會·開會	폐회·개회
偶然·必然	우연·필연	助長·抑制	조장·억제	暴露·隱蔽	폭로·은폐
原告·被告	원고·피고	拙作·傑作	졸작·걸작	豊年·凶年	풍년·흉년
遠交·近攻	원교·근공	晝間·夜間	주간·야간	現實·理想	현실·이상
原因·結果	원인·결과	主觀·客觀	주관·객관	好材·惡材	호재·악재
違法·合法	위법·합법	增進·減退	증진·감퇴	好況·不況	호황·불황
柔弱·强健	유약·강건	支出·收入	지출·수입	擴大·縮小	확대·축소
義務·權利	의무·권리	直系·傍系	직계·방계	獲得·喪失	획득·상실
依他·自立	의타·자립	直接·間接	직접·간접	劃一·多樣	획일·다양
利己·利他	이기·이타	進步·保守	진보·보수	厚待·薄待	후대·박대
利益·損失	이익·손실	陳腐·斬新	진부·참신	後退·前進	후퇴·전진
人爲·自然	인위·자연	眞實·虛僞	진실·허위	興奮·安靜	흥분·안정
自立·依存	자립·의존	質疑·應答	질의·응답	稀薄·濃厚	희박·농후

7. 뜻이 비슷한 유의자·유의어 모음

街路	가로	攻擊	공격	年歲	연세	法規	법규
家屋	가옥	恭敬	공경	斷絶	단절	法律	법률
歌謠	가요	空虛	공허	單獨	단독	法式	법식
價値	가치	貢獻	공헌	談話	담화	法典	법전
覺悟	각오	過失	과실	盜賊	도적	法則	법칙
簡略	간략	觀覽	관람	到來	도래	變化	변화
監視	감시	貫徹	관철	道路	도로	逢遇	봉우
康寧	강녕	橋梁	교량	到着	도착	否非	부비
居住	거주	敎訓	교훈	圖畵	도화	附屬	부속
巨大	거대	具備	구비	敦篤	돈독	扶助	부조
揭揚	게양	群衆	군중	羅列	나열	附着	부착
堅固	견고	規格	규격	連結	연결	墳墓	분묘
境界	경계	規則	규칙	連絡	연락	崩壞	붕괴
警戒	경계	極盡	극진	連續	연속	朋友	붕우
經過	경과	根本	근본	勉勵	면려	悲哀	비애
京都	경도	勤愼	근신	滅亡	멸망	賓客	빈객
經歷	경력	急速	급속	毛髮	모발	貧困	빈곤
競爭	경쟁	給與	급여	文章	문장	貧窮	빈궁
階段	계단	記錄	기록	門戶	문호	思考	사고
計算	계산	記憶	기억	物件	물건	詐欺	사기
繼續	계속	忌憚	기탄	物品	물품	思念	사념
繼承	계승	祈禱	기도	返還	반환	思慮	사려
孤獨	고독	技術	기술	配偶	배우	思想	사상
考慮	고려	飢餓	기아	氾濫	범람	思惟	사유

喪失	상실	永遠	영원	製造	제조	討伐	토벌
相互	상호	銳利	예리	組織	조직	討議	토의
索引	색인	優秀	우수	存在	존재	土地	토지
旋回	선회	憂愁	우수	終了	종료	退去	퇴거
選拔	선발	宇宙	우주	朱紅	주홍	鬪爭	투쟁
姓氏	성씨	援助	원조	中央	중앙	販賣	판매
性質	성질	怨恨	원한	憎惡	증오	捕捉	포착
素質	소질	恩惠	은혜	增加	증가	捕獲	포획
睡眠	수면	音聲	음성	知識	지식	畢竟	필경
授與	수여	陰影	음영	池澤	지택	寒冷	한랭
樹木	수목	音韻	음운	秩序	질서	抗拒	항거
崇高	숭고	意志	의지	質量	질량	恒常	항상
施設	시설	依支	의지	質問	질문	海洋	해양
試驗	시험	衣服	의복	倉庫	창고	虛空	허공
始初	시초	忍耐	인내	創始	창시	許諾	허락
身體	신체	引導	인도	淸潔	청결	混雜	혼잡
尋訪	심방	認識	인식	聽聞	청문	婚姻	혼인
審察	심찰	仁慈	인자	超越	초월	和睦	화목
眼目	안목	慈愛	자애	村里	촌리	確固	확고
顔面	안면	裝飾	장식	蓄積	축적	歡喜	환희
安寧	안녕	戰鬪	전투	衝突	충돌	皇帝	황제
哀悼	애도	停止	정지	充滿	충만	獲得	획득
言語	언어	正直	정직	層階	층계	休息	휴식
永久	영구	祭祀	제사	沈沒	침몰	希望	희망

架空·虛構	가공·허구	給料·給與	급료·급여	密通·暗通	밀통·암통
間諜·諜者	간첩·첩자	急所·要點	급소·요점	薄情·冷淡	박정·냉담
儉約·節約	검약·절약	器量·才能	기량·재능	反逆·謀反	반역·모반
劫迫·威脅	겁박·위협	氣象·氣候	기상·기후	發端·始作	발단·시작
決心·覺悟	결심·각오	氣品·風格	기품·풍격	發送·郵送	발송·우송
傾向·動向	경향·동향	吉凶·慶弔	길흉·경조	傍觀·坐視	방관·좌시
經驗·體驗	경험·체험	濫用·誤用	남용·오용	方法·手段	방법·수단
季節·四季	계절·사계	籠絡·戲弄	농락·희롱	背恩·忘德	배은·망덕
古今·今昔	고금·금석	短命·薄命	단명·박명	白眉·壓卷	백미·압권
鼓吹·鼓舞	고취·고무	丹粧·化粧	단장·화장	凡夫·俗人	범부·속인
古稀·從心	고희·종심	當到·到達	당도·도달	變遷·沿革	변천·연혁
曲解·誤解	곡해·오해	待遇·處遇	대우·처우	普遍·一般	보편·일반
共鳴·首肯	공명·수긍	大河·長江	대하·장강	伏龍·臥龍	복룡·와룡
空想·妄想	공상·망상	同意·贊成	동의·찬성	複雜·煩雜	복잡·번잡
貢獻·寄與	공헌·기여	登極·卽位	등극·즉위	事例·實例	사례·실례
過激·急進	과격·급진	晚年·老年	만년·노년	事前·未然	사전·미연
喬木·巨木	교목·거목	名勝·景勝	명승·경승	散策·散步	산책·산보
交涉·折衝	교섭·절충	模範·龜鑑	모범·귀감	常時·恒時	상시·항시
九泉·黃泉	구천·황천	目讀·默讀	목독·묵독	狀況·情勢	상황·정세
求婚·請婚	구혼·청혼	武術·武藝	무술·무예	書簡·書札	서간·서찰
根幹·基礎	근간·기초	問候·問安	문후·문안	先納·豫納	선납·예납

8. 한자의 동자(同字) · 동음이의어 모음

所望·念願	소망·염원	緩急·遲速	완급·지속	進退·去就	진퇴·거취
所願·希望	소원·희망	優待·厚待	우대·후대	贊反·可否	찬반·가부
素行·品行	소행·품행	原因·理由	원인·이유	贊助·協贊	찬조·협찬
刷新·革新	쇄신·혁신	威脅·脅迫	위협·협박	天地·乾坤	천지·건곤
修飾·治粧	수식·치장	留級·落第	유급·낙제	淸掃·掃除	청소·소제
承諾·許諾	승낙·허락	維新·革新	유신·혁신	滯拂·滯納	체불·체납
始祖·鼻祖	시조·비조	幼稚·未熟	유치·미숙	治粧·裝飾	치장·장식
我軍·友軍	아군·우군	倫理·道德	윤리·도덕	通俗·大衆	통속·대중
壓迫·威壓	압박·위압	潤澤·豊富	윤택·풍부	破産·倒産	파산·도산
哀歡·喜悲	애환·희비	利潤·利文	이윤·이문	評論·批評	평론·비평
約婚·佳約	약혼·가약	認可·許可	인가·허가	平凡·尋常	평범·심상
業績·功績	업적·공적	任意·恣意	임의·자의	抱負·雄志	포부·웅지
旅館·客舍	여관·객사	地獄·奈落	지옥·나락	風燈·累卵	풍등·누란
逆轉·反轉	역전·반전	轉居·移轉	전거·이전	虐待·驅迫	학대·구박
年歲·春秋	연세·춘추	專決·獨斷	전결·독단	合法·適法	합법·적법
連霸·連勝	연패·연승	精讀·熟讀	정독·숙독	海外·異域	해외·이역
廉價·低價	염가·저가	操心·注意	조심·주의	解任·罷免	해임·파면
永久·恒久	영구·항구	尊稱·敬稱	존칭·경칭	形象·形態	형상·형태
零落·衰落	영락·쇠락	從心·稀壽	종심·희수	護國·衛國	호국·위국
永眠·他界	영면·타계	仲介·居間	중개·거간	劃一·一律	획일·일률
禮物·幣物	예물·폐물	地方·鄕土	지방·향토	興亡·盛衰	흥망·성쇠

假設 架設	가설	公募 共謀	공모	端緒 但書	단서	商街 喪家	상가
家長 假裝	가장	公私 工事	공사	待期 大氣	대기	商術 詳述	상술
假定 家庭	가정	公約 空約	공약	動機 同期	동기	宣傳 善戰	선전
感想 鑑賞	감상	公認 公人	공인	同志 冬至	동지	所願 疏遠	소원
甘受 監修	감수	科擧 過去	과거	童話 同化	동화	素材 所在	소재
拒否 巨富	거부	管理 官吏	관리	武器 無期	무기	水道 首都	수도
警戒 境界	경계	校庭 矯正	교정	寶庫 報告	보고	受賞 首相	수상
景氣 競技	경기	構造 救助	구조	普及 補給	보급	修習 收拾	수습
經路 敬老	경로	機關 器官	기관	寶石 保釋	보석	秀才 水災	수재
經費 警備	경비	機構 器具	기구	思考 事故	사고	修行 隨行	수행
傾向 京鄕	경향	紀元 祈願	기원	史料 飼料	사료	習得 拾得	습득
固守 高手	고수	基地 機智	기지	山水 算數	산수	時價 詩歌	시가

時刻視覺	시각	儀式意識	의식	田園電源	전원	支援志願	지원
試圖市道	시도	依支意志	의지	節制切除	절제	陳腐眞否	진부
是認詩人	시인	理想以上	이상	精氣定期	정기	靑山淸算	청산
弱者略字	약자	理解利害	이해	正統精通	정통	初代招待	초대
糧食樣式	양식	人道引渡	인도	條理調理	조리	初喪肖像	초상
演技延期	연기	引上印象	인상	造船朝鮮	조선	表紙標識	표지
年長延長	연장	子正自淨	자정	助手潮水	조수	港口恒久	항구
零細永世	영세	壯觀長官	장관	造化調和	조화	解毒解讀	해독
容器勇氣	용기	財貨災禍	재화	主食柱式	주식	後代厚待	후대
用意容疑	용의	專攻戰功	전공	持久地球	지구	後事厚謝	후사
憂愁優秀	우수	電氣傳記	전기	支社志士	지사	後生厚生	후생
胃腸僞裝	위장	展示戰時	전시	知性至誠	지성	吸水吸收	흡수

동자(同字)

정의(定義) : 같은 뜻을 가진 글자

같은 글자라 하더라도 의미와 쓰이는 용도상에 다소 차이가 있음을 참고하기 바란다.
예) 沙(모래 사) : 주로 물가에 있는 모래.(白沙場, 沙洲)
    砂(모래 사) : 육지에 있는 모래를 뜻함(砂金, 黃砂)
    牆(담장) : 널빤지(爿:널빤지 장)로 만든 담장
    墻(담장) : 흙으로 되어 있는 담장을 뜻한 글자

주요 동자(주로 왼쪽의 字를 많이 씀)

鑑	鑒	살필	감	詠	咏	읊을	영
個	箇	낱	개	汚	汙	더러울	오
劍	劒	칼	검	二	貳	두	이
溪	谿	시내	계	一	壹	한	일
飢	饑	굶주릴	기	牆	墻	담	장
暖	煖	따뜻할	난	跡	迹	자취	적
糧	粮	식량	량	蹟	跡	자취	적
隣	鄰	이웃	린	堤	隄	둑	제
峰	峯	봉우리	봉	慚	慙	부끄러울	참
沙	砂	모래	사	哲	喆	밝을	철
三	參	석	삼	針	鍼	바늘	침
疎	疏	드물	소	歎	嘆	탄식할	탄
岳	嶽	큰산	악	遍	徧	두루	편
煙	烟	연기	연	閑	閒	한가할	한
悅	說	기쁠	열	確	碻	굳을	확

9. 가나다순 사자성어 500

사자성어(四字成語)란 4자로 되어 간단명료하게 함축된 의미를 전달하기에, 말하고 듣기 쉬우며 보기에도 **안정되어 있어 가장 많이 쓰이는 형태**이다. 보통 고사(故事)에 관련된 자들이 많이 들어 있다.

고사성어(故事成語)란 '**옛날 어떤 일과 관련되어 나온 말**'로서 그 내용에 있어 우리에게 교훈적인 면을 담고 있다고 할 수 있으며 여기에는 시대적 배경, 생활양식, 사고방식, 그리고 역사(歷史)가 담겨져 있다.

옛날부터 내려오는 이러한 사자성어나 고사를 통하여 우리는 많은 과거의 사실을 알 수 있다는 점에서도 그 가치가 있다고 본다.

사자성어	뜻	한자 풀이		
街談巷說 가담항설	· 항간에 근거 없이 떠도는 말	街	거리	가
		巷	거리	항
苛斂誅求 가렴주구	· 세금 따위를 가혹하게 거두고 백성을 못살게 구는 가혹한 정치	斂	거둘	렴
		誅	벨	주
佳人薄命 가인박명	· 여자의 용모가 빼어나고 재주가 많으면 운명이 기구함	佳	아름다울	가
		薄	엷을	박
刻骨難忘 각골난망	· 깊이 새기어 두고 입은 은혜를 잊지 않음	刻	새길	각
		難	어려울	난
角者無齒 각자무치	· 뿔이 있는 자는 이가 없음 · 한 사람이 여러 가지 복이나 재주를 갖출 수는 없음	角	뿔	각
		齒	이	치
刻舟求劍 각주구검	· 사리에 어둡고 융통성이 없음 ☞ 초(楚)나라 사람이 배로 강을 건너다 물속에 칼을 빠뜨려 그 자리를 배에 표시해 두고 배가 멈춘 뒤 그 칼을 찾고자 했다는 고사	求	구할	구
		劍	칼	검
感慨無量 감개무량	· 사물에 대한 느낌이 한이 없음	慨	느낄	감
		量	헤아릴	량
甘言利說 감언이설	· 달콤한 말과 이로운 이야기로 상대를 꾀는 말	甘	달	감
		說	말씀	설
甘井先渴 감정선갈	· 물맛이 좋은 샘은 이용하는 사람이 많아 일찍 마름 · 쓸모 있는 사람은 그만큼 많이 쓰이어 일찍 쇠퇴함	井	우물	정
		渴	마를	갈

甘呑苦吐 감탄고토	· 달면 삼키고 쓰면 뱉듯이 사리의 옳고 그름에 관계없이 비 위에 맞으면 좋아하고 그렇지 아니하면 싫어함	呑 삼킬 **탄** 吐 토할 **토**
甲論乙駁 갑론을박	· 서로 의견을 주고받으며 옥신각신함	論 논할 **론** 駁 논박할 **박**
康衢煙月 강구연월	· 연기어린 달이 떠 있는 평안한 거리 풍경 · 태평성대	康 편안할 **강** 衢 네거리 **구**
改過不吝 개과불린	· 허물을 고치는 데는 조금도 인색하지 말라는 뜻	改 고칠 **개** 吝 아낄 **린**
改過遷善 개과천선	· 지난 허물을 고쳐 착하게 됨	過 허물 **과** 遷 옮길 **천**
蓋棺事定 개관사정	· 관 뚜껑을 덮은 후에야 비로소 생전의 공과 허물을 알 수 있음	蓋 덮을 **개** 棺 널 **관**
去頭截尾 거두절미	· 머리와 꼬리를 자름 · 앞뒤의 사설은 빼고 요점만 말함	去 없앨 **거** 截 끊을 **절**
居安思危 거안사위	· 편안할 때 위태로움을 생각하여 대비함	居 살 **거** 危 위태할 **위**
擧案齊眉 거안제미	· 밥상을 눈썹위로 받들어 올림 · 아내가 남편을 극진히 받듦	案 밥상 **안** 眉 눈썹 **미**
去者日疎 거자일소	· 가까운 사람도 멀리 가거나 죽으면 점점 정이 멀어짐	去 갈 **거** 疎 멀어질 **소**
乾坤一擲 건곤일척	· 하늘과 땅을 한 번에 내던짐 · 운명·흥망을 걸고 단판승부를 냄	坤 땅 **곤** 擲 던질 **척**
乞人憐天 걸인연천	· 거지가 하늘을 불쌍히 여김 · 불행(不幸)한 이가 도리어 행복한 이를 동정(同情)함	乞 빌 **걸** 憐 불쌍히여길 **련**
格物致知 격물치지	· 사물의 이치를 철저히 연구하여 올바른 지식에 이르게 됨	格 모양 **격** 致 이를 **치**
隔世之感 격세지감	· 세상이 많이 바뀌어 딴 세상이 된 것 같이 느껴짐	隔 사이 **격** 感 느낄 **감**
牽强附會 견강부회	· 말을 억지로 끌어다 붙여 자기에게 유리하게 함	牽 끌 **견** 附 붙일 **부**

見利思義 견리사의	· 눈앞의 이익이 보일 때 그것이 옳은지를 생각한다.	利 이로울 **리** 義 옳을 **의**	
見蚊拔劍 견문발검	· 모기보고 칼 빼기. 대수롭지 않은 일에 크게 대처함	蚊 모기 **문** 拔 뺄 **발**	
見物生心 견물생심	· 물건(物件)을 보면 욕심(慾心)이 생김	見 볼 **견** 物 만물 **물**	
犬猿之間 견원지간	· 개와 원숭이 사이 · 서로 사이가 매우 나쁜 관계	犬 개 **견** 猿 원숭이 **원**	
見危授命 견위수명	· 나라의 위태로움을 보고 목숨을 바침	危 위태할 **위** 授 줄 **수**	
結者解之 결자해지	· 묶은 사람이 풀어야 함 · 자기가 저지른 일은 자기가 해결해야 함	解 풀 **해** 之 그것 **지**	
輕擧妄動 경거망동	· 경솔(輕率)하고 분수(分數)없이 행동하는 것	擧 들 **거** 妄 망령될 **망**	
經世濟民 경세제민	· 세상을 잘 다스려 어려운 백성을 구제함	經 다스릴 **경** 濟 구제할 **제**	
耕當問奴 경당문노	· 농사(農事)는 노비(奴婢)에게 물음이 마땅함 · 일은 그 방면의 전문가에게 물음	耕 밭갈 **경** 奴 종 **노**	
敬而遠之 경이원지	· 겉으로는 공경(恭敬)하는 체하면서 속으로는 멀리함	敬 공경할 **경** 遠 멀 **원**	
耕者有田 경자유전	· 농사짓는 사람이 논밭 땅을 소유(所有)해야 함	者 사람 **자** 有 있을 **유**	
輕敵必敗 경적필패	· 적을 가볍게 보면 반드시 패함 · 방심이 최고의 패착	敵 원수 **적** 敗 패할 **패**	
鯨戰蝦死 경전하사	· 고래 싸움에 새우 등 터짐 · 강자들의 싸움에 약자가 피해봄	鯨 고래 **경** 蝦 새우 **하**	
鷄口牛後 계구우후	· 소의 꼬리보다 닭의 머리 · 큰 집단의 말단보다 작은 집단의 우두머리가 나음	鷄 닭 **계** 牛 소 **우**	
鷄卵有骨 계란유골	· 달걀에 뼈가 있음 · 기회를 만나도 운수 나쁘게 일이 잘 되지 않음	卵 알 **란** 骨 뼈 **골**	

鷄鳴狗盜 계명구도	· 천한 재주도 쓰일 때가 있음 ☞ 진(秦)나라에 억류되어 있는 제(齊)나라 맹상군(孟嘗君)의 한 식객(食客)이 맹상군이 탈출할 수 있도록 개처럼 흉내 내어 탈출에 필요한 물건을 훔치고, 새벽 닭울음소리 흉내 로 관문지기를 속여 관문을 열게 하여 진(秦)나라의 국경 을 벗어나 탈출하게 하였다는 고사	鷄 닭	**계**
		鳴 울	**명**
		狗 개	**구**
		盜 훔칠	**도**
孤軍奮鬪 고군분투	· 외로운 군사로 힘써 싸움 · 도움 없이도 힘든 일을 잘 해냄	孤 외로울	**고**
		奮 떨칠	**분**
膏粱子弟 고량자제	· 고량진미만 먹고 귀엽게 자란 부잣집 젊은이	膏 기름	**고**
		粱 기장	**량**
枯木生花 고목생화	· 마른 나무에 꽃이 핌 · 곤궁한 사람이 행운을 만남	枯 마를	**고**
		花 꽃	**화**
姑息之計 고식지계	· 아녀자나 어린아이가 꾸미는 것과 같은 당장에 편함을 취하 는 꾀	姑 시어미	**고**
		息 아이	**식**
苦肉之策 고육지책	· 적을 속이기 위해 제 몸의 고통을 참아가며 내는 계책	苦 괴로울	**고**
		策 꾀	**책**
孤掌難鳴 고장난명	· 외손바닥은 울리기가 어려움 · 혼자만의 힘으로는 일하기가 어려움	掌 손바닥	**장**
		鳴 울	**명**
苦盡甘來 고진감래	· 쓴 것이 다하면 단 것이 옴 · 성공의 이전에는 고생이 따름	盡 다할	**진**
		甘 달	**감**
曲學阿世 곡학아세	· 배운 학문을 왜곡시켜 시류나 이익에 영합함	學 배울	**학**
		阿 아첨할	**아**
骨肉相爭 골육상쟁	· 부모형제간이나 같은 민족끼리 서로 다툼	相 서로	**상**
		爭 다툴	**쟁**
孔子穿珠 공자천주	· 자기보다 못한 사람에게 묻는 것이 부끄러운 일이 아님 ☞ 공자(孔子)가 진(陣)나라를 지나갈 때 아홉 굽데나 구부러 진 구멍이 있는 구슬에 실을 꿰려 했으나 실패했다. 그래 서 뽕을 따고 있는 시골 아낙에게 그 비결을 물어 그 도움 으로 개미허리에 실을 매어 구슬 구멍에 넣고 출구에 꿀을 발라 유인함으로써 실을 꿰었다는 고사	孔 구멍	**공**
		子 선생	**자**
		穿 뚫을	**천**
		珠 구슬	**주**
公平無私 공평무사	· 공평하고 사사로움이 없음	公 공평할	**공**
		私 개인	**사**

空行空返 공행공반	· 행하는 것이 없으면 돌아오는 것도 없음	空 빌 返 돌아올	공 반
過恭非禮 과공비례	· 지나친 공손은 도리어 예가 아님	過 지날 恭 공손할	과 공
蝌蚪時節 과두시절	· 올챙이였던 시절 · 발전되기 전 어리며 경험이 적었던 과거의 시절	蝌 올챙이 蚪 올챙이	과 두
過猶不及 과유불급	· 지나친 것은 오히려 모자람만 못함	猶 오히려 及 이를	유 급
瓜田李下 과전이하	· 오이 밭에서 신을 고쳐 신지 말고, 오얏나무 아래서 갓을 고쳐 쓰지 않음(瓜田不納履, 李下不整冠). · 의심받을 행동을 피함	瓜 오이 李 오얏	과 리
管鮑之交 관포지교	· 믿음과 의리가 두터운 친분 ☞ 포숙아(鮑叔牙)는 친구 관중(管仲)이 1. 같이 장사를 해서 이익을 더 차지했어도 2. 싸움터에서 도망쳤을 때에도 3. 포숙아의 주군을 해하려 했던 일도 용서하고 관중을 도와주었다는 고사	管 대롱 鮑 절인어물 之 -- 交 사귈	관 포 의 교
刮目相對 괄목상대	· 눈을 비비고 상대를 다시 볼 정도로 발전함 ☞ 여몽(呂蒙)은 무식한 장수였으나 오왕(吳王) 손권의 충고 로 손에서 책을 놓지 않고 공부하였다(手不釋卷). 어느 날 박식해진 여몽을 본 친구가 그 연유를 묻자, "선비란 헤어 진 지 사흘이 지나서 다시 만났을 땐 눈을 비비고 대면할 정도로 달라져야 되는 법이라네"라고 대답했다는 고사	刮 비빌 對 상대 釋 놓을 卷 책	괄 대 석 권
矯角殺牛 교각살우	· 뿔을 바로 잡으려다 소를 죽임 · 작은 결점을 고치려다 큰 것을 그르침	矯 바로잡을 角 뿔	교 각
巧言令色 교언영색	· 환심을 사기 위해 말을 교묘하게 하고 표정을 좋게 꾸밈	巧 교묘할 令 꾸밀	교 령
巧遲拙速 교지졸속	· 훌륭하고 늦는 것보다 경우에 따라 조금 서툴러도 빠른 것 이 낫다.	遲 늦을 拙 못날	지 졸
交淺言深 교천언심	· 사귄지 얼마 되지 않는데도 속마음을 함부로 털어놓음	淺 얕을 深 깊을	천 심

狡兔三窟 교토삼굴	· 교활한 토끼는 굴을 세 개 파 놓음 · 위기에 만전을 기해 빈틈이 없음	狡 교활할 교 窟 굴 굴
敎學相長 교학상장	· 가르치고 배우며 서로 성장(成長)함	敎 가르칠 교 相 서로 상
九曲肝腸 구곡간장	· 많이 구부러진 간과 창자 · 굽이굽이 서린 창자처럼 시름 쌓인 속마음	曲 굽을 곡 腸 창자 장
求同存異 구동존이	· 공통점을 찾아 먼저 합의하고 이견은 남겨둔다.	求 구할 구 異 다를 이
口頭之交 구두지교	· 건성으로 사귀는 사이 · 말뿐인 친구간의 우정	頭 머리 두 交 사귈 교
口蜜腹劍 구밀복검	· 입에는 꿀, 배에는 칼 · 겉으로는 친절, 속으로는 해칠 생각	蜜 꿀 밀 腹 배 복
九牛一毛 구우일모	· 많은 소에 한 가닥 털 · 많은 가운데 극히 적은 일부분	牛 소 우 毛 털 모
口耳之學 구이지학	· 귀로 들은 것을 그대로 남에게 이야기 할 뿐 제 것이 없는 학문(學問)	耳 귀 이 學 배울 학
九折羊腸 구절양장	· 꾸불꾸불한 양의 창자처럼 일이나 앞길이 매우 험난함	折 꺾을 절 腸 창자 장
口禍之門 구화지문	· 입은 재앙의 문 · 말을 조심하지 않으면 화를 당함	禍 재앙 화 門 문 문
國泰民安 국태민안	· 나라가 태평하고 백성이 편안함	泰 클 태 安 편안할 안
群鷄一鶴 군계일학	· 닭 무리 중 한 마리의 학 · 많은 사람 가운데에 걸출한 한 사람	鷄 닭 계 鶴 학 학
群盲撫象 군맹무상	· 소경 코끼리 만지기 · 일부분만을 가지고 전체(全體)를 그릇 판단(判斷)함	盲 소경 맹 撫 어루만질 무
群雄割據 군웅할거	· 영웅(英雄)들이 한 지역씩을 차지하고 위세(威勢)를 부리는 혼란한 상황	割 나눌 할 據 의거할 의
君子三樂 군자삼락	· 군자의 세 가지 즐거움 ☞ 부모가 살아 계시고 형제가 무고하며, 하늘을 우러러 부끄러움이 없고, 수재를 얻어 교육하는 것	子 선생 자 樂 즐길 락

君子豹變 군자표변	· 군자는 자신의 언행에 잘못을 깨달으면 바로 좋게 고침 ☞ 표범은 털갈이를 하면 시간이 지나면서 몸에 있는 무늬가 선명해지며 털 또한 깨끗하게 변하는 것에 비유하여 이르는 말	豹 표범 變 변할	표 변
窮鳥入懷 궁조입회	· 궁지에 몰린 새가 품안에 날아듦 · 사람이 급하면 적에게도 의지할 수 있음 · 절박한 사정이 있어서 도움을 청해오는 사람이 있으면 불문곡직하고 도와야 함	窮 궁할 懷 품	궁 회
權謀術數 권모술수	· 목적을 위해서는 수단방법을 가리지 않고 쓰는 모략(謀略)이나 술책(術策)	謀 꾀할 術 꾀	모 술
權不十年 권불십년	· 권력(權力)은 오래가지 못함	權 권세 不 아닐	권 불
捲土重來 권토중래	· 흙먼지를 일으키며 재차 온다. · 실패한 뒤에 힘을 길러 다시 도전함	捲 말 重 거듭	권 중
貴鵠賤鷄 귀곡천계	· 고니를 귀하게 여기고 닭을 천하게 여긴다. · 먼데 것을 귀하게 여기고 가까운 것을 천하게 여기는 풍조	鵠 고니 賤 천할	곡 천
龜毛兔角 귀모토각	· 거북의 털과 토끼의 뿔 · 도저히 있을 수 없거나 아주 없음	龜 거북 角 뿔	귀 각
近墨者黑 근묵자흑	· 먹을 가까이 하면 검어짐 · 나쁜 환경·사람과 가까이 하면 물들기 쉬움	近 가까울 墨 먹	근 묵
近朱者赤 근주자적	· 붉은 것을 가까이 하면 붉어짐 · 나쁜 친구를 사귀면 나빠지기 쉬움	朱 붉을 赤 붉을	주 적
金科玉條 금과옥조	· 금이나 옥같이 귀중하게 여기어 지켜야 할 법이나 제도	科 조목 條 가지	과 조
金蘭之交 금란지교	· 쇠처럼 단단하고 난초(蘭草)처럼 향기로운 사귐	蘭 난초 交 사귈	란 교
今昔之感 금석지감	· 지금과 옛날의 차이가 너무 심하여 일어나는 느낌	今 이제 昔 옛	금 석
金石之交 금석지교	· 쇠나 돌과 같이 굳게 맺은 약속(約束)	之 --의 交 사귈	지 교

琴瑟相和 금슬상화	· 부부 사이가 다정하고 화목함 ☞ 금슬(琴瑟) : 거문고와 비파. '금실'의 원말 '금실' : 남편과 아내가 서로 화합하며 주고받는 사랑 한글로 쓰거나 말할 때는 '금실'이라 함 예) 부부의 '금실'이 좋다(○) 부부의 '금슬'이 좋다(×)	琴 거문고 금 瑟 비파 슬 相 서로 상 和 화할 화
錦衣夜行 금의야행	· 비단옷 입고 밤 길 가기 · 아무도 알아주지 않거나 보람 없는 행동(行動)	錦 비단 금 夜 밤 야
錦衣還鄕 금의환향	· 비단옷 입고 고향(故鄕)에 돌아옴 · 객지에서 성공하여 고향에 돌아옴	還 돌아올 환 鄕 시골 향
金枝玉葉 금지옥엽	· 금과 같은 가지와 옥과 같은 잎 · 집안의 귀하고 귀여운 자손(子孫).	枝 가지 지 葉 잎 엽
飢不擇食 기불택식	· 굶주린 사람은 먹을 것을 가리지 않음	飢 주릴 기 擇 가릴 택
奇想天外 기상천외	· 보통 사람이 짐작할 수 없을 정도의 엉뚱하고 기발(奇拔)한 생각	奇 기이할 기 想 생각 상
起承轉結 기승전결	· 문학 작품의 서술 체계를 구성하는 형식 ☞ 1. 말머리를 일으키고 2. 이것을 받아 전개(展開)를 시 키고 3. 뜻을 한번 변화(變化)시킨 후에 4. 전체를 마 무리 함	承 이을 승 轉 구를 전
旣往之事 기왕지사	☞ 이미 지나간 일	往 갈 왕 事 일 사
飢者甘食 기자감식	· 굶주린 사람은 아무 음식(飮食)이나 달게 먹음	飢 주릴 기 甘 달 감
騎虎之勢 기호지세	· 범을 타고 달리는 기세(氣勢) · 일을 중도에서 그만둘 수 없는 형편	騎 말탈 기 勢 기세 세
難攻不落 난공불락	· 공격(攻擊)하기 어려워 함락(陷落)되지 않음 · 일의 성사가 불가능함	難 어려울 난 攻 칠 공
爛商討議 난상토의	· 저절로 결론에 이를 수 있도록 충분히 의견을 주고받는 토 의(討議)	爛 밝을 란 商 헤아릴 상
亂臣賊子 난신적자	· 나라를 어지럽히는 신하와 무모에게 불효하는 못된 자식	亂 어지러울 란 賊 도적 적

難兄難弟 난형난제	· 누가 형(兄(형))이고 동생(弟)이라고 할 수 없을 정도로 실력이 엇비슷함	難 弟	어려울 아우	**난** **제**
南柯一夢 남가일몽	· 남쪽으로 뻗은 나뭇가지 밑에서의 한 꿈 · 덧없는 한 때의 부귀영화(富貴榮華) ☞ 당(唐)나라 사람이 큰 홰나무 밑에서 잠을 자다 꿈을 꾸었다. 꿈속에서 결혼도 하고 자녀를 두며 그 곳의 태수로 20년간 고을을 다스리다 아내가 죽자 관직을 버리고 상경한 꿈을 꾼 뒤 깨어보니 잠깐 자는 동안에 꾼 꿈이었던 것	南 柯 一 夢	남녘 가지 한 꿈	**남** **가** **일** **몽**
南橘北枳 남귤북지	· 남쪽의 귤이 북쪽에서는 탱자가 됨 · 성품(性品)이 처한 환경(環境)에 따라 변함	橘 枳	귤 탱자	**귤** **지**
男負女戴 남부여대	· 남자는 등에 지고 여자는 머리에 이다. · 가난한 사람이 살 곳을 찾아 이리저리 떠돌아다님	負 戴	질 일	**부** **대**
囊中之錐 낭중지추	· 주머니 속 송곳 · 재능이 있고 유능한 이는 숨어 있어도 눈에 띄게 됨	囊 錐	주머니 저울	**낭** **추**
內疏外親 내소외친	· 속으로는 소홀이 하고 겉으로만 친한 체함	疏 親	드물 친할	**소** **친**
內柔外剛 내유외강	· 겉보기는 강해 보이나 속은 부드럽고 순함	柔 剛	부드러울 굳셀	**유** **강**
內淸外濁 내청외탁	· 속은 맑으나 겉으로는 흐린 체해야 난세를 살아갈 수 있음	淸 濁	맑을 흐릴	**청** **탁**
駑馬十駕 노마십가	· 임금의 수레를 끄는 말이 하루 10리를 간다면 노둔한 말도 열흘이면 10리를 감 · 재주가 없는 사람이라도 열심히 노력하면 훌륭한 사람에 미칠 수 있음	駑 駕	둔할 수레	**노** **가**
老馬之智 노마지지	· 늙은 말의 지혜(智慧). 경험 많은 사람이 갖춘 지혜 ☞ 춘추시대에 제(齊)나라가 고죽국(孤竹國)을 봄에 정벌을 나섰다가 겨울에 돌아오는 길에 폭설로 길을 잃었다. 늙은 말을 풀어 놓고 그 말을 따르니 길이 나와 무사히 돌아왔다는 고사	老 馬 之 智	늙을 말 …의 슬기	**로** **마** **지** **지**
勞心焦思 노심초사	· 마음으로 애쓰고 매우 속을 태움	勞 焦	일할 그을릴	**로** **초**

綠陰芳草 녹음방초	· 푸르게 우거진 나무 그늘과 향기로운 풀. 여름철	綠 푸를 **록** 陰 그늘 **음**
綠衣紅裳 녹의홍상	· 연두색 저고리와 다홍치마 · 젊은 여자의 고운 옷차림	紅 붉을 **홍** 裳 치마 **상**
論功行賞 논공행상	· 공이 크고 작음을 논하여 상을 줌	論 논할 **론** 賞 상줄 **상**
弄假成眞 농가성진	· 장난으로 한말이 사실(事實)이 되어 일어남	弄 희롱할 **롱** 假 거짓 **가**
累卵之勢 누란지세	· 알을 쌓아놓은 것과 같은 매우 위태로운 형세	累 포갤 **루** 勢 형세 **세**
累卵之危 누란지위	· 알을 포개놓은 것 같이 매우 위태로움	卵 알 **란** 危 위태할 **위**
能小能大 능소능대	· 모든 일에 두루 능함	能 능할 **능** 小 작을 **소**
多岐亡羊 다기망양	· 많은 갈림길로 양이 달아남 · 학문의 길은 여러 갈래여서 올바른 길을 찾기가 어려움	岐 갈림길 **기** 亡 달아날 **망**
多多益善 다다익선	· 많으면 많을수록 더욱 좋음	益 더할 **익** 善 좋을 **선**
斷金之交 단금지교	· 쇠를 끊을 만큼 단단한 사귐	斷 끊을 **단** 交 사귈 **교**
單刀直入 단도직입	· 단칼로 바로 들어감 · 본론이나 결론을 바로 말함	單 하나 **단** 直 곧을 **직**
丹脣皓齒 단순호치	· 붉은 입술과 흰 이 · 여인의 아름다운 얼굴	脣 입술 **순** 皓 흴 **호**
談虎虎至 담 호 호 지	· 호랑이도 제 말하면 온다. 화제의 대상이 된 사람이 그 자리에 나타남. 남의 흉을 함부로 보지 말라는 말	虎 범 **호** 至 이를 **지**
堂狗風月 당구풍월	· 서당 개가 풍월을 읊음. 어리석을 사람도 오랫동안 늘 보고 들은 일은 쉽게 할 수 있음. 무식한 이도 유식한 사람과 어울리면 다소 유식해짐	堂 집 **당** 狗 개 **구**
當局者迷 당국자미	· 실제 그 일을 맡아 보는 사람이 오히려 그 실정에 어두움	當 맡을 **당** 迷 헷갈릴 **미**

黨同伐異 당동벌이	· 옳고 그름을 따지지 않고 의견이 같은 사람들끼리 한 편이 되고 다른 의견(意見)의 사람을 물리침	黨 무리 **당** 伐 칠 **벌**
螳螂在後 당랑재후	· 눈앞의 욕심(慾心)에만 눈이 어두워 덤비면 결국 큰 해(害)를 입게 된다는 뜻 ☞ 아침 이슬 먹으려는 매미는 그 뒤에서 사마귀가 노리고 있는 줄 모르고, 또 그 사마귀는 옆에서 황작(黃雀)이 노리고 있는 줄 모른다는 옛 이야기에서 온 말	螳 사마귀 **당** 螂 사마귀 **랑** 在 있을 **재** 後 뒤 **후**
大器晚成 대기만성	· 큰 그릇은 늦게 이루어짐 · 크게 될 인물은 오랜 노력(努力) 끝에 이루어짐	器 그릇 **기** 晚 늦을 **만**
大義名分 대의명분	· 사람으로서 지켜야 할 도리(道理)와 명분(名分)	義 옳을 **의** 名 이름 **명**
德必有隣 덕 필 유 린	· 덕이 있으면 반드시 따르는 사람이 있어 외롭지 않음	德 바를 **덕** 隣 이웃 **린**
韜光養晦 도 광 양 회	· 야심(野心)을 감추고 실력(實力)을 키움	韜 감출 **도** 晦 어두울 **회**
道不拾遺 도불습유	· 길에 떨어진 물건을 주워가지 않음 · 나라가 잘 다스려지고 있음	拾 주울 **습** 遺 잃을 **유**
桃三李四 도삼이사	· 복숭아나무는 3년, 오얏나무는 4년을 길러야 수확할 수 있음 · 무슨 일이든 이루어지기 위해서는 그에 상응한 시간이 필요함	桃 복숭아 **도** 李 오얏 **리**
塗炭之苦 도탄지고	· 진흙 속이나 숯불에 빠진 괴로움 · 몹시 고통스러운 처지	塗 진흙 **도** 炭 숯 **탄**
獨不將軍 독불장군	· 남의 의견을 듣지 않고 혼자 모든 일을 처리하는 사람	獨 홀로 **독** 將 장수 **장**
讀書三到 독서삼도	· 독서할 때 필요한 세 가지 ☞ 口到(구도)·眼到(안도)·心到(심도), 즉 입으로 읽고, 눈으로 잘 보며, 마음을 집중하여 독서함	讀 읽을 **독** 到 이를 **도**
讀書三昧 독서삼매	· 오직 책읽기에만 골몰(汨沒)함	書 글 **서** 昧 탐할 **매**
讀書三餘 독서삼여	· 독서하기 알맞은 세 가지 여가. 겨울 · 밤 · 비올 때	讀 읽을 **독** 餘 남을 **여**

讀書尙友 독서상우	· 책을 읽음으로써 옛 현인들과 벗할 수 있음	尙 높을 상 友 벗 우
同苦同樂 동고동락	· 같이 고생(苦生)하고 같이 즐거워함	苦 괴로울 고 樂 즐길 락
同病相憐 동병상련	· 어려운 사람끼리 서로 돕고 의지함	病 병들 병 憐 불쌍히여길 련
東奔西走 동분서주	· 여기저기로 분주(奔走)하게 돌아다님	奔 달릴 분 走 달릴 주
同床異夢 동상이몽	· 같은 침상에서 다른 꿈을 꿈 · 겉으로는 같은 행동을 하면서도 속으로는 딴 생각을 함	床 평상 상 異 다를 이
東西古今 동서고금	· 동양(東洋)이나 서양(西洋), 옛날이나 지금을 통틀어 언제 어디서나의 뜻	古 옛 고 今 이제 금
東食西宿 동식서숙	· 동쪽에서 먹고 서쪽에게 자다. · 일정한 거처 없이 떠돌아다님	食 먹을 식 宿 잘 숙
凍足放尿 동족방뇨	· 언 발에 오줌 누기 · 잠깐 도움이 될 뿐 곧 효력이 떨어져 더 나빠짐	放 놓을 방 尿 오줌 뇨
登高自卑 등고자비	· 높은 곳을 오르자면 낮은 곳에서부터 시작함	登 오를 등 卑 낮을 비
燈火可親 등화가친	· 가을은 서늘하여 등잔불을 가까이 하여 글 읽기에 좋음	可 가히 가 親 친할 친
磨斧作針 마부작침	· 도끼를 갈아 바늘을 만듦. 어려운 일도 참고 계속하면 언젠 가는 이루어짐 ☞ 시인 이태백이 공부가 싫증 나 하산하다 냇가에서 바늘을 만들려고 도끼를 갈고 있는 한 노파를 만났다. "언제 되겠 냐는 말에 할머니는 "되고말고. 중도에 그만두지만 않는 다면…"이 말에 태백은 반성을 한 후 다시 학문에 매진했 다는 고사	磨 갈 마 斧 도끼 부 作 만들 작 針 바늘 침
馬耳東風 마이동풍	· 말귀에 동풍 지나가듯 다른 사람 말을 전혀 듣지 않음	馬 말 마 風 바람 풍
莫逆之友 막역지우	· 거스름이 없을 정도로 뜻이 잘 맞는 벗	逆 거스를 역 友 벗 우

晚時之歎 만시지탄	· 시기에 늦어 때를 놓침을 한탄함	晚 늦을 **만** 歎 탄식할 **탄**
晚食當肉 만식당육	· 시장할 때 먹으면 마치 고기 먹는 것 같이 맛있다.	當 마땅할 **당** 肉 고기 **육**

亡羊之歎
망양지탄
	· 학문의 길은 여러 갈래여서 올바른 길을 찾기가 어려움
	· 여러 사람이 잃어버린 양을 찾으려 하였으나 길이 많아서
	  찾지 못하였다. 학문의 길도 이처럼 갈래가 많아 진리에
	  도달하기 힘들다는 말
		亡 잃을 **망**
		羊 양 **양**
		之 --의 **지**
		歎 탄식할 **탄**

亡子計齒 망자계치	· 죽은 자식 나이 세기 · 이미 그릇된 일은 아쉬워해도 소용없음	亡 죽을 **망** 齒 이 **치**
忙中有閑 망중유한	· 바쁜 가운데 한가로움	忙 바쁠 **망** 閑 한가할 **한**

買占賣惜
매점매석
	· 買占 : 값이 오를 것을 예상하고 폭리를 얻기 위해 물건을
	  휩쓸어 사둠
	· 賣惜 : 물가 폭등에 의한 폭리를 바라고 어떠한 상품을 팔
	  기 꺼리는 일
		買 살 **매**
		賣 팔 **매**

滅私奉公 멸사봉공	· 사심을 버리고 공공(公共)을 위해 열심히 일함	滅 멸할 **멸** 奉 받들 **봉**
明鏡止水 명경지수	· 맑은 거울과 멈춰 있는 물 · 흔들림 없는 맑고 깨끗한 마음	鏡 거울 **경** 止 멈출 **지**
名不虛傳 명불허전	· 명성(名聲)은 헛되이 퍼져서 된 것이 아니라 그만한 까닭이 있어 얻은 것임	虛 빌 **허** 傳 전할 **전**
名實相符 명실상부	· 이름과 실상(實狀)이 꼭 들어맞음	實 열매 **실** 符 맞을 **부**
明若觀火 명약관화	· 불을 보듯 더 말할 나위가 없이 명백(明白)함	若 같을 **약** 觀 볼 **관**

毛遂自薦
모수자천
	· 자기가 자기를 추천(推薦)함
	☞ 진나라가 조나라의 도읍인 한단을 포위하자 초나라에 구
	  원을 청할 사자를 뽑을 때 모수(毛遂)가 스스로 자기를 천
	  거하였다는 고사
		遂 이룰 **수**
		薦 천거할 **천**

目不識丁 목불식정	· 낫 놓고 기역자도 모름 · 매우 무식(無識)한 사람을 이르는 말	識 알 식 丁 고무래 정
目不忍見 목불인견	· 차마 눈뜨고 볼 수 없을 정도로 끔직한 상황	忍 참을 인 見 볼 견
猫項懸鈴 묘항현령	· 고양이 목에 방울 달기. · 듣기는 좋으나 실현 불가능한 이론.	懸 매달 현 鈴 방울 령
無所不爲 무소불위	· 하지 못하는 바가 없음	所 바 소 爲 할 위
無用之用 무용지용	· 아무 쓸모없는 것으로 생각되는 것이 도리어 크게 쓰임	無 없을 무 用 쓸 용
無爲徒食 무위도식	· 하는 일 없이 먹기만 함	爲 할 위 徒 헛될 도
刎頸之交 문경지교	· 목이 달아날지라도 변치 않는 사귐	刎 목벨 문 頸 목 경
文房四友 문방사우	· 서재에 갖추어야할 네 가지 벗. 종이·붓·벼루·먹	房 방 방 友 벗 우
聞一知十 문일지십	· 하나를 들으면 열을 앎 · 매우 총명(聰明)함	聞 들을 문 知 알 지
門前成市 문전성시	· 문 앞이 장터와 같이 복잡할 정도로 찾아오는 손님이 많음	成 이룰 성 市 시장 시
門前雀羅 문전작라	· 가난해지면 문 앞에 새그물을 쳐 놓을 정도로 손님의 발길 이 뚝 끊어짐	雀 참새 작 羅 그물 라
勿失好機 물실호기	· 좋은 기회를 놓치지 말 것	勿 말 물 機 때 기
彌縫之策 미봉지책	· 임시방편으로 이리저리 꾸며 맞추기 위한 계책(計策)	彌 두루 미 縫 꿰맬 봉
博覽强記 박람강기	· 많은 책을 읽고 사물을 잘 기억함 · 독서량이 많고 박학다식(博學多識)함	博 넓을 박 覽 볼 람
博而不精 박이부정	· 많은 것을 알고 있으나 정밀하지 못함	博 넓을 박 精 자세할 정

博學多識 박학다식	· 학식(學識)이 넓고 아는 것이 많음	博 識	넓을 알	박 식
反面教師 반면교사	· 다른 사람이나 일의 부정적인 측면에서 가르침을 얻음	反 師	반대 스승	반 사
般若心經 반야심경	· 피안(彼岸)으로 안내하는 완전한 지혜의 경전 ☞ '반야바라밀다심경(般若波羅蜜多心經)의 준말 　般若 : 완전한 지혜 　波羅密多 : 열반(涅槃)하여 피안으로 감 　彼岸(피안) : 이승 이후인 저 세상	般 若 心 經	일반 반야 마음 글	반 야 심 경
反哺之孝 반포지효	· 까마귀 새끼가 자라 먹이를 물어다 어미에게 먹이는 효성 ☞ 새끼들이 어미의 입 속에 머리를 집어넣어 먹이를 얻어먹 　는 모습을 잘못 알고 거꾸로 생각하여 만들어진 말이나, 　늙은 부모 봉양(奉養)이 가장 큰 효도(孝道)라는 점을 강 　조하고자 만들어진 말	反 哺 之 孝	반대로 먹일 --의 효도	반 포 지 효
拔本塞源 발본색원	· 폐단(弊端)의 근본을 뽑고 근원(根源)을 막아버림	拔 塞	뽑을 막을	발 색
傍若無人 방약무인	· 곁에 사람이 없는 것 같이 말·행동을 제멋대로 함	傍 若	곁 같을	방 방
背水之陣 배수지진	· 물을 등지고 진을 침. 목숨을 걸고 어떤 일에 대처함 ☞ 한(漢)의 명장 한신(韓信)이 조(趙)나라의 공격을 배수진 　을 치고 싸워 대승한 후 부하 장수들에게 "우리 군사는 급 　히 편성한 오합지졸이기에 사지(死地)에 두어야만 필사적 　으로 싸우는 법이야."라고 했다는 고사	背 之 陣	등 물 --의 진칠	배 수 지 진
背恩忘德 배은망덕	· 남에게 받은 은혜(恩惠)와 덕을 잊고 배반(背反)함	恩 德	은혜 바를	은 덕
百家爭鳴 백가쟁명	· 전국시대 사상가들의 활발한 논쟁(論爭)을 가리킨 말	家 鳴	전문가 이름날릴	가 명
白骨難忘 백골난망	· 죽어 백골이 되어도 은혜를 잊을 수 없음	難 忘	어려울 잊을	난 망
百年大計 백년대계	· 먼 장래(將來)를 내다보는 원대(遠大)한 계획 · 1년 대계는 농사, 10년 대계는 수목(樹木), 100년 대계는 　인재양성(人才養成), 1,000년 대계는 환경보호(環境保護)	年 計	해 계획할	년 계

百年河淸 백년하청	· 아무리 오랜 시일이 지나도 이루어지기 어려운 일 · 중국 황하(黃河)는 늘 흙탕물로 맑을 때가 없다는 데서 나 온 말	河 큰물 **하** 淸 맑을 **청**
百年偕老 백년해로	· 부부(夫婦)가 헤어지거나 먼저 죽지 않고 화락(和樂)하고 함께 늙음	偕 함께 **해** 老 늙을 **로**
白面書生 백면서생	· 글만 읽어 세상일에 경험이 없는 사람	書 글 **서** 生 선비 **생**
百發百中 백발백중	· 백 번 쏘아 백 번 맞춤 · 계획한 일마다 모두 성공함	發 쏠 **발** 中 맞힐 **중**
白衣從軍 백의종군	· 벼슬 없이 군대(軍隊)를 따라 전쟁터로 나감	從 따를 **종** 軍 군사 **군**
伯仲之勢 백중지세	· 첫째나 둘째의 형세 · 서로 비슷하여 우열(優劣)을 가리기가 어려움	伯 맏 **백** 仲 버금 **중**
百尺竿頭 백척간두	· 백 자 되는 높은 장대 꼭대기 · 매우 위태롭고 절박한 상태	竿 장대 **간** 頭 머리 **두**
兵家常事 병가상사	· 전쟁에서 이기고 지는 것은 흔히 있는 일 · 실패는 흔히 있는 일이니 낙담하지 말 것	兵 군사 **병** 常 항상 **상**
覆車之戒 복자지계	· 앞의 수레가 엎어지는 것을 보고 미리 경계하여 주의함 · 남의 실패(失敗)를 거울삼아 자기를 경계(警戒)함	覆 뒤집힐 **복** 戒 경계할 **계**
浮石沈木 부석침목	· 물에 돌이 떠다니고 나무가 가라앉음 · 선(善)과 악(惡)이 거꾸로 뒤바뀜	浮 뜰 **부** 沈 가라앉을 **침**
不知其數 부지기수	· 그 수를 알 수 없을 정도로 무수(無數)히 많음	知 알 **지** 其 그 **기**
夫唱婦隨 부창부수	· 남편이 창을 하면 아내도 따라 하듯, 남편의 뜻에 아내가 따름	唱 노래 **창** 隨 따를 **수**
附和雷同 부화뇌동	· 자기 주관 없이 무조건 남의 의견을 따름	附 따를 **부** 雷 우레 **뢰**
北窓三友 북창삼우	· 북쪽 창가의 세 친구로 거문고·술·시를 이르는 말	窓 창 **창** 友 벗 **우**

粉骨碎身 분골쇄신	· 뼈가 가루가 되고 몸이 부서지도록 노력함	粉 가루 碎 부술	**분** **쇄**
焚書坑儒 분서갱유	· 진시황(秦始皇)이 민간 서적(書籍)을 불사르고 선비들을 구 덩이에 묻어 죽인 일 ☞ 책을 불사르고 정부(政府)를 비난한다는 죄를 씌워 460명 의 학자를 묻어 죽였으나 책들은 사실상 참고(參考)를 위 해 몇 벌씩 정부 서고(書庫)에 보관되어 있었다함	焚 불사를 書 책 坑 구덩이 儒 선비	**분** **서** **갱** **유**
不立文字 불립문자	· 도(道)를 깨달음은 문자(文字)나 말로 전하는 것이 아닌 마 음으로 전하는 것	立 설 字 글자	**립** **자**
不問可知 불문가지	· 묻지 않아도 가히 알 수 있음	問 물을 知 알	**문** **지**
不問曲直 불문곡직	· 옳고 그름을 따지지 않고 함부로 일을 처리함	曲 굽을 直 곧을	**곡** **직**
不辨菽麥 불변숙맥	· 콩과 보리를 구별 못할 만큼 세상 물정에 어두움	辨 분별할 菽 콩	**변** **숙**
不遠千里 불원천리	· 먼 길도 마다하지 않고 찾아옴	遠 멀 里 거리단위	**원** **리**
不撤晝夜 불철주야	· 밤낮을 가리지 않고 일에 힘쓰는 모양	撤 거둘 晝 낮	**철** **주**
不恥下問 불치하문	· 아랫사람에게 묻는 것을 부끄러워하지 아니함	恥 부끄럼 問 물을	**치** **문**
不擇之筆 불택지필	· 명필은 붓을 고르지 않고도 능란하게 쓸 수 있음	擇 가릴 筆 붓	**택** **필**
不偏不黨 불편부당	· 어느 쪽으로도 치우치지 않고 무리 짓지도 않음	偏 치우칠 黨 무리	**편** **당**
悲憤慷慨 비분강개	· 의롭지 못한 것을 보고 의기가 북받치어 슬퍼하고 개탄함	憤 성낼 慷 슬퍼할	**분** **강**
匪石之心 비석지심	· 내 마음은 돌이 아니므로 굴려서 바꾸지 못함 · 확고부동(確固不動)한 마음	匪 비적 匪 아닐	**비** **비**
非一非再 비일비재	· 같은 현상이 한두 번이 아니고 많음	非 아닐 再 두	**비** **재**

貧賤之交 빈천지교	· 가난하고 천할 때 사귄 친구를 잊지 말아야 함 (貧賤之交 不可忘)	賤 천할 **천** 交 사귈 **교**
氷炭之間 빙탄지간	· 얼음과 숯과 같이 성질이 상반(相反)되어 전혀 어울릴 수 없는 사이	炭 숯 **탄** 間 사이 **간**
徙家忘妻 사가망처	· 이사할 때에 깜박 잊고 아내를 두고 감 · 건망증이 아주 심함	徙 옮길 **사** 妻 아내 **처**
四顧無親 사고무친	· 의지(依支)할 친척(親戚)이 없어 몹시 외로움	顧 돌아볼 **고** 親 친할 **친**
斯文亂賊 사문난적	· 교리(敎理)에 어긋나는 언동으로 '斯文', 즉 유교(儒敎)를 어지럽히는 사람	斯 이 **사** 亂 어지러울 **란**
四分五裂 사분오열	· 하나의 집단이 이념·이익 등으로 갈라져 혼란스러운 상태	分 나눌 **분** 裂 찢을 **렬**
駟不及舌 사불급설	· 내뱉은 말은 빠른 사두마차로도 따라 잡지 못함 · 말을 삼가야 함	駟 사마 **사** 及 미칠 **급**
邪不犯正 사불범정	· 사악(邪惡)한 것이 올바른 것을 범하지 못함 · 정의(正義)가 반드시 이김	邪 간사할 **사** 犯 범할 **범**
砂上樓閣 사상누각	· 모래 위에 세운 누각처럼, 기초가 튼튼치 못해 오래 가지 못함	樓 다락 **루** 閣 집 **각**
捨生取義 사생취의	· 목숨을 버리고 의를 취함	捨 버릴 **사** 取 취할 **취**
事必歸正 사필귀정	· 일은 반드시 바른 데로 돌아감	歸 돌아갈 **귀** 正 바를 **정**
三顧草廬 삼고초려	· 인재 구하기 위하여 여러 번 찾아가 예를 다하는 일 ☞ 유비(劉備)가 제갈량(諸葛亮)의 초가를 세 번이나 찾아가 마침내 군사(軍師)로 삼은 일	顧 돌아볼 **고** 廬 오두막집 **려**
三歲之習 삼세지습	· 세 살 버릇이 여든까지 감 三歲之習 至于八十(삼세지습 지우팔십)	歲 해 **세** 習 익힐 **습**
三人成虎 삼인성호	· 세 사람이 짜면 저잣거리에 호랑이가 나타났다는 거짓말도 할 수 있음. 근거(根據) 없는 말일지라도 여러 사람이 하게 되면 이를 믿게 됨	成 이룰 **성** 虎 범 **호**

桑田碧海 상전벽해	・뽕나무 밭이 푸른 바다로 변함 ・세상일의 변천(變遷)이 몹시 심함	桑 뽕나무 **상** 碧 푸를 **벽**
塞翁之馬 새옹지마	・인생의 길흉화복(吉凶禍福)은 예측할 수 없음 ☞ 변방에 사는 늙은이의 말이 달아났다. 후에 한 마리의 준마를 데리고 돌아왔는데 손자가 그 말을 타다 떨어져 절름발이가 되었다. 얼마 후 적이 쳐들어와 젊은이들이 모두 싸움터로 나아가 죽은 이가 많았으나 손자는 불구자이므로 전쟁터에 나가지 않아 목숨을 부지할 수 있었다는 고사	塞 변방 **새** 翁 늙은이 **옹** 之 ――의 **지** 馬 말 **마**
色卽是空 색즉시공	・색(눈에 보이는 모든 것)에 의해서 표현되는 모든 유형의 사물은 공허(空虛)한 것임 ・空卽是色 : 공허한 것은 유형의 사물과 다르지 않음	卽 곧 **즉** 空 빌 **공**
生口不網 생구불망	・산 입에 거미줄 치지 않음 ・아무리 가난해도 그럭저럭 먹고 살 수 있음	生 살 **생** 網 그물 **망**
生巫殺人 생무살인	・선무당이 사람 잡음 ・어설픈 사람이 나섰다가 도리어 화를 부름	巫 무당 **무** 殺 죽일 **살**
生不如死 생불여사	・살아 있는 것이 죽으니 못함. ・몹시 곤란한 지경에 빠져 있음	如 같을 **여** 死 죽을 **사**
生者必滅 생자필멸	・생명(生命)이 있는 것은 반드시 죽을 때가 있음	必 반드시 **필** 滅 멸망할 **멸**
西瓜皮舐 서과피지	・수박(西瓜) 겉핥기 ・사물(事物)의 내용은 모른 채 겉만 건드림	瓜 오이 **과** 舐 핥을 **지**
先見之明 선견지명	・앞일을 미리 내다보는 총명함	先 먼저 **선** 明 밝을 **명**
先公後私 선공후사	・공적(公的)인 일을 먼저 하고 사적인 일은 뒤에 함	公 공변될 **공** 私 개인 **사**
先禮後學 선례후학	・먼저 예의(禮儀)를, 나중에 학문(學文)을 ・모든 일에 있어서 예의가 먼저	禮 예도 **례** 後 뒤 **후**
先則制人 선칙제인	・남이 하지 않을 때 자기가 먼저 행하면 능히 사람들 위에 설 수 있음	先 먼저 **선** 制 제압할 **제**
雪膚花容 설부화용	・눈 같은 살결과 꽃 같은 얼굴 ・미인의 아름다운 용모	膚 살갗 **부** 容 얼굴 **용**

雪上加霜 설상가상	· 눈 위에 서리가 더해짐 · 불행한 일이 연거푸 일어남	加 더할 **가** 霜 서리 **상**
說往說來 설왕설래	· 일의 시비(是非)를 따지느라 말로 옥신각신함	說 말씀 **설** 往 갈 **왕**
聲東擊西 성동격서	· 동쪽을 칠 듯이 말하고 실제는 서쪽을 침 · 기만술(欺瞞術)로 적을 침	聲 소리 **성** 擊 칠 **격**
洗踏足白 세답족백	· 상전의 빨래를 하느라 종의 발꿈치가 희게 됨 · 남을 위해 한 일이 자신에게도 이득이 됨	洗 씻을 **세** 踏 밟을 **답**
小貪大失 소탐대실	· 작은 것을 탐하다 큰 것을 잃음	貪 탐할 **탐** 失 잃을 **실**
送舊迎新 송구영신	· 지난해를 보내고 새해를 맞이함	送 보낼 **송** 舊 예 **구**
首丘初心 수구초심	· 여우가 죽을 때 머리를 자기가 태어났던 쪽으로 두고 죽는다는 데서, 고향을 그리워하는 마음을 뜻함	首 머리 **수** 丘 언덕 **구**
壽福康寧 수복강녕	· 오래 살고 복을 누리며 건강(健康)하고 평안함	壽 오래살 **수** 寧 편안할 **녕**
手不釋卷 수불석권	· 손에서 책을 놓지 않음. 부지런히 공부(工夫)함 ☞ 여몽(呂蒙)은 무식한 장수였으나 오왕(吳王) 손권(孫權)의 충고로 손에서 책을 놓지 않고 공부하여 유식하게 되었다는 고사. 후에 여몽은 유비(劉備)의 의형제(義兄弟)인 관우(關 羽)와의 전투에서 승리를 하여 관우를 죽음에 이르게 함	手 손 **수** 不 아닐 **불** 釋 놓을 **석** 卷 책 **권**
首鼠兩端 수서양단	· 구멍에서 머리만 내밀고 좌우를 살피는 쥐 · 어찌할 바를 몰라 진로·거취를 결정하지 못하는 상태	鼠 쥐 **서** 端 끝 **단**
羞惡之心 수오지심	· 자기의 옳지 못함을 부끄럽게 생각하고 남의 옳지 못함을 미워하는 마음	羞 부끄러울 **수** 惡 미워할 **오**
脣亡齒寒 순망치한	· 입술이 없으면 이가 시리다. 이해관계가 서로 밀접하여 한 쪽이 망하면 다른 한쪽도 화를 면하기 어려움	脣 입술 **순** 寒 찰 **한**
乘勝長驅 승승장구	· 이긴 기세를 타고 계속 몰아침	乘 탈 **승** 驅 몰 **구**

視金如石 시금여석	· 금보기를 돌같이 하라. · 재물에 욕심을 부리지 말 것	視 볼 시 如 같을 여
是非之心 시비지심	· 옳고 그름을 가릴 줄 아는 마음	是 옳을 시 非 아닐 비
是是非非 시시비비	· 잘잘못 또는 옳은 것과 그른 것을 공정하게 판단함	是 옳을 시 非 아닐 비
始終一貫 시종일관	· 처음부터 끝까지 똑같은 방침이나 태도로 나아감	始 처음 시 貫 꿸 관
識字憂患 식자우환	· 학식(學識)이 있는 것이 도리어 근심을 사게 됨	識 알 식 憂 근심 우
身土不二 신토불이	· 자신이 태어난 땅에서 나는 농산물이 자신의 몸에 좋음	身 몸 신 不 아닐 부
實事求是 실사구시	· 실제(實際)로 있는 일에 근거하여 진리(眞理)를 구함	實 열매 실 求 구할 구
十伐之木 십벌지목	· 열 번 찍어 안 넘어 갈 나무 없음 · 꾸준히 노력하면 성공함	伐 칠 벌 之 –의 지
十匙一飯 십시일반	· 열 사람이 밥 한 술씩 보태면 밥 한 그릇이 됨 · 여러 사람이 힘을 합하면 한 사람을 돕는 일은 쉽다.	匙 숟가락 시 飯 밥 반
十中八九 십중팔구	· 예외(例外) 없이 거의 모두를 뜻함	八 여덟 팔 九 아홉 구
我田引水 아전인수	· 자기 논에 물 끌어 대기 · 자기에게만 이롭게 행동함	我 나 아 引 끌 인
惡事千里 악사천리	· 좋은 일은 잘 알려지지 않으나 나쁜 일은 세상에 빨리 널리 퍼짐	惡 악할 악 事 일 사
眼高手卑 안고수비	· 눈은 높고 통은 크나 재주가 없어 따르지 못함	眼 눈 안 卑 낮을 비
安貧樂道 안빈낙도	· 가난한 생활을 하면서도 편안(便安)한 마음으로 분수를 지키며 지냄	貧 가난할 빈 樂 즐길 락
安心立命 안심입명	· 생사·이해를 초월하여 마음 편히 천명(天命)을 따름	安 편안할 안 命 명할 명

眼下無人 안하무인	· 방자하고 교만하여 남을 업신여김	眼 눈 **안** 無 없을 **무**
暗中摸索 암중모색	· 어두운 가운데 더듬어 찾음 · 어림짐작으로 알아내거나 찾아내려함	摸 더듬을 **모** 索 찾을 **색**
仰天而唾 앙천이타	· 하늘 보고 침 뱉기 · 남을 해치려다 도리어 자기가 당함	仰 우러를 **앙** 唾 침 **타**
愛人如己 애인여기	· 남 사랑하기를 자기 몸처럼 함	愛 사랑 **애** 如 같을 **여**
弱肉强食 약육강식	· 약한 것이 강한 것에게 먹힘 · 강한 자만이 살아남는 생존경쟁 세계	弱 약할 **약** 强 굳셀 **강**
羊頭狗肉 양두구육	· 양 머리를 내걸고 개고기를 팖. 겉과 속이 다름 · 겉은 훌륭하게 보이나 속은 그렇지 아니함	羊 양 **양** 狗 개 **구**
梁上君子 양상군자	· 들보 위의 군자(君子). 도둑을 점잖게 부르는 말 ☞ 후한(後漢) 때 진식(陣寔)이라는 사람의 집 들보에 도둑이 숨어 있는데, 진식이 아들과 손자들을 불러 "사람은 처음 부터 악(惡)하지 않으나 스스로 노력하지 않으면 저 들보 위의 군자와 같이 된다"고 훈계(訓戒)하니 도둑이 놀라 내 려와 용서를 구했다는 고사	梁 들보 **량** 上 윗 **상** 君 임금 **군** 子 선생 **자**
良藥苦口 양약고구	· 병에 좋은 약은 입에 쓰다. · 충언(忠言)은 귀에 거슬리나 이롭게 함	良 좋을 **량** 苦 쓸 **고**
養虎遺患 양호유환	· 호랑이를 길러서 근심을 남김. · 화근이 될 만한 일을 내버려 두어 후에 크게 후회함	養 기를 **양** 遺 남길 **유**
漁父之利 어부지리	· 둘이 다투고 있는 사이에 엉뚱한 사람이 이익을 봄 ☞ 조개가 입을 벌리고 쉬고 있을 때 도요새가 조갯살을 쪼아 먹으려 부리를 넣자 조개가 입을 굳게 닫아 서로 싸우고 있 을 때 지나가던 어부가 이 둘을 손쉽게 잡았다는 고사	漁 고기잡을 **어** 父 아비 **부** 之 --의 **지** 利 이로울 **리**
語不成說 어불성설	· 말이 조금도 이치(理致)에 맞지 않음	成 이룰 **성** 說 말씀 **설**
抑强扶弱 억강부약	· 강자(强者)를 누르고 약자(弱者)를 도와줌	抑 누를 **억** 扶 도울 **부**

億兆蒼生 억조창생	· 수많은 일반 백성(百姓)들	億 억 **억** 蒼 무성할 **창**
言飛千里 언비천리	· 발 없는 말이 천리 감 · 말은 빠르게 멀리 퍼짐	飛 날 **비** 千 일천 **천**
言語道斷 언어도단	· 말로 표현(表現)할 길이 끊어짐 · 너무 어이가 없어 말로써 할 수 없음	道 길 **도** 斷 끊을 **단**
言中有骨 언중유골	· 예사로운 말 속에 뼈처럼 단단한 속뜻이 들어 있음	有 있을 **유** 骨 뼈 **골**
嚴妻侍下 엄처시하	· 아내에게 쥐여사는 남자를 조롱하는 말	嚴 엄할 **엄** 侍 모실 **시**
如履薄氷 여리박빙	· 살얼음을 밟는 것과 같이 아슬아슬하고 불안한 지경	履 밟을 **리** 薄 엷을 **박**
如拔痛齒 여발통치	· 앓던 이가 빠진 것 같음 · 괴롭던 것이 없어져 시원함	拔 뺄 **발** 痛 아플 **통**
如坐針席 여좌침석	· 바늘방석에 앉은 것 같음 · 몹시 불안하거나 거북한 상태	坐 앉을 **좌** 針 바늘 **침**
如出一口 여출일구	· 여러 사람의 말이 한 사람이 말한 것 같이 한결같음	如 같을 **여** 出 날 **출**
易地思之 역지사지	· 처지(處地)를 바꾸어 상대방의 입장에서 생각함	思 생각 **사** 之 그것 **지**
緣木求魚 연목구어	· 나무에 올라가서 물고기를 구함 · 불가능한 일을 억지로 하려 함	緣 인연 **연** 求 구할 **구**
曳尾塗中 예미도중	· 거북이 개펄에 꼬리를 끌면서 제 마음대로 돌아다님 · 고관(高官)이 되어 속박당하는 것보다 가난해도 자유로운 생활이 나음	曳 끌 **예** 塗 진흙 **도**
五車之書 오거지서	· 다섯 수레에 실을 만큼 책이 많음	車 수레 **거** 書 책 **서**
五里霧中 오리무중	· 안개 속에 있어서 길을 찾기 어려운 것처럼, 무슨 일에 대하여 방향이나 갈피를 잡을 수 없는 상태	里 거리단위 **리** 霧 안개 **무**
寤寐不忘 오매불망	· 자나 깨나 잊지 못함	寤 깰 **오** 寐 잠잘 **매**

吾鼻三尺 오비삼척	· 내 코가 석자 · 자기 사정이 급박하여 남을 돌보아 줄 겨를이 없음	吾 나 **오** 鼻 코 **비**
烏飛梨落 오비이락	· 까마귀 날자 배 떨어짐 · 공교롭게도 같은 때에 일이 생겨서 남에게 의심받게 됨	烏 까마귀 **오** 梨 배 **리**
傲霜孤節 오상고절	· 서릿발이 심한 속에서도 굴하지 않고 거만하게 외로이 지키 는 절개. 국화(菊花)를 고상하는 일컫는 말	傲 거만할 **오** 霜 서리 **상**
吳越同舟 오월동주	· 적국인 오나라와 월나라 사람이 함께 배를 탐 · 사이가 나쁘더라도 필요한 경우 서로 협력함	越 월나라 **월** 舟 배 **주**
溫故知新 온고지신	· 옛 것을 익히고 그것을 미루어 새 것을 앎	溫 배울 **온** 故 옛것 **고**
臥薪嘗膽 와신상담	· 패배(敗北)나 실패(失敗)를 딛고 일어서기 위하여 괴로움을 참고 견딘다. · 臥薪 : 오왕(吳王) 부차(夫差)는 섶(薪 섶나무, 땔나무 신) 위에서 자고(臥 누울 와), · 嘗膽 : 월왕(越王) 구천(勾踐)은 매일 쓸개를 핥으며 원수를 갚기 위해 고생을 참고 견딤	臥 누울 **와** 薪 섶나무 **신** 嘗 핥을 **상** 膽 쓸개 **담**
曰可曰否 왈가왈부	· 어떤 일에 대하여 옳다거나 그르다거나 하는 말	可 옳을 **가** 否 아닐 **부**
外柔內剛 외유내강	· 겉으로는 부드럽고 순하나 속은 곧고 꿋꿋함	柔 부드러울 **유** 剛 굳셀 **강**
樂山樂水 요산요수	· 산수의 경치를 좋아함. · 군자(君子)는 그 중후함이 산과 같아 산을 좋아하고, 지자(智 者)는 지혜로움이 흐르는 물과 같이 막힘이 없어 물을 좋아함	樂 즐길 **락** 樂 좋아할 **요**
龍頭蛇尾 용두사미	· 용머리에 뱀꼬리 · 시작은 거창하나 끝은 보잘것없음	頭 머리 **두** 尾 꼬리 **미**
龍虎相搏 용호상박	· 용과 호랑이가 싸우듯 실력이 비슷한 두 강자의 싸움	相 서로 **상** 搏 칠 **박**
愚公移山 우공이산	· 미력하더라도 끊임없이 노력하면 마침내 성공하게 됨. ☞ 우공이라는 노인이 생활에 불편을 주는 산을 없애려고 매 일 흙을 파서 강에다 내다 버렸다. 사람들이 비웃었으나 우공은 "내가 죽더라도 자자손손 계속 파 없앤다면 언젠 가는 평지가 되겠지"라 하자 이에 놀란 산신이 "이러다간 내 산이 없어질지도 모르는 일이야" 하며 산을 옮겨 그 곳이 평지가 되었다는 이야기	愚 어리석을 **우** 公 귀 **공** 移 옮길 **이** 山 뫼 **산**

愚問賢答 우문현답	· 어리석은 질문(質問)에 현명한 대답(對答)	愚 어리석을 **우** 賢 재치있을 **현**
牛耳讀經 우이독경	· 소귀에 경 읽기 · 아무리 일러주어도 알아듣지 못해 효과가 없음	讀 읽을 **독** 經 책 **경**
雲雨之情 운우지정	· 남녀의 육체적인 사랑을 고상(高尙)하게 이르는 말	雲 구름 **운** 情 뜻 **정**
遠交近攻 원교근공	· 먼 나라와 우호관계를 맺고, 이웃나라를 공략하는 일	遠 멀 **원** 攻 칠 **공**
遠族近隣 원족근린	· 먼 친척보다 서로 도우며 살아가는 가까운 이웃이 낫다.	族 겨레 **족** 隣 이웃 **린**
衛正斥邪 위정척사	· 바른 것을 지키고 간사한 것을 물리침 ☞ 조선 말기 주자학(朱子學)을 지키고 천주학(天主學)을 물 리치자는 주장	衛 지킬 **위** 斥 물리칠 **척**
韋編三絶 위편삼절	· 책을 맨 가죽 끈이 세 번이나 끊어질 정도로 공자(孔子)가 주역(周易)을 여러 번 읽었다는 데서, 책을 많이 읽음	韋 가죽 **위** 編 엮을 **편**
有口無言 유구무언	· 입이 있으나 말이 없음 · 변명(辨明)할 말이 없음	有 있을 **유** 無 없을 **무**
柔能制剛 유능제강	· 부드러움이 강함을 제압(制壓)함	柔 부드러울 **유** 剛 굳셀 **강**
流芳百世 유방백세	· 향기가 백대(百代)에 걸쳐 흐름 · 꽃다운 이름을 후세(後世)에 길이 전함	流 흐를 **류** 芳 꽃다울 **방**
有備無患 유비무환	· 준비(準備)가 있으면 근심이 없음	備 갖출 **비** 患 근심 **환**
流水不腐 유수불부	· 흐르는 물은 썩지 않는다. · 항상 움직이는 것은 썩지 않음	流 흐를 **류** 腐 썩을 **부**
唯我獨尊 유아독존	· 이 세상에서 자기 혼자만이 잘났다고 하는 일	唯 오직 **유** 獨 홀로 **독**
類類相從 유유상종	· 같은 무리끼리 서로 왕래하며 사귐 · 이 말은 낮은 수준에 쓰는 말이니 고매한 이들의 만남에는 조심해서 사용해야 함(뛰어난 이는 몰려다님을 꺼려함)	相 서로 **상** 從 좇을 **종**
陰德陽報 음덕양보	· 남이 모르게 덕행(德行)을 쌓는 사람은 뒤에 그 보답(報答) 을 저절로 받음	陰 그늘 **음** 報 갚을 **보**

吟風弄月 음풍농월	· 바람을 노래하고 달과 장난을 함 · 자연(自然)의 아름다움을 노래함	吟 읊을 음 弄 가지고놀 롱
泣斬馬謖 읍참마속	· 울며 마속의 목을 베다. 기강확립을 위하여 아끼는 사람이 지만 엄벌에 처함 ☞ 제갈량의 절친인 마량의 동생이자 그가 아끼는 부하 장수 인 마속이 명령에 따르지 않고 전술을 펼치다 대패하자 군율 (軍律)에 따라 목을 베게 한 후 돌아와 괴로워 울었다는 고사	泣 울 읍 斬 벨 참 馬 말 마 謖 사람이름 속
意馬心猿 의마심원	· 생각은 말처럼 날뛰고 마음은 원숭이처럼 안절부절 못함. 사람 마음이 억누를 수 없는 번뇌(煩惱)·욕정(欲情) 때문에 항상 어지러움	意 뜻 의 猿 원숭이 원
異口同聲 이구동성	· 입은 달라도 소리는 같음 · 여러 사람의 말이 한결같음	異 다를 이 聲 소리 성
以卵擊石 이 란 격 석	· 계란으로 바위 치기 · 약한 것으로 강한 것을 이겨낼 수 없음	以 --로써 이 擊 칠 격
以心傳心 이심전심	· 마음과 마음으로 뜻을 전함	以 -로써 이 傳 전할 전
以熱治熱 이열치열	· 열은 열로써 다스림. 열이 날 때에는 땀을 내거나, 더위를 뜨거운 차를 마시며 이겨냄 · 힘에는 힘으로, 강한 것에는 강한 것으로 상대함	熱 더울 열 治 다스릴 치
二律背反 이율배반	· 서로 모순(矛盾)되거나 대립(對立)되는 두 명제(命題)가 같 은 타당성(妥當性)을 가지고 주장되는 일	律 법 률 背 등 배
以夷制夷 이이제이	· 오랑캐로 오랑캐를 제어(制御)함 · 한 세력(勢力)을 이용하여 다른 세력을 제압함	夷 오랑캐 이 制 억제할 제
泥田鬪狗 이전투구	· 진흙탕 속에서 싸우는 개 · 명분이 서지 않는 일로 악착같이 꼴사납게 싸우는 모양	泥 진흙 니 狗 개 구
益者三友 익자삼우	· 사귀어서 도움이 되는 세 종류의 벗. 정직(正直)한 사람, 신의(信義)가 있는 사람, 학식(學識)이 있는 사람	益 이로울 익 友 벗 우
因果應報 인과응보	· 과거나 전생의 선악(善惡)의 인연에 따라서 내생에 그에 따 르는 보답(報答)을 받게 됨. 또는 원인(原因)에 상당하는 결 과(結果)가 따름	應 응할 응 報 갚을 보

人面獸心 인면수심	· 사람 얼굴에 짐승 마음을 가진 마음이 잔인(殘忍)하고 흉학 (凶虐)한 사람	面 낮 **면** 獸 짐승 **수**
人死留名 인사유명	· 사람은 죽어서 이름을 남긴다. · 인생(人生)을 헛되이 살지 말라는 말 ☞ 虎死留皮 人死留名(호사유피 인사유명)이라지만 도리어 　호랑이는 가죽 때문에 죽고 사람은 쓸데없는 명예욕 때문 　에 많이 죽는다.	人 사람 **인** 死 죽을 **사** 留 남을 **류** 名 이름 **명**
人心難測 인심난측	· 사람의 마음은 헤아리기 어려움 　水深可知 人心難知(수심가지 인심난지)	難 어려울 **난** 測 헤아릴 **측**
人之常情 인지상정	· 사람이라면 누구나 가지는 보통의 마음	常 항상 **상** 情 본성 **정**
一刻三秋 일각삼추	· 짧은 시간도 삼년같이 길게 느껴짐 · 애타게 기다리는 마음 ☞ 一刻 : 15분, 극히 짧은 시간	刻 시간단위 **각** 秋 가을 **추**
一刻千金 일각천금	· 매우 짧은 시간도 천금처럼 귀함	千 일천 **천** 金 금 **금**
一擧兩得 일거양득	· 한 가지 일로 두 가지 이득(利得)을 얻음	擧 움직일 **거** 　 얻을 **득**
日久月深 일구월심	· 날이 오래고 달이 깊어 감 · 세월이 갈수록 바라는 마음이 더욱 간절해짐	久 오랠 **구** 深 깊을 **심**
一口二言 일구이언	· 한 입으로 두 말을 함 · 말을 이랬다저랬다 함	口 입 **구** 言 말씀 **언**
一騎當千 일기당천	· 말 탄 한 사람이 천 사람의 적을 감당함 · 무예나 능력이 아주 뛰어남	騎 말탈 **기** 當 대적할 **당**
一刀兩斷 일도양단	· 한 칼로 둘로 나눔 · 머뭇거림 없이 일을 과감히 처리함	兩 둘 **양** 斷 끊을 **단**
一蓮托生 일련탁생	· 불교에서 죽은 뒤에 극락왕생하여 같은 연꽃에 몸을 의탁함 · 어떤 일의 선악이나 결과에 관계없이 끝까지 행동과 운명을 　함께함	蓮 연꽃 **련** 托 맡길 **탁**
一網打盡 일망타진	· 한 번 그물을 쳐서 물고기를 다 잡듯, 어떤 무리를 한꺼번 에 잡음	網 그물 **망** 盡 다할 **진**
一脈相通 일맥상통	· 처지나 성질, 생각 등이 한줄기로 서로 통함	脈 줄기 **맥** 通 통할 **통**

一目十行 일목십행	· 한 눈에 10행씩 읽어 나감 · 독서력이 뛰어남	目 눈 **목** 行 글줄 **행**
一罰百戒 일벌백계	· 한 사람을 벌주어 백 사람을 경계(警戒)함. 또는 다른 사람들의 경각심을 불러일으키기 위하여 본보기로 중한 처벌을 하는 것	罰 벌줄 **벌** 戒 경계할 **계**
一絲不亂 일사불란	· 질서(秩序)나 체계(體系)가 정연(整然)하여 조금도 어지러운 데가 없음	絲 실 **사** 亂 어지러울 **란**
一石二鳥 일석이조	· 한 가지 일로 두 가지의 이득을 얻음	石 돌 **석** 鳥 새 **조**
一魚濁水 일어탁수	· 한 마리의 물고기가 온 냇물을 흐림 · 한 사람의 잘못으로 여러 사람이 피해를 입음	魚 물고기 **어** 濁 흐릴 **탁**
一言半句 일언반구	· 하나의 말과 반 구절(句節) · 아주 짧은 말	半 반 **반** 句 글귀 **구**
一葉知秋 일엽지추	· 오동잎 한 잎 떨어지는 것을 보고 가을이 온 것을 앎 · 한 가지 일을 보고 앞으로 닥쳐올 일을 미리 짐작함	葉 잎 **엽** 秋 가을 **추**
一衣帶水 일의대수	· 한 줄기의 띠와 같이 좁은 강물이나 바닷물	衣 옷 **의** 帶 띠 **대**
一以貫之 일이관지	· 하나의 이치(理致)로써 모든 일을 꿰뚫음	以 …로써 **이** 貫 꿸 **관**
一日三秋 일일삼추	· 하루가 세 가을, 즉 삼년 · 하루가 삼년처럼 매우 지루하거나 몹시 애태우며 기다림	日 날 **일** 秋 가을 **추**
一場春夢 일장춘몽	· 헛된 영화(榮華)나 덧없는 일	場 마당 **장** 夢 꿈 **몽**
一觸卽發 일촉즉발	· 한 번만 닿아도 폭발할 것 같이 매우 위험한 상태	觸 닿을 **촉** 發 터질 **발**
日就月將 일취월장	· 어떤 일이나 학문이 날로 달로 진보함	就 나아갈 **취** 將 발전할 **장**
一波萬波 일파만파	· 하나의 물결이 연쇄적으로 많은 물결을 일으킴 · 한 사건이 하나로 그치지 않고 잇따라 많은 사건으로 번짐	波 물결 **파** 萬 일만 **만**

一片丹心 일편단심	· 한결같은 참된 충성이나 정성 ☞ 조선 건국 초기 고려 충신 정몽주의 마음을 떠보기 위해 후에 조선 3대 태종(太宗)이 된 이성계의 아들 방원이 정몽주를 찾아 "이러들 어떠하리 저러들 어떠하리…"라는 시를 읊자, 이에 정몽주는 "이 몸이 죽고 죽어 일백 번 고쳐 죽어 백골이 진토되고 넋이야 있든 없든 임향한 일편단심 고칠 날이 있으랴"라고 하였다는 고사	一 한 片 조각 丹 붉을 心 마음	일 편 단 심
一筆揮之 일필휘지	· 글씨를 단숨에 힘차고 시원하게 쭉 써 내려감	筆 붓 揮 휘두를	필 휘
臨渴掘井 임갈굴정	· 목이 말라서야 우물을 팜 · 미리 준비가 없다가 일을 당해서 서두름	臨 임할 掘 팔	임 굴
臨機應變 임기응변	· 그때그때의 형편에 따라 즉각 그 자리에서 일을 처리함	應 응할 變 변할	응 변
臨戰無退 임전무퇴	· 싸움에 임하여서는 물러서지 아니함	戰 싸울 退 물러날	전 퇴
立身揚名 입신양명	· 학문연마를 통하여 자신의 몸을 수양(修養)하고 세상에 나아가 출세를 하여 세상에 이름을 드높임	揚 떨칠 名 이름	양 명
入鄕循俗 입향순속	· 다른 지방에 들어가서는 그 지방의 풍속을 따르라는 말	鄕 시골 循 좇을	향 순
自家撞着 자가당착	· 자기가 한 말이나 행동의 앞뒤가 서로 맞지 않음	撞 부딪칠 着 닿을	당 착
自强不息 자강불식	· 스스로 힘쓰고 쉬지 아니함	强 굳셀 息 쉴	강 식
自激之心 자격지심	· 어떠한 일에 대하여 스스로 미흡하게 여기는 마음	自 스스로 激 부딪칠	자 격
自愧之心 자괴지심	· 스스로 부끄럽게 여기는 마음	自 스스로 愧 부끄러워할	자 괴
疵吝考妣 자린고비	· 아주 인색하고 비정한 사람 ☞ 옛날 충주(忠州)의 한 양반이 부모 제사(祭祀)에 쓰는 제문(祭文)을 태우지 않고 두고두고 사용하여 '考'와 '妣' 두 자가 때에 절게 되었다. 그래서 '절은 고비'라는 말이 생겼고 이것이 전해지는 과정에서 '절은고비 → 저린고비 → 자린고비'로 바뀌게 됨	疵 옥티 吝 아낄 考 죽은아비 妣 죽은어미	자 린 고 비

自問自答 자문자답	· 스스로 묻고 스스로 답함	問 물을 문 答 대답할 답
自斧斫足 자부작족	· 제 도끼에 제 발등 찍힌다. · 자기 일을 자기가 망침	釜 가마솥 부 斫 찍을 작
子孫萬代 자손만대	· 자손과 손자들이 계속해서 이어져 나감	孫 손자 손 代 세대 대
自繩自縛 자승자박	· 자기 줄로 자기를 묶음. · 자기가 한 말이나 행동 때문에 스스로 꼼짝 못하게 되는 일	繩 새끼줄 승 縛 묶을 박
自中之亂 자중지란	· 자기네 한동아리 안에서 일어나는 분쟁(紛爭)	之 −의 지 亂 어지로울 란
張三李四 장삼이사	· 장씨의 셋째 아들, 이씨의 넷째 아들 · 그저 평범(平凡)한 사람들	張 베풀 장 李 오얏 리
才勝德薄 재승덕박	· 재주는 다른 사람보다 낫지만 덕이 부족함	勝 뛰어날 승 薄 엷을 박
賊反荷杖 적반하장	· 도둑이 도리어 몽둥이를 든다. · 잘못한 사람이 도리어 성을 냄	荷 들 하 杖 지팡이 장
積善餘慶 적선여경	· 남에게 착한 일을 많이 하면 언젠가는 경사스러운 일이 있 게 됨. ☞ 餘慶 : 남에게 좋은 일을 많이 한 보답(報答)으로 그 자손이 누리게 되는 경사(慶事).	餘 말미 여 慶 경사 경
適者生存 적자생존	· 환경에 적응하는 것은 살고 적응하지 못하는 것은 도태되어 사라짐	適 나아갈 적 存 생존할 존
電光石火 전광석화	· 번갯불이나 부싯돌의 불이 번쩍이는 것처럼, 몹시 짧은 시 간이나 매우 빠른 동작	電 번개 전 光 빛 광
前無後無 전무후무	· 전에도 없었고 앞으로도 없을 만큼 있기 어려운 일	前 앞 전 後 뒤 후
前車覆轍 전차복철	· 앞 수레가 엎어진 바퀴자국 · 앞 사람의 실패(失敗)를 거울삼아 주의하라는 교훈	覆 뒤집힐 복 轍 바퀴자국 철
轉禍爲福 전화위복	· 재앙(災殃)이 바뀌어 오히려 복(福)이 됨	轉 바뀔 전 爲 될 위

切磋琢磨 절차탁마	· 옥돌을 자르고, 갈고, 쪼고, 문질러 빛을 냄 · 학문이나 인격을 닦음	磋 갈 琢 쫄	차 탁
切齒腐心 절치부심	· 분하고 원통하여 이를 갈고 마음을 썩힘 · 원수를 갚기 위해 혹은 일의 성공을 위해 이를 악물고 노력함	切 갈 腐 썩을	절 부
漸入佳境 점입가경	· 점점 아름다운, 즉 재미있는 경지(境地)로 들어감	漸 점점 境 지경	점 경
頂門一鍼 정문일침	· 정수리에 침을 놓음 · 잘못된 점의 급소(急所)를 찌르며 하는 따끔한 충고	頂 정수리 鍼 침	정 침
井底之蛙 정저지와	· 우물 안의 개구리 · 세상 물정(物情)에 어둡고 시야·식견(識見)이 좁음	底 바다 蛙 개구리	저 와
糟糠之妻 조강지처	· 지게미와 쌀겨, 즉 변변치 못한 음식 등 가난을 참고 고생을 같이 하며 남편을 뒷바라지한 아내 糟糠之妻 不下堂(조강지처 불하당)	糟 지게미 糠 쌀겨	조 강
朝令暮改 조령모개	· 아침에 내린 명령(命令)이 저녁에 바뀜 · 법령(法令)이나 언행(言行)을 자주 바꿈	令 명령 暮 저물	령 모
朝變夕改 조변석개	· 아침에 변한 것을 저녁에 다시 고침 · 일을 자주 뜯어 고침	變 변할 改 고칠	변 개
鳥足之血 조족지혈	· 새 발의 피 · 양, 크기, 힘 등이 필요한 만큼에 비하여 극히 적음	鳥 새 血 피	조 혈
足脫不及 족탈불급	· 맨발로 뛰어도 따라가지 못함. · 능력·역량 등이 너무 뛰어나 다른 사람이 따라갈 수 없음	脫 벗을 及 미칠	탈 급
存亡之秋 존망지추	· 서리 내리는 가을에 초목이 존속하느냐 망하느냐가 결정되 듯, 존속(存續)과 멸망(滅亡) 또는 죽음과 삶이 결정되는 절박한 시기	存 있을 亡 망할	존 망
種豆得豆 종두득두	· 콩을 심어 콩을 거둠 · 원인(原因)에 따라 그에 맞은 결과(結果)가 생김	種 씨앗 得 얻을	종 득
縱橫無盡 종횡무진	· 가로세로로, 즉 자유자재로 행동하여 거침이 없는 상태	縱 세로 盡 다할	종 진
坐不安席 좌불안석	· 불안, 근심 등으로 한군데에 오래 앉아 있지 못함	坐 앉을 席 자리	좌 석

坐食山空 좌식산공	· 벌지 않고 앉아서 놀고먹으면 산더미 같은 재산도 결국 다 없어짐	食 먹을 **식** 空 빌 **공**
坐井觀天 좌정관천	· 우물 안에 앉아서 하늘을 봄 · 견문(見聞)이 좁음	井 우물 **정** 觀 볼 **관**
主客一體 주객일체	· 주인과 손님이 한 몸 · 구별 없이 어떤 대상에 완전히 동화(同化)된 경지	主 주인 **주** 客 손님 **객**
主客顚倒 주객전도	· 주인과 손님 또는 사물(事物)의 경중(輕重)·완급(緩急)·선후 (先後)의 위치가 서로 뒤바뀜	顚 꼭대기 **전** 倒 넘어질 **도**
晝耕夜讀 주경야독	· 낮에 밭 갈고 밤에 글을 읽음 · 어려운 환경에서도 꿋꿋이 공부함	晝 낮 **주** 耕 밭갈 **경**
走馬加鞭 주마가편	· 달리는 말에 채찍을 가함 · 잘하는 사람에게 더 잘하라고 독려함	加 더할 **가** 鞭 채찍 **편**
走馬看山 주마간산	· 달리는 말 위에서 산을 보듯, 사물의 겉만 대강 보고 지나감	走 달릴 **주** 看 볼 **간**
啐啄同機 줄탁동기	· 모든 일에는 적절한 시기가 있음 ☞ 병아리가 알을 깨고 나오려고 알을 쫄 때(啐 알 안에서 쫄 줄) 어미가 밖에서 이를 도와 적절한 시점에 쪼아(啄 어미 가 밖에서 쫄 탁) 생명의 탄생을 도와줌. 사업·사제(師弟) 의 만남·자식에 대한 부모 교육도 시기(時機)가 중요하다 는 말 (=啐啄同時)	啐 쪼을 **줄** 啄 쪼을 **탁** 同 같을 **동** 機 때 **기**
衆寡不敵 중과부적	· 많은 무리를 적은 수로써 대적(對敵)할 수 없음	衆 무리 **중** 寡 적을 **과**
芝蘭之交 지란지교	· 지초(芝草)와 난초(蘭草)의 사귐 · 좋은 감화(感化)를 주고받는 고상한 사귐	芝 지초 **지** 蘭 난초 **란**
支離滅裂 지리멸렬	· 갈가리 흩어지고 찢기어 갈피를 잡을 수 없음	支 갈라질 **지** 離 떨어질 **리**
知命之年 지명지년	· 천명(天命)을 아는 나이. 50세를 이르는 말	知 알 **지** 命 명할 **명**
知斧斫足 지부작족	· 아는 도끼에 발등 찍힘 · 믿었던 일이 어그러지거나 친한 사람에게 해를 입음	斧 도끼 **부** 斫 찍을 **작**

至誠感天 지성감천	· 지극(至極)한 정성(精誠)에 하늘이 감동(感動)함	至	이를	**지**
		誠	정성	**성**
池魚之殃 지어지앙	· 연못 물고기에게 닥친 재앙. 엉뚱하게 당하는 재난 ☞ 송(宋)나라의 성문에 난 불을 해자(垓字)의 물로 끄는 바 람에 물고기가 다 말라 죽고 말았다는 데서 유래	池	연못	**지**
		殃	재앙	**앙**
知彼知己 지피지기	· 상대를 알고 나를 앎 ☞ 知彼知己 百戰不殆(지피지기 백전불태)에서 온 말 　적을 알고 나를 알면 백전을 치러도 위태롭지 않다는 뜻 　'不殆'를 '百勝'으로 씀은 잘못. 知彼知己 하였더라도 항 　상 이길 수 있는 것은 아니므로	知	알	**지**
		彼	저	**피**
		知	알	**지**
		己	자기	**기**
直木先伐 직목선벌	· 곧은 나무가 먼저 베어짐. · 강직하고 곧은 사람이 먼저 다른 사람에게 해를 입게 됨	直	곧을	**직**
		伐	칠	**벌**
進退兩難 진퇴양난	· 나아갈 수도 물러설 수도 없는 궁지에 빠짐	進	나아갈	**진**
		退	물러날	**퇴**
此日彼日 차일피일	· 약속이나 기한 따위를 미적미적 미루는 모양	此	이	**차**
		彼	저	**피**
滄海一粟 창해일속	· 넓은 바다에 좁쌀 하나. 광대한 것에 섞여 있는 아주 작은 것. 이 세상에 있어서의 인간의 존재가 덧없음	滄	넓고푸를	**창**
		粟	조	**속**
千慮一失 천려일실	· 천 번의 생각 중에 한 번의 실수(失手). · 지혜로운 사람도 실수는 있게 마련임	慮	생각할	**려**
		失	잃을	**실**
天網恢恢 천망회회	· 하늘의 그물은 굉장히 넓어서 눈이 성기지만 악인을 결코 빠뜨리지 않음. 天網恢恢 疎而不失(천망회회 소이불실) ☞ '失(잃을 실)'을 '漏(샐 루)'로 쓰기도 함	恢	넓을	**회**
		疎	성길	**소**
天佑神助 천우신조	· 인간의 힘으로 불가능한 것을 하늘과 신(神)의 도움으로 가 능케 함	佑	도울	**우**
		助	도울	**조**
天衣無縫 천의무봉	· 천녀가 입는 옷은 바느질 자국이 없음. · 시(詩)나 문장이 자연스럽고 훌륭하여 흠잡을 곳이 없음	衣	옷	**의**
		縫	꿰멜	**봉**
千載一遇 천재일우	· 천년에 한 번 만남 · 좀처럼 얻기 어려운 좋은 기회	載	실을	**재**
		遇	만날	**우**
靑雲之志 청운지지	· 높고 큰 뜻을 가리키는 말 ☞ 靑雲 : 푸르고 높은 하늘, 즉 높은 벼슬. 입신출세	靑	푸를	**청**
		志	뜻	**지**

青出於藍 청출어람	· 한해살이 풀인 쪽에서 뽑은 푸른색이 쪽보다 더 푸름. 제자 (弟子)가 스승보다 나음 ☞ 쪽이란 풀로 푸른색을 내지만, 사람의 노력이 가해짐으로 써 쪽 자체보다 아름답고 진한 색을 낼 수 있다. 이처럼 스승에게 배우지만, 더욱 익히고 정진함으로써 스승보다 더 훌륭한 사람이 될 수 있다는 권학(勸學)의 말	青 푸를 청 出 날 출 於 -에서 어 藍 쪽 람
草綠同色 초록동색	· 풀빛과 녹색은 같은 색깔 · 같은 처지(處地)의 사람끼리 함께 행동함	草 풀 초 綠 푸를 록
焦眉之急 초미지급	· 눈썹에 불이 붙은 것과 같이, 매우 위급한 상황	焦 그을릴 초 眉 눈썹 미
初志一貫 초지일관	· 처음에 품은 뜻을 이루려고 끝까지 밀고 나감	初 처음 초 貫 꿸 관
寸鐵殺人 촌철살인	· 짧막한 말이나 문장으로 사람의 마음을 찔러 감동시킴	鐵 쇠 철 殺 죽일 살
追友江南 추우강남	· 친구 따라 강남 가기. 친구가 가면 먼 길이라도 따라감 · 하기 싫어도 남이 권하므로 결국 따라 하게 됨	追 따라갈 추 友 벗 우
秋風落葉 추풍낙엽	· 가을바람에 떨어지는 나뭇잎 · 세력(勢力)이나 형세(形勢)가 갑자기 기울거나 시듦	落 떨어질 락 葉 잎 엽
春雉自鳴 춘치자명	· 봄에 꿩이 스스로 욺 · 시키거나 요구하지 않아도 때가 되면 스스로 알아서 하는 것	雉 꿩 치 鳴 울 명
出將入相 출장입상	· 나가서는 장수, 들어와서는 재상 · 문무를 겸비한 사람	將 장수 장 相 재상 상
忠言逆耳 충언역이	· 충고하는 말은 귀에 거슬리지만 자신을 이롭게 함	忠 충성 충 逆 거스를 역
醉生夢死 취생몽사	· 취한 듯 살고 꿈꾸는 듯 죽음 · 아무 의미 없이 한 평생을 살아감	醉 취할 취 夢 꿈 몽
惻隱之心 측은지심	· 불쌍하고 가엾이 여기는 마음	惻 슬퍼할 측 隱 가엾이여길 은
七顚八起 칠전팔기	· 여러 번 실패하고도 굴하지 않고 다시 일어서 분투함	顚 넘어질 전 起 일어날 기
針小棒大 침소봉대	· 작은 것을 크게 과장하여 말함	針 바늘 침 棒 몽둥이 봉

他山之石 타산지석	· 다른 산의 하찮은 돌도 자기 돌을 가는데 도움이 됨 · 다른 사람의 하찮은 언행도 자기의 지식(知識)과 인격(人格)을 닦는데 도움이 됨	他 다를 **타** 之 --의 **지**
打草驚蛇 타초경사	· 풀을 쳐서 뱀을 놀라게 함 · 공연히 문제를 일으켜 화(禍)를 자초함	驚 놀라게할 **경** 蛇 뱀 **사**
卓上空論 탁상공론	· 책상 위에서 현실을 무시한 채 벌이는 헛된 토론이나 이론	卓 높을 **탁** 空 헛될 **공**
泰山北斗 태산북두	· 태산(泰山)과 북두칠성(北斗七星)을 우러러보듯 사람들로부터 가장 존경받는 사람	泰 클 **태** 斗 별이름 **두**
兎死狗烹 토사구팽	· 토끼 사냥이 끝나면 사냥개는 삶아 먹힘 · 필요할 때에는 소중히 여기다가 끝나면 버려짐 ☞ 한(漢)의 고조(高祖) 유방(劉邦)이 건국 공신인 한신(韓信)이 두려워 제거하려 하자, 한신이 "날랜 토끼가 죽으면 좋은 개가 삶기고, 높이 나는 새가 없어지면 좋은 활은 들어간다(狡兎死良狗烹 高鳥盡良弓藏)"라고 말한 데서 유래	兎 토끼 **토** 死 죽을 **사** 狗 개 **구** 烹 삶을 **팽**
破邪顯正 파사현정	· 그릇된 것을 깨뜨리고 올바르게 바로잡음	邪 간사할 **사** 顯 나타날 **현**
破顔大笑 파안대소	· 얼굴 표정을 밝게 하여 한바탕 크게 웃음	顔 얼굴 **안** 笑 웃을 **소**
破竹之勢 파죽지세	· 대를 쪼개는 것과 같은 거침없는 기세(氣勢)	破 깰 **파** 勢 기세 **세**
廢愚入賢 폐우입현	· 어리석은 자를 내보내고 현명한 이를 자리에 둠 ☞ 조선 태종(太宗)의 장자인 양녕대군은 장자로서 세자로 책봉되었으나 어느 날 부왕(父王)이 하는 말 "아쉽구나, 충녕(후에 세종대왕)이 양녕과 바뀌어 태어났더라면 좋았을 것을…"을 듣고 부왕의 뜻이 이루어지도록 공부를 팽개치고 놀기 등으로 물의를 일으켜 결국 충녕이 세자가 될 수 있도록 하였다 함	廢 폐할 **폐** 愚 어리석을 **우** 入 들 **입** 賢 어질 **현**
抱腹絶倒 포복절도	· 배를 안고 몸을 가누지 못할 정도로 몹시 웃는 모양	腹 배 **복** 倒 넘어질 **도**
飽食暖衣 포식난의	· 배불리 먹고 따뜻한 옷을 입음 · 넉넉하고 편안한 생활	胞 배부를 **포** 暖 따뜻할 **난**

表裏不同 표리부동	· 겉과 속이 다름	表 겉 **표** 裏 속 **리**
風樹之嘆 풍수지탄	· 효도하고 싶어도 효도할 어버이가 계시지 않은 데 대한 한 탄(恨歎). ☞ 樹欲靜而風不止 子欲養而親不待(수욕정이풍부지 자욕양 이친부대) : 나무가 고요하고자 하나 바람이 멎지 않고 자식(子息)이 봉양(奉養)하려 하나 어버이는 기다려 주지 않는다.	豊 바람 **풍** 樹 나무 **수** 之 --의 **탄** 嘆 탄식할 **탄**
風前燈火 풍전등화	바람 앞의 등불처럼 매우 위급한 상태	前 앞 **전** 燈 등불 **등**
匹夫匹婦 필부필부	· 평범한 남녀	匹 혼자 **필** 婦 여자 **부**
必死則生 필사칙생	· 오로지 죽기로 싸우면 그것이 곧 사는 길이다. 위기에 처한 나라를 구하려는 충신의 각오 ☞ 必生則死 : 오로지 살려고 비겁하면 그것이 곧 죽음이다.	必 오로지 **필** 則 곧 **즉**
夏爐冬扇 하로동선	· 여름에 화로, 겨울에 부채. 격이나 철에 맞지 않는 물건 · 제 때를 만나지 못해 쓸 데 없는 물건	爐 화로 **로** 扇 부채 **선**
下石上臺 하석상대	· 아랫돌 빼서 윗돌을 굄 · 임시변통(臨時變通)으로 이리저리 둘러맞춤	石 돌 **석** 臺 대 **대**
鶴首苦待 학수고대	· 학의 머리처럼 길게 늘여 애타게 기다림	鶴 학 **학** 待 기다릴 **대**
咸興差使 함흥차사	· 심부름 간 사람이 소식도 없고 돌아오지도 않음 差使 : 중요한 임무를 위해 파견하던 임시직 ☞ 조선 3대 왕에 오른 태종(太宗)이 2차의 난(亂)으로 노여움 에 차 있는 태조 이성계를 서울로 모셔오고자 함흥에 사람 을 보냈으나 태조는 이들을 오는 대로 죽이거나 잡아 가두 어 버렸기에 보내면 깜깜 무소식이란 고사에서 유래	咸 다 **함** 興 일어날 **흥** 差 다를 **차** 使 부릴 **사**
合縱連衡 합종연횡	· 합종이나 연횡 등 여러 방법으로 여러 당사자나 당파 등이 서로 연합함 合縱 : 중국 전국 시대 진나라에 대항하기 위하여 그 동쪽에 있던 여섯 나라를 동맹시킨 외교책 連衡 : 진(秦)나라와 그 동쪽에 있던 여섯 나라를 동서로(횡 으로)연합하려 하였던 외교책	合 합할 **합** 縱 세로 **종** 連 이을 **련** 衡 가로 **횡** 衡 저울대 **형**

解語之花 해어지화	· 말을 이해하는 꽃, 즉 미인을 이르는 말 ☞ 당(唐)나라 현종(玄宗)이 비빈(妃嬪)·궁녀들을 거느리고 연꽃을 구경하다 양귀비(楊貴妃)를 가리켜 "연꽃의 아름다 움도 말을 이해하는 이 꽃에 미치지 못하리라"고 말했다는 데서 유래	解 이해할 語 말씀 之 --의 花 꽃	해 어 지 화
虛心坦懷 허심탄회	· 감춤이 없이 솔직한 태도로 품은 생각을 터놓고 편하게 함	坦 평탄할 懷 품을	탄 회
虛張聲勢 허장성세	· 헛되이 소리와 세력만 키워 허세를 부림	張 크게할 勢 기운	장 세
虛虛實實 허허실실	· 일부러 허점을 드러내 보이거나 상대의 허를 찌르거나 하는 전략	虛 빌 實 열매	허 실
軒軒丈夫 헌헌장부	· 추녀 같이 반듯하게 생기고 의젓하며 당당한 사내 추녀 : 처마 네 귀의 기둥 위에 번쩍 들린 크고 긴 서까래	軒 추녀 丈 어른	헌 장
懸頭刺股 현두자고	· 머리를 천장에 매달고 허벅지를 찔러 가면서 공부를 함	懸 매달 股 넓적다리	현 고
賢母良妻 현모양처	· 어진 어머니이면서 착한 아내	賢 어질 妻 아내	현 처
螢雪之功 형설지공	· 어려운 처지에서도 학문에 힘써 이룬 공 ☞ 중국 진(晉)나라 차윤(車胤)이 여름에는 반딧불을 이용하 여 책을 읽었고, 손강(孫康)이 겨울에 눈빛(雪光)을 이용, 어려움 속에서도 굴하지 않고 공부하여 성공했다 함	螢 반딧불 雪 눈 之 --의 功 공로	형 설 지 공
兄弟投金 형제투금	· 욕심을 불러일으키는 대상을 과감히 버림 ☞ 형제가 길에서 황금 두 개를 주워 나누어 가졌다. 강에 이 르러 배를 타고 가다 갑자기 형이 황금을 강에 버렸다. 곧 바 로 동생도 황금을 강에 버렸다. 후에 동생이 그 이유를 형에 게 물으니 형이 "황금을 혼자 다 가지면 더 좋았을 거라는 생 각이 들어 이는 황금 때문에 생긴 욕심이기에 좋지 않아 버 렸다"고 하자 동생 역시 욕심이 생기기에 버렸다는 이야기	兄 맏 弟 아우 投 던질 金 황금	형 제 투 금
糊口之策 호구지책	· 가난한 살림에서 겨우 입에 풀칠하며 살아가는 방책	糊 풀칠할 策 방책	호 책
好事多魔 호사다마	· 좋은 일에는 마귀, 즉 방해(妨害)되는 일이 많음	事 일 魔 마귀	사 마

虎視眈眈 호시탐탐	· 범이 먹이를 노려보듯, 기회를 노리고 형세를 살핌	視 볼 **시** 眈 노려볼 **탐**
浩然之氣 호연지기	· 하늘 아래 공명정대(公明正大)하여 조금도 부끄럼이 없는 도덕적 용기.	浩 넓을 **호** 氣 기운 **기**
好衣好食 호의호식	· 좋은 옷과 좋은 음식 · 잘 입고 잘 먹음	衣 옷 **의** 食 먹을 **식**
胡蝶之夢 호접지몽	· 나비가 된 꿈, 즉 인생의 덧없음 ☞ 전국시대 사상가로 시비(是非)·선악(善惡)·진위(眞僞)·미 추(美醜)·빈부(貧富)·귀천(貴賤)을 초월한 무위자연(無爲自 然)을 제창한 장자(莊子)가 어느 날 꿈속에서 나비가 되어 놀다가 깨어 '내가 꿈속에서 나비가 된 것일까? 아니면 내 가 본시 나비인데 지금 사람이 된 꿈을 꾸고 있는 것인가' 하고 생각했다는 데서 유래	胡 오랑캐 **호** 蝶 나비 **접** 之 --의 **지** 夢 꿈 **몽**
惑世誣民 혹세무민	· 세상을 미혹(迷惑)시켜 어지럽히고 백성을 속이는 일	惑 미혹할 **혹** 誣 속일 **무**
魂飛魄散 혼비백산	· 혼이 날아가고 넋이 흩어짐, 즉 몹시 놀라서 넋을 잃음 魂 : 양(陽)의 기운(氣運)으로 사람의 정신(精神)을 주관하 며 죽으면 魂은 하늘로 올라가고, 魄 : 음(陰)의 기운으로 사람의 육체(肉體)를 주관하며 죽 으면 魄은 땅으로 간다 함	魂 넋 **혼** 飛 날 **비** 魄 넋 **백** 散 흩어질 **산**
昏定晨省 혼정신성	· 저녁에는 잠자리를 봐드리고 이른 아침에는 안부(安否)를 살핌, 즉 부모를 잘 섬기고 효성(孝誠)을 다함	昏 저물 **혼** 晨 새벽 **신**
紅爐點雪 홍로점설	· 벌겋게 단 화로(火爐)에 떨어지는 한 점의 눈 · 큰일에 작은 힘이 아무런 도움이 되지 아니함 · 도(道)를 깨달아 마음속이 탁 트여 막힘이 없음	爐 화로 **로** 點 점 **점**
畵龍點睛 화룡점정	· 용을 그릴 때 마지막에 눈을 그려 완성시킨다는 데서, 사물 의 완성에 있어 가장 중요한 부분 ☞ 화가(畵家)가 부탁을 받고 벽에 용을 그리게 되었다. 그런 데 눈동자만은 그리지 않고 남겨 놓아 사람들이 그 이유를 묻자, "눈동자를 그리면 용이 살아 날아올라가 버립니다" 라고 말하자 무슨 농담(弄談)이냐며 독촉하여 눈동자를 그 려 넣으니 갑자기 뇌성과 함께 용이 날아올라갔다는 고사	畵 그림 **화** 點 점찍을 **점** 點 점 **점** 睛 눈동자 **정**

畵蛇添足	・뱀 그리는데 발을 더함. 쓸데없는 짓을 하여 되레 잘못됨	畵	그림	화
화사첨족	☞ 뱀을 빨리 그리는 내기를 하였다. 제일 먼저 그린 사람이 시간이 남아 쓸데없이 없는 발까지 그려 도리어 실패하였다는 데서 유래함	蛇	뱀	사
		添	더할	첨
		足	발	족

畵中之餠	・그림의 떡	畵	그림	화
화중지병	・탐이 나도 어찌해 볼 도리가 없는 사물	餠	떡	병

換骨奪胎	・뼈대를 바꾸어 끼고 태를 바꾸어 씀. 용모가 환하게 트이고 아름다워져 전혀 딴사람처럼 됨. 고인(古人)의 시문(詩文) 형식을 약간 바꾸어 새롭고 아름답게 함	換	바꿀	환
환골탈태		奪	빼앗을	탈

會者定離	・만나면 헤어지는 것이 정해진 이치	定	정할	정
회자정리	・인생의 무상함	離	헤어질	리

朽木糞墻	・썩은 나무에 조각할 수 없고 썩은 담장은 고칠 수 없음	朽	썩을	후
후목분장	・정신이 썩은 사람은 가르칠 수가 없음	木	나무	목
	・하고자 하는 마음이 없는 사람은 해 볼 도리가 없음	糞	똥	분
	☞ 공자(孔子)의 제자인 재여(宰予)가 낮잠을 자는데 화가 난 공자가 그에게 '후목분장'이라고 꾸짖었다 함	墻	담장	장

後生可畏	・후에 태어난 어린이는 장래가 유망하여 앞으로 어떠한 인물이 될지 모르기에 한편으로 두렵다는 뜻	可	가히	가
후생가외		畏	두려울	외

後時之歎	・때가 늦었음을 탄식(歎息)함	後	늦을	후
후시지탄		歎	탄식할	탄

厚顔無恥	・낯이 두꺼워 부끄러움을 모름	厚	두터울	후
후안무치		恥	부끄러워할	치

諱疾忌醫	・병을 숨기고 의원을 꺼림	諱	꺼릴	휘
휘질기의	・자신의 결점을 숨기고 고치지 않음	疾	병	질

興盡悲來	・즐거운 일이 다하면 슬픈 일이 옴	盡	다할	진
흥진비래	・세상일이 돌고 돎	悲	슬플	비

찾아보기

경	境	80	고	古	67	과	科	239	교	矯	233
경	門	49	고	告	71	과	誇	281	교	較	298
계	階	126	고	固	76	과	課	283	교	交	31
계	戒	138	고	姑	89	과	寡	97	구	懼	137
계	桂	169	고	孤	92	곽	郭	122	구	拘	143
계	械	171	곡	曲	162	관	慣	134	구	救	152
계	溪	191	곡	穀	241	관	管	246	구	構	172
계	界	223	곡	谷	287	관	觀	278	구	求	183
계	癸	227	곡	哭	72	관	貫	290	구	狗	203
계	系	249	곤	困	75	관	關	308	구	苟	207
계	繫	255	곤	坤	77	관	館	319	구	球	220
계	繼	255	곤	ㅣ	26	관	冠	50	구	究	242
계	計	279	골	骨	322	관	官	94	구	丘	25
계	鷄	325	공	工	105	관	寬	97	구	臼	268
계	係	38	공	恐	130	광	廣	113	구	舊	268
계	啓	73	공	攻	150	광	狂	203	구	久	27
계	契	86	공	空	242	광	鑛	306	구	九	28
계	季	92	공	貢	290	광	光	46	구	韭	314
계	互	117	공	供	37	괘	掛	146	구	驅	321
고	庫	112	공	公	48	괴	怪	129	구	俱	39
고	故	151	공	共	48	괴	愧	133	구	具	48
고	枯	167	공	功	56	괴	塊	79	구	區	61
고	考	205	공	孔	91	괴	壞	81	구	句	67
고	苦	207	공	廾	114	교	巧	106	구	口	67, 75
고	稿	241	과	戈	138	교	郊	122	국	局	101
고	顧	317	과	果	167	교	敎	151	국	菊	208
고	高	322	과	過	216	교	校	169	국	國	76
고	鼓	329	과	瓜	221	교	橋	173	군	郡	122

432

단	端	244	도	徒	119	동	童	244	람 濫	194
단	丹	26	도	都	123	동	銅	304	람 覽	278
단	但	36	도	陶	125	동	冬	50	랑 廊	113
단	單	74	도	挑	144	동	凍	51	랑 郎	122
단	團	76	도	桃	170	동	動	57	랑 朗	164
단	壇	81	도	渡	190	동	同	69	랑 浪	187
달	達	216	도	逃	213	두	斗	153	래 來	37
담	擔	149	도	途	213	두	豆	287	랭 冷	51
담	淡	189	도	道	216	두	頭	316	략 掠	146
담	談	283	도	盜	229	두	亠	31	략 略	224
답	畓	224	도	稻	241	두	鬥	323	량 梁	170
답	答	245	도	跳	296	둔	屯	103	량 涼	188
답	踏	296	도	倒	40	둔	鈍	303	량 糧	248
당	當	225	도	刀	52	득	得	120	량 良	270
당	糖	248	도	到	54	등	燈	198	량 諒	283
당	黨	328	도	圖	76	등	登	227	량 量	303
당	唐	72	도	塗	80	등	等	245	량 兩	47
당	堂	79	도	導	99	등	騰	321	려 慮	135
대	帶	108, 267	독	毒	180				려 旅	155
대	待	119	독	獨	204		■ ㄹ		려 麗	326
대	隊	126	독	督	232				려 勵	58
대	貸	291	독	篤	246	라	羅	257	력 曆	161
대	代	33	독	讀	286	락	落	209	력 歷	177
대	大	84	돈	敦	152	락	絡	252	력 力	56
대	對	99	돈	豚	288	란	欄	174	련 憐	136
덕	德	121	돌	突	242	란	蘭	211	련 戀	137
도	島	104	동	東	166	란	亂	29	련 蓮	210
도	度	112	동	洞	186	란	卵	64	련 連	214

명 皿 229	묘 墓 80	미 味 71	발 癶 227
명 銘 304	묘 妙 88	민 憫 136	방 邦 121
명 鳴 325	무 戊 138	민 敏 151	방 防 123
명 冥 50	무 无 156	민 民 181	방 房 139
명 名 69	무 武 176	민 黽 329	방 放 151
명 命 71	무 母 179	밀 蜜 272	방 方 155
모 慕 134	무 無 197	밀 密 96	방 芳 206
모 暮 161	무 茂 207		방 訪 280
모 某 168	무 舞 269		방 傲 40
모 模 173	무 貿 292		방 傍 42
모 母 179	무 霧 311	박 拍 143	방 妨 88
모 毛 180	무 務 57	박 朴 165	방 匚 60
모 矛 233	묵 墨 80	박 泊 184	배 拜 144
모 謀 284	묵 黙 328	박 薄 211	배 排 145
모 貌 289	문 文 153	박 迫 212	배 杯 166
모 侮 38	문 紋 250	박 博 62	배 背 264
모 冒 49	문 聞 261	반 返 212	배 輩 298
모 募 58	문 門 307	반 班 220	배 配 301
목 木 165	문 問 73	반 盤 230	배 倍 40
목 牧 202	물 物 202	반 般 270	배 培 78
목 目 230	물 勿 59	반 飯 319	백 白 228
목 睦 232	미 尾 101	반 伴 35	백 百 228
몰 沒 183	미 微 120	반 半 61	백 伯 35
몽 蒙 209	미 未 165	반 反 66	번 煩 197
몽 夢 84	미 迷 213	반 叛 67	번 番 225
묘 廟 113	미 眉 231	발 拔 143	번 繁 255
묘 苗 206	미 米 247	발 發 227	번 飜 259, 318
묘 卯 63	미 美 258	발 髮 323	벌 罰 257

실	室	95	안	雁	309	양	陽	125	여	余	36

실 室 95　　안 雁 309　　양 陽 125　　여 余 36
실 實 97　　안 顏 316　　양 揚 147　　여 如 87
심 心 127　　안 安 93　　양 楊 171　　역 役 118
심 深 189　　알 謁 284　　양 樣 172　　역 易 157
심 甚 222　　알 歹 177　　양 洋 185　　역 逆 213
심 審 97　　암 巖 104　　양 羊 258　　역 疫 226
심 尋 99　　암 暗 160　　양 讓 287　　역 譯 286
십 十 61　　압 押 142　　양 養 319　　역 亦 31
쌍 雙 310　　압 壓 81　　양 壤 81　　역 驛 321
씨 氏 181　　앙 殃 177　　어 御 120　　역 域 78

앙 仰 34　　어 於 155　　연 延 114
앙 央 85　　어 漁 193　　연 沿 184
애 愛 133　　어 語 282　　연 演 193
아 阿 124　　애 涯 188　　어 魚 324　　연 然 197
아 我 138　　애 哀 71　　억 憶 136　　연 煙 197
아 牙 202　　액 液 188　　억 抑 141　　연 燃 198
아 芽 206　　액 額 317　　억 億 44　　연 燕 198
아 雅 309　　액 厄 64　　언 焉 197　　연 硏 234
아 亞 31　　야 耶 260　　언 言 279　　연 緣 254
아 餓 319　　야 也 28　　엄 广 111　　연 軟 298
아 兒 46　　야 野 302　　엄 嚴 74　　연 鉛 303
아 阿 276　　야 夜 84　　엄 厂 64　　연 宴 95
악 岳 103　　약 弱 116　　업 業 172　　열 悅 130
악 惡 132　　약 若 206　　여 汝 183　　열 熱 198
악 樂 173　　약 藥 211　　여 與 268　　열 閱 308
안 岸 103　　약 約 249　　여 予 29　　염 染 168
안 案 170　　약 躍 296　　여 輿 299　　염 炎 196
안 眼 232　　약 龠 331　　여 餘 319　　염 鹽 326

종	終	251	죽	竹	244	지	之	27	■ ㅊ	
종	縱	254	준	準	191	지	誌	282		
종	鍾	305	준	遵	217	지	只	67	차 差	106
종	宗	94	준	俊	39	지	地	77	차 次	175
좌	左	105	중	中	26	직	直	231	차 此	176
좌	座	112	중	衆	273	직	織	255	차 且	25
좌	佐	36	중	重	302	직	職	261	차 借	40
좌	坐	77	중	仲	34	진	陣	124	착 捉	145
죄	罪	257	즉	卽	64	진	陳	125	착 着	232
주	州	105	증	憎	135	진	振	145	착 錯	304
주	晝	159	증	曾	162	진	進	215	착 辶	212
주	朱	165	증	蒸	210	진	珍	220	찬 讚	287
주	柱	168	증	症	227	진	盡	230	찬 贊	294
주	株	169	증	證	285	진	眞	231	참 慘	134
주	注	185	증	贈	294	진	辰	300	참 慙	136
주	洲	186	증	增	80	진	鎭	305	창 昌	157
주	週	215	지	志	128	진	震	311	창 暢	160
주	珠	220	지	持	144	질	疾	226	창 蒼	210
주	舟	269	지	指	144	질	秩	240	창 窓	242
주	主	27	지	支	150	질	質	293	창 菖	323
주	走	294	지	智	159	질	姪	90	창 倉	40
주	酒	301	지	枝	167	집	集	309	창 創	55
주	鑄	306	지	止	176	집	執	78	창 唱	73
주	住	36	지	池	183	징	徵	121	채 彩	118
주	周	71	지	遲	217	징	懲	137	채 採	145
주	奏	86	지	知	233				채 菜	208
주	宙	94	지	紙	250				채 債	43
주	丶	26	지	至	267				책 策	245

한	漢	192	허	許	280	혜	慧	135	화	花	206
한	閑	307	헌	憲	136	혜	兮	48	화	華	209
한	韓	313	헌	獻	205	호	戶	139	화	畫	225
한	寒	96	헌	軒	297	호	毫	180	화	禍	237
할	割	55	험	險	126	호	浩	187	화	禾	239
함	陷	124	험	驗	321	호	湖	190	화	話	281
함	含	70	혁	革	313	호	胡	264	화	貨	290
함	咸	72	현	懸	137	호	乎	27	화	化	59
합	合	69	현	玄	219	호	虎	271	화	和	71
항	巷	107	현	現	220	호	號	271	확	擴	149
항	恒	130	현	絃	251	호	護	286	확	確	235
항	抗	141	현	縣	254	호	豪	288	확	穫	242
항	港	190	현	賢	293	호	互	30	환	患	131
항	航	269	현	顯	317	호	呼	71	환	換	147
항	項	315	혈	穴	242	호	好	87	환	歡	176
해	海	187	혈	血	273	호	虍	271	환	還	218
해	解	278	혈	頁	315	혹	惑	132	환	環	221
해	亥	31	혐	嫌	91	혹	或	139	환	丸	26
해	奚	86	협	脅	264	혼	昏	158	활	活	186
해	害	95	협	協	62	혼	混	189	황	況	184
핵	核	169	형	形	117	혼	魂	324	황	荒	208
행	幸	109	형	螢	272	혼	婚	90	황	皇	228
행	行	273	형	衡	274	홀	忽	128	황	黃	327
향	響	123, 314	형	亨	32	홍	弘	116	회	悔	131
향	享	32	형	兄	45	홍	洪	186	회	懷	137
향	香	320	형	刑	53	홍	紅	249	회	會	163
향	向	69	혜	匸	60	홍	鴻	325	회	灰	196
허	虛	271	혜	惠	132	화	火	196	회	回	75

획	獲	204	후	後	119	휘	揮	147	흠	欠	175
획	劃	56	후	侯	38	휘	輝	298	흡	吸	70
횡	橫	173	후	候	40	휴	携	148	흥	興	268
효	效	151	후	厚	65	휴	休	35	희	希	107
효	曉	161	훈	訓	279	흉	胸	264	희	戲	139
효	爻	201	훼	毁	179	흉	凶	52	희	稀	240
효	孝	92	휘	彙	117	흑	黑	328	희	喜	73